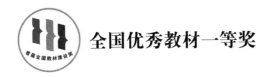

全国优秀教材一等奖

文献学概要

（修订本）

WENXIANXUE　　　　　GAIYAO

杜泽逊　撰

图书在版编目（CIP）数据

文献学概要：修订本/杜泽逊撰．—北京：中华书局，2008.1
（2024.12重印）
ISBN 978-7-101-03070-9

Ⅰ．文…　Ⅱ．杜…　Ⅲ．文献学-高等学校-教材　Ⅳ．G256

中国版本图书馆 CIP 数据核字（2001）第 063402 号

书　　名	文献学概要（修订本）
撰　　者	杜泽逊
责任编辑	李碧玉
扉页题签	王绍曾
美术设计	周　玉
责任印制	管　斌
出版发行	中华书局
	（北京市丰台区太平桥西里 38 号　100073）
	http://www.zhbc.com.cn
	E-mail:zhbc@zhbc.com.cn
印　　刷	三河市鑫金马印装有限公司
版　　次	2001 年 9 月第 1 版
	2008 年 1 月第 2 版
	2024 年 12 月第 24 次印刷
规　　格	开本/710×1000 毫米　1/16
	印张 27¼　插页 2　字数 390 千字
印　　数	166001-172000 册
国际书号	ISBN 978-7-101-03070-9
定　　价	86.00 元

目　　次

第十章　地方志与家谱

第十三章　出土文献概述（下）

王　序

　　滕州杜君泽逊从余治目录版本校勘之学十数年，好古敏求，精勤过人，已故目录版本学大师顾起潜（廷龙）、冀淑英两先生，颇多嘉许，余亦引以为荣。犹忆1987年秋，余方主编《清史稿艺文志拾遗》，有《安徽文献书目》著录之书百余种，归类及作者时代、刊抄年月，须就原书稽核，时泽逊方研究生毕业留山东大学古籍所工作，加入《拾遗》编委会，余即嘱其携目录往合肥。泽逊在合肥留十余日，按图索骥，于安徽省图书馆、博物馆遍阅各书，详作札记，所有积疑，一旦涣然冰释。从此佐余纂《拾遗》，任副主编，夜以继日，无间寒暑者七载。该书经编委会诸君通力合作，尤以刘君心明、王生承略，朝夕相随，全力以赴，全书卒底于成，并于去年8月由中华书局出版（实际见到样书，已在今年1月），惜顾起潜、程千帆、冀淑英三先生已不及见矣。1992年1月泽逊奉余命赴京向中华书局送《清史稿艺文志拾遗》书稿，旋赴琉璃厂访书，以月薪所入购取清刻《四库全书附存目录》一部，内有民国间佚名朱墨批注诸书传本，虽条目无多，而于泽逊启发甚大，自是决意撰《四库存目标注》，上继邵位西、莫子偲，而补其所未备。盖邵位西《四库简明目录标注》、莫子偲《邵亭知见传本书目》，均限于《四库》著录之书，仅偶及存目也。前辈顾起潜先生早年尝有志于斯，抗战军兴，未能赓续，闻泽逊从事于此，遂将早年手批《四库存目》寄泽逊参考，其见重若是。1992年5月周绍良先生在第三次全国古籍整理出版规划会议上，建议编纂出版《四库全书存目丛书》，以补全《四库全书》。胡道静先生复从而阐发之，以为《四库存目》之书颇多学术价值，原藏翰林院，已于八国联军入侵时被毁，现散在各地者，孰存孰亡，亟待清理。会后经酝酿筹备，北京大学东方文化研究会历史文化分会决定承担《四库全书存目丛书》编纂出版任务，东方会会长季羡林先生任总编纂，历史分会会长刘俊文教授任工作委员会主任、副总编纂，中华书局历史编辑室主任张忱石先生任工作委员会副主任、副总编纂。计划书呈至国务院古籍整理出版规划小组，时匡公亚明任组长，中华书局总编辑傅璇琮先生任秘书长，《存目丛书》计划幸获批准。于是鸠集同志，开馆修书，如乾隆故事。当是时也，海内外研治《四库存目》者唯有泽逊一人。季、刘诸公既决定辑印《四库全书存目丛书》，但辑印《存目丛书》，必先调查《存目》所载六千七百九十三种古籍之传本及收藏情况，泽逊所从事之《四库存目标注》正可为用。傅璇琮秘书长因向北大《存目丛书》工委会举荐泽逊，北大方面则通过山东大学乔幼梅副校长邀请泽逊加入编委会。余亦应邀为学术顾问。《存目丛书》至1997年10月底全部影印出版，凡精装一千二百巨册，举凡国内各图书馆、博物馆收藏《存目》之书四千五百余种，网罗殆尽，且十之八九为旧刻旧抄精善之本。泽逊为常务编委兼总编室主任，与中国科学院图书馆古籍部主任罗琳同志（《存目丛书》常务编委兼编目室主任）共司拟目、定本工作，切磋琢磨，相得益彰。此种机遇，对泽逊《四库存目标注》无异天赐，数年之间，目验《存目》诸书善本逾五千种，积累札记百余万言，每见《四库总目》存目提要之舛误者，悉加厘订。于是《四库存目标注》长编初就，而泽逊目录版本之学，由此益加精进。《存目丛书》甫告结束，泽逊即遄返山东大学，一意从事《四库存目标注》定稿工作，以期早日付梓。惟事有不可以个人意志为转移者，1999年夏，山东大学文学院决定为全体研究生开设"文献学"课程，由泽逊主讲。自接通知至新生入学开课，不及一月，泽逊从容草拟纲目，就余商榷。余观其章节井然，详且备矣，爰略事调整，即嘱其着手编撰。泽逊边讲课，边写讲稿，十数年读书心得，如网之在纲，左右逢源。一学期七十二学时，转瞬即逝，而泽逊所撰讲义亦积稿盈尺矣。翌年，历史文化学院亦开设此课，聘泽逊讲八周。"文献学"课之外，古籍所另有中国古典文献学硕士生课"古籍目录版本校勘学"，原由余讲授，后因年事过高，交泽逊讲授，现由泽逊与王生承略、刘君心明合讲。泽逊又单独为研究生开设"清代目录版本学研究"、"四库学研究"等课程。其负担虽骤然加重，然乐此不疲，有足道者。惟其《四库存目标注》被迫中辍已近两年，鱼与熊掌不可得兼，余为之扼腕，颇盼能在一两年内全稿杀青，早日问世。数月前山东大学研究生院决定资助出版《文献学概要》，泽逊乃重加修订，持书丐余一言,冠诸篇首。余生满清末造,长于乱离之世,幸亲炙于唐蔚芝、钱子泉、张菊生、高晋生诸大师之门,获聆教诲,七十余年来,于流略之学,每多涉猎,未敢或忘。今以垂暮之年得杜生,朝夕过从,质疑问难,其乐无穷。孔子尝谓:"后生可畏,焉知来者之不如今也?"余知杜生必有以自立,爰为引言于此,以谂读者。2001年4月22日江阴王绍曾于山东大学古籍整理研究所,时年九十有一。

自　　序

　　文献学是一门传统学问,惟建国以来大专院校开设此课者不多,颇见寥落。近二十年间,古籍整理事业复兴,其他文史哲传统学科之研究亦逐步深入,文献学随之日见重视,自有其必然性。

　　1999年暑假,山东大学文学院决定为全体硕士生增设学位基础课"文献学",余承乏讲席,自8月20日着手拟定纲目,请王绍曾师审订,随即于9月开讲,边讲边撰讲义,每周四学时,一学期而毕。翌年春,历史文化学院硕士生亦开设此课,命余讲八周。于是文史两院呈轮番讲授之势。去年,山东大学研究生院将此讲义列为研究生课程建设项目,予以资助出版,出版期限定于2001年9月。于是又以数月之力修订补充,勉成此稿,名曰《文献学概要》。

　　当撰写讲义之初,余以为有三项事实必须照顾:一是听讲者在大学时未尝学习"文献学"课程,此次开课仍属入门。二是听讲者除古代汉语、古代文学、古典文献学专业硕士生外,尚有文艺学、现当代文学、现代汉语及比较文学等专业硕士生,应兼顾其兴趣,不可仅为从事中国传统学问者计。三是听讲者为研究生,非大学生,讲授内容及方式应具有研究色彩。经一学期师生交流,余恍然知专业差距本不足虑,以彼等大学时期所学课程固无甚差别也。因此所须照顾者唯入门与研究两端。由此两端,导致讲义呈如此面貌:所授以基本知识为主,较少理论探讨;重视征引原始文献,注明确切出处,以加深对原始文献之认识;适当插入学术性考辨,示听者以探究学问之方法。事实证明,颇见容于诸生,私心甚慰。

　　本书所述共十四章,仍属古典文献学范围。古典文献学内容广泛,而语其要者,则略具于是。时日促迫,不能无凭借,前哲时贤之作,凡属研究心得，承用时多已注其所出，至于辗转沿用之通识，则不复赘。敦煌文献概述一章蒙北京大学荣新江先生审订，出土文献概述两章蒙中华书局李解民先生审订，全稿复经刘晓东师、李士彪学兄阅正，沙君志利、陈君修亮为校雠文字，最后承王绍曾师赐序并题签，凡此皆感荷无已。惟舛误之处，在所难免，尚冀读者有以教正。2001 年 4 月 16 日滕州杜泽逊记于山东大学槐影楼。

第一章　文献与文献学

一、“文献”释义

“文献”一词,现存的古书中,最早见于《论语·八佾》:“子曰:夏礼,吾能言之,杞不足征也。殷礼,吾能言之,宋不足征也。文献不足故也。足,则吾能征之矣。”

礼,指典章制度,社会规范,大家共同遵守的一整套社会制度。《论语·为政》:“道(dǎo)之以德,齐之以礼,有耻且格。”意思是说:用道德引导人民,用礼仪制度约束人民,人民就有廉耻之心,就会自觉前来归顺。《礼记·缁衣》:“夫民,教之以德,齐之以礼,则民有格心。教之以政,齐之以刑,则民有遁心。”意思与前句相同。格,来归。遁,逃离。对人民,用道德进行教育,用礼制进行约束,人民就有归顺之心。用政治手段教训,用刑罚来统一,人民就会有逃离之心。

杞,国名,夏禹后代,周武王封,在今河南杞县。后屡次被迫迁移,以依附大国,延长国命。宋,国名,商汤后代。周公平定武庚叛乱后,把商的旧都周围地区分封给微子启,都商丘,在今河南商丘南。

征,征验、证明之义。《礼记·礼运》:“言偃(子游)复问曰:‘夫子之极言礼也,可得而闻与?’孔子曰:‘我欲观夏道,是故之杞,而不足征也。吾得《夏时》焉。我欲观殷道,是故之宋,而不足征也。吾得《坤乾》焉。《坤乾》之义,《夏时》之等,吾以是观之。’”唐孔颖达疏:“征者,征验之义。”孔子说,赴杞,不能征验夏礼,仅得《夏时》而已。赴宋,不能征验殷礼,唯得《坤乾》而已。于是《坤乾》、《夏时》可得而观,而夏、殷之礼仍不足以验证,原因是文献不足。

文献,东汉郑玄注云:“献,犹贤也。我不以礼成之者,以此二国之君，文章贤才不足故也。"郑玄以"文章"、"贤才"解释"文献"，其意义较为明确。

朱熹《论语集注》解释《八佾》这段话说："杞，夏之后。宋，殷之后。征，证也。文，典籍也。献，贤也。言二代之礼，我能言之，而二国不足取以为证，以其文献不足故也。文献若足，则我能取之，以证吾言矣。"

"献"是贤才，什么是贤才呢？《论语·子张》："卫公孙朝问于子贡曰：'仲尼焉学？'子贡曰：'文武之道，未坠于地，在人。贤者识其大者，不贤者识其小者。莫不有文武之道焉。夫子焉不学？而亦何常师之有？'"朱熹《集注》："文武之道，谓文王、武王之谟训功烈，与凡周之礼乐文章皆是也。在人，言人有能记之者。识，记也。"杨伯峻译："卫国的公孙朝向子贡问道：'孔仲尼的学问是从哪里学来的？'子贡道：'周文王、武王之道并没有失传，散在人间。贤能的人便抓住大处，不贤能的人只抓些末节。没有地方没有文王、武王之道。我的老师何处不学，又为什么要有一定的老师、专门的教授呢？'"可见，贤才，指那些博学多识的人（当然也要有美德）。

孔子认为他本人即是一位能够"识其大者"的贤才，即"献"。何以见得？请看《论语·子罕》："子畏于匡，曰：'文王既没，文不在兹乎？天之将丧斯文也，后死者不得与于斯文也。天之未丧斯文也，匡人其如予何。'"周文王既已不在了，斯文不就在我这里吗？孔子的气魄确是很大，可谓文化神州系一身了。当仁不让，这不正是以自己为"献"吗？

还有一个问题：既然文献不足征，那孔子为什么还能言夏、殷之礼呢？《论语·八佾》云："周监于二代，郁郁乎文哉！吾从周。"《汉书·礼乐志》："王者必因前王之礼，顺时施宜，有所损益。"就是说周朝的礼仪制度是以夏、商两代为根据，然后制定的。所以清代刘宝楠说："周监二代，周礼存，则夏、殷之礼，可推而知。"（见《论语正义·八佾》）可见，孔子能言夏、殷之礼，是从周礼推出来的。

那么，孔子所谓"周礼"又存于何处呢？孔子生活于春秋时期，已不是高度统一的西周时期，周礼在孔子时代已不能贯彻，所以孔子要克己复礼，复的是周礼。孔子向往的是周的典章制度，一段时间不梦见周公，也不舒服，有"久矣吾不复梦见周公"之叹。令孔子庆幸的是，周礼是周公制定的，周公封于鲁，鲁国基本沿用周礼。《礼记·中庸》："（鲁）哀公问政。子曰：文武之政，布在方策。"方，方板。策，简策。方策指书籍。孔子告诉鲁哀公，周文王、武王治国的方略都记在书上。这些书，当然是鲁国能看得到的，否则孔子不会这样对鲁哀公说。《左传·昭公二年》："春，晋侯使韩宣子来聘……观书于大史氏，见《易象》与《鲁春秋》，曰：周礼尽在鲁矣。吾乃今知周公之德，与周之所以王也。"旧说伏羲画八卦，文王演为六十四卦，并作卦辞，即《周易》的经文上下。孔子又加《彖》上下、《象》上下、《系辞》上下、《文言》、《说卦》、《序卦》、《杂卦》，称为"十翼"，即大传。因此，《周易》属于周代典册。《鲁春秋》即鲁国史，孔颖达说是"用周公之法，书鲁国之事"（孔疏），所以其中保存了周礼。正因为鲁国沿用了周礼，保存了西周文献，所以与杞、宋不同，鲁国可以验证周礼。韩宣子说"周礼尽在鲁"，当是从这一角度着眼的。《礼记·中庸》说："子曰：吾说夏礼，杞不足征也。吾学殷礼，有宋存焉。吾学周礼，今用之，吾从周。"所谓"今用之"，即鲁国用之。可见，对孔子来说，只有说周礼，才能做到文献足征。

这里孔子还说"吾学殷礼，有宋存焉"，与上面所说的"宋不足征也"似有出入。对这句话，唐孔颖达这样解释："宋行殷礼，故云有宋存焉。但宋君暗弱，欲其赞明殷礼，亦不足可成，故《论语》云宋不足征也。此云杞不足征，即宋亦不足征。此云有宋存焉，则杞亦存焉。互文见义。"就是说，宋国行用殷礼，杞国行用夏礼，分别在一定程度上保存殷礼、夏礼，从这个意义上说是"存"，但是二国文章、贤才不足，不能作为验证殷礼、夏礼的"标本"或"实物"，所以虽存，但却不足征。孔颖达的解释，可以参考。

从以上考察分析看，孔子不仅注重旧有的记载，即方策，而且注重现实的考察，因为现行社会制度中包含着古代典制的遗存，而通晓典制的人（献）则是参验古今的主要依赖，这也正是孔子亲自到杞、到宋的原因。明白了这一点，"文"和"献"的区别及其相互关系也就不难理解了。对于孔子的学生们来说，《易》、《书》、《诗》这些典籍如果说是"文"，那么他们的老师孔子就是典型的"献"了。

荀子说："是非疑，则度（duó）之以远事，验之以近物，参之以平心。"（《大略篇》）大抵可以说明文、献和学习研究者之间的三角关系。

历史是发展的，孔子就是他的门生的"献"，而其言行被记录下来，成为《论语》，对后代的学者来说，又成了"文"。因此，"文"和"献"又不是对立的，今天的文未尝不是昔日的献，而今天的献又未尝不是将来的文。

因此"文献"可认为是古今一切社会史料的总称。而作为孔子,最初对于文献的要求,是出于要了解已经发生了的过去的典章制度,远的是古代,近的是现代、当代,总之可认为是历史。因此"文献"是我们认识历史、研究历史、验证历史的依据,它可以是书,也可以是人,统称则为"文献"。今天提"文献"这个词,一般偏重于"文",尤其偏重于古代的"文"。我们可以认为是这个词向偏义词方向演化,但我们却不能不知道它本来的含义。

关于献,再举两例:(1)明代大学者焦竑有一部大书《国朝献征录》一百二十卷,这个书名译成现代汉语,则是《当代人物传》。这个"献"指当代重要人物,与历史关系重大的人物。(2)清代有位学者李桓编了一部《国朝耆献类征》七百二十卷。耆,老也。献,人物。本书辑录清太祖努尔哈赤天命元年至清宣宗道光三十年二百三十年间一万多人的传记资料,分十九类。如不明白"献"的含义,就不懂这些书名的意义。元马端临《文献通考》首先用"文献"一词为书命名,也取义于《论语》。

二、文献学研究的范围

如上所说,文献包含着所有历史资料。那么文献学研究的范围也就涉及到各式各样包罗古今的文献。从时代上说有古代文献、近代文献、现代文献、当代文献。从学科上则又有语言文献、文学文献、历史文献、哲学文献、医学文献、法律文献、经济文献、宗教文献、科技文献等等。从文献组群看,则又可分出土文献、敦煌文献、地方文献等等。

但是,语言学、文学、历史学、哲学各个学科都有独立的研究范围和研究方法,我们文献学不可能代替它们,文献学有自己的研究范围和研究方法。文献学是以文献为本体的学问,就其主干来看,可以说是关于文本的学问。其范围主要是研究文献的形态、文献的整理方法、文献的鉴别、文献的分类与编目、文献的收藏、文献形成发展的历史、各种文献的特点与用途、文献的检索等等。文献学以文献自身为研究的本体,这是这门学科与文学、史学各学科的根本区别。研究的目的在于:全面认识文献,学会在浩如烟海的文献中,用较少的时间,找到尽可能全的自己所需要的文献资料,同时还要有能力对这些资料的不同版本进行鉴别,确定较早的、较全的、较可靠的版本。而且有能力对原始文献作整理加工,自己使用以外,还可以供更多的人使用。一句话,文献学是通向文献宝库的门径,是打开文献宝库的钥匙。清人张之洞曾告诫青年学子:"泛滥无归,终身无得。得门而入,事半功倍。"(《輶轩语·语学·论读书宜有门径》)古今中外文献之富,昔人有"书山"、"书海"之喻。在这种情况下,如何才能用较短的时间、有限的精力读自己最需要读的书,网罗最必要的文献资料,来从事自己的专业研究,作出超越前人的成绩,是每位学者必须解决的课题。学习文献学,对解决这一问题可以说行之有效。

文献学又有普通文献学和专业文献学之分,先学习普通文献学,然后还要学习专业文献学。我这里讲的文献学介乎二者之间,属于社会科学文献学,而且偏重于文史文献。这主要是因为听课的是文、史两系研究生。专业文献学应由各自的导师指导学习,其区别在于专业文献学更细、更专门,范围更小,方法更特殊。

三、为什么要学习文献学

上面讲了一些大道理,我们还很难有具体体会。现在举若干事例,进一步申明学习文献学的必要。

(一)1998 年一家专业古籍出版社出版了一本名叫《文致》的书,这是明末天启崇祯时期杭州进士刘士鏻编选的一部文选,共收入汉魏六朝到明朝六十余位作家的八十多篇文章。这本书的标点整理者在《前言》开头说:"《文致》,一部难得的明人不传秘笈,今在韩国发现。1996 年仲夏,我应韩国国立忠南大学赵钟业教授的邀请,赴韩国出席'东方诗话学国际学术发表大会',于不意中发现一部明代汉文手抄本秘笈,书名《文致》。赵先生说:这是姜铨燮教授的珍藏本。"

这是不是一本"不传秘笈"呢? 不仅不是,而且可说是传本甚多,现将中国大陆各家藏本开列如下:

(1)《文致》不分卷,明刘士鏻辑,明皎兮阁刻本。故宫、江苏吴江县图书馆藏。

(2)《文致》不分卷,明刘士鏻辑,明末刻本。北大、清华、群众出版社、上图、辽图、无锡市图藏。

（3）《文致》不分卷，明刘士镶辑，闵无颇、闵昭明集评，明天启元年闵元衢刻朱墨套印本。国图、首图、人大、北师大、上图、复旦、山东、南图、浙图、安徽、湖南、中山大学等四十家图书馆有收藏。其中一馆藏两部以上的（如山东）又无法统计。

（4）《兰雪斋增订文致》八卷，明刘士镶辑，明崇祯元年刻本。科图、吉大、浙图、安师大藏。

（5）《删补古今文致》十卷，明刘士镶辑，明王宇增删，明天启刻本。北大、清华、天津、山东、山大、浙图、浙大、湖北、湖南等三十四家藏。

（6）《删补古今文致》十卷，明刘士镶辑，明王宇增删，明天启刻宝翰楼印本，北师大藏。

（7）《删补古今文致》十卷，明刘士镶辑，明王宇增删，明末翁少麓刻本。首图、复旦藏。

（8）《删补古今文致》十卷，明刘士镶辑，明王宇增删，明末刻本。首师大、湖北省图藏。

以上共计八种版本，公共收藏处达一百家之多，私人收藏及海外收藏尚不在内，怎么能叫"不传秘笈"呢？更令人费解的是，整理者和出版者所在地的图书馆至少收藏有两种明版，可谓唾手可得，怎么就失之交臂呢？上面的材料来自《中国古籍善本书目》，其他书目没有查。查一查恐怕不止一百家有藏，也不止八种版本。

还有一点应当指出，这本明末人选的西汉至明代的文章总集，并无稀见篇章，所依据的资料也大抵不出常见的总集别集，而整理前言中却大谈其"文献校勘"价值，也是欠妥的。整理者赖以校勘的资料多是《全上古三代秦汉三国六朝文》、《全唐文》等书，这些书是清人编集的，《文致》不是它们的出处，而《文致》更不可能从它们中选出，二者并无互校的基础，如果校也应找原始出处校。例如东汉繁钦《与魏文帝笺》，见萧统《文选》卷四十，《艺文类聚》卷四十三作"魏繁钦《与太子笺》"，严可均《全后汉文》作《与魏太子书》，《文致》作《与太子书》，这本来都是后人添上的题目。严可均的出处是《文选》，题目又参考《艺文类聚》改"文帝"为"太子"，合乎历史身份。《文致》的来源也应是《文选》，因为《艺文类聚》是节引，不全。但《文致》题目却同《艺文类聚》。这里头谈不上什么优劣。而《文致》整理者在《校记》中说："《全后汉文》题作《与魏太子书》。当从

《文致》本。"既不提原始的《文选》,亦不提较早的《艺文类聚》,好像是《文致》保存了一个正确的题目,可以纠正清人严可均《全后汉文》,这是说不通的。《文致》和《全后汉文》都是"流",不是"源",不抓源而在流上作文章,可说是舍本取末。这样的校勘成果,价值不大。

(二)上世纪80年代某一年的小学寒假作业,内封面或封底画的是历史故事,是一位知名画家画的,有汉代张良"圯下取履"的故事,其中一幅是黄石公授给张良《太公兵法》,画的是线装书一函。这位画家大概不知道当时(秦代)根本没有纸,一般说来应是竹简一卷(juǎn),《史记·留侯世家》明说是"出一编书",一编是指竹简编连成册的书。线装带函套的书一般认为明代中期才有,秦代是绝对没有的。这种历史故事画,传给小学生的是什么知识呢?

(三)1998年上海一家出版社重印《伪书通考》,用1939年商务印书馆排印本影印。《伪书通考》,近人张心澂撰,专门收集历代学者考辨伪书的资料,以书为单位,逐条罗列,是查考古书真伪问题的权威工具书。1939年由商务印书馆出版。1957年由商务出版修订本。修订本不仅订正了初版的错误,而且材料大大丰富。今天重版此书,显然应选择增订本作底本。选择1939年的初版本,将会为读者提供一部相对不完善的工具书,也是对已故作者的不尊重,这是不应当的。

(四)1998年一家教育出版社排印近人董康《书舶庸谈》,作为《新世纪万有文库》之一种。《书舶庸谈》是董康在1926—1936年间四次到日本访问的日记,其中主要内容是在日本访求中国古书珍本的记录,在文献学上很有价值。这部书1929年初次出版四卷本(石印三册),仅有1926年12月至1927年5月访日的记录。1939年董康又自己出资刻印木版本九卷,内容增加了1933年11月至1934年1月日记三卷、1935年4月至5月日记一卷(分上下二子卷)、1936年8月至9月日记一卷。显然九卷本是足本,初出四卷本只是四次访日当中第一次访日的记录。今天出版整理本,显然应以九卷本为底本,四卷本可作为校本,这样才能为读者提供一个内容足、错误少的新版本。《新世纪万有文库》是精心策划的一部丛书,但《书舶庸谈》选择底本的失误,无疑是这部丛书的一个小小的缺点。该书的九卷足本已由河北教育出版社出版,王君南点校,采用的是该书的另一名称《董康东游日记》,不但内容足,点校精,而且加编人名、书名索引。两相比较,优劣自见。

　　现在再版旧书热,同时又要出精品书。精品书是什么?很多人把精品理解为印刷、纸张、装潢美,而忽视了内容精这个根本问题。就新作品来说,精品应是作者深思熟虑,呕心沥血,经过长时期艰苦努力写出的著作,不仅要求超越前人,而且要求充分汲取前人的长处,每立一说,均证据凿凿,而不是标新立异,赶时髦。如果是再版旧书,那首先要精心选择底本,同时还要对底本的错误进行精心校勘。没有标点断句的,要进行精心细致的标点断句。文字古奥或内容艰深,一般读者读不懂的,则要精心加以注释。前人注释很多的,又要广泛搜集旧注,再精心加以别择,写成"集解"本。更有需要作普及读物的名著,如《诗经》、《论语》、《孟子》,还要翻译成现代汉语,甚至其他语文的本子。整理完毕后,在排版过程中,要精心校对,尽最大可能避免排印错误。然后才是纸张、印刷、装订及封面设计。好的整理本往往还附有相关资料作为附录(包括作者小传、前人评论等),还要编制必要的索引(包括人名、地名、书名、篇名、专有名词等)。这是对著书人、整理人、出版人的要求,同时这也是对读者的要求。如果读者并不考究,那编者、出版者还考究什么?所以整个知识界文化学术界都应具备这样的精品意识,才能使我们这个社会不断产生可靠的文献,为后人留下可靠的历史资料,这是每个文化人应尽的职责。我想,学习了文献学之后,起码要有这种观念根植于头脑之中。

　　在现代、当代,不少有成就的作家、学者,他们不仅学贯中西,而且博通古今,蔡元培、鲁迅、胡适、朱自清、刘半农、钱玄同、周作人、闻一多、郑振铎、冯沅君、郭沫若、叶圣陶等都有深厚的古典文献修养,而且这些人的文献修养为他们的著作或创作都注入了新的营养,其间的内在关系是颇有研究之必要的。我们要深入研究这些人物的作品,有些常识就应当具备。比如林纾(琴南)有《致蔡鹤卿太史书》,开头称呼"鹤卿先生太史足下",鹤卿是蔡元培的字,过去的人有名有字,对人称字,自称称名,是旧的礼仪规范之一(《论语》中别人称孔子一般称"仲尼",学生称"子",孔子自称"丘")。先生,尊称,比自己小的,也要称先生。如以兄弟称,则比自己小的也要称"兄",自称"弟"。对好友的儿子要称"世兄"。足下,与殿下、阁下、左右、执事、侍者皆是自谦之辞,表示自己不能与对方平起平坐,而只能与对方的侍从讲话。"太史"就是一个特殊称呼了,不是什么人都可以称太史的。说到"太史"必然想起司马迁,因为司马迁称"太史公",他的官职是太史令。后代有了史馆,在史馆任修撰、编修的人,也就被人尊称为"太史"。什么人充任史馆修撰呢？明清时期，举人进京，在礼部参加会试，考上的叫贡士，第一名叫会元。然后参加殿试，取中后成为进士。进士分三甲，一甲三名（状元、榜眼、探花），赐进士及第。二甲称"进士出身"，三甲称"同进士出身"。状元即授翰林院修撰。榜眼、探花授翰林院编修。其余再参加朝考，选优者为翰林院庶吉士，其余授各部主事、知县等。庶吉士在翰林院教习馆学习三年，然后举行散馆考试（御试），成绩优良者授翰林院编修、翰林院检讨，其余分发各部主事、知县等。史馆修撰、编修、检讨多由翰林院修撰、编修、检讨兼任。只有在翰林院任修撰、编修、检讨者，才能称"翰林"，不是所有进士都有"翰林"头衔的。例如姚鼐是进士，不是翰林。"太史"，也只有史馆修撰、编修、检讨才可有此头衔。可知蔡元培是进士之优者，曾是翰林院编修兼史馆编修，所以有"太史"之称。那么蔡是哪年进士，是几甲，第几名？他是光绪十八年（1892）壬辰科二甲三十四名"进士出身"。然后参加朝考，选为翰林院庶吉士，学习三年，散馆授编修兼史馆编修。时间当在光绪二十年（1894）。《民国人物大辞典》（徐友春主编，河北人民出版社 1991 年 5 月出版）1361 页"蔡元培"条却误为："1890 年庚寅科进士，1892 年为翰林院庶吉士，1894 年补翰林院编修。"1890 年为光绪十六年，是蔡元培的前一科。《辞海》、《中国近现代人名大辞典》都只说"光绪进士"。另外，同榜进士称"同年"，在封建社会这种关系亦不一般，那么蔡元培有哪些同年后来成为知名人士呢？有吴士鉴（榜眼）、汤寿潜、李希圣、张元济、林国赓、夏孙桐、赵熙、王仁俊、叶德辉、唐文治、周学海、宋书升等人，真正出了不少大人物。这些人之间互称"年兄"，自称"年弟"。这些资料从何查找呢？明清时期进士在太学（国子监）立碑，称"进士题名碑"，每科都有，有人汇集起来，成为《明清进士题名碑录》，加上索引，一检即得。这样的编集工作是有学术意义的。有人把这种工作视为"资料汇编"，低"专著"一等，那是无知的表现。

　　林琴南信开头称"与公别十余年，壬子始一把晤，匆匆八年，未通音问"。壬子是哪一年呢？是民国元年（1912），即辛亥的第二年。这又可查《中国历史纪年表》，每一年的帝王纪年、甲子纪年、公元纪年一一对照，实在方便极了。所以，无论是研究古代学问还是近代现代学问，都离不开文献知识。没有文献知识，就无法深入研究。有些问题看似无用，但却有用。不了解蔡元培的早期事迹，恐怕就无法全面了解蔡元培的思想。

而且上面这些也是起码的史实，连这些史实都弄不确切，还谈得上什么深入研究？从这些例子，可以看到掌握文献知识是很必要的。

第二章　文献的载体

上面讲到"文"指典籍，"献"指贤才。献既指人，其载体也就是大脑，不必再讲了。这里所说的文献载体主要指那些历史上已被记载下来的文献资料的载体。载体就是承载文献的物体。从古到今较重要的有以下几种。

一、甲　骨

甲骨，指龟甲和兽骨。龟甲主要指龟的腹甲，较平整。兽骨则主要是牛的肩胛骨，间或有刻记事文字的牛头骨、鹿头骨、人头骨、虎骨等。我国商代用甲骨刻记占卜文字，在世界上是独有的。从商汤传到第九代盘庚，迁都殷，地点在今河南省安阳市西北五里小屯村。清代光绪末年发现甲骨文，直到 1991 年 9 月，共出土约十万至十五万片，记事年代也就从盘庚到纣王末期（前 1300—前 1028）。殷人凡事要占卜，如祭祀祖先、征伐、狩猎等，都要占卜。先在龟甲或卜骨上凿穴，凿而不透，然后再在火上灼，看上面的裂纹（兆），来预定吉凶。"卜"字就是裂纹之状。然后在裂纹附近刻上占辞，包括时间、事件、占卜人、占卜结果。到事情发生之后，还要记上灵验与否，叫验辞。这样内容就很丰富，包括纪年、帝王世系、祭祀、战争、畋猎、农业、畜牧业、疾病、灾害、天象、方国等，是十分重要的历史资料。同时它是用象形文字刻上的，又保存了我国早期的象形文字，是研究古文字的宝库。我国真正有系统的文字仍以甲骨文为最早。

二、金

我国先秦时期称铜为金。金文,主要是指青铜器上的铭文,当然也有少量其他金属,如铁器、金银器等。其时代主要是商周秦汉,以周代最多。青铜器主要是铜和锡的合金。《周礼·考工记》:"金有六齐(齐,品数,犹今言比例):六分其金而锡居一谓之钟鼎之齐。五分其金而锡居一谓之斧斤之齐。四分其金而锡居一谓之戈戟之齐。参分其金而锡居一谓之大刃之齐。五分其金而锡居二谓之削杀矢之齐。金锡半谓之鉴燧之齐。"可知各种青铜器含铜量是有讲究的。有人曾对商代某些铜器进行测量,发现铜占80%—85%,锡占15%—20%,与《考工记》大体符合。

青铜器的种类名称很多,约略可分为:

(一)礼器

统称尊彝,或彝器。包括鼎(煮肉用)、鬲(lì,煮饭用)、甗(yǎn,蒸器)、簋(guǐ,铭文作毁,盛饭)、簠(fǔ,盛饭)、敦(duì,盛粱)、尊(酒器)、方彝(酒器)、罍(léi,酒器,亦盛水)、盨(xǔ,盛粱)、壶(酒器,亦盛水)、卣(yǒu,酒器,较主要者)、兕觥(sì gōng,盛酒或饮酒器)、盉(hé,盛酒器,或调酒用)、爵(饮酒器)、觚(gū,饮酒器)、觯(zhì,饮酒器)、角(饮酒器)、斝(jiǎ,温酒器)、勺(取酒器)、豆(盛脯醢之器。脯醢即下酒肴羞,肉酱一类)、盘(盛水或承接水器)、匜(yí,盥洗之器)、盂(盛水或饭)、缶(fǒu,盛水或酒)、瓿(bù,盛水或酒)、鉴(盛冰或水)等。

礼器主要用于宗庙祭祀及随葬。其次为诸侯旅行奠告之用(诸侯出行,每舍必奠告,而古代宗庙之器不得携出,故另有行器)。其次则为媵器(陪嫁之物)。

(二)乐器

乐器有金属的,亦有非金属的。这里说的是金属乐器,也主要是青铜器。有钟(祭祀、宴飨用)、钲(zhēng,军乐器)、铎(大铃)、鼓(战争击鼓进军,或祭祀用)、镎(chún,军乐器,又叫"镎于")、铙(náo,形似铃,槌击发声)等。

礼器、乐器既用于祭祀,亦用于宴飨,又用于随葬。乐器还用于征战。

(三)兵器

主要有戈、矛、戟、剑、钺(大斧)、刀、镞(zú,箭头)、弩机、胄(头盔)等。

(四)农器

有犁铧、锄、镰、钁(jué)、铲、锛等。

(五)度量衡

包括度(尺,如王莽始建国尺、东汉建初尺、蜀章武弩机尺、魏正始弩机尺、正仓院唐尺、宋三司布帛尺、明嘉靖牙尺、万历官尺等)、量(主要是秦统一天下后所制,容器,量容积。有金量,有陶量)、衡(天平,一头放"权",一头称物。后演变为秤。权就是秤砣,上面有铭文。主要有秦权、王莽权等)。

(六)钱币

布(形似铲,周代、王莽)、刀(形似刀,齐刀最著名,又有燕、赵刀币)、圆币(先是圆钱圆孔,主要在周代。后改为圆形方孔)。

(七)符玺

符,诏符,发兵用,分为两半,如虎符、鹰符。文字有金错、银错(涂饰)、刻凿。玺,印章,古代用以封检取信。古人封检用泥,清中期出土许多封泥,诸城金石学家刘喜海为之定名。王国维《简牍检署考》考其制度最详。牍、检(封盖)、绳、印、封泥合用。有纸以后封泥废止。当初印仅方寸。后来印纸,形制就自由了,大小长方圆均可。封泥上有许多官名、地名,可补史书之缺,正史书之误。

(八)日用器

常见的有铜镜、灯。铜镜出土的有商周时期的,无铭文。今存者主要是汉代铜镜,多而精美。背面有铭文。如安徽寿县一带出土蟠螭纹镜,不少有文字,其中有避汉淮南王刘长讳的,是汉初之物,其铭文如:"大乐未央,长相思,慎毋相忘。""相思愿毋绝,愁思悲,顾见怨,君不说(yuè)。"(参李学勤《古文字学初阶》六)这类镜子当是男女馈赠之物,以表达爱情。有的铭文有几十个字。隋唐也有铜镜,质量越来越差。灯,战国秦汉以来遗存,基本形制像"豆",烧膏(即肥油)。出土的多为上方所造,比较精巧。如雁足灯,柱作雁足形。战国时期银首人俑灯更为精巧,以人俑持灯。灯上多刻造作人、造作年月、宫室名、器用数。或刻重量、尺度、容量。颁赐外戚者刻受赐人、赐予年月。都可用于考史。

三、石

石刻文字极为丰富,主要分碣、摩崖、碑。

(一)碣

《说文》:"碣,特立之石。"李贤曰:"方者谓之碑,员者谓之碣。"(《后汉书·窦宪传》注)碣就是高石柱子,上小下大,形在方圆之间。如秦始皇琅邪台刻石,阮元《山左金石志》云:"石高工部营造尺丈五尺,下宽六尺,中宽五尺,上半宽三尺,顶宽二尺三寸,南北厚二尺五寸。"泰山顶无字石尺寸约略相当。大约在魏晋以后就被碑取代,较晚的碣是吉林省集安县高句丽墓群矗立的《高丽好太王陵刻石》(甲寅,晋义熙十年,414)。现存较早的是石鼓文,虽然较低,但仍是石柱,属于碣,共十鼓,各刻四言诗一首,咏秦国君游猎事,故又称"猎碣",字体是秦统一文字之前的大篆,属于秦统一之前的刻石,具体年代有争议,现存北京故宫博物院,这是我国现存较早的刻石。

(二)摩崖

刻于崖壁,天然之石。秦刻石中的碣石,刻于碣石门,可能是摩崖。汉代著名的《石门颂》(全名《故司隶校尉犍为杨君颂》),记杨孟文修理石门道事,汉建和二年(148)十一月刻,王升撰,隶书。王昶称为汉人极作,习隶者必学范本。在今陕西勉县。唐代《纪太山铭》,在泰山东岳庙后石崖,开元十四年(726)玄宗撰文,亲以隶书书之,汉以来石刻之雄壮未有及此者。摩崖刻石因为简易速成,所以名山崖壁随处可见。泰山经石峪《金刚经》,属于大摩崖石刻,富盛名,书法隶楷兼半。

(三)碑

碑之名起于周朝,墓所之碑用木,以引绳下棺。庙门之碑用石,以丽牲(用于祭祀的牲系在碑上,以取毛血),以测日影。西汉开始有碑刻文字,但极少。东汉则忽然勃兴,现在说的汉碑,一般指东汉碑。蔡邕是写碑文的名家。碑的主体碑身部分是长方体的石块,所以又称"碑版",上有碑首(东汉时与碑身连在一块),下有碑座。最高的明永乐皇帝为洪武皇帝凿刻的纪功碑(阳山碑材),碑身四十九点四米,全长近九十米。碑正面叫阳,背面叫阴,左右叫侧,首叫额,座叫趺(fū)。唐刘禹锡《刘梦得集·奚公神道碑》:"螭(chī,传说中的无角龙)首龟趺,德辉是纪。"说的是较华美的碑。碑额刻标题,碑阳刻碑文,碑阴、碑侧刻题名。这是通例。也有阴阳面各刻一文的,有阳面刻不完接到阴面的。僧人或信士碑,碑额有造像者。

墓碑立在墓前,又叫神道碑,是供人们瞻仰的。曲阜孔林随处可见。东汉时产生了墓志铭,记生卒年月、姓名、事迹,并系以铭(韵文赞语),内容与碑文相似,但埋在墓圹(kuàng,墓穴)中。魏晋南北朝时期曾屡次禁碑,原因是立碑刻文多虚美,且浪费钱财。禁碑刺激了墓志铭的发展,所以出土的六朝墓志铭特别多,这一时期墓志铭也极发达(参李士彪《汉魏六朝的禁碑与碑文的演变》,《中国典籍与文化》1999年第4期)。

碑除了大量用于丧葬外,还用于纪功纪事,表彰功德。修桥、修路、建庙、修观,都有碑记其事。

还有刻诗文法书、名人手迹的。

从唐代开始,还有进士题名碑,前面说的明清进士题名碑即是。

古代还把重要经典刻于石碑,作标准本。儒家经典屡经刻石:①汉熹平石经;②魏三体石经;③唐开成石经(在西安碑林);④蜀石经(孟蜀至北宋刻于成都);⑤北宋石经;⑥南宋石经;⑦清石经。

佛经刻石最著名的是房山石经,在北京房山区大房山云居寺。从隋代到清康熙三十年陆续刻成,历时千年之久,刻石一万五千余块,分藏石经山上九个石洞及云居寺西南佛塔旁边地穴中。包括佛经一千余部,三千四百余卷。其余摩崖刻石、经幢都为数不少。

道经自唐代亦有刻石,数量少于佛经。

石刻文字在国外要远远早于我国。例如古埃及新王国时代（约前1567—前1085）制作了大量墓碑、方尖碑等，重者达千吨。方尖碑方柱、尖顶，刻有象形文字及图画。古巴比伦国王汉穆拉比（前1792—前1750）把法律条文二百八十二条刻在高二点二五米的石柱上，叫《汉穆拉比法典》（今藏法国罗浮宫博物馆）。波斯大流士一世（前522—前486年在位）期内镌刻的"贝希斯顿铭文"，在石崖上修整出多幅长方形碑面，写刻了约一千二百行之多的长篇铭文（在今伊朗克尔曼沙阿城东三十公里的贝希斯顿村附近）。中国的石鼓文约在公元前2世纪，较国外晚得多。但中国石刻文献数量庞大，内容丰富，独具特色，有很高的史料价值。

四、竹　木

竹，主要是劈成长而窄的竹片，叫竹简。

木，既可以劈成长而窄的木片——木简，也可以做成较宽的木板——方版（也叫牍）。竹木简起源很早，甲骨文里有"册"字，有"典"字。"册"就是把竹木简编连成册的象形文字。典是把册放在杌子上，是会意字，表示典藏之义，当然也可表示被典藏的物体，即典册。《尚书·多士》："惟殷先人，有册有典。"《墨子·明鬼》："书之竹帛，传遗后世子孙。"可知先秦时期竹简已常用，而且开始很早。简牍直到公元3—4世纪才被纸取代。

在西晋武帝"太康二年（281），汲郡（今河南汲县）人不（fōu）准盗发魏襄王墓，或言安釐王冢，得竹书数十车。……大凡七十五篇……漆书，皆科斗字。初，发冢者烧策照取宝物，及官收之，多烬简断札。文既残缺，不复诠次。武帝以其书付秘书校缀次第，寻考指归，而以今文写之。晳（束晳）在著作，得观竹书，随疑分释，皆有义证"（《晋书》卷五十一《束晳传》）。出土竹书有《纪年》、《周易》、《穆天子传》、《周书》等，唯《穆天子传》传至今。这是战国竹简大批出土的一次详细记录。

近数十年间，长沙楚墓、湖北随州战国早期曾侯乙墓、湖北云梦睡虎地秦墓、荆州郭店楚墓等都发现大批战国竹简。

汉代竹木简发现亦较多，20世纪70年代长沙马王堆一号汉墓和三号汉墓发现竹简七百二十二枚，临沂银雀山汉墓发现四千九百余枚，其中

《孙子兵法》、《孙膑兵法》闻名世界。安徽阜阳汉简有《诗经》、《周易》等十多种古籍。20世纪80年代湖北江陵张家湾汉墓出土西汉初年竹简一千六百多枚。

在西北，敦煌、酒泉、居延、武威以及新疆南部若羌、和田，在1900年以来，中外发掘汉晋简牍数万件。1990年到1992年甘肃考古工作者在甘肃敦煌甜水井西汉悬泉置遗址发掘，出土木简二万五千余枚之多。1996年长沙市走马楼出土三国时吴国简牍达十余万片，超过全国历年出土总和。

简的长度是有讲究的，根据王国维《简牍检署考》，汉代有二尺四寸、一尺二寸、八寸、六寸等规格。《孝经钩命决》云："《春秋》，二尺四寸书之。《孝经》，一尺二寸书之。"郑玄《论语序》云："书以八寸策。"据此，《春秋》、《孝经》、《论语》就划归三个档次。《论衡·正说》："说《论》者皆知说文解语而已，不知《论语》本几何篇。但知周以八寸为尺，不知《论语》所独一尺之意。夫《论语》者，弟子共记孔子之言行，敕记之时甚多，数十百篇，以八寸为尺，纪之约省，怀持之便也。以其遗非经，传文记识恐忘，故但以八寸尺，不二尺四寸也。"又《量知》："截竹为简，破以为牒，加笔墨之迹，乃成文字，大者为经，小者为传、记。"又《谢短》："二尺四寸，圣人文语，朝夕讲习，义类所及，故可务知。汉事未载于经，名为尺籍短书，比于小道。"从以上记载可知：二尺四寸之简写经，一尺二寸之简写传，八寸之简写记。《春秋》是经，用二尺四寸简。《孝经》为传，用一尺二寸简。《论语》为记，用八寸简。汉代八寸相当于周代一尺，即《论衡》所云"周以八寸为尺"，所以八寸简所写之书又称"尺籍"。

另有六寸之简，用来作符信，即通行证。《说文解字》："符，信也，汉制以竹长六寸，分而相合。"此制至今犹有残存。约三十年前，农村染布行业，走村串户，收取白布，为顾客染出一定花色（以印花布被面居多），以竹签刻上二三个"◎"式花纹，纵剖成两半，一半系于布上，一半交顾客收存，数日后，染成之布送来，以两半竹签相合，为取布凭信，即符信是也。又各大城市看管自行车也有用竹牌，以两枚为一对，车上挂一半，个人持一半，以为取车凭据，亦其遗意。

法律文书亦用长简。《盐铁论·诏圣》："二尺四寸之律，古今一也。"汉之八寸为周之一尺，则汉之二尺四寸为周之三尺。所以《史记·酷吏列传·杜周传》云："不循三尺法，专以人主意指为狱。""三尺法"乃是沿用周代旧称，即汉代二尺四寸简所书法律条文。

从出土实物看，1959 年甘肃省博物馆于武威磨嘴子六号汉墓中掘得四百八十枚完整简牍，内有《仪礼》甲本木简七篇三百九十八枚，简长五十五点五至五十六厘米，约当汉尺二尺四寸，证实经典用二尺四寸简是可信的。当然出土简册的长度并不那么整齐，在尺寸上是有变通的。

牍，是木制的，窄长条就是木简，宽的就是木板，又叫牍。西北敦煌、居延出土的汉简多是木简，原因是那里出产竹子较少，而出产木材较多。书写材料是就地取材加工而成的。《论衡·量知》云："断木为椠，析之为板，力加刮削，乃成奏牍。"说的就是较宽的板牍。板牍用来上奏，《史记·滑稽列传·东方朔传》："至公车上书，凡用三千奏牍。"据《论衡》所说，这应是指板牍。

写信也用板牍，这种写信用的板牍一般一尺长，所以叫"尺牍"，后来尺牍成了信的代称。从出土木牍来看，其长度并不严格，称作尺牍，是约略言之。信写好了，要封起来。怎么封呢？用另一块板盖上，这块盖信的板叫"检"。检上有细槽，用绳子捆扎起来。检的中间有方槽，在那里打绳结。绳结上施以特制的泥，叫"封泥"，泥上再盖上印，这样就无法拆看了。这种加盖、系绳、施泥、钤印的工作叫"封"，就是密封起来的意思，所以信的单位量词叫"封"。"检"形如覆斗，所以叫"斗检封"。检上可以写收信人姓名等。

木简加工似较容易，就是破板刮削的过程。竹简破成竹条后，还要把简面刮平（一般指竹黄一面），再用火烤干，这种加工叫"杀青"。《太平御览》卷六百六："《风俗通》曰：刘向《别录》'杀青'者，直治竹作简书之耳。新竹有汁，善折蠹，凡作简者，皆于火上炙干之。陈楚间谓之汗，汗者去其汁也。吴越曰杀，亦治也。"所以竹简又叫"杀青简"，又叫"汗简"（宋代郭忠恕有《汗简》一书）、"汗青"（文天祥诗"人生自古谁无死，留取丹心照汗青"），文章写好了叫"杀青"。

竹木简都可用绳编连起来。《史记·孔子世家》："孔子晚而喜《易》……读《易》，韦编三绝。"韦是皮条，用皮条编连成的简，书写《周易》。孔子读《周易》，皮条多次磨断，可知用功之勤。《太平御览》卷六百六："刘向《别传》曰：'《孙子》，书以杀青简，编以缥（piǎo，青白色）丝绳。'"可见刘向所见过的《孙子》是用青白色丝绳编连的竹简。但现在西北出土的木简，基本上是麻绳编连。在居延出土的"兵物册"有简七十七枚,用麻绳两道编连,简长二十三厘米,全宽一百三厘米,全札张开约一百二十二厘米,是兵站检查器物的清册,其时代约在公元 93—95 年间。1990 年敦煌市甜水井出土的西汉阳朔二年(前 23)悬泉置传车亶舆簿木简九枚、牍一枚,用麻绳编连两道。都是较早的装订完整的中国书。绳有两道,亦有三道或四道的,出土简上有绳痕和契口可证。有先写后编的,敦煌出土的《永元兵物册》上的字有些被绳盖住,即先写后编。也有先编后写的,武威出土的《仪礼》简上编绳处留有空白,当是先编后写。银雀山汉墓出土的《孙子兵法》有三道绳痕,中间一道,两端各一道。中间一道编绳处留有空白,也是先编后写的。当然也可以书写时预留空间,因为契口类似后来的装订线。古书称编、称篇,都是从简策制度来的,编好的简策一般要卷起存放,所以古书称卷也与简策制度有直接联系。

简编成册,如果是需要传递的文书,亦用一块宽木片作"封",捆扎起来,施以封泥,钤上印,传递出去。

椠也用来指木板。根据《论衡》,"椠"只是截断的木头,破成片才叫"板",刮削以后才叫"牍"。但有时"椠"字也作为板牍的代称。扬雄《答刘歆书》云:"故天下上计孝廉,及内郡卫卒会者,雄常把三寸弱翰,赍油素四尺,以问其异语,归即以铅摘次之于椠,二十七岁于今矣。"(见《方言》末)《西京杂记》云:"扬子云好事,常怀铅提椠,从诸计吏访殊方绝域四方之语。"这里的椠就是板牍之义。

书写会出错,就用刀刮去再写,所以"刀"和"笔"要配合使用,就有了"刀笔"这个词。《史记·酷吏列传·郅都传》:"临江王征诣中尉府(郅都时为中尉)对簿,临江王欲得刀笔,为书谢上,而都禁吏不予。"临江王即景帝太子刘荣,废为临江王。刀笔,张守节正义云:"古者无纸笔,用刀削木,为笔及简牍而书之。"按:张说非。毛笔在商周时代已有之,甲骨文、金文中的"聿"字就是手持毛笔之状。1954 年长沙古墓曾出土战国毛笔,1975 年湖北云梦睡虎地秦墓亦出土毛笔三支。同年湖北江陵凤凰山西汉墓出土毛笔一支。1993 年江苏东海县尹湾西汉晚期墓出土毛笔一对。简牍是用毛笔蘸墨书写的,古人称为"漆书"。在汉景帝时,不可能没有毛笔。张守节把刀解释为削木造笔和简牍的工具,如果那样,则只要刀可矣,不必要笔。事实上,笔是现成的,简册更是现成的,只要有办公场所,简牍正如今天的纸,是常备的,无须亦不可能由临江王自己削制。刀只能是修改文字之用,写错了,就刮去重写。《说文》:"柿,削木札朴也。"

"朴,木皮也。"斯坦因在敦煌发现为数上千的带字的"柿",就是刮掉的木简上的字。一般是为了废物利用,不一定都是改错字。刀和笔的关系,大抵相当于今天小学生用的橡皮和铅笔的关系,极为密切,故连为一词,曰"刀笔"。尹湾西汉墓出土一批文具,内有毛笔一对,书刀两件,显是配套之物。后代"笔"一直沿用,但"刀"自从简牍废止以后,则不再与笔发生关系。张守节生活于唐代,对汉代刀、笔关系认识不清,是正常的。但是《辞源》"刀笔"解释仍然错误:"刀笔都是书写工具,古代记事,最早用刀刻于龟甲或竹木简。有笔以后,用笔书写在简帛上,故刀笔合称。"举例即《史记·郅都传》"临江王欲得刀笔"事。这个解释显然欠妥。用刀刻甲骨是事实,但甲骨只用于占卜,日常记事仍用简册,"惟殷先人,有册有典",已说明商朝用简册,同时笔已应用,所以普通文书仍用毛笔写在简策上。笔不是在刀之后产生的,不是先有刀刻,后有笔写,这是一点不准确。第二点不准确是在汉景帝时,甲骨文时代早已过去,刀用于书写已极少见,临江王要写信,根本不会用刀书写,刀的用途显然不是书写工具。因而《辞源》这条释文不确。其实,《后汉书·刘盆子传》"其中一人出刀笔书谒颂贺",唐李贤注:"古者记事书于简册,谬误者以刀削而除之,故曰刀笔。"已完全正确,但未被《辞源》采纳。以上这些文化现象都是简牍作为书写载体的时代的投影,不了解就要误会历史,出现错误。

五、帛

　　我国丝织品在上古时代已经有了,甲骨文中已多次出现"丝"和"帛"字,在殷墟发现有丝帛残迹,许多殷代和周初古墓中发现玉蚕和丝帛。1982年湖北江陵马砖厂一号墓出土战国中晚期丝织品绢、纱、罗、锦等品种繁多。锦最大的267×210厘米,由五幅拼缝,幅宽五十厘米,保存完好。公元1世纪起,即形成经新疆穿越中亚到欧洲的"丝绸之路",丝绸价格昂贵。前面谈到毛笔起源很早。因此用丝织品写字,是很早就有了。前面引《墨子·明鬼》说"书之竹帛",《韩非子·安危》亦云"先王寄理于竹帛"。在我国有记载的历史上,竹帛是同时并用的。
　　1973年长沙马王堆西汉墓出土大批帛书,其中图书约三十种,黑墨书写,字体有的在篆隶之间,有的为隶书。有《老子》两个本子、《战国纵横家书》、《相马经》等,影响极大。

帛书除用于书写文字外,还适于绘图。因此出土帛画不少。《汉书·艺文志》各书有附图者一般称"若干卷",如《孙子兵法》八十三篇图九卷,《齐孙子》八十九篇图四卷。书称"篇",图称"卷","卷"一般认为指帛书。当然并不是说简册就不卷起来存放。

缣帛又叫"纸",这是纸的本义。《后汉书·蔡伦传》:"自古书契多编以竹简,其用缣帛者谓之纸。"

在汉代,宫廷藏书中帛书很多。《后汉书·儒林传》:"及董卓移都之际,吏民扰乱。自辟雍、东观、兰台、石室、宣明、鸿都诸藏,典策文章,竞共剖散。其缣帛图书,大则连为帷盖,小乃制为縢囊。"可知宫廷藏书除简策外,有大量的帛书。

纸张发明以后,并没有马上取代简帛,而是有一段简纸并用期。西晋左思作《三都赋》,请皇甫谧作序,人们争相传写,洛阳为之纸贵。可见当时纸已比较流行,但从西北出土的木简看,较晚的有东晋初年的木简,说明东晋初仍有用简的。《初学记》卷二十一引《桓玄伪事》:"古无纸,故用简,非主于敬也。今诸用简者,皆以黄纸代之。"桓玄卒于公元404年,为东晋末,说明直到东晋纸才最后取代简策。我国古籍形态因而进入了一个新时代——纸的时代。

在介绍纸之前,我们介绍一下国外早期的三种重要的书写材料:莎草纸、羊皮纸、贝叶。

六、莎草纸

莎草纸,又叫"纸草纸"、"埃及纸"。是古埃及人发明制造的。在尼罗河流域生长着一种纸草,英文 papyrus,属于莎(suō)草科,又称"埃及芦草"。用这种莎草茎,截成长约十六英寸,切成薄片,纵向排列起来,再横向加排第二层,用树胶溶液处理,捶压平滑,即成为草纸,英文仍作 papyrus。现代意义的纸英文叫 paper,就是从 papyrus 来的。一张草纸约十六英寸见方。需要多页,则用单页连接糊好,作成卷本,一般二十张为一卷。笔是苇制的笔刷,黑墨是用黑烟灰和树脂水溶液制成,红墨则用红色氧化铁制成。希腊人的书每一章开头用红色写,后来罗马和欧洲都沿用。英语中有个词叫 rubric 即"红字标题"，就源于此。现在不少西洋古书珍本，标题或一章开头用红色写。同时，标题或开头的字用另一种字体，也是从这里演化来的，所以英文是同一个词。草纸发明很早，而且使用时间很长，范围也很广。在埃及，曾经从公元前 3500 年木乃伊的棺椁中发现莎草纸卷本。我国的甲骨文是从公元前 14 世纪盘庚迁殷（盘庚于第十四年，公元前 1388 年迁殷）到殷纣王末年（殷灭于公元前 1123 年）之间的产物。埃及发现的草纸卷本要早于甲骨文两千多年。莎草纸后来流传到地中海沿岸国家。公元 300—400 年间抄写的亚里士多德的《雅典法》，就写在莎草纸上。公元 1022 年一件教皇的教书也写在莎草纸上。作为书写材料，埃及草纸经历了五千年历史，在世界文明史上产生过重大影响（参小野泰博《图书和图书馆史》）。埃及莎草纸直到公元 10 世纪中国造纸术传到埃及才真正被废弃。

七、羊皮纸

埃及人公元前 2000 年已会用兽皮写字，但羊皮纸直到公元前 2 世纪才普及。据说小亚细亚佩尔加蒙国（Pergamum 或 Pergamon）国王尤美内斯二世（Eumenes II，前 197—前 159 年在位）时，与埃及统治者关系恶化。埃及禁止莎草纸运往佩尔加蒙。佩尔加蒙人不得不在兽皮上下功夫，他们将兽皮煺毛、刮去脂肪层，把这种削薄的兽皮在石灰水中浸泡，晾干，再用光细的白垩揉搓，用类似轻石物质打光，制成光滑平展的兽皮纸，主要是羊皮纸。这种羊皮纸传到意大利，因为其产地为佩尔加蒙，所以羊皮纸也叫 pergamen。英文羊皮纸 parchment 即源于此。公元 4 世纪以前，羊皮纸在欧洲成了最通行的书写材料（参小野泰博《图书和图书馆史》）。当佩尔加蒙试制出羊皮纸时，我国处于西汉初年，当时用的书写材料是简、帛。当公元 4 世纪羊皮纸在欧洲普及时，我国已普及植物纤维纸。

在国外，保存了不少羊皮书，主要是手写的《圣经》、《诗篇》及法律文书等。1989 年在埃及中部距离开罗以南八十五英里的墓地，由施工挖掘工人在一个大约十二岁的女孩墓中，在女孩的头下面，发现一本羊皮书《诗篇》全书，共四百九十页羊皮纸，封面是木板，用皮条装订。《诗篇》是用科普特语精心手写而成。科普特语是由希腊字母和古埃及后期七个象形文字补充而成的一种语文,现已不使用。这本《诗篇》的书写时代可追溯到公元 4 世纪下半叶。科普特教是世界最古老的基督教中的一支,起源于公元 48—75 年间的埃及。现有五六百万教徒。《诗篇》(*The Psalms*)是基督教的诗歌,在《旧约全书》中保留了一部分,据说这本羊皮书《诗篇》是最完整的,可对以往留存的文本进行补充。美联社的报道说"可能是最古老的装订书","也可能是世界上所有书籍中最古老的一本"(《参考消息》1989 年 1 月 15 日)。其实公元 4 世纪下半叶相当于我国东晋后期,当时我国已进入纸的书写阶段。我国敦煌甜水井出土的用绳编连的简策产生于公元前 23 年,要早约四百多年。居延出土的用麻绳编连的"兵物册"七十七简,大约产生于公元 93—95 年间,即公元 1 世纪末,比埃及出土的《诗篇》早三个世纪。《诗篇》当然不是最古老的装订书。

在欧洲,中世纪(公元 4、5 世纪到 15 世纪)图书一般都是用羊皮纸。中国纸在中世纪末传到欧洲,才逐步取代了羊皮纸。

八、贝　叶

贝叶又叫"贝多罗",梵文 pattra 或 patra 的音译,原义是叶子。一说:"贝者,叶之义。多罗(梵文 tāla)树之叶谓之贝多罗。"(《佛学大辞典》)在古代印度用来书写的这种树叶属于棕榈科扇椰树的叶子。这种树属于高大乔木。《大唐西域记》卷十一《恭建那补罗国》:"(王)城北不远,有多罗树林,周三十余里,其叶长广,其色光润,诸国书写,莫不采用。"古代尼泊尔、巴基斯坦、缅甸、泰国亦用贝叶为书写材料,直到中国造纸术传入后才逐渐被纸取代。用贝叶书写的佛经,叫贝叶经。其书写是用尖锐的笔刺写出清晰、深刻的线条,再在线条上涂色。这种贝叶经目前仍有遗存。国图藏有傣文贝叶经。北大有梵文贝叶经,时代较晚。

贝叶经的装订方式是将长条形散叶按顺序一叶一叶重叠整齐,上下穿眼,再用木板两块夹住,夹板亦相应穿两孔,再用一根绳子穿起来,捆好,即成一夹,因是用梵文写成,所以叫梵夹。所谓贝叶经,就是用梵夹的形式装订的,作为装订方式,叫梵夹装。中国僧人到印度取佛经,取来的就是这种梵夹,取来之后再翻译成汉文,抄到纸上,装成中国的卷子。在敦煌还发现我国用纸书写的佛经,单页叠齐,夹以木板,一端穿孔,用绳穿订,完全仿梵夹装形式。后来卷子改成折叠式的经折装,其长方形与梵夹仍类似,所以也沿用"梵夹"之称。

唐杜宝《大业杂记》:"新翻经本从外国来,用贝多树叶,叶形似枇杷叶而厚大,横作行书。约经多少,缀其一边,牒牒然,今呼为梵夹。"缀其一边,指的是一端打眼,用绳穿订。

唐释道宣《续高僧传》卷一:"始梁武之末,至陈宣初位,凡二十三载,所出(译)经、论、记、传六十四部,合二百七十八卷。……余有未译梵本书,并多罗树叶,凡二百四十夹。"

《大唐西域记》卷十二《记赞》载玄奘"请得"佛经"凡五百二十夹,总六百五十七部"。这些都是贝叶经。

记得有一幅宋代石刻玄奘取经图,绘的是玄奘背着大宗的佛经,是卷子,那恐怕不符合史实。应当是梵夹装的贝叶经才是。

九、纸

(一)造纸术的发明

过去历史记载是东汉蔡伦发明纸(发明于公元 105 年)。现在考古发现早在西汉初年就有了纸,各次发现是(参潘吉星《中国造纸史话》第10—17 页,又潘吉星《中国科学技术史·造纸与印刷卷》第46—57 页):

1933 年考古学家黄文弼在新疆罗布泊汉烽燧亭遗址掘出一块麻纸,年代为西汉宣帝黄龙元年(前49),早于蔡伦一百五十四年。

1957 年陕西西安东郊灞桥砖瓦厂工地古墓遗址出土一批文物,内有青铜镜,镜下有麻布,布下有纸,最大一片为 8×12 厘米。考古学家断定不晚于西汉武帝时代(前140—前87)。经鉴定属麻纸,成分为大麻。

1973 年甘肃考古队于额济纳河流域汉代居延地区的肩水金关驻军遗址作科学发掘,清理出木简、毛笔等物,有古纸两片,一片白色,质地匀细,19×21 厘米,年代约为西汉昭帝、宣帝时期;另一片暗黄色,质地较松,9×11.5 厘米,年代约为哀帝建平年间。

1978 年陕西扶风县中颜村汉代建筑遗址清理出窖藏陶罐,内有钱等三十余件。其中漆器装饰件铜泡(铜钉)空隙中间填塞有纸,纸呈白色,质地细,6.8×7.2厘米,为西汉宣帝至平帝时遗物。

1979年10月甘肃长城联合调查团在敦煌马圈湾西汉屯戍遗址发掘出实物三百三十七件,木简一千二百一十七枚,内有麻纸五件八片,其中一件浅黄,较厚,20×32厘米,边缘清晰,是迄今出土西汉纸最大的一张,时代为宣帝时期(前65—前50)。

1986年甘肃考古学家在天水市郊放马滩西汉墓中发现古纸,黄色,5.6×2.6厘米,纸上绘有地图。被考古工作者定为西汉文、景时物。经化验为麻纸。

1990年冬甘肃考古学家何双全在敦煌甜水井西汉悬泉置遗址主持发掘,发现三十多片古纸,有三片有字迹,均西汉物。经化验,纸面有明显帘纹。说明是抄纸模具抄出。

纸在三国到西晋时期还没有取代简牍,但已在社会上被广泛使用,其优势已逐步被人们认识。西晋初年的学者作家傅咸作《纸赋》云:"夫其为物,厥美可珍。廉方有则,体洁性真。含章蕴藻,实好斯文。取彼之弊,以为此新。揽之则舒,舍之则卷。可屈可伸,能幽能显。"

到东晋,纸才基本取代简牍。

(二)纸质文献的装潢形制

纸质文献的装潢经历了以下几个阶段:

1.卷子

从西晋初年傅咸《纸赋》"揽之则舒,舍之则卷"的描绘看,纸在早期就是以卷子的形式出现的。其原因是竹简木简是卷起来存放的。而且卷子画有竖格,显然是仿竹木简而画。从六朝到唐代,都是卷子,五代北宋初仍有卷子,金代刻的大藏经,既有卷子本又有经折装,现存为卷子。到后来,主要是书法、绘画作品保持了卷子装潢,直到今天仍在使用,只是纸幅较宽而已。敦煌发现了大批六朝隋唐卷子,晚的也有五代北宋之物,证明了卷子作为书籍装潢形式所流行的时代是六朝到唐五代时期。

卷子一般高约一尺,长度则未见定制。唐太宗喜收王羲之帖,装裱时都以一丈二尺为一卷,其中《十七帖》包含二十九帖,共一百三十四行,长一丈二尺,第一帖开头为"十七日",故此一卷帖名《十七帖》。敦煌卷子长有二三丈的。

纸是一张一张造出的,卷子是用一张一张的纸粘接起来的,每张纸长约四十至五十厘米,高约二十五至二十九厘米。长卷子要多纸接起来。竖格叫"边准",宋人叫"解行",每张纸二十至三十行。上下有横栏,叫"边栏"。这种竖格是由专人用特制的毛笔画出的,一般只有上下栏,无左右栏,是简策遗意。

卷子一头有轴,在文字结束的尾端,不读时就卷起来,所以卷子又叫"卷轴"。卷子的开头部分,卷起来时在外面,容易磨损,所以接出一段丝织品(或空白纸),卷起来之后,这段丝织品包在外头,可作保护,这段丝织品叫"褾"(biǎo)。《资治通鉴·隋炀帝大业十一年》:"其正书皆装剪华净,宝轴锦褾。"胡三省注:"褾,卷端。"褾上还可系一根带子,卷起来之后用来捆扎。一个卷子包括轴、卷、褾、带四个部分。

卷子摆在架上,不易寻检,因此一头悬挂标签,标签是牙质的,所以叫牙签。而且经、史、子、集可用红、绿、碧、白不同颜色区别。唐韩愈《送诸葛觉往隋州读书诗》:"邺侯家多书,插架三万轴。——悬牙签,新若手未触。"描述的就是卷轴时代藏书的场景。邺侯,唐李泌,这里是指其子李繁。过去学者之间借还书,称对方书架为"邺架",即从此来。如明王世贞《与余德甫书》:"薄有书刻之类,以佐邺架,幸赐麾纳。"另外,形容图书保存完好,用"触手如新",亦来自此诗。

卷子不便携带,还有装书的袋子,叫"帙"。帙就是书衣,"书衣"一词一直沿用到近代,不过已变成书册外封皮的称呼了。卷子每十卷为一帙,是通行做法。晋葛洪《西京杂记序》:"始甲终癸为十帙,帙十卷,合为百卷。"唐陆德明《经典释文序》:"合为三帙三十卷,号曰《经典释文》。"唐魏征《群书治要序》:"凡为五帙,合五十卷。"唐许敬宗编《文馆词林》,中土已佚,日本藤原佐世《日本国见在书目录》著录为一千卷,日本源顺《倭名类聚钞序》云:"《文馆词林》一百帙。"这类例子很多,可证明一般是十卷为一帙。当然不满十卷亦可自为一帙。帙一般为丝织品,敦煌所出书帙亦有竹帘做成的,细竹为经,丝线为纬。有的帙还说不上是袋子,而是类似包袱。"卷"和"帙"是两相配合之物,所以后来成为一个词"卷帙",称书多为"卷帙浩繁"。

当时的纸张要"染潢",用黄檗汁。《齐民要术·杂说》对"染潢"之法有记述。染潢的目的一般是防虫,色微黄,所以卷子又称"黄卷"。《抱朴子·疾谬》:"吟咏而向枯简,匍匐以守黄卷。"又用"黄卷青灯"描绘夜读情景。陆游《剑南诗稿》卷九《客愁》:"苍颜白发入衰境,黄卷青灯空苦心。"在陆游的年代书已不再是卷轴装,而已改为书册,这里属于用事。
既然纸是染潢的,所以写错了涂改也用黄色盖住原字,再行重写,这种涂
改颜料为雌黄,所以形容不顾事实,随便议论叫"信口雌黄"。《文选》刘
孝标《广绝交论》李善注引《晋阳秋》:"王衍,字夷甫,能言,于意有不安
者,辄更易之,时号口中雌黄。"

2. 经折装

大约在唐代后期,出现了经折装。经折装就是把卷子改成折叠式,纸
仍是连接起来的长幅,但不是卷起来,而是按一定宽度一反一正折叠成
一个长方形的册子。轴和褾都不用了,换成两块硬纸板,也有用薄木板的,
大小与折子一样,把折子夹起来,成为外表看来像梵夹一样的形式,所不
同的是梵夹是用贝叶写的单叶,而折子是用纸写的,全册连成一长幅。宋
代王巩《闻见近录》:"国初严重未有如玉牒者,祖宗以来用金花白罗纸、
金花红罗褾、黄金轴。神宗时诏为黄金梵夹,以轴大难披阅也。"在北宋
太祖开宝四年(971)至太宗太平兴国八年(983)成都奉敕雕刻的《大藏
经》(世称《开宝藏》),以及辽代雕刻的《大藏经》(世称《契丹藏》或《辽
藏》,刻成于辽道宗清宁九年以前。清宁九年相当于宋仁宗嘉祐八年,
1063),都还使用卷轴装。而北宋神宗元丰三年(1080)至徽宗崇宁二年
(1103)福州东禅等觉院刻的《大藏经》(世称《崇宁万寿藏》或《福州藏》)
则改用经折装,以后南宋、元、明、清所刻《大藏经》基本上都是经折装。
卷轴改经折装的年代与王巩《闻见近录》记载基本一致。由此推测,在北
宋中叶,即公元 11 世纪,经折装才代替卷子。其后卷子还在使用,已不是
主要的装潢方式。经折装与印度贝叶经的梵夹式应有一定关系。所以也
有不少人沿用梵夹装之称来称经折装。王巩说的"黄金梵夹"应即经折
装形式。经折装主要用于佛经装潢,尤其在南宋以后,图书装订形式已变
为蝴蝶装、包背装、线装时,佛经仍用折装,更显特殊,所以称"经折装",
经指佛经。

3. 蝴蝶装

蝴蝶装是由经折装变来的。元吾衍《闲居录》:"古书皆卷轴,以卷舒
之难,因而为折。久而折断,复为薄帙。""薄帙"就是蝴蝶装的一本一本
书。其重大进步就是变成了单叶装订成册的形态,这种形态与现代意义
的图书册页制度就十分接近了。

蝴蝶装起于何时,还说不准,敦煌所出《王陵变》为蝴蝶装。大约在

北宋,蝴蝶装逐步取代经折装,成为儒家经典及一般书籍的装订方式。现在留下来的成册书籍,宋刻本大都经过后人整治重装,原装已不多见,在可以见到的原装宋版书中,又基本上是南宋时刻本,即使有少数刻本刻于北宋,但其印刷也在南宋,因此装订仍是南宋的。北宋的原装书,儒家系统的,已极少见。所以早期的蝴蝶装实物极少。南宋的蝴蝶装还可以看到。如中国国家图书馆的宋刻《欧阳文忠公全集》、《册府元龟》、《文苑英华》、《焦氏易林》都是宋代的蝴蝶原装。

所谓蝴蝶装,是以版心中线为准,版面向里对折,然后再一叶一叶重叠在一起,在折线处对齐,用浆糊粘在一起,另外三边切齐,再用硬纸连背裹住作封面。看上去很像现在的精装书。不同的是没有锁线,每页纸只有一面有字。打开书,可以看到一整页,以版心为中轴,两边各半页,颇似展翅蝴蝶,故称蝴蝶装。这种装潢在宋代普及,到元代还在使用,明洪武刻《元史》、永乐刻《四史外戚传》也是蝴蝶装。周绍良先生藏明永乐刻《新刊武当足本类编全相启圣实录》前、后、续、别四集四册,蝴蝶装,每版上图、下文,下栏半页二十行,行二十字,黑口,四周双边,皮纸薄而柔韧。先生尝出示,颇罕秘。清顺治内府刻《资政要览》,蝴蝶装,流传较多。可见这种装潢沿用到清代。不过作为通行装潢主要在宋元两朝。《明史·艺文志》:"秘阁书籍皆宋元所遗,无不精美,装用倒折,四周向外,虫鼠不能损。"即指明代宫廷藏宋元版书蝴蝶装。

蝴蝶装书是立着放的,书背朝上,口朝下,因为现存宋代蝶装书书根有题写书名,是从书背向书口竖写的。这样放,书口不怕磨,书背又不进灰。

4. 包背装

蝶装也是包背,就这一点讲是一致的。区别是:每页版面向外对折,装订不在版心一边,而在版心折线对面的余纸上。打眼,穿纸捻子,订好后再上包背封皮。这样,蝶装时靠近书背的版心部分,现在朝外,成为书口。而原来的书口部分成为书背。古书一面印刷,另一面没字。蝶装书翻开有时是有字的,有时是无字的。包背装则不然,无字的一面折叠装订后就包在里面了,翻不出来,确有其方便之处。包背装封皮一般是普通青色纸,看起来像今天的平装书。

包背装一般认为起于元代,到明中期以前多用此法。包背装书口有字,不便再书口向下直立存放,就改为平放。明代《永乐大典》,清代《四库全书》，都是包背装。近人赵万里1934年登天一阁，有《重整范氏天一阁藏书记略》一文云："纸墨精湛，触手如新，多作包背装，令人爱不忍释。"

5. 线装

包背装书背易破，书易散，于是出现线装。不同是：护叶由一张裹背改为前后两张，不包书背。装订时先订纸捻，再切齐，然后包角，再上封皮，再打眼上线。一般打四个装订眼，或者在书背上下两角加打两眼，成为六眼装。线装大约明中叶兴起，沿用至清末民国间，基本上被洋装书取代，但线装这一传统形式至今仍在某些图书中沿用。

线装之后为今天流行的平装、精装，这是清代中后期从西方传入的。

目前，文献的载体除了纸张以外，还有胶片、软盘、光盘，这些载体作用越来越大，但就目前看，还不可能代替传统的纸。

第三章　文献的形成与流布

一、文献的形成

文献的形成方式大体可归纳为著、述、编、译四种。

（一）著

著，也叫"作"、"造"、"著作"。王充《论衡·对作》说："造端更为，前始未有，若仓颉作书，奚仲作车是也。《易》言伏羲作八卦，前是未有八卦，伏羲造之，故曰作也。"仓颉造字，奚仲造车，伏羲作八卦，都是前所未有的开创性工作，所以叫"作"。王充强调的是"前所未有"。今天科学上把这类工作叫"发明创造"。

司马迁《报任安书》说："仲尼厄而作《春秋》。"又说："《诗》三百篇大抵圣贤发愤之所为作也。"这个"作"都是指著作，一种创造性的工作。司马迁撰《史记》，是自认为继承《春秋》精神的，所以《史记·太史公自序》称"作《五帝本纪》第一"，"详著《秦楚之际月表》第四"，又称"作三十世家"、"作七十列传"。其《报任安书》亦云"仆诚已著此书，藏之名山，传之其人"。因为司马迁认为自己的《史记》是"欲以究天人之际，通古今之变，成一家之言"，所以自称"作"、称"著"。但是，当别人把《史记》比之于《春秋》时，司马迁又谦虚地认为不能与《春秋》平起平坐，于是在《太史公自序》里记述答壶遂说："余所谓述故事，整齐其世传，非所谓作也。而君比之于《春秋》，谬矣。"在《自序》末亦云："太史公曰：余述历黄帝以来至太初而讫，百三十篇。"曰"述"，曰"整齐"，强调了对旧有史料的继承与整理融贯工作，而淡化了"成一家之言"的创造工作，这是自谦之辞。

清代学者焦循对"作"下过明确定义："人未知而己先知，人未觉而己先觉,因以所先知先觉者教人。俾人皆知之觉之,而天下之知觉自我始,是为作。"(《雕菰集·述难》)焦氏强调的也是原创性。当然这里的先知先觉,不是指生而知之,而是韩愈《师说》所说的"其闻道也先乎吾",就是首先知道,首先觉悟到。所以张舜徽先生进一步概括说:"将一切从感性认识所取得的经验教训,提高到理性认识以后,抽出最基本最精要的结论,而成为一种富于创造性的理论,这才是著作。"(《中国文献学》)所以在讲创造、讲原创性时,不可以绝对化,而应当客观地、辩证地来认识所谓创造。一种崭新的认识,崭新的理论,要有客观的或历史的依据来支撑,也就是说来自实际或实践。因此,著作,关键是结论是不是新的,是不是前已有之,是不是仅就旧说稍加变通或稍加损益,而且所谓全新的结论,是不是科学的,是不是证据确凿而可以立于不败之地。一朝一夕炮制的册子,炫人耳目的标新立异,尽管是新,都不是合格的著作。

古人对著作是要求很高的。《礼记·乐记》说:"知礼乐之情者,能作。识礼乐之文者,能述。作者之谓圣,述者之谓明。"郑玄注:"述,谓训其义也。"孔颖达疏:"凡制作者,量事制宜,既能穷本知变,又能著诚去伪,所以能制作也。""述谓训说义理,既知文章升降,辨定是非,故能训说礼乐义理。不能制作礼乐也。""圣者通达物理,故作者之谓圣,则尧、舜、禹、汤是也。""明者辨说是非,故修述者之谓明,则子游、子夏之属是也。"这里强调了著作者应"通达物理"、"穷本知变"、"著诚去伪",这种人叫圣。而有能力对著作进行训释讲述的人,只能谓之明。

孔子也只谦虚地说自己:"述而不作,信而好古。"(《论语·述而》)可见古人对于"作"要求很高。

班固继司马迁《史记》作《汉书》,就只称"述",不称"作"。《太史公自序》说"作《五帝本纪》第一"、"作《高祖本纪》第八"。而《汉书·叙传》则只称"述《高纪》第一"、"述《惠纪》第二"。自叙作《汉书》亦仅云"故探纂前记,缀辑所闻,以述《汉书》"。唐颜师古注云:"史迁则云为某事作某本纪、某列传。班固谦,不言作而改言述,盖避'作者之谓圣',而取'述者之谓明'也。"班固不仅不把自己的《汉书》称为作,而且也不把司马迁的《史记》称为作,而是称为"述"。《汉书·司马迁传》凡引述司马迁之语,则沿用司马迁之旧称"作",至班固叙述之语,则称"述"。如谓司马迁:"卒述陶唐以来,至于麟止,自黄帝始。"(麟止,指汉武帝获麟,《史记》叙事至此而止。非春秋止于获麟也。)不仅班固自己这样认为,王充也这样认为,《论衡·对作》:"《五经》之兴,可谓作矣。《太史公书》、刘子政序、班叔皮传、可谓述矣。"古人之所以不轻言著作,是因为著作标准极高,绝非常人所能为。

王充把自己的《论衡》看作"论",比"述"还低一等。《论衡·对作》自称:"非作也,亦非述也,论也。论者,述之次也。""桓君山《新论》、邹伯奇《检论》,可谓论矣。""今《论衡》就世俗之书,订其真伪,辩其实虚。非造始更为、无本于前也。"

在今天看来,《春秋》、《史记》、《汉书》、《论衡》都是著作,而且是优秀著作。对于"著作"的衡量标准,已远较古人宽泛了。

(二)述

著作,强调的是"无本于前"、"前始未有",那么"述"也就是"古已有之",有所承因。

孔子自己说"述而不作,信而好古",《中庸》也说"仲尼祖述尧舜,宪章文武"。尧、舜、文、武皆古圣贤,孔子学习、讲述、阐发他们的道德典章,作为当代人的榜样。《说文》:"述,循也。"即遵循之义。前面有人开创,后面有人遵循,开创者为作,遵循者为述。

清代学者焦循也为"述"下了定义:"已有知之觉之者,自我而损益之。或其义久而不明,有明之者,用以教人,而作者之义复明,是之谓述。"(《雕菰集·述难》)

可见这种因循还不能止于简单的继承,对于前人的创造,要有个消化过程、理解领会过程,在领会过程中,可能还会有所增益,使之更完整,或有所删订,使之更正确。对那些渐趋隐晦的道理,还要作一番探微索隐工作,古人所作的大量注释,实际上就属于索隐工作。凡此,皆谓之述。有时述的难度,甚至不亚于作。"作者之谓圣,述者之谓明",难就难在"明"上,这个"明"是要求准确领会其本义,而不能主观臆断。《尚书》有序,《毛诗》亦有序。讨论各篇宗旨的叫"小序",全书之序叫"大序"。以各篇意旨而言:"《关雎》,后妃之德也。""周南、召南,正始之道、王化之基,是以《关雎》乐得淑女以配君子,爱在进贤,不淫其色,哀窈窕,思贤才,而无伤善之心焉。是《关雎》之意也。"《关雎》这首诗究竟是为何而作,当其创作之初,必有所触发,这是不可否认的,但其创作原因没有文字资料为之说明,于是后代传授《诗经·关雎》的学者就根据自己的研究作了补充说明,这位经师力图说出《关雎》作者的本意,而所依傍的首先是《关雎》这首诗,另外可能还有先儒旧说,再加上经师对周初社会风俗礼仪道德的理解。这种对已经隐晦的道理进行的发掘工作,应当叫述。而这一"述"的结果,尚不完全被后人认可,于是又出现了不少类似于诗小序的所谓"解题",其目的完全是一致的,即说明那本来存在而后来隐晦的作诗的宗旨。可见"述"实在是不容易的。汉魏以来大量著作,说起来实际上大都是"述",其中篇幅较大的是那些传、注、义疏。还有一些理论性的"经说"。另外,一些语录,如《朱子语类》,其中也有相当多的经解经说,都是述。儒家系统汗牛充栋的书籍,几乎都是祖述六经的,基本上应归于"述"的行列。倒是那些诗词创作,确是"著作"。另外,《文心雕龙》、《史通》,虽然也是对文学、史学的理论总结,有不少是从前人继承来的,但总的看来,这种理论总结是具开创性的,应属于著作一类。

《诗》之毛传、郑笺、孔疏,《三礼》之郑注,《春秋左传》之杜注,《水经》之郦注,以及《汉书》之颜注,《史记》之三家注,《后汉书》之李注,《三国志》之裴注,其价值均极高。可见,著、述虽不同,而其产品之高下,却不可依据是著是述而论,述的作品也不乏传世力作,其难度亦未必在著作之下,这是我们应当弄明的。

(三)编

编又叫纂、辑。是根据一定体例缀辑旧文,其重要特点是原始条文都是其他文献的原文,不加改窜。一般要求注明出处,当然也有不注出处的。最常见的编纂成果有总集(如《诗经》、《楚辞》、《昭明文选》、《玉台新咏》、《乐府诗集》)、类书(如《初学记》、《艺文类聚》、《北堂书钞》、《太平御览》、《册府元龟》、《永乐大典》)、丛书(如《汉魏丛书》、《四库全书》、《四部丛刊》)、档案类编(如《曲阜孔府档案选辑》、《四库全书档案》、《清代文字狱档案》)、资料摘抄(如《清稗类钞》)。其中《太平御览》等类书有出处,而《册府元龟》及《清稗类钞》等就不注出处。我国封建社会的几部大书,都是靠编纂而成的。目前有些文学作品选,各种参考资料,诸如《先秦文学史参考资料》、《两汉文学史参考资料》、《魏晋南北朝文学史参考资料》,以及《古典文学研究资料汇编》系列的《三曹资料汇编》、《杜甫卷》、《韩愈资料汇编》、《红楼梦卷》等,都是编纂而成。编纂是一门大学问,比如《诗经》、《楚辞》、《昭明文选》保存了大量古代文学作品,《太平御览》及《太平广记》保存了大批已亡佚的古籍文献。一些精加搜辑的资料类编,如《先秦文学史参考资料》及《杜甫卷》、《红楼梦卷》等,都有很高的学术价值。可见,编纂也有高下之别。有人说:"抄,也得会抄,没有丰富的文献知识,抄也找不到地方。"这是很有道理的心得之言。

　　还有一门大学问,那就是辑佚,也属编纂范围。古书绝大部分亡佚了,存下来的可以说只是一小部分。汉魏六朝著作十不存一,但靠类书及其他古注保存了不少佚文,后代学者,尤其是清代学者,又把这些佚文一条一条搜集起来,按一定的体例排列起来,从而使亡佚的书又出现一个或几个辑本,大大方便了读者和研究者。有些大书如《旧五代史》,是由清人邵晋涵根据《永乐大典》、《册府元龟》等类书辑成的,基本恢复了原貌,真是功德无量。

张舜徽先生《中国文献学》认为"综合我国古代文献,从其内容的来源方面进行分析,不外三大类",即"著作"、"编述"、"钞纂"。我们讲的著、述、编三种著述方式即是受张先生启发,稍加修改而成的。

(四)译

译,就是翻译。把一种语文的文献转换成另一种语文的文献。它与著、述、编都不同,是一种独特的文献形成方式。郑鹤声先生《中国文献学概要》有专章讲翻译。

我国文献由翻译而来者为数甚夥,影响较大的主要有三方面:佛典翻译、学术翻译、文学翻译。

1. 佛典翻译

佛典翻译始于东汉。据说东汉明帝永平七年(64。一说永平三年)派张骞、秦景、王遵等十八人到西域访求佛法。永平十年(67。一说永平十八年)使者在大月氏国遇到沙门迦叶摩腾、竺法兰两人,并得佛像、佛经,便一同用白马驮到首都洛阳,明帝特为建白马寺,二人译出《四十二章经》,成为最早的佛经汉译本。这一传说见《广弘明集·笑道》引《老子化胡经》、《广弘明集·汉法本内传》、《出三藏记集·四十二章经序》、《弘明集·理惑论》、《出三藏记集·新集经论录》、《高僧传》、《魏书·释老志》、《历代三宝记》等书。各书记载出入颇多,故疑信未定。

可信的汉译佛经,则起于东汉末年桓帝、灵帝时期(公元 2 世纪),安世高、安玄从安息国(今伊朗一带地方)来,支娄加谶、支曜从大月氏国来,竺佛朔从天竺国来,康孟祥从康居国(今吉尔吉斯斯坦一带)来,各有传译,佛经翻译事业渐盛。其中安世高、支娄加谶影响最大。

安世高桓帝建和二年(148)来华,到灵帝建宁四年(171)二十余年间,译出《安般守意经》、《阴持入经》、《大十二门经》、《小十二门经》、《百六十品经》等,据晋释道安《众经目录》共三十五部四十一卷(见梁僧祐《出三藏记集》),现存二十二部二十六卷。安世高所译属声闻乘止观法门,主要从大部《阿含经》中选译一些经典。属于小乘学派(上座部)。安世高出身安息皇族,是安息国太子。博学多识,信仰佛教,把皇位让给叔父,出家修道。来华后通晓华语,译经用口述方式,由他人笔录。基本方法是直译。安世高的译经在当时有一定影响,后来也得到一定发展。吕澂说:"安世高,可说是佛经汉译的创始人。"后来游历江南豫章、浔阳、会稽等地,不知所终。

支娄加谶(简称支谶)东汉桓帝末年从月氏来到洛阳,通晓汉语,学问广博,译经时代是灵帝光和、中平年间(178—189),比安世高稍晚。所译基本属于大乘,是大乘佛典汉译的开端,与安世高的小乘不同。因此两位译师各具代表性。

支娄加谶译经种数不可考,现存九种,缺本四种。较重要的是《般若道行经》十卷、《般若三昧经》二卷。这两部经是先支谶来华的竺佛朔带来,由支谶口译。支谶译的《宝积》一卷、《阿䰠佛国经》一卷、《般若三昧经》二卷,都是构成大部《宝积》的基层部分。《道行经》十卷是大部《般若》的骨干。《兜沙经》一卷是大部《华严》的序品。大乘佛教学说本来以"般若"的缘起性空思想为基础,而《道行经》成为研究佛家学说特别是般若理论的入门之书(参吕澂《支娄加谶》,收入《中国佛教》)。

比支娄加谶稍后的重要译师有支谦、朱士行、竺法护。

支谦,大月氏国后裔,东汉灵帝时,大月氏数百人入中国籍,支谦是这支月氏人的后裔,从小受汉文化影响,精通汉文,后又从支亮学梵文。支亮就是月氏人入中国籍者之一,从支娄加谶受业。献帝末洛阳兵乱,支谦入吴,受到礼遇。从吴黄武元年到建兴中约三十年间,搜集各种原本、译本,未译的补译,已译的订正,译述丰富,晋道安《众经目录》载三十部,《高僧传》载四十五部,今存者二十九部。

支谦在翻译方法上有重要贡献:①曾将所译《无量门微密持经》和两

种旧译（《阿难陀目佉尼呵离陀邻尼经》、《无端底总持经》，均已不存）对勘，区别本（母）、末（子），分章断句，上下排列，首创会译体裁。后来支敏度合《维摩》、《首楞严》二种竺法护译本旧译，编成合本，道安合《放光》、《光赞》新旧译本，编成合本，都取法于此。②自译经自加注，如《大明度无极经》首卷，足济翻译之穷。③反对译文尚质，主张尚文、尚约调和，开由质趋文先河，很适合佛传文学翻译（参吕澂《支谦》，收入《中国佛教》）。

朱士行，三国魏颍川人。由于认为支娄加谶译《道行经》译文过简略，义理难以彻底了解，于魏甘露五年（260）从长安出发，渡过沙漠，辗转到大乘经典集中的于阗（今新疆和田），找到《放光般若》的梵本，共九十六章六十余万字。因受到当地声闻学徒的种种阻挠，直到太康三年（282）才遣弟子弗如檀等十人送回洛阳，元康元年（291）才由竺叔兰译出。魏晋义学家把《放光般若》（即《大品般若》）看作是《般若道行经》的母本，实际上属于同源异流的异本。朱士行本人留在西域，八十岁病故。他是汉人西行求法的第一人。

竺法护（梵名昙摩罗刹），月氏侨民，世居敦煌，八岁依竺高座出家，从师姓竺。博学强记，刻苦践行，通晓西域三十六国语言文字，随师西游，带回大量经典原本，回到长安。从西晋武帝泰始二年到怀帝永嘉二年（266—308）译出经论一百五十余部。僧俗从学者达千余人。

竺法护译经，据梁僧祐《出三藏记集》载有一百五十九部三百九卷，当时存九十五部。《开元释教录》载九十一部二百零八卷。经吕澂对勘，实七十四部一百七十七卷。另有十种亡佚。所译有许多重要大乘经典，几乎具备了当时西域流行的要籍，为大乘佛教在中国流传打开了局面。其译风忠实原本，不厌其详，"言准天竺，事不加饰"，所以其译本成为后来对照异本的最好资料。

竺法护译经有许多助手，其中聂承远及其子聂道真最有名。聂道真通梵文，自己也译过一些小部经典。还将竺法护译经编成目录，叫《聂道真录》（也叫《竺法护录》），大概是最早的个人译书目录，在目录学史上值得一提。

东晋前期，释道安是重要的佛教文献学家和译师。而东晋后期北方姚秦的鸠摩罗什则是整个汉魏六朝时期最杰出的译经大师。

释道安（312—385），生于常山扶柳县（今河北冀县境内）一个读书家庭,早丧父母,七岁读书,十五岁通五经大义,并习佛学,十八岁出家,因形貌黑丑,不为师重,使在田地劳作,无怨色。数年后求佛经于师,记忆惊人,渐为师重。二十四岁在石赵的邺都(今河北临漳境)师事竺佛图澄(西域高僧),深受赏识。四十五岁以前,主要在北方的今河北、山西一带弘法行道。由于战争,多次迁移。后率弟子慧远等四百余人到东晋的襄阳,环境安定,住了十五年,考校译本,注释经文,编集我国第一部译经总目——《众经目录》。东晋孝武帝太元四年(379),北方前秦的皇帝苻坚派苻丕攻占襄阳,把道安和学者习凿齿礼聘到首都长安。苻坚认为襄阳之役得一个半人。一个指道安,半个指习凿齿。道安时年六十七岁。他在长安度过最后七八年,主要主持几千人的大道场,讲经说法,同时组织译经。其弟子在他指导下译出多种佛经。他在《摩诃钵罗密经钞序》中提出翻译有"五失本"、"三不易",总结了经验,指明了今后译经的道路。

道安认为"大师之本,莫尊释迦",因此改姓释。出家人改姓释,从道安始。

道安是我国第一个僧伽制度的建立者,制订了全国风从的僧尼轨范。

道安培养了许多高足弟子,最著名的是净土宗创始人慧远。慧远在苻丕攻占襄阳时率徒到了庐山,直到八十三岁去世,三十余年间影不出山,迹不入市,却名扬四海。

鸠摩罗什(343—413),龟兹(今新疆库车一带)人,先代本出婆罗门族,在印度世袭高位。父鸠摩罗炎弃相位出家,东渡葱岭,远投龟兹国。国王迎为国师。后被逼与王妹耆婆结婚,生鸠摩罗什、弗沙提婆兄弟。罗什七岁随母出家,年轻时即以深厚的佛学修养富有盛名。苻秦建元十五年(379)有中土僧人从龟兹归来,备述罗什年轻而才智过人,当时道安在长安,劝苻坚迎罗什来华。建元十八年苻坚派吕光出兵西域,嘱他攻下龟兹后送罗什入关。建元二十年攻下龟兹,吕光不信佛,又不了解罗什的学养,即待以常人,并强迫与龟兹王女结婚。次年(385)苻坚被杀,吕光就割据凉州(今甘肃武威)。直到姚秦姚兴弘始三年(401)派兵攻凉州,凉主吕隆降,罗什才被迎入关,已五十八岁。姚兴对罗什十分敬重,待以国师。当时道安已去世十六年。弘始四年罗什应姚兴之请开始译经,当时道安的大批高足弟子在长安,政府选派五百余人入译场,协助罗什译经。直到弘始十五年去世,一直努力译经,共译出近四十部三百余卷佛经。鸠摩罗什以前的译师所译佛经大都是选译某些章节,而且缺乏系统。佛教经论大规模有系统的翻译从鸠摩罗什开始。鸠摩罗什所译主要是龙树一系的大乘学说,而且都是部头较大的特别重要的经论,如《大品般若经》、《小品般若经》、《维摩经》、《法华经》、《金刚经》,以及龙树的《大智度论》、《中论》、《十二门论》,提婆的《百论》。还译有声闻乘的重要论著《成实论》。在文体上一变朴拙文风,开始运用达意译法,使中土易于接受,在翻译有文学趣味的《法华》、《维摩》、《大智度论》等经论时,力求不失原意的同时,注重保持原本的语趣。他既博览印度古典,对梵文极有根柢,又因留华日久,对汉文有很高素养,对于文学有高度欣赏力和表达力。被认为是并娴华梵、游刃有余。他对译经有高度负责精神,译文极其慎重。所译经论大都保存下来,为中土僧俗所爱读(参游侠《鸠摩罗什》,收入《中国佛教》)。据《高僧传》,鸠摩罗什与助手僧睿译经。过去竺法护译《正法华经受决品》云:"天见人,人见天。"罗什译至此曰:"此语与西域义同,而在言过质。"睿曰:"将非'人天交接,两得相见'?"什喜曰:"实然。"赵朴初说:"他和玄奘法师是翻译事业的两大巨匠,他所译出的三百多卷典籍,不仅是佛教宝藏,而且也是文学的重要遗产,它对中国的哲学思想和文学上的影响非常巨大。"(《佛教常识问答》)

　　鸠摩罗什的门人号称三千,高足弟子有四杰、八俊、十哲之称,因而他实际上培养了成千的高级人才,其贡献是极大的。

　　东晋后期至南北朝时期重要的翻译家还有:法显、觉贤(译《华严经》)、昙无谶(天竺人,译《大般涅槃经》)、求那跋陀罗(中天竺人,译《楞伽经》)、佛驮跋陀罗(北天竺迦毗罗卫国人)、菩提留支(北印度人)、真谛(西印度人)等。其中真谛贡献及影响最大。

　　真谛从公元546年从扶南国来到南海郡(广东南部),到公元569年去世,在华二十余年,译经三十八部一百一十八卷(《开元释教录》),其中《摄大乘论》(无著)及《释论》(世亲)、《俱舍论》(世亲)较为重要。精通中国语言,随译随讲,是义学大师。在华期间,适逢动荡,于颠沛中坚持译经,难能可贵。平日生活严肃,节俭知足,因而弟子也都刻苦笃实,以勤奋著称。

　　唐代,佛教进入全盛期,诸宗完全成立,中国佛教趋于成熟。翻译也达到高峰,代表人物是玄奘法师。

　　玄奘,俗姓陈,名祎,河南洛州缑(gōu)氏县(今偃师县南境)人。生于隋文帝开皇二十年(600)。自幼家境困难,随二兄长捷法师住洛阳净土寺，习佛经。十三岁时洛阳度僧，破格入选。唐武德五年（622）在成都受具足戒。贞观元年（627）到长安，此时已穷尽各家学说，名满京师。但他发现各地讲说多歧异，不能统一，尤其是当时流行的《摄论》《地论》两家有关法相之说不能统一，很想求得总赅三乘学说的《瑜伽师地论》，以求会通一切。于是决心到印度求法。那时出国禁严，表请不准。贞观三年（629）北方灾荒，朝廷允许道俗四出就食，他得便西行到兰州，继而潜行到瓜州，得胡人西槃陀导送夜渡瓠𬳶河，从此孑身冒险，过玉门关外五烽，渡莫贺延沙碛，到达伊吾（哈密）。高昌王麴（qū）文泰遣使迎往，甚礼遇。高昌王遣使陪送玄奘过阿耆尼、龟兹等国到西突厥叶护可汗衙所。经叶护可汗协助，经过西域菇赤建等十国，越大雪山，到达北印度迦毕试国。玄奘在北天竺随处遇到高僧大德，即停留参学。且行且学，前后约四年。贞观七年（633）到达北天竺那烂陀寺，那是当时印度佛教最发达的地方。他请那烂陀寺最著名的戒贤三藏讲《瑜伽论》，同听者数千人，历一年五个月讲毕。后复重听两遍。又听讲《顺正理》、《显扬》、《对法》各一遍，《因明》、《声明》、《集量》等论各二遍，《中论》、《百论》各三遍。《俱舍》、《婆沙》、《六足》等论先在诸国听过，至此更披寻决疑。在寺学习历时五年，便离开那烂陀寺，游历中印度、南印度、西印度等，到各地参学，共四年。贞观十六年（642）回到那烂陀寺。戒贤三藏嘱为寺众讲《摄论》、《唯识抉择论》。并沟通当时大乘学说中“瑜伽”、“中观”两家论争，著《会宗论》三千颂（每颂二行，行十六个音节。汉译每颂四行），得到戒贤三藏及诸大德赞许。又应戒日王请求，拟折服南印正量部论师般若毱多《破大乘论》的异说，著《制恶见论》一千六百颂。至此，玄奘已达到当时印度佛学的最高水平，打算回国。

羯若鞠阇国戒日王在曲女城为玄奘建立大会，命五印沙门、婆罗门、外道义解之徒都来参加。到期与会的有十八国王，各国大小乘僧三千多人，那烂陀寺僧千余人，婆罗门及尼乾外道二千余人。此会即以玄奘所著《会宗论》、《制恶见论》的论点标宗，任人难破。但经过十八天大会终了，没有一人能提出异议。玄奘得到大小乘佛教徒的共同推崇，被给以“大乘天”和“解脱天”的尊称。贞观十九年正月玄奘返回长安。玄奘到洛阳会见唐太宗，太宗要他写西域传，记见闻。还要他从政，他力辞。太宗因留他在长安弘福寺译经，所需由朝廷供给，并派名僧二十人相助，组织了译经场。次年玄奘即撰成《大唐西域记》。贞观二十二年（648）译完《瑜伽师地论》一百卷。这年冬十月东宫建成大慈恩寺,迎他入住。高宗显庆五年(660)到龙朔三年(663)译成《大般若经》全部六百卷。此后体力衰竭,不再翻译。麟德元年(664)二月五日圆寂,年六十五岁(参游侠《玄奘》,收入《中国佛教》)。

玄奘在印度十七年,行五万里,足迹遍西域、印度百三十国,由留学僧人而成为主持当时印度最重要的佛教学府——那烂陀寺讲席,被尊为五印大乘佛教的“大乘天”(大乘的神),赵朴初说他“为祖国赢得了当时两大文明古国间学术上最高的荣誉”。在回国后十八年间译出经论七十五部一千三百三十五卷,“他的系统的翻译规模,严谨的翻译作风和巨大的翻译成果,在中国翻译史上留下了超前绝后的光辉典范”(《佛教常识问答》)。

玄奘精通梵文,曾应东印度童子王之请,将《老子》译成梵文,流传于迦摩缕波。又以中国流传的《大乘起信论》文出马鸣(中天竺人,佛灭后六百年出世之大乘论师),印度已失传,诸僧很想一读,他也译唐为梵,传到印度。

玄奘弟子三千,达者七十,很像儒家中的孔子。

玄奘之后,还有义净、实叉难陀(于阗人)、菩提流志(南天竺人)、不空(狮子国人)等译师。

据专家统计,从印度、西域译成汉文的佛教经、律、论、集、传等有一千六百九十二部六千二百四十一卷,著名的中外译师不下二百人(《佛教常识问答》)。这是中国灿烂的古代文化遗产中的重要组成部分。

汉译佛经以外,还有藏译佛经。从公元 8 世纪中叶至 13 世纪中叶(1203 年印度超岩寺及各大寺被侵略军破坏),五百年间,由印度和西藏的译师译成藏文的佛经,就已入《甘珠尔》和《丹珠尔》两藏者而言,部数有四千余部,分量约合三百万颂,约当汉译一万卷。其中尤以空、有两宗的论典以及因明、医方、声明的著作和印度晚期流行的密教经论,数量庞大,为汉译所无。藏文是松赞干布时期吞米桑布扎仿梵文创造的。藏文翻译又照顾到梵语语法的词尾变化和句法结构,因而极容易还原为梵语原文,所以受到现代佛学研究者的高度重视。佛说的经律称为《甘珠尔》,佛弟子及祖师的著作称为《丹珠尔》,西藏文大藏经的内容约十分之八是汉文藏经中所没有的,特别是密教部分。藏文佛经基本上从梵本译出,梵本所缺则用汉文、于阗文本重译补足。前后印、藏译师达三百五十人。

历史上还译出刻印过《满文大藏经》、《蒙文大藏经》，流传颇罕。《满文大藏经》乾隆三十八年（1773）据汉文与藏文译，五十五年（1790）编译完毕，北京雕印，仅六百九十九种一百零八函，朱印，布达拉宫有全帙。《蒙文大藏经》元大德中由藏文译出，在西藏刻印。万历年间补译部分典籍增入刊行。康熙二十二年（1683）重修重刻《甘珠尔》（国图有康熙五十九年北京刻蒙文《甘珠尔》朱印本，存一百零七函）。乾隆六年至十四年又校译重刻《丹珠尔》，现有印本传世（参周叔迦《大藏经雕印源流纪略》、赵朴初《佛教常识问答》以及赵国璋主编《文献学辞典》所收方广锠撰相关词条）。

汉译佛经、藏译佛经中都有大量印度早已失传的佛教典籍，也包括中国学者对佛教原理的创造性阐释，不仅是佛教研究的重要文献资料，也是一般学者研究东方古代文化和历史的重要文献资料。

2. 学术翻译

学术翻译主要是西方科学技术和人文社会科学书籍的汉译。约有三个时期：一是明末清初西方传教士和我国学者的合作翻译。二是清代后期西方学者和我国学者的合作翻译。三是 20 世纪我国学者的独立翻译。这是就主体而言，各期都存在单独翻译和合作翻译。

明末清初重要译者有：

利玛窦（1552—1610）。利玛窦之前有一位意大利耶稣会士罗明坚，通过行贿广东制台陈文峰，获准入境传教，并于广东肇庆建立教堂，那是明万历十年（1582）。次年他把另一位耶稣会士利玛窦带到中国。利玛窦来华前曾在罗马神学院学数学，1582 年到澳门学汉语。来华后继续学习中国文化，对经史子集都有相当的了解，所以他得以在肇庆、韶州等地结交各级官员，跻身儒林。他的高明之处，是以介绍西方科技知识作为传教的手段。万历二十九年（1601）他买通宦官马堂，到北京，向万历皇帝献上天主图像、天主母像、珍珠镶嵌十字架、西琴、自鸣钟、万国图志等物，万历皇帝待以上宾之礼，从而赢得合法的传教地位。利玛窦在翻译上的合作者是徐光启。

徐光启（1562—1633），万历三十二年（1604）进士，上海人，官至礼部尚书、文渊阁大学士。利玛窦主张先译天文，徐光启则主张先译数学。于是首先译《几何原本》。《几何原本》欧几里得著，他们仅译前六卷平面几何部分(后九卷直到清咸丰七年才由英国传教士伟烈亚力与我国数学家李善兰合作译出,内容是数论和立体几何)。这是我国翻译的第一部希腊名著,引进了演绎推理的科学方法,创造了点、面、线、角等一系列数学术语,对我国接受西方近代科学起到巨大的开辟作用。之后利、徐合译《测量法义》(1617)。徐光启又与意大利人熊三跋合译《泰西水法》(1612)等。徐光启又于崇祯元年奏设历局,延请西方教士进京修历,参加者先后有意大利人龙华民、瑞士人邓玉函、德国人汤若望、意大利人罗雅谷。又有中国人李之藻、李天经。历时五年,编译书籍一百三十七卷。徐光启去世后,李天经主持选刻为《崇祯历书》。入清,汤若望增译增刻为《西洋新法历书》(此书《中国古籍善本书目》著录存三十四种一百一十三卷。国图、北大、故宫、上图、华师大、南图、宁夏博物馆等七家均藏不全本,合之得以上种数卷数),这在天文学史上有划时代意义。

李之藻(1565—1631),明仁和(今杭州)人,万历二十六年(1598)进士,官至太仆寺少卿,曾与利玛窦合译《圜容较义》(一部比较图形关系的几何学著作)、《同文算指》(该书最早把欧洲加、减、乘、除、约分、通分等笔算公式传入我国)、《浑盖通宪图说》(论述观测天体运行的方法)。又与葡萄牙人傅汛际合译《寰有诠》(即亚里士多德《论天》)、《名理探》(即亚里士多德逻辑学)等。他又将徐光启、李之藻、杨廷筠等与利玛窦、艾儒略、熊三跋等西方人合译的天文、历法、数学、测量、水利、地理等书籍合编为《天学初函》二十一种五十五卷,为我国科学技术译述丛书之创始者。

明代万历、天启、崇祯至清初顺治、康熙、雍正间,西方人翻译著述之学术书籍据统计有一百二十七种(参郑鹤声《中国文献学概要》),乾隆中修《四库全书》收入了不少此类西洋新学之书。

康熙末年清政府与罗马教廷发生所谓"礼仪之争"。争论焦点:一是天主可否被称为天或上帝。二是中国基督徒可否尊孔祭祖。1704年(康熙四十三年)罗马教皇下令:禁止以天或上帝称天主,禁止基督徒祀孔、祭祖。康熙皇帝因此对罗马教皇使者下逐客令,并驱逐传教士。雍正元年,清贵族苏努因支持皇八子胤禩(sì)而得罪雍正皇帝。苏努全家信教,祸及天主教及葡萄牙耶稣会士穆致远,导致雍正进一步禁止传教。雍、乾、嘉、道相继禁止天主教,西方科技和人文社会科学书籍的翻译介绍也就同时中断了大约一百二十年时间。这是中国的巨大损失,这种损失改变了中国的命运。

从 1840 年（道光二十年）鸦片战争开始，中国是一败涂地，饱尝欺辱。而西人所以强，在于"坚船利炮"，这就刺激了中国有识之士向外国学习以富国强兵的愿望。魏源在《海国图志》中说："欲制外夷者，必先悉夷情始。欲悉夷情者，必先立译馆翻夷书始。"要学习外国，首先译外国书籍，尤其是科技书籍以及军事、法律、政治、历史、地理方面的书籍。

为了"先悉夷情"，林则徐在两广总督任上即设立译馆，组织通晓外文者译《澳门月报》五辑：《论中国》、《论茶叶》、《论禁烟》、《论用兵》、《论各国夷情》，林则徐亲自修订润色。又委托魏源辑译《四洲志》。后来魏源在《四洲志》基础上广泛收集史地资料编译成《海国图志》一书（道光二十二年木活字本五十卷附图一卷。道光二十九年魏源重订刻本六十卷。光绪二年平庆重刻本一百卷），对后来我国的维新变法以及日本明治维新都产生很大影响。

咸丰十年（1860）恭亲王奕䜣奏设京师同文馆，同治元年（1862）成立。始设英文馆，同治二年增设法文馆、俄文馆，同治十一年设德文馆，光绪二十二年（1896）增设东文（日文）馆。同文馆培养外语人才，翻译西方书籍。同治四年（1865）美国传教士丁韪良（William Alexander Parsons Martin）受聘为同文馆教习，后升任总教习，并任清政府国际法顾问，后又任京师大学堂总教习。译有《万国公法》、《格物入门》、《格物策算》等书。同文馆教习法国人毕利干译有《法国律例》、《化学指南》、《化学阐原》等书。同文馆教习英国人骆三畏与他人合译《星学发轫》等书。同文馆纂修汪凤藻译有《新加坡律例》、《英文举隅》、《富国策》等书。

同治四年（1865）曾国藩、李鸿章在上海创立"江南制造局"。同治六年设翻译馆。设提调一人，口译二人，笔述三人，校对画图四人。人各一室，日事翻译西方科学技术书籍。旁为刻书处，所译之书刻版印行。光绪末将译刻西书汇印为《江南制造局译书汇刻》凡一百五十四种。清代后期汉译西方科学技术书籍之机构，首推制造局翻译馆。制造局所译之书，多由外国人士口译，我国人士笔述。当时口译者，以英国人傅兰雅任职最久，译书最多。

傅兰雅（John Fryer, 1839—1928），1860 年英国伦敦海伯雷师范学院毕业，1861 年被英国圣公会派到香港任圣保罗书院院长，1863 年（同治二年）被清政府聘为京师同文馆教习，1865 年受上海教会召请任英华学堂校长。1868 年受聘为上海制造局编译,任职达二十八年之久。1896 年赴美国,任加利福尼亚大学东方语言文学系教授,1928 年死于美国,年八十九。傅兰雅译书,《清史稿艺文志拾遗》著录九十四种,其中《江南制造局译书汇刻》中收有六十八种。而《中国近现代人名大辞典》则谓译书一百四十三种。傅兰雅是辛亥革命以前汉译西方科学技术书籍较多的人。傅兰雅晚年虽执教美国,仍然从事中国语言教育研究,1911 年还赞助兴办上海盲童学校,是一位对中国有贡献的人物。

当时上海还有一位美国人林乐知(Young John Allen, 1836—1907),是基督教(新教)传教士,1860 年(咸丰十年)来华传教,1863 年任上海广方言馆教习(广方言馆 1863 年由李鸿章创立,设英法二馆,制造局翻译馆成立后,即并入制造局翻译馆)。后又任上海租界工部局译员。1868 年创办《中国教会新报》(后改名《万国公报》)。曾在苏州创办博习书院。1882 年在上海创办中西书院,任院长。1901 年将上海中西书院、苏州博习书院、苏州中西书院合并改组为东吴大学。林乐知译书,《清史稿艺文志拾遗》著录十九种,《江南制造局译书汇刻》收有七种。

制造局又有美国人(普鲁士后裔)金楷理,所译兵书颇多。《江南制造局译书汇刻》收金楷理译书十九种,《清史稿艺文志拾遗》著录二十一种。其余外国译师如英国傅绍兰、美国海丽生、英国罗亨利、日本藤田丰八、美国卫理、美国玛高温、英国秀耀春等,亦各译书若干。这些外国人是否都供职于制造局,未能一一详考。日本人藤田丰八当时受聘于罗振玉在上海所办东文翻译社,讲授日文,王国维从之受学。陈寅恪《王观堂先生挽词》"东国儒英谁地主,藤田狩野内藤虎",藤田即藤田丰八,其译书或在东文翻译社,而制造局为之刊行。

制造局中著名的中国人有李善兰、华蘅芳、徐寿。

李善兰(1811—1882),浙江海宁人,著名数学家,早在制造局成立以前的咸丰年间,就同英国人伟烈亚力合译《几何原本》后九卷,又合译《代数微积拾级》十八卷(美国罗密士撰)、《谈天》十八卷等书。先后任制造局翻译,京师同文馆总教习。咸同以来翻译外国科技书籍,李善兰实为开辟者之一。

另一位数学家是无锡人华蘅芳(1833—1902),1873 年(同治十二年)入制造局,任提调兼翻译,并主格致书院讲席。《江南制造局译书汇刻》收有华氏译书十种,其中《海防新论》十八卷、《算式解法》十四卷、

《三角数理》十二卷、《代数术》二十五卷、《微积溯源》八卷、《代数难题解法》十六卷,皆傅兰雅口译,华蘅芳笔述。《地学浅释》三十八卷、《金石识别》(矿物学)十二卷表一卷,则美国玛高温口译,华蘅芳笔述。

徐寿(1818—1884),江苏无锡人,原系安庆军械所工程技术员,后任制造局翻译馆主事,为中国近代化学先驱和奠基人。他与华蘅芳试制木质轮船,载重二十五吨,在长江顺水时速六十余华里,为我国自造轮船之始。徐寿所译书刻入《江南制造局译书汇刻》的有:《化学鉴原》六卷《续编》二十四卷《补编》六卷附一卷、《化学考质》八卷表二卷、《化学求数》十五卷附表一卷、《宝藏兴焉》十二卷、《物体遇热改易记》四卷、《测地绘图》十一卷、《营城揭要》二卷,皆傅兰雅口译,徐寿笔述。

徐寿之子徐建寅(1845—1901),也是著名科学家、翻译家。早年随父在安庆军械所谋事,后在制造局任翻译。又任山东机器局总办、福州船政局提调。1879年以驻德使馆参赞身份到英、法、德考察船业,采购"定远"、"镇远"两艘主力舰。1901年试制无烟火药,爆炸身亡。徐建寅译书,有十种刻入《江南制造局译书汇刻》中,其中《水师操练》十八卷、《汽机必以》十二卷、《汽机新制》八卷、《声学》八卷、《化学分原》八卷等,皆傅兰雅口译,徐建寅笔述。

其余中国翻译者有严良勋、汪振声、潘松、瞿昂来、郑昌棪、徐家宝、范本礼、赵元益、李凤苞、徐华封、华备钰、蔡锡龄、丁树棠、朱恩锡、王德均、范熙庸、王汝骈、舒高第、沈陶璋、应祖锡、钟天纬、王季点、周郇、王季烈等。多系笔述者。

1894年(光绪二十年)甲午战争失败后,翻译西方科技及人文社会科学书籍数量激增。1898年戊戌变法失败后,更使一部分知识分子由政界退居文化界、实业界,从事思想启蒙工作,翻译西书更呈上升趋势。这期间影响最大的翻译家是严复。

严复(1853—1921),字几道,福建侯官人,1871年毕业于左宗棠创办的福建船政学堂第一届。1876年留学英国海军学校。回国后任北洋水师学堂总教习、总办。辛亥后任民国第一届北大校长。严复首先于1895年(光绪二十一年)译英国赫胥黎《进化论与伦理学》前两章为《天演论》,并附按语,表达见解,同时作序,1898年正式刻版。在这部书《译例言》中首次提出信、达、雅的翻译标准,认为"信矣不达,虽译犹不译也"。戊戌变法失败后,又陆续译出亚当·斯密《原富》、斯宾塞《群学肄言》、孟德斯鸠《法意》、穆勒《名学》、《群己权界论》等书。

《天演论》1898 年(光绪二十四年)由沔阳卢氏木刻版印行,1905 年(光绪三十一年)由商务印书馆排印再版。《原富》1901 年(光绪二十七年)由南洋公学译书院出版第一册,次年出版第二册。译书院由张元济主持,张说服南洋公学督办盛宣怀以银元二千两买下严复译稿,占译书院全年开支的 26%。后张元济入商务印书馆,此书亦归商务印书馆出版。《群学肄言》1903 年(光绪二十九年)由商务印书馆出版。《法意》1906 年(光绪三十二年)由商务印书馆出版。1931 年商务整理出版《严译名著丛刊》八种,除以上四种外,另有英国甄克思《社会通诠》、英国穆勒《群己权界论》、英国耶方思《名学浅说》、英国穆勒《名学》。这八种除《名学浅说》外,又在 1930—1931 年被收入《万有文库》出版。因此,严复的翻译成果在社会上流布,主要是商务印书馆之力。

商务印书馆编译所,在清末至民国间,翻译、出版了大量的西方自然科学和社会科学书籍。仅就 1929—1937 年出版的《万有文库》第一集、第二集初步统计,汉译之书即达四百八十七种(其中包括少量六朝至唐翻译佛书、明末清初翻译西书)。在江南制造局之后,商务印书馆成为集翻译、出版、发行于一体的最重要的文化机构,在近现代史上商务印书馆译介外国各个学科书籍最多,影响最大。直到目前,商务的《汉译世界学术名著丛书》,仍然有着广泛的影响。

光绪年间,我国翻译外国科学技术及人文社会科学著作,数量极大,昔年我从王绍曾师纂辑《清史稿艺文志拾遗》,留意著录译书,现就《拾遗》初步加以统计,辛亥以前所译书籍约一千四百种(小说戏剧不在内,如加上小说戏剧,则有二千余种),而且大部分译出于 1894 年甲午战争以后至辛亥革命前约十五年间,实在是我国译书的一次高峰。

3. 文学翻译

佛典翻译中就有文学翻译,《佛本生故事》基本上属于文学范围。

近代文学翻译的巨匠是林纾(1852—1924)。林译小说著录于《中国近代现代丛书目录》的有一百二十二种。他本人在民国八年(1919)《致蔡元培书》中说:“弟不解西文,积十九年之笔述,成译著一百廿三部,都一千二百万言。”商务印书馆在 1914 年曾出版《林译小说丛书》一集五十种、二集五十种。这一百种又都收入商务印书馆《说部丛书》中。《说部丛书》到 1924 年出完,在《林译小说丛书》出版后的十年间林纾所译小说二十余种也都收入《说部丛书》，如 1924 年出版的《情天补恨录》二册（美克林登著，林纾、毛文铨合译），当是晚年的译作。《辞海》称林纾"翻译欧美等国小说一百七十余种"。臧仲伦《中国翻译史话》说林纾"在三十年间，居然用古文翻译欧美各国小说一百八十五种，约一千余万字"。这些数据可供参考。

林纾不懂外文，所译皆由魏易等人口译，由他重新笔译，用文言文。林纾把感情和心力都倾注于翻译事业。他在《露漱格兰小传序》中说："余既译《茶花女遗事》，掷笔哭者三数。"又译《双孝子㖒（xùn）血酬恩记》时自谓"吾译叙至此，泪落如缏矣"。茅盾认为林译《撒克逊劫后英雄略》"除了几个小错处外，颇能保有原文的情调，译文中的人物也描写得与原文中的人物一模一样"。郑振铎认为"如果一口气读了原文，再去读译文，则作者情调都可觉得丝毫未易"（郑振铎《林琴南先生》）。林纾在翻译时也对原著有所增删润饰，钱钟书《林纾的翻译》一文对此有细致分析。林琴南因反对白话文新文学而受到批评，其实白话文创作很有成就的人物如鲁迅、周作人、郭沫若、茅盾、郑振铎、朱自清、钱钟书等，都受过林译小说的影响。

在辛亥革命以前，汉译小说的数量尚不易统计，就《清史稿艺文志拾遗》集部小说类"翻译之属"统计，有六百六十二种之多。另有汉译戏剧十四种。这也是惊人的数量。

二、文献的流布

上面从著、述、编、译四个方面介绍了文献的形成方式。文献形成之后，就要流布，流布的方式主要有：讲唱、镂刻、抄写、印刷、摄影、微机输入及激光扫描等。

（一）讲唱

在文字产生之前，人类文明早已存在，人类的历史由于无法用文字记载，只能靠口耳相传，这段历史叫作传说历史或叫历史的传说阶段。其中神话和长篇史诗较为常见。进入阶级社会，又产生了长篇叙事诗。

长篇史诗和长篇叙事诗，都靠少数聪明人背诵下来并讲唱给别人，以达到流布和流传的目的。一代一代讲唱人又有所充实加工,使内容越来越丰富,情节越来越曲折,逐步接近于历史题材的文学作品。

我国汉族没有流传下来长篇史诗,一般认为《诗经·大雅》中的《生民》、《公刘》、《绵》、《皇矣》、《大明》叙述了周民族始祖后稷到武王灭商的全部历史,应是周代史官和乐官利用民间口头传说或民间史诗改编而成的,其故事情节和人物都无法与我国少数民族几大史诗相比。汉族史诗不发达,主要原因是汉民族史官制度高度健全,历史有系统的书面记载,史诗失去作用。

藏族史诗《格萨尔王传》(一名《格萨尔》)、蒙古族史诗《江格尔》、柯尔克孜族史诗《玛纳斯》,都是篇幅宏大,情节曲折,语言生动朴素的优秀史诗。被称为三大史诗。

《格萨尔》大约在 11—13 世纪就初具规模,同时以口传和书面形式保存和流传,但口传为主,书面为辅。口传靠民间艺人,这些艺人在西藏民主改革前地位低下,甚至过着流浪行乞生活。20 世纪 80 年代发现一批说唱艺人,有两三位艺人可以唱二十部以上,他们自己声称是梦来的、神授的,神化其来历,实际是口耳相传,从前辈那里学来的。木刻本和手抄本也很多,各种版本有相当的出入。格萨尔故事不断丰富,是个典型的"箭垛式"人物。所以到底有多少部,谁也说不清。分章本比较连贯,面貌较原始。分部本则在分章本基础上,每部取一章扩充而成。据统计,现在搜集、记录的《格萨尔》藏文有二百万行,是世界上最长的史诗。汉文版本有《格萨尔王传》等,并不是它的全部。

《格萨尔》17 世纪传到蒙古族地区,演变为《格斯尔》,这是两部同源分流的史诗。

蒙古族史诗《江格尔》(现有两种汉译本出版)最早起源于新疆的西部瓦剌蒙古,后来才流传全蒙古,已有五百年以上历史,是蒙古族人民口头流传的长篇巨著。史诗由许多英雄故事组成,每一个英雄故事成为独立章节,贯穿始终的英雄是江格尔。到底有多少篇章,没有准确数字。很少有人能把它唱完。能唱五章以上的人被尊称为"江格尔奇",他们受到普遍尊重。据说在西蒙的一个分支土尔扈特人中有一位牧羊老人能全部背诵《江格尔》,他每学会一章便在怀里放块石头,最后共有七十块不同颜色的石头,所以有《江格尔》七十章之说。

柯尔克孜族史诗《玛纳斯》(有汉译本)主要流传于新疆、吉尔吉斯斯坦、阿富汗的柯尔克孜地区。我国新疆西南部有克孜勒苏柯尔克孜自治州，是该族聚居区。我国已搜集八部，约二十万行。这部史诗反映的是12—18世纪的社会历史，内容十分丰富。柯尔克孜族长期受异族统治与压迫，但又不断反抗。这部史诗包括玛纳斯家族八代英雄事迹，每一代一部，其中第一部叫《玛纳斯》，主人公为玛纳斯，是最精彩的部分。以后七部以七位英雄命名，但全诗仍以《玛纳斯》命名。与《格萨尔》、《江格尔》不同的是，《玛纳斯》八部有严格顺序。没有贯穿始终的人物。这与亚美尼亚的英雄史诗《沙逊的大卫》极为相似。

世界上最早的英雄史诗是巴比伦的《吉尔伽美什》（1981年辽宁人民出版社出版赵东胜中译本），描写主人公吉尔伽美什征讨森林魔怪芬巴巴和杀死害人天牛的故事。前者是征魔故事，与各国史诗的相关情节类似。后者为洪水神话传说，是《圣经》"诺亚方舟"故事的起源。

印度著名史诗《摩诃婆罗多》是篇幅很长的史诗，有十万颂，仅次于我国藏族《格萨尔王传》。叙述了许多印度部落和国家兴亡故事。中心故事是月亮族之王婆罗多的后裔般度与俱卢族之间的战争。经十八天战斗，般度五兄弟获胜，俱卢族一百个儿子阵亡。其中有几百个人物形象。中心故事外，另有两百多个插话，可以相对独立。这一史诗被称为印度古代传统文化总汇。该书中文本由黄宝生主持翻译。

印度另一著名史诗《罗摩衍那》（又译作《腊玛延那》）有二万四千颂，描写阿逾陀城十车王的继承人罗摩出生、结亲、流放、复国的一生，对东南亚及我国都有很大影响。其中神猴哈奴曼，对《西游记》中孙悟空形象有很大影响。季羡林先生译有中文本。

亚美尼亚的英雄史诗《沙逊的大卫》（1957年人民文学出版社出版霍应人中译本）有一万一千多行，描写了亚美尼亚沙逊家族四代英雄抗击外来侵略的故事。每一章以一代英雄命名，大卫是第三代英雄，更突出，所以成为全诗的总名。亚美尼亚处于高加索南端，是东西交通要道，历经波斯、阿拉伯、土耳其人侵略。本诗即描写亚美尼亚人的反抗斗争。在民间流传千年，1938年才由亚美尼亚科学院语言所编定出版。

希腊荷马史诗《伊利亚特》、《奥德赛》，是公元前9—前8世纪在小亚细亚流传的英雄短歌基础上，由民间歌人加工传唱而成，约公元前6世纪两部史诗进入书面，公元前3—前2世纪才由亚历山大里亚学者编定。相传两大史诗由盲诗人荷马创作并传唱，所以称"荷马史诗"。

　　欧洲著名史诗还有芬兰史诗《凯莱瓦尔》、德国史诗《尼伯龙根之歌》、法国史诗《罗兰之歌》、西班牙史诗《熙德之歌》。

　　史诗是各民族早期的集体创作,靠口头流传,主要靠少数人传唱。人类进入阶级社会后,还创作了不少叙事诗。

　　叙事诗也大都是集体创作、口头流传的,与史诗不同的是,叙事诗较晚,反映的是阶级社会的社会和生活。

　　我国汉族叙事诗如《孔雀东南飞》、《木兰诗》都是优秀的叙事诗。少数民族叙事诗的优秀之作如蒙古族的《嘎达梅林》、苗族的《张秀眉之歌》、彝族支系撒尼人的《阿诗玛》、傣族的《召树屯》,其艺术成就很高,在世界民间文学史上都有重要地位。这些诗篇也同样是集体创作、口头流传的。

　　在古代印度,长期习惯于口耳相传,文字记录较少。长篇史诗《摩诃婆罗多》、《罗摩衍那》是口头流传的,篇幅庞大的佛经,在相当长时间内也是靠高僧们记诵而不断流传的。

　　据记载,佛逝世那一年(释迦牟尼约生于前 565 年,卒于前 486 年。相当于我国春秋时期,与孔子同时),佛弟子,以摩诃迦叶为首的五百人集会在王舍城外的七叶窟,诵集佛陀生前所说的教法,以传后世。当时由阿难陀诵出佛所说的经。由优波离诵出佛所制的僧团戒律。由摩诃迦叶当时诵出,后来又补充结集关于教理的解释和研究的论著。从而形成经、律、论三藏。这是第一次结集("结集"即僧众大会,含有"会诵"之义)。这时没有文字记录,只凭口头传诵。据《锡兰简明史》记载,"这些教法分为两大类,即达摩与毗奈耶。组成达摩的教法被编成五集,即长阿含、中阿含、杂阿含、增一阿含及小阿含。这五部达摩集和毗奈耶分别付托于一位教师传授其弟子,使其以口授方式得以保存"。

　　当时除七叶窟的五百佛弟子外,还有不加入摩诃迦叶团体的许多佛弟子,以跋波为上首,在窟外不远的地方另行结集,所以王舍城结集分窟内、窟外二部。所结集的都是小乘三藏。

　　大乘三藏相传是文殊师利、弥勒等菩萨和阿难陀等在铁围山结集的。小乘佛教则不承认大乘经典是佛说的。

　　第二次结集是在佛去世一百一十年后,在毗舍离国僧团中有关于戒律的争论,于是长老耶舍召集七百位学德兼优的僧众,依据律藏,断定当时争论问题中有十件事为非法。

　　第三次结集是在佛去世二百三十五年后，据《锡兰简明史》，在阿育王时代，由于阿育王护持僧团，产生了不良后果，不少人为分享国王及人民布施而参加僧团，这些动机卑鄙、身穿黄衣的人们行为放逸，真正的佛教徒们不肯与这些骗子为伍。为净化僧团，阿育王邀请以长老目犍连子帝须为首的一千长老，在巴利弗城（今印度比哈尔省省城八纳）集会，诵出三藏，以决定什么是真正的佛教教义。据说今日存在的巴利文佛经就是那次大会编定的。

　　第四次结集是在佛去世后四百年左右（约公元前 1 世纪，我国西汉时期）。据北方佛典记载，在大月氏国迦腻色迦王统治西印度时代，以世友菩萨为首的五百比丘造论解释三藏，共三十万颂，九百多万言。前四次结集都在公元前。

　　第五次结集约在 20 世纪初，缅甸明顿王邀集众多比丘校勘巴利文三藏，并将三藏全文和校勘记刻在石碑上，现仍保存在曼德勒城。

　　第六次结集在 1954—1956 年，缅甸联邦政府为纪念佛涅槃二千五百年，邀请缅甸、柬埔寨、锡兰（斯里兰卡）、印度、老挝、尼泊尔、巴基斯坦、泰国等国比丘二千五百人参加，进行了两年工作，根据各国的各种版本和第五次结集的校勘记，对巴利文三藏进行了严密校勘，印成了最完善版本的巴利文三藏。

　　"巴利"是古代印度的一种语言，是佛时代摩揭陀国一带大众语，据说佛用这种语言说法，所以弟子们也用这种语言记诵佛的经教。

　　当阿育王时期举行第三次结集时，长老们还有个重要决定，即派遣传教师到帝国边区及国外弘传佛教。当时派往锡兰的使团由阿育王的儿子（一说兄弟）摩哂陀长老率领。摩哂陀传入锡兰的是上座部（小乘）。上座部的圣典是用巴利文编集的，但摩哂陀和他以后的教师们用锡兰本地语言——僧诃罗语来讲解佛经或戒律以及有关宗教传说的文集。后来僧诃罗族教团长老们感到依赖某一个人不可靠的生命用记忆的方法保存经典，是一件冒险的事，这一考虑导致他们用文字把经典记录下来。

　　大约在公元 5 世纪（我国南北朝时期）摩揭陀国三藏法师觉音来到锡兰，鉴于其他信奉小乘佛教的国家不懂僧诃罗文，所以把锡兰的僧诃罗文佛典以及注疏译成了巴利文。《锡兰简明史》说："保存印度早已失传的巴利文上座部圣典，是僧诃罗民族对人类文化遗产的最伟大的贡献。"僧诃罗文佛典到公元 10 世纪还保存着，其后失传。

　　佛教分南传、北传。南传佛经用巴利文,是小乘佛教。传到北方的佛经用梵文,多大乘佛典,也有小乘。巴利文是俗语,梵文是雅语。汉译佛经据梵文居多,也有巴利文。藏译主要据梵文。

　　从佛经的流传来看,大约在佛去世四百年后的公元前后佛经才开始传写。在此之前完全靠背诵流传。

　　即使在有了文字记录以后,佛经仍在很大程度上靠讲诵流传。例如前面说过的东晋时北方姚秦的译经大师鸠摩罗什,翻译佛经三百余卷。据《出三藏记集》记载,有外国沙门来华,说罗什谙诵甚多,所译不及什一。可知鸠摩罗什所译佛经的"底本"在他自己的大脑中。

　　上面强调的是那些单纯靠口耳相传而得以流布的文献。其实,那些被完整用文字记录的文献也大量靠讲唱来传播。例如我国封建时代的儒家"经书"就在很大程度上靠经师讲授而传播。至于那些说唱文学作品,即使有了"唱本",也主要靠讲唱来传播。优秀的讲唱者往往要对"唱本"进行改善加工,形成新的"唱本"。讲唱是最早也是至今仍很重要的文献流布方式。

(二)镌刻

　　所谓镌刻,就是把文献用文字刻在某种载体上。甲骨、金属、石头上都可镌刻文献。上面讲文献载体时已讲过,这里不再重复。

(三)抄写

　　在印刷术发明以前,举凡帛书、简策、纸,以及国外的莎草纸、羊皮纸、贝叶,这些载体上的文献都是写上去的。即使在印刷术发明以后,很多文献仍靠抄写来达到流布的目的。许多著名的著作如《红楼梦》、《聊斋志异》都是先有抄本流传,然后才出现印刷本。明代的《永乐大典》、清代的《四库全书》这样大部头的古书都编成于雕版印刷十分普及的时代,却都没有刻版印刷,而是靠抄写流传。《永乐大典》到乾隆时已不全,后来绝大部分失传。《四库全书》当时抄写七部,分藏七处,现在还留有四部(皇宫文渊阁本现存台北故宫。承德避暑山庄文津阁本现存国图。沈阳故宫文溯阁本现存甘肃。杭州文澜阁本太平军毁坏,后屡经补写,基本补齐,现存杭州。圆明园文源阁本毁于英法联军。镇江文宗阁、扬州文汇阁本均毁于太平军)。各大图书馆都有大量手抄本书籍,其中绝大部分出现在印刷术发明以后,许多古书仅有抄本传世,可见抄写即使在印刷术普及后仍是文献的重要流布方式。

(四)印刷

印刷是一种大量复制文献的方法,比抄写大大进步。印刷要有"版",要有纸,要有颜料。早期是手工操作,后来是机械操作。印刷术是我国发明的,但发明于何时,历来说法不一。旧有东汉说、东晋说、六朝说、隋朝说、初唐说、中晚唐说、五代说、北宋说等(详张秀民《中国印刷术的发明及其影响》)。其中东汉说至隋朝说的根据都经不住推敲。中晚唐说,由于唐代中晚期印刷物已有实物发现,例如咸通九年刻《金刚经》,亦确凿无疑。但同时说明印刷术发明应在中唐以前。所以印刷术发明于初唐至盛唐这一段相对比较可信。

关于印刷,最早的记载应是唐玄奘印普贤像的事迹。唐冯贽《云仙散录》卷五引《僧园逸录》:"玄奘以回锋纸印普贤像,施于四众,每岁五驮无余。"

宋代有人怀疑《云仙散录》是伪书,但即使是伪书,也是北宋时已成书的,其中史事未必是假的。

作为这条材料的旁证,还有几条。例如玄奘弟子慧立《大慈恩寺三藏法师传》卷十说玄奘"发愿造十俱胝像,并造成矣"。"俱胝"是梵文译音,又作"拘致",义为十万、亿、兆。十俱胝至少为百万。潘吉星作了个假设,每匹马驮二百至二百五十斤,五匹马则驮一千至一千二百五十斤,至少有二十万至二十五万张纸,五年即达百万份。

其实,唐玄奘印普贤像未必是一页纸一尊像。美国学者卡特《中国印刷术的发明及其西传》(吴泽炎译本)说:"在敦煌吐鲁番和新疆其他各地,曾发现好几千这样的小佛像,有时见于写本每一行的行首,有时整个手卷都满印佛像。英国博物馆藏有一幅这样的手卷,全长十七英尺,印有佛像多至四百六十八个。"又据向达《唐代刊书考》,日本大和法隆寺所藏不动明王像,一张纸印有三千个小佛像。这种小佛像不是一块整版印刷的,而是用佛印捺印上去的,罗振玉在北京伯希和手中见过这种印模,并记入《莫高窟石室秘录》"佛像雕版"条:"此版上刻阴文佛像,长方形,上安木柄,如宋以来之官印然。乃用以印像者,其余朱尚存。"

根据向达《唐代刊书考》,佛印是从印度传入的。其依据是《法苑珠林》卷五十二引《西域志》："大唐显庆五年（660）九月二十七日菩提寺寺主名戒龙，为汉使王玄策等设大会，使人以下各赠华氎十段并食器，次申呈使献物龙珠等，具录大真珠八箱、象牙佛塔一、舍利宝塔一、佛印四。"据唐高宗咸亨二年（671）从南海到印度的义净《南海寄归内法传》卷四记载，佛印在印度用来印泥像："造泥制底，及拓模泥像，或印绢纸，随处供养，或积或聚，以砖裹之，即成佛塔，或置空野，任其消灭。西方法俗，莫不以此为业。""制底"梵文译音，又作支提、支帝、制多，义译"灵庙"，指佛塔。泥制底为泥塔，印度有所谓"泥塔供"，可灭灾延命。"拓模泥像"当即指用佛印在泥上印像。这样可以"随处供养"。王玄策从印度带回这种佛印四枚，义净明确指出这是"西方法俗"，可知当时大唐还很少有这种佛印。佛印传入中国当即在唐初。

　　玄奘到印度在王玄策以前，回国也稍早于王玄策，玄奘应当了解这种西方法俗。所以他印普贤像应是用佛印来捺印，只有这样才能印发"十俱胝"这样惊人的数量。所以玄奘用回锋纸印普贤像的史事当是可信的。

　　现存印刷品以武则天时期为最早，共两件：

　　①1906年新疆吐鲁番出土的《妙法莲华经》残卷，鸠摩罗什译，存《分别功德品第十七》和《无量寿佛品第十六》，共一百九十四行。初出土归新疆布政使王树枏，后归日人江藤涛雄，又归日人中村不折，藏于中村不折在东京创办的书道博物馆中。1952年版本学家长泽规矩也根据印本中有武则天制字，断为武周（684—705）刻本。黄麻纸，卷子，一纸印一版。

　　②1966年韩国庆州佛国寺释迦塔修复时，发现塔身第二层舍利洞内一金铜舍利外函，内有一卷《无垢净光大陀罗尼经》，卷子，黄色楮皮纸，有武则天制字，时代当与前经相当。据考证，此经在武则天长安元年（701）译出于洛阳，当在702年刻于洛阳，然后传入朝鲜（参潘吉星《中国科学技术史·造纸与印刷卷》）。

　　这两件印刷物都早于咸通九年（868）刻《金刚经》，加上关于玄奘印普贤像的记载，可以基本肯定印刷术起源于初唐贞观间。早期印刷物是佛像、经咒等，当然还有民间历书以及韵书等工具书。到五代才开始印九经、《文选》等正经书。北宋时进入雕版印刷繁荣期。

　　潘吉星《中国科学技术史·造纸与印刷卷》仍坚持隋代发明印刷术，

那只是他从道理上推测,实际的证据却不足,他的证据有两条:

一是隋费长房《历代三宝记》卷十三说:"开皇十三年十二月八日……废像遗经,悉令雕撰。"这句话历来解释不一。清初王士禛《居易录》卷二十五解释较为合理:"盖雕者乃像,撰者乃经。"这样理解就不能作为雕版印刷的证据。

第二条证据是《隋书》卷七十八《艺术传·卢太翼传》载卢太翼"博综群书,爰及佛道,皆得其精微,尤善占候算历之术。……其后目盲,以手摸书而知其字"。王仁俊《格致精华录》卷二"刊书"条认为卢太翼"所摸为书版"。其实《隋书》上明明说"摸书",如果是摸书版,《隋书》为什么不说是摸书版呢?且书版上都是反字,怎能摸出是什么字?这是《艺术传》,强调的是他们的"占候算历",所以这件事只说明卢太翼的怪异,不能一般理解。雕版印刷术起于隋代说仍属推测,缺乏可以服人的证据。

(五)摄影

摄影是西方人发明的,现在各大图书馆的善本书正在拍成缩微胶卷,这既便于保护原件,又便于复制、阅读。胶片可以复制(拷贝),也可以还原在纸上。一般文献胶卷是色盲卷,可以使一些底灰被滤掉,增加文字清晰度,但有些不应滤掉的内容,如颜色较淡的印记、批点,也往往被滤掉,是其不足。

另有微机输入、激光扫描,目前流行,不再赘述。

第四章　文献的收藏与散佚

在我国,很早就有公、私文献收藏事业,而且源源不绝。近百年来逐步发展起图书馆事业,文献收藏才步入现代化、科学化时代。在此以前的漫长岁月里,尽管收藏者们竭力收集、保藏,却一次又一次惨遭厄运,先哲智慧凝聚而成的无数的著述绝大部分没能传下来,这是文化遗产的永远无法弥补的损失。而保存下来的这一小部分,又是许多收藏者几乎用一生心血换来的。所以,对文献的收藏与散佚,我们必须有所了解。了解的目的主要有两个:一是使我们懂得珍惜爱护文献。二是使我们懂得,现在我们所能掌握的文献资料只是全部文献资料的一小部分,当我们对一些学术问题下结论时,不至于绝对化、片面化。

一、历代官府藏书及其散佚

（一）历代官府文献收藏概况

官府文献收藏从文献有了文字记载以后就应当开始了,早期收藏情况已难以考察,现在可知的从商代开始。

商代的甲骨文据专家统计,出土约有十万至十五万片。而且主要是在安阳小屯殷墟,从科学发掘情况看,是有意存放的。《礼记·曲礼》云:"龟策敝则埋之。"汉郑玄注:"不欲人亵之也。"正与发掘结论符合。但龟甲、兽骨只是用于占卜,并契刻占卜文字。《尚书·多士》云:"惟殷先人,有册有典。"甲骨文里也有"典"、"册"字,证明在商代普通文献是用竹木简来书写的。《吕氏春秋·先识览》:"殷内史向挚见纣之愈乱迷惑也,于是载其图法,出亡之周。""图法"大概指图籍法典之类,属于重要文献,向赘也就是掌管者,内史应是向赘的职务。可见,商代已有成熟的文字、大量的书面文献、专门的文献管理人员,是大体可以确认的。

周代文献更加丰富,文献的收藏管理更趋制度化。《周礼·天官》:"大宰之职,掌建邦之六典。"六典指治典、教典、礼典、政典、刑典、事典。"典"是指法则、典则。汉郑众说:治典为冢宰之职,教典为司徒之职,礼典为宗伯之职,政典为司马之职,刑典为司寇之职,事典疑为司空之职(郑玄《周礼注》引)。可见各主要机构对职责范围内的法则文献是分工掌管的。其实,这也未尝不是文献分类的起源。

对于一般文献,则由史官掌管。《周礼·春官》:"小史掌邦国之志。"郑众注:"志谓记也,《春秋传》所谓《周志》,《国语》所谓《郑书》之属是也。"《周礼》又说:"外史掌书外令,掌四方之志,掌三皇五帝之书。"郑玄注:"志,记也,谓若鲁之《春秋》,晋之《乘》,楚之《梼杌》。"《周礼》又说:"内史……掌书王命,遂贰之。"郑玄注:贰,"副写藏之"。可知内史掌管起草王命(诏书之类),同时要保留副本。

孙诒让《周礼正义·春官·小史》总结说:"此经掌书之官有四:此官(指小史)掌邦国之志,盖所藏者多当代典章。……外史掌四方之志及三皇五帝之书,则兼藏古书。二官盖互相备。又御史为柱下史,天府掌祖庙之守藏,二官亦并掌藏书。周代文籍司存略具是矣。其他典法图版之属藏于百官府者,则不可悉数也。"可见,周代已有较完备的藏书制度。

春秋时,老子为周之管理藏书之官。《庄子·天道》:"孔子西藏书于周室,子路谋曰:'由闻周之征藏史有老聃者,免而归居,夫子欲藏书,则试往因焉。'孔子曰:'善。'往见老聃,而老聃不许。"唐成玄英疏:"周征藏史,犹今之秘书官职,典坟籍。"坟籍,即今天说的书籍。《史记·老子韩非列传》则谓老子为"周守藏室之史"。都说明老子是周朝藏书官。

鲁国也多藏书,《左传·昭公二年》:"春,晋侯使韩宣子来聘……观书于大史氏,见《易象》与《鲁春秋》,曰:周礼尽在鲁矣。"可见鲁国负责收藏文献的是大史氏。鲁国行用的是周朝典章制度,藏书制度也应相似。

秦统一天下后,图书亦有专门藏所。《史记·太史公自序》:"秦拨去古文,焚灭《诗》、《书》,故明堂、石室、金匮玉版图籍散乱。"唐司马贞索隐:"石室、金匮皆国家藏书之所。"又《史记·张丞相列传》谓张苍"秦时为御史,主柱下方书"。《汉书·百官公卿表上》:"御史大夫,秦官,位上卿……在殿中掌图籍秘书。"可见秦统一天下后,图书有专门场所典藏,有专门之官典守。

西汉官府藏书空前丰富，而且进行了我国历史上第一次大规模的系统整理。《史记·高祖本纪》："高帝元年冬十月，萧何尽收秦丞相府图籍文书。"又《萧相国世家》："沛公至咸阳，诸将皆争走金帛财物之府分之，何独先入收秦丞相、御史律令图书藏之。"又《太史公自序》："汉兴，萧何次律令，韩信申军法，张苍为章程，叔孙通定礼仪。则文学彬彬稍进，《诗》、《书》往往间出矣。"《汉书·艺文志》："汉兴，张良、韩信序次兵法，凡百八十二家，删取要用，定著三十五家。"《三辅黄图》："未央宫有石渠阁，萧何所造……藏入关所得秦之图籍。"又："天禄阁，藏典籍之所，萧何所造。"可见西汉之初已注重搜集文献，并建专室典藏。

刘歆《移太常博士书》："至孝惠之世，除挟书之律。至孝文皇帝，始使掌故晁错从伏生受《尚书》。"又《七略》："孝武皇帝敕丞相公孙弘广开献书之路，百年之间，书积如山丘。故外有太常、太史、博士之藏，内有延阁、广内、秘室之府。"（《汉书·艺文志》如淳注引，又严可均《全汉文》）又班固《汉书·艺文志》："迄孝武世，书缺简脱，礼坏乐崩，圣上喟然而称曰：'朕甚闵焉。'于是建藏书之策，置写书之官，下及诸子传说，皆充秘府。至成帝时，以书颇散亡，使谒者陈农求遗书于天下。诏光禄大夫刘向校经传、诸子、诗赋，步兵校尉任宏校兵书，太史令尹咸校数术，侍医李柱国校方技。每一书已，向辄条其篇目，撮其指意，录而奏之。会向卒，哀帝复使向子侍中奉车都尉歆卒父业。歆于是总群书而奏其《七略》。"可见在武帝时对图书进行过大规模搜集、整理，至成帝时进一步搜集，并命刘向等进行系统整理。

据《汉书·成帝纪》刘向于成帝河平三年（前26）八月校中秘书。又《汉书·刘向传》称向卒后十三年王氏代汉（王莽公元9年代汉，为始建国元年），知刘向卒于哀帝建平二年（参顾实《汉书艺文志讲疏》）。刘向校书前后达二十二年之久，所以汉应劭《风俗通》说："刘向为孝成皇帝典校书籍二十余年。"刘向未完成的事业，其子刘歆接着完成。

刘歆《七略》是当时校定皇家藏书的总目录（不包括复本），共有"书三十八种六百三家一万三千二百一十九卷"（《广弘明集》载梁阮孝绪《七录序》）。班固《汉书·艺文志》据《七略》编成，稍有增减，《汉书·艺文志》共"六略三十八种五百九十六家一万三千二百六十九卷"。由此可见当时皇家藏书的数量。

我国许许多多传世的先秦至西汉初年的著作,都是由刘向、刘歆父子在这次校书时编定的,如《战国策》、《说苑》、《新序》、《列女传》、《楚辞》、《晏子春秋》、《管子》、《山海经》等。而刘向《别录》、刘歆《七略》是第一次对战国至西汉学术文化的系统总结,所以范文澜《中国通史简编》把《七略》与《史记》并称为西汉最伟大的两部著作。

东汉官藏图书亦极丰富,且有专门官员在专门机构管理、校勘。《后汉书·儒林传》:"昔王莽、更始之际,天下散乱,礼乐分崩,典文残落。及光武中兴,爱好经术,未及下车,而先访儒雅,采求阙文,补缀漏逸。先是四方学士多怀协图书,遁逃林薮。自是莫不抱负坟策,云会京师。"又云:"熹平四年,灵帝乃诏诸儒正定《五经》,刊于石碑,为古文、篆、隶三体书法,以相参验,树之学门,使天下咸取则焉。初,光武迁还洛阳,其经牒秘书载之二千余两。自此以后,参倍于前。"可见自东汉初至灵帝时,图书已大大增加,而且将《五经》校定正本,刻于石碑,立于太学门外。史载"碑始立,其观视及摹写者,车乘日千余两,填塞街陌"。

东汉藏书之处有石室、兰台、东观、仁寿阁、辟雍、宣明、鸿都等处(见《后汉书·儒林传》、《隋书·经籍志》)。管理藏书的官有校书郎、兰台令史(班固曾任此职)。《东观汉记》:"桓帝延熹二年,初置秘书监,掌典图书。"(《初学记》卷十二引)《后汉书·马融传》称马融曾"拜为校书郎,诣东观校书"。

三国时期,官府亦留意文献收藏与管理。《隋书·经籍志》:"魏氏代汉,采掇遗亡,藏在秘书中外三阁。魏秘书郎郑默始制《中经》。"梁阮孝绪《七录序》:"魏秘书郎郑默删定旧文,时之论者谓为朱紫有别。"可见曹魏曾对文献进行过整理,并编有目录——《中经》。

孙吴曾命韦昭为中书郎,"依刘向故事,校定众书"(《三国志·吴书·韦昭传》)。

西晋代魏,是采取的"禅让"办法,未经战争,所以西晋直接承袭了曹魏官府藏书。同时在太康元年西晋王浚攻建业石头城,吴主孙皓降,王浚乃"收其图籍"(《晋书·武帝纪》)。晋武帝太康二年汲郡人不准盗发魏安釐王(一说魏襄王)墓,"得竹书数十车"(《晋书·束皙传》)。晋武帝初,荀勖"拜中书监,加侍中,领著作,与贾充共定律令。俄领秘书监,与中书张华依刘向《别录》整理记籍"(《晋书·荀勖传》)。梁阮孝绪《七录序》云:"晋领秘书监荀勖因魏《中经》更著《新簿》,虽分十有余卷,而总以四部别之。"《中经新簿》是第一部见于史载的四部目录。《隋书·经籍志》："秘书监荀勖又因《中经》更著《新簿》，分为四部，总括群书……大凡四部合二万九千九百四十五卷。"这个数目包括汲冢书。

东晋偏安江南，藏书系重新收集而成，著作郎李充曾以荀勖《中经新簿》相校，存者仅有"三千一十四卷"（《七录序》），编为《四部书目》。

南北朝时期社会动荡，藏书事业受到很大破坏。

南朝，刘宋主要继承东晋官府藏书，同时，宋武帝刘裕攻入长安，将苻秦、姚秦积累的藏书收归刘宋，那批战利品"才四千卷，赤轴青纸，文字古拙"（《隋书·经籍志》）。到宋文帝"元嘉八年，秘书监谢灵运造《四部目录》，大凡六万四千五百八十二卷"（《隋书·经籍志》。按：此数目恐有误，东晋藏书三千零一十四卷，姚秦藏书五千卷，合之八千余卷。元徽元年王俭又造目录，才一万五千七百零四卷。梁时藏书远胜于宋，四部书籍也不过二万三千一百零六卷。疑此"六万"为"一万"之误）。刘宋苍梧王"元徽元年，王俭又造《目录》，大凡一万五千七百四卷"（《隋书·经籍志》）。

南齐，"永明中，秘书丞王亮、监谢朏又造《四部书目》，大凡一万八千一十卷"（同上）。

"梁初，秘书监任昉躬加部集，又于文德殿内列藏众书，华林园中总藏释典，大凡二万三千一百六卷，而释氏不豫焉。"（同上）

陈的藏书历史记载不明，似较贫乏，因为梁的藏书已几乎全部被毁。《隋书·经籍志》称："陈天嘉中，又更鸠集。考其篇目，遗阙尚多。"知陈文帝曾留意搜集图籍。隋灭陈时，收其藏书，史载"及平陈以后，经籍渐备，检其所得，多太建时书，纸墨不精，书亦拙恶"（同上），可知陈宣帝太建年间亦曾加意搜集抄写图书。其卷帙则史无明文。

北朝，与东晋对峙的苻秦、姚秦是当时文化最发达的地方（长安），也不过有五千卷书（同上）。

北魏孝文帝迁都洛阳，史称"孝文徙都洛邑，借书于齐，秘府之中，稍以充实"（同上）。又"诏求天下遗书"，凡"秘阁所无，有益时用者加以优赏"（《魏书·高祖孝文帝纪》）。北魏宣武帝永平三年又"诏重求遗书于天下"（《魏书·世宗宣武帝纪》）。

北魏分裂为东魏、西魏。后北齐代替东魏，北周代替西魏，北周又灭了北齐，统一北方。其间社会动荡，图书不保。史载北周代替西魏后，

"保定(北周武帝宇文邕年号)之始,书止八千。后稍加增,方盈万卷。周武平齐,先封书府,所加旧本,才至五千"(《隋书·经籍志》)。就是说北周统一北方后,图书达到一万五千卷。

公元581年杨坚政变,夺取后周大权,改国号隋,继承了周的藏书一万五千卷。公元589年灭陈,又缴获了陈的藏书。在灭陈以前,"隋开皇三年,秘书监牛弘表请分遣使人,搜访异本,每书一卷,赏绢一匹。校写既定,本即归主。于是民间异书,往往间出"。平陈之后,"召天下工书之士,京兆韦霈、南阳杜頵等,于秘书内补续残缺,为正副二本,藏于宫中。其余以实秘书内外之阁。凡三万余卷。炀帝即位,秘阁之书限写五十副本,分为三品。上品红琉璃轴,中品绀琉璃轴,下品漆轴。于东都观文殿东西厢构屋以贮之。东屋藏甲乙,西屋藏丙丁"(《隋书·经籍志》)。当时西都长安"嘉则殿书三十七万卷"(《新唐书·艺文志》)。经秘书监柳誓"除其重复猥杂,得正御本三万七千余卷"(《玉海》卷五十二引《北史》)。唐初所修《隋书·经籍志》著录四部书三千一百二十七部三万六千七百零八卷,主要是依据嘉则殿"正御本"著录的。

唐代继承的主要是隋长安嘉则殿藏书三万七千余卷。唐初贞观间,魏征、虞世南、颜师古相继任秘书监,"请购天下书,选五品以上子孙工书者为书手,缮写藏于内库"(《新唐书·艺文志》)。中宗景龙三年六月"以经籍多缺,使天下收括"(《旧唐书·中宗纪》)。睿宗景云间"以经籍多缺,令京官有学行者分行天下,搜检图籍"(《唐会要·经籍》)。开元七年"诏公卿士庶之家所有异书借官缮写"(《旧唐书·经籍志》)。开元时期,唐代藏书量达到高峰。毋煚《古今书录》著录藏书三千六十部五万一千八百五十二卷(这个数目不计副本),基本反映当时的藏书量。《旧唐书·经籍志》基本上是依据《古今书录》编成的,其目的也在于反映唐代藏书之盛。平定安史之乱后,藏书更努力恢复,《旧唐书·经籍志》说:"开成初,四部书至五万六千四百七十六卷。"欧阳修《新唐书·艺文志》在著录开元藏书三千二百七十七部五万二千零九十四卷之外,增入唐人著作一千三百九十家二万七千一百二十七卷,合计达到七万九千二百二十一卷。这是兼顾一代藏书与一代著书而达到的总和。

北宋,在五代十国战乱分裂之后实现了统一。北宋初年,藏书仅万余卷,但在平定各地政权时,宋太祖很注意保护搜集图书。宋太宗即位后重建三馆,太平兴国三年建成,赐名崇文院。"院之东廊为昭文书库。南廊为集贤书库。西廊有四库,分四部,为史馆书库。凡六库书籍正副本八万卷。"(《玉海·经籍》)又《宋史·艺文志》:"宋初,有书万卷。其后削平诸国,收其图籍,及下诏遣使购求散亡,三馆之书,稍复增益。太宗始于左升龙门北建崇文院,而徙三馆之书以实之。又分三馆书万余卷,别为书库,目曰'秘阁'。阁成,亲临幸观书。"宋人所谓"馆阁"即指"三馆"和"秘阁"。真宗时"王宫火,延及崇文、秘阁,书多煨烬"。但由于真宗曾"命三馆写四部书二本,置禁中之龙图阁及后苑太清楼",故大火之后得以"重写书籍"。仁宗重建崇文院,命张观等撰《崇文总目》,著录藏书三万六百六十九卷。据北宋历朝国史记载,北宋前后藏书共计六千七百零五部七万三千八百七十七卷。

南宋藏书是重新搜集的。淳熙四年陈骙编《中兴馆阁书目》,记载当时藏书四万四千四百八十六卷,至嘉定十三年张攀编《续中兴馆阁书目》,又得一万四千九百四十三卷,合计五万九千四百二十九卷,也是相当丰富的。

与南宋对峙的北方的金朝亦十分重视藏书。金太宗天会四年(1126)完颜晟等攻克宋都汴京(开封),天会五年掳获徽、钦二帝及皇室等数千人,并当时馆阁图书押运北方(参《靖康要录》卷十五)。

元代帝王亦重视藏书,由秘书监管理。据元王士点、商企翁《秘书监志》,元世祖至元十二年至十三年曾将江南经籍图书书画文板运到大都,由秘书监收掌。秘书监有秘书库,至正二年统计秘书库藏书,合计书二千三百九十部二万四千零八册,书画二千八轴。另翰林国史院、弘文院、集贤殿亦各有藏书。元代至元二十八年在杭州原南宋国子监设立西湖书院,南宋国子监刻书版均藏于西湖书院,至治三年山长黄裳等辑《西湖书院重整书目》,刻于石碑,共载经史子集版一百二十二种,王国维《五代两宋监本考》颇取资焉。

明代帝王亦重视藏书。洪武元年建都南京,徐达等北伐元大都,"收秘书监图书"(《国史·经籍志》)。永乐初年,书藏文渊阁。永乐四年,帝问文渊阁藏书,解缙答:"经史粗备,子集尚多阙。"上曰:"士庶家稍有余资尚欲积书,况朝廷乎?"遂命礼部尚书郑赐遣人访购,惟其所欲与之,勿较值(《明史·艺文志序》、《明会要》卷二十六、《典故纪闻》卷六)。永乐六年《永乐大典》成,亦贮阁中。永乐十九年迁都北京,"诏修撰陈循取文渊阁一部至百部各择其一,得百柜,运至北京"(《明史·艺文志序》),

《永乐大典》贮于文楼。明宣宗时"秘阁贮书约二万余部,近百万卷。刻本十三,钞本十七"(同上)。正统间杨士奇编《文渊阁书目》,著录图书七千二百九十七部四万三千二百册。可以反映明代北京皇家藏书全盛时的数量。其他如南京国子监、北京国子监等亦有藏书。

清代帝王重视藏书程度高于前代,清代藏书最盛时是乾隆时期。乾隆时修《四库全书》,从全国征集图书一万数千种,择其三千五百种左右收入《四库全书》(《四库全书》各本数量不同,文渊阁本据《总目》为三千四百六十一部,文溯阁本三千五百九十部,文津阁本三千五百零三部,文澜阁本三千四百五十部)。其余六千七百九十一种,《四库全书》未收,仅各撰提要,收入《总目》,称为"存目"。从全国征集的这批图书后来没有按计划发还,而是存在翰林院,举世闻名的《永乐大典》亦存在翰林院。翰林院藏书外间士子可入院查阅。王懿荣曾从中借抄戚继光《止止堂集》交山东书局刊行。孙诒让、李文田等都曾入院抄取罕传秘本。《四库全书》则抄成七部,分存皇宫文渊阁、圆明园文源阁、沈阳故宫文溯阁、承德避暑山庄文津阁、扬州大观堂文汇阁、镇江金山寺文宗阁、杭州西湖圣因寺文澜阁。

在修《四库全书》的同时,还修有《四库全书荟要》,共收书四百六十三种,抄两部,一存皇宫摛藻堂,一存圆明园味腴书屋。

同时乾隆帝还将内廷所藏善本集中列架昭仁殿,题曰"天禄琳琅"。乾隆四十年命于敏中等撰《天禄琳琅书目》,著录珍本书籍四百二十二部,多宋元旧刻。嘉庆二年又命彭元瑞等撰《天禄琳琅书目后编》,著录珍本六百六十三部。

翰林院、昭仁殿外,养心殿有《宛委别藏》(《擘经室外集》著录一百七十三种,台湾故宫现存一百六十种七百八十册),武英殿、国子监亦有藏书,皇史宬收藏档案文献,内阁大库亦有许多明代遗留的藏书及明清档案。

清末,学部成立京师图书馆,即中国国家图书馆前身。内阁大库旧藏及《永乐大典》残帙、敦煌劫余遗书等拨交京师图书馆收藏。清政府还命各省成立图书馆。在京师图书馆成立之前,南京已成立江南图书馆,以丁氏八千卷楼旧藏为基础,影响甚大。

进入民国,各地大都有了公共图书馆。1949 年中华人民共和国建国以来,公共图书馆更多,更完善。近些年,图书馆逐步进入现代化管理阶段。比如古书保存要求恒温恒湿,善本拍成缩微胶卷,或者经过扫描制成光盘,一般查阅就不必看原书,因而大大减少了对古书的损害。防火防盗的条件也更好了。所以那些意外事故大大减少了。

以上讲述了历代官府对图书文献的收集和典藏,可以看到历代帝王基本上是重视保护文化遗产的,但由于客观原因或人为原因,我国古代文献的散佚也十分严重,令人闻之伤心。

(二)历代文献的大量散佚

在我国历史上,文献的聚集总是与散佚相始终。我国历代产生的文献无法计数,其中有不少文献是被自然淘汰的,这很可以理解,不能认为是不正常的。但是,天灾人祸造成的意外损失确也接连不断,难以缕述,这里举十数次重大文献损失,以见其梗概。

1. **秦始皇焚书**。始皇三十四年,博士淳于越主张效法古制,分封诸侯,认为"事不师古而能长久者,非所闻也"。李斯坚决反对,李斯建议:"史官非秦记皆烧之,非博士官所职,天下敢有藏《诗》、《书》、百家语者,悉诣守、尉杂烧之。有敢偶语《诗》、《书》者弃市。以古非今者族。吏见知不举者与同罪。令下三十日不烧,黥为城旦。所不去者医药、卜筮、种树之书。"制曰:"可。"(《史记·秦始皇本纪》)

2. **西汉末年战乱**。《后汉书·儒林传》:"昔王莽、更始之际,天下散乱,礼乐分崩,典文残落。"《隋书·牛弘传·请开献书之路表》:"及王莽之末,长安兵起,宫室图书,并从焚烬。"又《隋书·经籍志》谓《七略》所载"大凡三万三千九十卷,王莽之末,又被焚烧"。

3. **东汉末年战乱**。《后汉书·儒林传》:"及董卓移都之际,吏民扰乱,自辟雍、东观、兰台、石室、宣明、鸿都诸藏,典策文章,竞共剖散,其缣帛图书,大则连为帷盖,小乃制为滕囊。及王允所收而西者,裁七十余乘,道路艰远,复弃其半矣。后长安之乱,一时焚荡,莫不泯尽焉。"回顾光武帝初迁洛阳,载经牒秘书二千余车,能无兴衰之慨!

4. **西晋末年惠怀之乱**。梁阮孝绪《七录序》:"晋领秘书监荀勖因魏《中经》更著《新簿》,虽分为十有余卷,而总以四部别之。(《隋志》:"大凡四部合二万九千九百四十五卷。")惠怀之乱,其书略尽。江左草创,十不一存。"《隋书·经籍志序》:"惠怀之乱,京华荡覆,渠阁文籍,靡有孑遗。"

有人把"惠怀之乱"解为"八王之乱"。考《隋书·牛弘传》中牛弘叙述此事作:"刘、石凭陵,京华覆灭,朝章国典,从而失坠,此则书之四厄也。"所谓"刘、石凭陵,京华覆灭",是指怀帝永嘉五年六月刘曜、石勒攻占京城洛阳。《晋书·怀帝纪》:"六月癸未,刘曜、王弥、石勒同寇洛川。王师频为贼所败,死者甚众。……丁酉,刘曜、王弥入京师。帝开华林园门,出河阴藕池,欲幸长安,为曜等所追及。曜等遂焚烧宫庙,逼辱妃后……百官士庶死者三万余人。"这次京华荡覆,与八王之乱有直接关系,八王之乱以东海王司马越毒死惠帝、另立怀帝为结束,其时间在惠帝时期。刘曜、石勒攻占洛阳则在怀帝永嘉五年。史官把两件事连起来叫"惠怀之乱"。所以把"惠怀之乱"解释为"八王之乱"不准确。

　　5. 侯景之乱与梁元帝焚书。南朝以梁代藏书最盛。梁武帝末,发生侯景之乱。北方降将侯景,被梁武帝封为河南王,次年(太清二年)叛乱,攻破建康。太清三年攻下台城(宫城),武帝愤恨而死。《太平御览》卷六百十九引《三国典略》:"初侯景来,既送东宫妓女,尚有数百人,景乃分给军士。夜于宫中置酒奏乐,忽闻火起,众遂惊散,东宫图籍数百厨,焚之皆尽。"《隋书·经籍志》:"元帝克平侯景,收文德之书及公私经籍,归于江陵,大凡七万余卷。周师入郢,咸自焚之。"《太平御览》卷六百十九又引《三国典略》:"周师陷江陵,梁王知事不济,入东阁竹殿,命舍人高善宝,焚古今图书十四万卷,欲自投火与之俱灭,宫人引衣,遂及火灭尽。并以宝剑斫柱令折,叹曰:文武之道,今夜穷矣。"

　　隋牛弘把以上五次重大图书损失称为"五厄"。

　　6. 隋末唐初。隋朝藏书极富,西京长安、东京洛阳均富藏书。西京嘉则殿书三十七万卷,去重复有三万七千余卷,为唐朝继承。东都洛阳藏书所谓"上品红琉璃轴,中品绀琉璃轴,下品漆轴,于东都观文殿东西厢构屋以贮之"者,《隋书·经籍志》云:"大唐武德五年克平伪郑(王世充),尽收其图书及古迹焉,命司农少卿宋遵贵载之以船,溯河西上,将至京师,行经砥柱,多被漂没。其所存者,十不一二。"

　　7. 安史之乱。《旧唐书·经籍志序》:"自后毋煚又略为四十卷,名为《古今书录》,大凡五万一千八百五十二卷。禄山之乱,两都覆没,乾元旧籍,亡散殆尽。"

　　8. 黄巢起义。《旧唐书·经籍志》:"开成初,四部书至五万六千四百七十六卷。及广明初,黄巢干纪,再陷两京,宫庙寺署,焚荡殆尽,曩时遗籍,尺简无存。"

9. 靖康之难。北宋末靖康元年(1126)金军攻破汴京(开封),次年四月掳徽、钦二帝及宗室后妃数千人及各教坊乐工、技艺工匠,携法驾、仪仗、冠服、礼器、天文仪器、珍宝玩物、皇家藏书、天下州府地图北去,汴京公私积蓄为之一空。《宋史·艺文志》:"迨夫靖康之难,而宣和、馆阁之储,荡然靡遗。"这些书被掠到北方后,传下来的极少,以宋版书而论,北宋刻本传世绝少,就是一个证据。

10. 李自成起义。钱谦益《牧斋有学集》卷二十六《黄氏千顷斋藏书记》:"……岁积代累二百有余载,一旦突遭焚如,销沉于闯贼之一炬,内阁之书尽矣。(泽逊按:此内阁当指明文渊阁,张萱尝编《内阁书目》。)而内府秘殿之藏如故也。煨烬之余,继以狼藉,举凡珠囊玉笈、丹书绿字,绨几之横陈、乙夜之进御者,用以汗牛马,制骆驼,蹈泥沙,藉粪土,求其化为飞尘,荡为烈焰而不可得。自丧乱以来,载籍之厄,未之有也。"

11. 乾隆禁毁。清乾隆征求全国遗书,纂修《四库全书》,同时也对图书进行了一次大清查,当时因政治原因列为禁书(包括全毁、抽毁)的"据《禁书总目》、《掌故丛编》、《文献丛编》、《办理四库全书档案》诸书考之,在于销毁之列者,将近三千余种,六七万部以上"(孙殿起《清代禁书知见录序》)。另外,清代康熙、雍正时亦有禁书,据王彬主编《清代禁书总述》(1999年中国书店出版),清代禁书有三千二百三十六种,数量接近《四库全书》。近人邓实曰:"昔者之毁,乃官府之所藏,而山岩屋壁尚有存者。今之毁,并毁及民间,而比户诛求,其所留遗者亦仅矣!"(《国粹丛书》第二集《禁书目合刻跋》)

12. 嘉庆宫火。嘉庆二年乾清宫火,昭仁殿在其东侧,同时被焚,天禄琳琅四百余种宋元抄校善本荡然无存。

13. 太平天国起义。咸丰、同治间洪、杨起义,江、浙文化发达区被祸尤烈。扬州文汇阁、镇江文宗阁《四库全书》均被焚,片纸不留。文澜阁被推倒,《四库全书》流入市肆,百姓用来包装物品,幸丁申、丁丙兄弟抢救,未遭全毁。经太平天国起义,东南各省新旧文献大都被毁,以至在太平军被镇压后,市面上几乎买不到书,社会上无书可读。研究版本学的人一般都知道,康、雍、乾、嘉四朝刻书往往不难得,而道、咸两朝刻书往往印本稀见,反倒被视为善本,原因是太平天国时书版大都被毁。张秀民《中国印刷史》:"太平天国起义,南方战火连年,扬州文汇阁及镇江金山文宗阁《四库全书》全毁,杭州文澜阁《四库全书》亦不全,其他民间藏书损失尤巨,一般士子缺乏读本。"

14. 英法联军纵火圆明园。 在东南各省太平天国起义的同时,咸丰十年(1860)英法联军攻陷北京,在抢劫之后,放火焚烧圆明园。文源阁《四库全书》及味腴书屋《四库全书荟要》等毁于一旦。京城其他图书损失尚无法计算。

15. 庚子事变。 光绪二十六年庚子(1900)清军及义和团围攻东交民巷各国使馆,翰林院遭到严重破坏。存放在翰林院的《永乐大典》等珍贵文献几乎遭到灭顶之灾。2005年出版的美国斯特林·西雷格夫的著作《龙夫人:慈禧故事》中译本向我们提供了1900年6月23日亲自参加对翰林院珍贵图书进行毁灭性破坏的三个外国人的日记材料:一是英国军人弗兰西斯·加登·普尔上尉未出版过的日记,二是美国传教士明恩溥的日记(1901年出版),三是莫理循未出版过的私人日记。根据三个外国人的原始记录,我们可以了解到:英国使馆人员普尔等16人曾于6月22日利用梯子翻墙进入翰林院,当时院内"除了一些中国女人,没有发现任何人"。第二天即6月23日普尔等18人在英国使馆的墙上扒开一个大口子,又一次进入翰林院,他们"发现了250名中国穆斯林士兵正待在'大殿'的入口处,很快就被打跑了。于是为了报复,这些目不识丁的士兵就点着了那座大殿,火势很快就蔓延到了紧邻的几座书库的房子。为了控制火势,普尔的人就不得不立即把那几座房子推倒"。"这幢建筑紧挨着一间被推倒的房子前面,里面满是书柜,包含翰林院的一些典藏图书,尤其是那部以赞助此事的皇帝命名的卷帙浩繁的《永乐大典》"。"体积硕大的匣子里装着这部百科全书的卷册"。"在那个令人难忘的日子里,被乱扔得到处都是,一片狼藉"。"有一些,和大量其他的卷册一起被扔到了荷花池里,被垃圾所覆盖,为的是防止它们被烧着从而使火势更大。在以后的时间里,当它们被来自消防车的水或者丰沛的雨水所浸透,那样,它们就会开始腐烂。(窦纳乐爵士)发布了一道命令,吩咐用泥土将它们掩埋,以防止它们污染周围的环境。于是,这一命令的执行,就成了中国古代皇家学院的全部遗留的正式葬礼"。

根据以上当事人的原始记录,我们完全可以明白,翰林院开始是董福祥的甘军放火烧了一座大殿,其余藏有图书的建筑则是英、美等国官兵肆意毁坏的。这当中华丽的《永乐大典》被特别强调,而那些足以埋上《永乐大典》的数量庞大的普通书籍又是什么呢？那是《四库全书》纂修工作完成后，数以万计的各地进呈的原本。这些四库进呈本当中，有三分之二未被收入《四库全书》，而列入《存目》，就这样几乎全军覆没了。《永乐大典》和四库进呈本为什么存世量只占微不足道的一小部分？原来这一巨大的文献宝库在英、美等国的官兵手下化为粪土了。这是中国文献史上一次巨大的灾难。

16.**日本侵华战争**。日本帝国主义侵略我国，对我国的图书文物进行了疯狂的掠夺与破坏，所造成的损失不可胜计。我曾参观清华大学古籍书库，里头有一架子因火烧而严重受损的书，那是抗日战争中在重庆被日本飞机轰炸的烬余之物。这批书近已得到修补重装。我们学习古籍目录版本，会读到张元济先生的《涵芬楼烬余书录》。1932 年 1 月 28 日晚，日军进攻上海闸北，我国十九路军奋力抵抗，这便是"一·二八事变"。1 月 29 日清晨日军飞机轰炸商务印书馆，商务总管理处，第一、二、三、四印刷厂和纸库、书库、尚公小学以及东方图书馆中弹起火。2 月 1 日日本浪人再次闯入东方图书馆，放火将日军飞机轰炸时未毁之图籍全部烧毁，馆中珍本古籍及其他中外图书四十六万余册化为纸灰，随着炮火硝烟，飘满上海天空（参张树年主编《张元济年谱》）。涵芬楼原是商务印书馆资料室，1924 年扩建为东方图书馆，地点在上海宝山路西商务总厂对面，为五层大楼。其中第三层为善本书室，仍名"涵芬楼"。其藏书量居当时全国公共图书馆之首，宋元善本、名家抄校本及全国府州县志均收藏较多，富有盛名。日本飞机轰炸之后，继以纵火，必欲毁之而后快，其用心不言而喻。先是，1924 年为避战祸，张元济曾取出善本古籍五百余种寄存于租界金城银行保险库内，从而使这部分古籍珍本幸免于难，后来忍痛将这部分善本编为《涵芬楼烬余书录》，成为永久的纪念。日本侵华战争对中国图书文献的破坏，从东方图书馆被毁可以见其一斑。

17.**"文化大革命"**。1966 年至 1976 年十年间中国处于"无产阶级文化大革命"阶段，无数文物文献被毁，其中家谱被毁尤多。民间藏书及字画，大多被没收，许多被烧掉或送造纸厂化成纸浆，这样的事情到处都是，数不胜数。小时候我在农村，我的家乡是个文化村，不少人家有书，"文革"中全都抄到大队（当时一个村叫一个大队），堆放在小学，我父亲是小学教师，据我父亲回忆，当时书堆到屋梁（小学是地主家的大房子，屋梁很高），小学派两三位老师从中挑书，他们不敢多挑，仅挑出《辞源》、《辞海》、《资治通鉴》等书,其余全部装成三大马车送到了县造纸厂,化为纸浆。其中最珍贵的不是四书五经,而是许多小说和鼓书唱本。鼓书唱本流传不多,是俗文学的宝贵资料。我的姑姑偷偷留了几本唱本,后来形势发展到残酷的阶段,这几本唱本也被家人偷偷拿来烧锅了。我的伯父把我家家谱藏在屋梁上,后来全家都劝他:"一旦被搜出来,你能受得了吗?"还是自己偷偷烧了。经此洗劫,民间藏书受到根本摧残,存者稀如星凤。

二、历代私家藏书之兴替

官府藏书头绪不复杂,容易理出线索。私人藏书家多如牛毛,就不可能一一讲述,这里只能举一些著名藏书家,以见梗概。如果要了解更多的藏书家事迹,可读清末叶昌炽《藏书纪事诗》、民国伦明《辛亥以来藏书纪事诗》等书。

(一)周秦私家藏书概况

私人藏书大概是春秋时开始的。春秋以前学在官府,西周末年"王道既微,诸侯力政,时君世主,好恶殊方,是以九家之术,蜂出并作,各引一端,崇其所善,以此驰说,取合诸侯"(《汉书·艺文志·诸子略》)。所以《汉书·艺文志》分析诸子百家来历,认为:"儒家者流,盖出于司徒之官","道家者流,盖出于史官","阴阳家者流,盖出于羲和之官","法家者流,盖出于理官","名家者流,盖出于礼官","墨家者流,盖出于清庙之守","纵横家者流,盖出于行人之官","杂家者流,盖出于议官","小说家者流,盖出于稗官"。诸子本来都是周王朝的官,后来周王朝衰微,诸侯强大,王官就失其官守了,只好走向民间。这些人大都一面授徒为生,一面到处找诸侯游说,希望得到诸侯任用。学术由此走向民间,这对那些王官似为不幸,对文化学术发展却大有好处,带来了我国学术史上第一个繁荣——百家争鸣。

一方面这些走向民间的学者手头要有先王之书,另一方面自己又著书立说,为了争鸣,又要研究别家的学说,私人藏书应运而生。有如下记载:

《墨子·天志》:"今天下之士,君子之书不可胜载。"

又《贵义》:"子墨子南游使卫,关中载书甚多。"

《庄子·天下》:"惠施多方,其书五车。"

《战国策·秦策》载苏秦游说失败,回家后"乃夜发书,陈箧数十,得太公阴符之谋"。

《韩非子·显学》:"藏书策,习谈论,聚徒役,服文学而议说,世主必从而礼之。"

《史记·六国年表》:"秦既得意,烧天下《诗》、《书》。……《诗》、《书》之所以复见者,多藏人家。"

从出土文献方面看,1994 年上海博物馆从香港购归的战国楚竹书,是盗墓者从湖北盗掘的,下葬时间约在战国中后期,其中包括古籍八十余种,可知墓主生前是一位富有藏书的贵族学者。

(二)汉魏晋南北朝的私人藏书

秦朝不许私人藏书。汉惠帝除挟书之令,私人又可以藏书了。《尚书》是济南伏胜藏在屋壁中保存下来的。西汉刘向、刘歆等校理皇家藏书,异本很多,其中有"中书"、"外书",都是官藏,又有"臣向书"、"臣参书"、"射声校尉立书"等,则属于私人藏本。

东汉末蔡邕是大藏书家,由于赏识王粲的才华,曾说:"吾家书籍文章,尽当与之。"(《三国志·魏书·王粲传》)蔡邕的女儿蔡琰(文姬)被曹操从北方救回之后,曹操曾问蔡琰:"闻夫人家先多坟籍。"蔡琰回答:"昔亡父赐书四千余卷。"(《后汉书·列女传》)《博物记》则说:"蔡邕有书近万卷,末年载数车与粲。"(《三国志·魏书·钟会传》注引)蔡邕晚年把藏书赠给王粲,为后世藏书家树立了榜样。南宋初四川转运副使井度在晚年把藏书交给晁公武,就是效法蔡邕故事。

晋初,张华富藏书,"尝徙居,载书三十乘","天下奇秘,世所希有者,悉在华所","秘书监挚虞撰定官书,皆资华之本以取正焉"(《晋书·张华传》)。

晋人范蔚"家世好学,有书七千余卷,远近来读者恒有百余人,蔚为办衣食"(《晋书·范平传》)。范蔚乐于借书与人的品格,也是值得后人学习的。南齐崔慰祖、宋代宋敏求、近人瞿良士都具有这种风范。

南齐沈麟士家富藏书,"遭火,烧书数千卷,年过八十,耳目犹聪明,以反故抄写,火下细书,复成二三千卷"(《南史·沈麟士传》)。所谓"以反故抄写",即用旧纸背面抄写。

南齐崔慰祖聚书万卷,"邻里年少好事者来从假借,日数十帙,慰祖亲自取与,未尝为辞"(《南史·崔慰祖传》)。

梁任昉"聚书至万卷,率多异本,及卒后,武帝使学士贺纵共沈约勘其书目,官无者就其家取之"(《南史·任昉传》)。

北魏李业兴"爱好坟籍,鸠集不已,手自补治,躬加题帖,其家所有,垂将万卷"(《魏书·李业兴传》)。

(三)唐宋私家藏书

唐代藏书家多于前代,藏书数量亦较前代为大。

李元嘉(高祖之子)"聚书至万卷,又采碑文古迹,多得异本"(《旧唐书》本传)。

李泌家富藏书,其子李繁承其家业。韩愈《送诸葛觉往隋州读书诗》曾描写李氏藏书云:"邺侯家多书,插架三万轴。一一悬牙签,新若手未触。"

苏弁"聚书二万卷,手自雠定,当时称与秘府埒"(《新唐书》本传)。

王涯"家书多,与秘府侔"(《新唐书》本传)。

韦述"蓄书二万卷,皆手校定,黄墨精谨,内秘书不逮也。古草隶帖,秘书、古器图谱无不备"(《新唐书》本传)。

柳公绰"家有书万卷,所藏必三本,上本贮库,其副常所阅,下者幼学焉"(《新唐书》本传)。

吴兢"聚书颇多,尝目录其卷第,号《吴氏西斋书目》"(《旧唐书》本传)。《郡斋读书志·吴氏西斋书目》谓吴兢藏书"一万三千四百六十八卷"。

田弘正"性忠孝,好功名,起楼聚书万余卷"(《新唐书》本传)。

宋代藏书家又多于唐代。清叶昌炽《藏书纪事诗》卷一记宋代藏书家有 68 家,另附载五十人。其中较著名者,《文献通考》引叶梦得《过庭录》云:"公卿名藏书家如宋宣献、李邯郸,四方士民如亳州祁氏、饶州吴氏、荆州田氏等,吾皆见其目,多至四万许卷。惟宣献择之甚精,止二万卷。"

这里所谓宋宣献,指宋绶,北宋人,官至兵部尚书,参知政事,卒谥宣献。其子敏求,字次道,官至龙图阁直学士。宋朱弁《曲洧旧闻》:"宋次道藏书皆校三五遍,世之蓄书,以宋为善本。居春明坊时,士大夫喜读书者多居其侧,以便于借置故也。"魏了翁《遂初堂书目跋》:"宋宣献兼有毕文简、杨文庄二家之书,不减中秘,而元符中荡为烟矣。"《梦溪笔谈》:"宋宣献常谓校书如扫尘,一面扫,一面生,故有一书每三四校,犹脱缪。"清末长沙王礼培藏书处曰"扫尘斋",当出于此。

李邯郸指李淑,字献臣,徐州丰县人,生活于北宋后期,编有《邯郸图书志》十卷,分为五十七类,著录经、史、子、集一千八百三十六部二万三千一百八十六卷。此外尚有《艺术志》、《道书志》、《书志》、《画志》,通为八目(见《郡斋读书志》)。陆游《跋京本家语》:"李邯郸所蓄三万卷,靖康之变,金人犯阙,散亡皆尽。"

荆州田氏指田伟。《方舆胜览》卷二十七:"田伟,燕人,归朝授江陵尉,因家焉,作博古堂,藏书至五万七千卷,无重复者。黄鲁直过之,曰:吾校中秘书,及遍游江南文士,图书之富,未有过田氏者。"子田镐有《田氏书目》六卷。"田伟居荆南,家藏书几三万卷。镐,伟之子也,因成此目。元祐中袁默为之序。"(《郡斋读书志》)《齐东野语》卷十二《书籍之厄》:"田镐三万卷。"按:《方舆胜览》作五万卷疑系三万卷之误。清末江陵人田吴焌为田伟后裔,光绪末任日本留学生监督,购归日本卷子本《文选集注》卷六十八,钤"荆州田氏藏书之印"、"田伟后裔"等印。有台湾学者认为是宋代田镐藏书,误。吴焌一名潜,字伏侯,又尝从日本购归南宋黄善夫刻《史记》半部、日本正平刻《论语集解》等,皆罕秘。

北宋藏书家著名者尚有江正、王钦若、司马光、李公择等。苏轼《李氏山房藏书记》即为李公择作。公择,建昌人,聚书九千余卷,藏于庐山五老峰白石庵僧舍,供人阅读。

南宋藏书家著名的有叶梦得、晁公武、尤袤、陈振孙等。

叶梦得,字绍蕴,吴县人,北宋哲宗绍圣四年进士,南宋高宗时除尚书右丞,江东安抚使,自号石林居士(《宋史》本传)。《避暑录话》卷上:"余家旧藏书三万余卷,丧乱以来所亡几半。山居狭隘,余地置书囊无几,雨漏鼠啮,日复蠹败,今岁出曝之,阅两旬才毕,其间往往多余手抄,览之如隔世事。"《挥麈后录》卷七:"靖康俶扰,中秘所藏与士大夫家者悉为乌有。南渡以来,惟叶少蕴少年贵盛,平生好收书,逾十万卷,置之雪川弁山,山居建书楼以贮之,极为华焕。丁卯年(高宗绍兴十七年),其宅与书俱荡一燎。"《遂初堂书目》著录有《叶石林书目》。

晁公武,济南人,绍兴二年进士。藏书二万四千五百余卷,撰《郡斋读书志》传世。其书多四川转运副使井度所赠,详《郡斋读书志》自序。

尤袤,字延之,无锡人,绍兴十八年进士。喜藏书,有《遂初堂书目》传世。《文献通考·经籍考》引诚斋《遂初堂书目序》云:"延之于书靡不观,观书靡不记,每公退,则闭户谢客,日记手抄若干古书。其子弟及诸女亦抄书。一日谓予曰:'吾所抄书今若干卷,将汇而目之。饥读之以当肉,寒读之以当裘,孤寂而读之以当友朋,幽忧而读之以当金石琴瑟也。'"清末民国间长洲章钰藏书处曰"四当斋",即取于此。按:诚斋即杨万里,万里集中有《益斋藏书目序》即此文。

陈振孙,南宋理宗时人,撰《直斋书录解题》传世。《齐东野语》卷十二:"近年惟直斋陈氏书最多,盖尝仕于莆,传录夹漈郑氏、方氏、林氏、吴氏旧书至五万一千一百八十余卷,且仿《读书志》作《解题》,极其精详。近亦散失。"

(四)元明私家藏书

元朝藏书家较有名的有赵孟頫、袁桷、倪瓒。

赵孟頫藏书最煊赫者为宋板两《汉书》。清刘体仁《七颂堂识小录》:"宋板书所见多矣,然未有逾《前汉书》者,于中州见一本,本出王元美家,前有赵文敏小像,陆师道亦写元美小像于次帙,标签文衡山八分书。"此《前汉书》后归清宫,见《天禄琳琅书目》,嘉庆二年毁于宫火。陈继儒《读书十六观》:"赵子昂书跋云:聚书藏书,良非易事。善观书者,澄神端虑,净几焚香。勿卷脑,勿折角。勿以爪侵字,勿以唾揭幅。勿以作枕,勿以夹刺。随损随修,随开随掩。后之得吾书者,并奉赠此法。"

袁桷,字伯长,庆元人,官翰林国史院检阅官,累迁侍讲学士。著《清容居士集》、《延祐四明志》传世。元孔克齐《至正直记》卷二:"四明袁伯长学士,承祖父之业,广蓄书卷,国朝以来,甲于浙东。伯长没后,子孙不肖,尽为仆干窃去,转卖他人,或为婢妾所毁者过半。"

倪瓒,字元镇,无锡人,自号云林居士,室名清閟阁。"藏书数千卷,皆手自勘定。古鼎法书,名琴奇画,陈列左右。"(《明史》本传)世传宋景祐本《汉书》为班书第一本,有倪瓒跋。

明代藏书家很多,举要如下:

叶盛,昆山人,字与中,正统十三年进士,成化十年卒,谥文庄。藏书数万卷,手自雠录。尝欲建"菉竹堂",至玄孙恭焕堂乃克成。有《菉竹堂书目》,见《四库存目》。钱大昕《江雨轩集跋》:"文庄藏书之富,甲于海内。服官数十年,未尝一日辍书。虽持节边徼,必携抄胥自随。每抄一书成,辄用官印识于卷端。其风流好事如此。"《铁琴铜剑楼藏书目录》载叶盛藏元刊《论语》一卷,有"镇抚燕云关防"、"巡抚宣府关防"印。

李开先,章丘人,嘉靖己丑进士。朱彝尊《静志居诗话》:"(中麓)最为好事,藏书之富甲于齐东。……百余年无恙,近徐尚书原一购得其半。予尝借观,签帙必精,研朱点勘,北方学者能得斯趣,殆无多人也。"毛晋跋《新刊张小山北曲联乐府》:"章丘李中麓开先,晓音律,善作词,最爱张小山,谓其超出尘俗。其家词山曲海,不下千卷。"开先筑万卷楼藏经学时务,余置别所凡五,以防火灾(见其《藏书万卷楼记》)。

范钦,字尧卿,鄞县人,嘉靖壬辰进士,官至兵部右侍郎。家有天一阁,藏书甲于两浙。清初黄宗羲、全祖望皆为作《天一阁藏书记》。乾隆中修《四库全书》,天一阁进书六百三十八部,赏雍正内府铜活字印《古今图书集成》一部。嘉庆间阮元命范氏后人编辑书目,为之序云:"海内藏书之家最久者,今惟宁波范氏天一阁岿然独存。"又云:"此阁所藏五万三千余卷,皆明天启以前旧本。"民国初年阁书为巨盗薛某所窃,损失千种。民国二十三年赵万里作《重整范氏天一阁藏书纪略》,谓楼上"东西二间共有十个大柜,里面足足装了二千多种破的、烂的、完整的、残缺的种种不同时代的书"。又谓"天一阁藏明代方志,在全国可算首屈一指,谁也比不过它,现存的二百四十种,其中十之八九,在他处我敢担保绝对找不到同样的第二部"。又有数以千计的明代登科录、会试录、乡试录、武举录等,"别处很难觅到"。范钦主要选择"明人著述和明代所刊的明以前古籍","天一阁之所以伟大,就在能保存朱明一代的直接史料"(《国立北平图书馆馆刊》第 8 卷第 1 号)。天一阁至今保存完好,为我国最古的藏书楼。

晁瑮,字君石,开州人,嘉靖辛丑进士。其藏书目《宝文堂书目》,见《四库存目》,传世有明抄本,现藏台北故宫。有排印本即从明抄本出。

王世贞,字元美,太仓人,嘉靖二十六年进士,万历间擢南京刑部尚书,万历二十一年卒于家。弟世懋,字敬美,嘉靖三十八年进士。胡应麟《经籍会通》卷四云:"王长公小酉馆,在弇州园凉风堂后,藏书凡三万卷。二典不与,构藏经阁贮焉。尔雅楼庋宋刻书,皆精绝。"又云:"次公亦多宋梓。"王世贞跋宋版《汉书》："余平生所购《周易》、《礼经》、《毛诗》、《左传》、《史记》、《三国志》、《唐书》之类，过三千余卷，皆宋本精绝。最后班、范二书，尤为诸本之冠，前有赵吴兴像。余失一庄而得之。"明朱国祯《涌幢小品》卷二十："王弇州书室中一老仆，能解公意，公欲取某书某卷某叶某字，一脱声即检出待用，若有夙因。余官南雍，常熟陈抱冲禹谟为助教，其书满家，亦有一仆如弇州。"明末张应文《清闷藏》："藏书者贵宋刻，大都书写肥瘦有则，佳者有欧、柳笔法。纸质匀洁，墨色清纯，为可爱耳。若夫格用单边，间多讳字，虽辨证之一端，然非考据要诀也。余向见元美家班、范二书，乃真宗朝刻之秘阁、特赐两府者，无论墨光焕发，纸色坚润，每本用澄心堂纸为副，尤为精绝。前后所见《左传》、《国语》、《老》、《庄》、《楚词》、《史记》、《文选》、诸子、诸名家诗文集、杂记、道、释等书约千百册，一一皆精好。较之元美所藏，不及多矣。"王士骐跋宋本前后《汉书》："此先尚书九友斋中第一宝也，近为国税新旧并急不免，归之质库中，书此志愧。"士骐，世贞子。

朱大韶，字象玄，华亭人，嘉靖二十六年进士，选庶常、授检讨，以亲老，改南雍司业。清吴翌凤《逊志堂杂钞》："嘉靖中，华亭朱吉士大韶性好藏书，尤爱宋时镂版，访得吴门故家有宋椠袁宏《后汉纪》，系陆放翁、刘须溪、谢叠山三先生手评，饰以古锦玉签。遂以一美婢易之，盖非此不能得也。婢临行题诗于壁曰：'无端割爱出深闺，犹胜前人换马时。它日相逢莫惆怅，春风吹尽道旁枝。'吉士见诗惋惜，未几捐馆。"按：《佩文韵府》卷五十一："换马，《乐府解题》：《爱妾换马》，旧说淮南王所作，疑即刘安也，古辞今不传。《异闻集》：酒徒鲍生多蓄声妓，外弟韦生好乘骏马，各求所好。一日相遇，两易所好，乃以女婢善四弦者换紫叱拨。"盖宋版之贵，至明嘉靖间已成风气，故有以田庄、美姜易之者，至今传为佳话。

姚咨，字舜咨，无锡人，生当明嘉靖隆庆间，室名茶梦斋。其手抄本颇有传世者，版心下有"茶梦斋钞"四字，久为藏书家所重。《士礼居藏书题跋记》："《续谈助》三卷，茶梦斋主人手抄本，真奇书也。近得一《贵耳录》，续又得一手跋之《稽神录》，笔迹皆同，可称三绝。《谈助》卷二有一小印，其文云：'《颜氏家训》：借人典籍，皆须爱护，先有缺坏，就为补治，此亦士大夫百行之一也。皇山人述。'"

吴岫，字方山，号濠南居士，室名尘外轩，嘉靖间苏州人。《列朝诗集小传》："吴岫方山，非通人也，聚书逾万卷。"（见《藏书纪事诗》）吴氏藏书现颇有传世者,余尝见若干种,钤"吴岫"、"姑苏吴岫尘外轩读一过"、"苏郡吴岫图书"等印。或有短跋。

项元汴,字子京,号墨林,室名天籁阁,明嘉靖隆庆间嘉兴人。清姜绍书《韵石斋笔谈》卷下:"墨林生嘉隆承平之世,资力雄赡,享素封之乐,出其绪余,购求法书名画……每得名迹,以印钤之,累累满幅,亦是书画一厄,譬如石卫尉以明珠精镠聘得丽人,而虞其他适,则黥面记之。抑且遍黥其体使无完肤。较蒙不洁之西子,更为酷烈矣。复载其价于楮尾,以示后人,此与贾竖甲乙帐簿何异?不过欲子孙长守,纵或求售,亦期照原直而请益焉,贻谋亦既周矣。乙酉岁大兵至,嘉禾项氏累世之藏尽为千夫长汪六水所掠,荡然无遗,讵非枉作千年计乎?物之尤者,应如烟云过眼观可也。"朱彝尊《怀乡口号》:"墨林遗宅道南存,词客留题尚在门。天籁图书今已尽,紫茄白苋种诸孙。"自注:"项处士元汴有天籁阁,蓄古书画甲天下,其阁下有皇甫子循(汸)、屠纬真(隆)诸公题诗尚存。"(《曝书亭集》卷九)

赵用贤、琦美父子。

用贤,字汝师,隆庆五年进士,吏部左侍郎。有《赵用贤书目》抄本传世。

琦美,字玄度,原名开美,号清常道人。家有脉望馆。有《脉望馆书目》传世。《读书敏求记》:"《洛阳伽蓝记》五卷,清常道人跋云:'岁己亥,览吴琯刻《古今逸史》中《洛阳伽蓝记》,读未数字,辄龃龉不可句,因购得陈锡玄、秦酉岩、顾宁宇、孙兰公四家抄本,改其讹者四百八十八字,增其脱者三百二十字。丙午又得旧刻本,校于燕山龙骧邸中,复改正五十余字。凡历八载,始为完善。'清常言校雠之难如此。予尝论:牧翁绛云楼,读书者之藏书也;赵清常脉望馆,藏书者之藏书也。清常殁,其书尽归牧翁。武康山中,白昼鬼哭,嗜书之精爽若是。"明龚立本《烟艇永怀》卷五:"琦美别号玄度,性嗜典籍,所裒聚凡数万卷,绝不以借人。"钱曾又曰:"绛云一烬之后,凡清常手校秘钞书,都未为六丁取去,牧翁悉作蔡邕之赠。"民国二十七年,郑振铎在上海发现《脉望馆钞校本古今杂剧》二百四十二种,经考证,原有三百四十种,藏钱曾也是园。钱曾得之钱谦益,谦益得自赵琦美。此书由钱曾又传到季振宜,又传到何煌,后归黄丕烈士礼居(这时仅存六十六册二百六十六种),又传汪士钟艺芸书舍(又缺二十七种),又传赵宗建旧山楼,又传丁祖荫。从丁氏流出,为书贾孙伯渊所得，经陈乃乾之介，由郑振铎以"九千金"为北平图书馆购得，现存中国国家图书馆。郑振铎说："几乎每种都是可惊可喜的发现。"二百四十二种杂剧，刻本六十九种，抄本一百七十五种。其中元人杂剧九十二种二十四册，有六十二种今有传本，其他二十九种为人间孤本。郑振铎说："我们在这里发现了关汉卿的《五侯宴》、《哭存孝》、《裴度还带》、《陈母教子》四种，发现了黄唐臣的《贬黄州》，发现了王实甫的《破窑记》，发现了白仁甫的《东墙记》，发现了高文秀的《渑池会》、《襄阳会》，发现了郑德辉的《伊尹耕莘》、《智勇定齐》、《三战吕布》……"郑氏认为"这发现，在近五十年来，其重要恐怕是仅次于敦煌石室与西陲的汉简的出世的"（《西谛书话·跋脉望馆钞校本古今杂剧》）。这部《脉望馆钞校本古今杂剧》被收入《古本戏曲丛刊》第四集，1958 年商务印书馆影印。

胡应麟，字元瑞，更字明瑞，兰溪人，万历丙子举人，著《少室山房全稿》一百八十九卷（《少室山房类稿》一百二十卷，《诗薮》内编六卷外编六卷续编二卷杂编六卷，《笔丛》十种三十二卷，《续笔丛》三种十七卷）。王世贞《二酉山房记》："余友人胡元瑞性嗜古书籍，少从其父宪使君京师，君故宦薄，而元瑞以嗜书故，有所购访，时时乞月俸，不给，则脱妇簪珥而酬之。又不给，则解衣以继之。元瑞之橐，无所不罄，而独其载书，陆则惠子，水则米生，盖十余岁而尽毁其家以为书录。其余赀以治屋而藏焉。……合之四万二千三百八十四卷。元瑞自言：于他无所嗜，所嗜独书，饥以当食，渴以当饮，诵之可以当韶濩，览之可以当夷施，忧借以释，忿借以平，病借以起。"（见胡应麟《经籍会通》卷二）

黄居中、虞稷父子。

居中，字明立，晋江人，万历乙酉举人，官南京国子监丞。

虞稷，字俞邰，一字楮园。朱彝尊《静志居诗话》："监丞锐意藏书，手自抄撮。仲子虞稷继之，岁增月益，太仓之米五升，文馆之烛一梃，晓夜孜孜，不废雠勘。著录凡八万册。坎土未干，皆归他人插架，深可惋惜也。"钱谦益《黄氏千顷斋藏书记》："（居中）藏书千顷斋中，约六万余卷。余小子（虞稷）哀聚而附益之，又不下数千卷。"杭世骏跋《千顷堂书目》云："右《千顷堂书目》，金陵黄俞邰所辑。俞邰征修《明史》，为此书以备《艺文志》采用。横云山人删去宋辽金元四朝，刺取其中十之六七为《史志》。史馆重修，仍而不改，失俞邰初旨矣。"（《文禄堂访书记》吴兔床校抄本《千顷堂书目》条）《千顷堂书目》主要著录明朝人著作，同时附载宋辽金元著作,称"补"。这部书是清初修《明史》时,《艺文志》的初稿,不是藏书目录。但其基础应是黄氏丰富的藏书。经明末兵燹,公私藏书多遭破坏,黄氏千顷堂藏书独完。

焦竑,字弱侯,号澹园,日照人,以军籍居金陵,万历己丑进士第一。《澹生堂藏书训略》:"金陵之焦太史弱侯,藏书两楼,五楹俱满,余所目睹,而一一皆经校雠探讨,尤人所难。"《征刻唐宋秘本书例》:"前代藏书之富,南中以焦澹园太史为最。"万历间,陈于陛议修《国史》,引竑专领其事,书未成而罢,仅成《经籍志》,即世传《国史经籍志》。其《志》通录古今,前人颇有异议。实则元明著作颇有助考据。如《孔氏实录》,孔元祚撰,不知元祚年代。《中国古籍善本书目》定为明人。考《国史经籍志》卷二:"《孔氏实录》十二卷,元施泽之。"曲阜文馆会藏抄本题"五十一代孙元祚编次,宜兴府儒学教授濠梁施泽之校定",由是知孔元祚亦元人。又考张萱《内阁书目》"《孔氏续录》五册,全,元延祐间孔子五十一代孙孔元祚编",益可证元祚为元人。《国史经籍志》著录作者未确,但书名及时代均合,可纠正《中国古籍善本书目》以孔元祚为明人之误。焦氏藏书当在明末散去。黄宗羲《天一阁藏书记》云:"辛巳(崇祯十四年)余在南中,闻焦氏书欲卖,急往讯之,不受奇零之值,二千金方得为售主。时冯邺仙官南纳言,余以为书归邺仙,犹归我也,邺仙大喜。及余归而不果。后来闻亦散去。"焦竑学问渊博,一时无匹,所辑《国朝献征录》,为明人传记资料渊薮,久为世重。

胡震亨,字孝辕,海盐人,万历丁酉举人,藏书万卷。盛枫《嘉禾征献录》:"震亨……病唐人诗集不能衣被天下,乃悉搜录,编为十签,曰《唐音统签》。"王士禛《分甘余话》卷四:"海盐胡震亨孝辕辑《唐诗统签》,自甲迄癸凡千余卷,卷帙浩汗,久未版行,余仅见其《癸签》一部耳。康熙四十四年,上命购其全书,令织造府兼理盐课通政使曹寅鸠工刻于广陵,胡氏遗书幸不湮没,然版藏内府,人间亦无从而见之也。"王士禛这里所说的是康熙间扬州诗局刻的《全唐诗》,这部书不是以胡震亨名义刻的。康熙四十六年刻成的《全唐诗》,前有康熙御制序,云:"朕兹发内府所有《全唐诗》,命诸词臣,合《唐音统签》诸编,参互校勘,搜补缺遗,略去初、盛、中、晚之名,一依时代分置次第。"所谓《全唐诗》指季振宜稿本《全唐诗》,《唐音统签》即胡震亨所辑者,康熙御定《全唐诗》即以二书为基础编刻而成,所以两年就完成了,而季、胡二书从此不显,连《四库总目》都未著录。

仅胡书《戊签》存目、《癸签》著录。目前季振宜《全唐诗》已影印出版（书名《唐诗》）。胡氏《唐音统签》全本有幸完好保存于故宫，余与辑《四库全书存目丛书》，尝商借影印，惜未果。后收入《补编》。《续修四库全书》亦影印之。世人始睹其全豹，溯自万历年间书成，沉埋三百八十年矣。

祁承㸁，字尔光，号旷翁，山阴人，万历甲辰进士，官至江西右参政。藏书处曰"澹生堂"（亦作淡生堂）。有《澹生堂藏书约》、《澹生堂书目》行世。《书目》著录藏书九千余种，十万余卷，在当时罕见其匹。淡生堂抄本亦十分贵重，用蓝格纸，版心下有"淡生堂抄本"五字，颇有流传。余尝见福建省图书馆藏《瀛崖胜览》。淡生堂又注重收藏戏曲。《静志居诗话》卷十六："参政富于藏书，将乱，其家悉载至云门山寺。惟遗元明来传奇，多至八百余部，而叶儿乐府、散套不与焉。"真可与李开先"词山曲海"相颉颃。

钮石溪，会稽人，家有世学楼，富藏书。其抄本极富盛名者为《说郛》一百卷（缺九十一至九十三卷），现藏中国国家图书馆。

徐㷃，字惟起，又字兴公，闽县人，家有红雨楼，藏书七万余卷，缪荃孙辑有《重编红雨楼题跋》二卷，上卷书籍，下卷碑帖书画。

毛晋，初名凤苞，晚更名晋，字子晋，明末常熟人，家有汲古阁，藏书达八万四千册，多宋元秘本。又好影宋元钞，号为"毛钞"。《天禄琳琅书目》："毛晋藏宋本最多，其有世所罕见而藏诸他氏不能得者，则选善手以佳纸墨影钞之，与刊本无异，名曰影宋钞。一时好事家皆争仿效，而宋椠之无存者，赖以传之不朽。"汲古阁刻书，为古今私家刻书之冠，凡《十七史》、《十三经》、唐宋人诗词集、《六十种曲》、《津逮秘书》等，皆风行天下。台湾淡江大学中文系周彦文教授撰《毛晋汲古阁刻书考》，著录六百五十九种五千七百七十六卷。毛氏刻书大都于版心刻"汲古阁"三字，亦有刻"绿君亭"者。又有代刻之书甚多，如宋荦《西陂类稿》即毛晋子毛扆代刻，写刻精绝。新城王象晋《群芳谱》亦毛晋代刻者。毛晋藏书钤"毛晋之印"、"汲古主人"、"毛氏子晋"、"汲古阁"、"宋本"、"甲"等印记。子褒、表、扆亦精鉴藏。扆字斧季，尤得家学之传，钤印有"毛扆之印"、"斧季"等。

（五）清代著名藏书家（上）

清初以来，藏书家又远较前代为多，其富盛名者约举如下。

钱谦益,字受之,号牧斋,一号蒙叟,常熟人,万历三十八年进士,官礼部侍郎。降清,授礼部右侍郎。曹溶《绛云楼书目题词》:"虞山宗伯,生神庙盛时。早岁科名,交游满天下。尽得刘子威(凤)、钱功父(允治)、杨五川(仪)、赵汝师(用贤)四家书,更不惜重赀购古本,书贾奔赴捆载无虚日,用是所积充牣,几埒内府。……入北不久,称疾告归,居红豆山庄,出所藏书重加缮治,区分类聚,栖绛云楼上,大椟七十有三。顾之自喜曰:'我晚而贫,书则可云富矣。'甫十余日,其幼女中夜与乳媪嬉楼上,剪烛炧落纸堆中,遂燧。宗伯楼下惊起,焰已张天,不及救,仓皇出走。俄顷楼与书俱尽。余闻骇甚,特过唁之。谓予曰:'古书不存矣。'……(宗伯)每及一书,能言旧刻若何,新板若何,中间差别几何,验之纤悉不爽,盖于书无不读,去他人徒好书束高阁者远甚。然大偏性,未为深爱古人者有二端:一所收必宋元板,不取近人所刻及钞本……一好自矜啬,傲他氏以所不及,片楮不肯借出。仅有单行之本,烬后不复见于人间。"宋板前后《汉书》钱谦益跋:"赵文敏家藏前后《汉书》为宋椠本之冠,前有文敏小像。太仓王司寇得之吴中陆太宰家,余以千金从徽人赎出,藏弄二十余年,今年鬻之四明谢象三。床头黄金尽,生平第一杀风景事也。此书去我之日,殊难为怀。李后主去国,听教坊杂曲,挥泪别宫娥,一段凄凉景色,约略相似。癸未中秋日书于半野堂。"又跋:"赵吴兴家藏宋椠两《汉书》,王弇州先生鬻一庄得之陆水村太宰家。后归于新安富人,余以千二百金经黄尚宝购之,崇祯癸未损二百金售诸四明谢氏。庚寅之冬吾家藏书尽为六丁下取,此书却在人间。……呜呼!甲申之乱,古今书史图籍一大劫也。吾家庚寅(顺治七年)之火,江左书史图籍一小劫也。今吴中一二藏书家,零星捃撮,不足当吾家一毛片羽。"(《绛云楼题跋》)查慎行《人海记》卷下:"钱牧斋撰《明史》共二百五十卷,辛卯九月晦甫毕。越后日,绛云楼火作,见朱衣人无数,出入烟炎中,只字不存。"(叶昌炽曰:辛卯当作庚寅。)钱谦益《赖古堂文选序》云:"己丑之春,余释南囚归里,尽发本朝藏书,衷辑史乘,得数百帙。选次古文得六十余帙,州次部居,遗搜阙补,忘食废寝,穷岁月而告成。庚寅孟冬,不戒于火,为新宫三日之哭,知天之不假我以斯文也。"钱曾《寒食行》自注:"绛云一烬之后,所存书籍大半皆赵玄度脉望馆校藏旧本,公悉举以相赠。"(谢正光《钱遵王诗集笺校》第216页)王士禛《分甘余话》:"钱先生藏书甲江左,绛云楼一炬之后,以所余宋椠本尽付其族孙曾字遵王。"钱谦益藏书钤"钱谦益印"、"牧翁蒙叟”、“牧翁”等印记。

钱曾，字遵王，钱谦益族曾孙。家有述古堂、也是园，多蓄宋元佳椠。有《读书敏求记》、《述古堂书目》、《也是园书目》，久为世重。《述古堂书目自序》：“竭予二十余年之心力，食不重味，衣不完彩，摒当家资，悉藏典籍中。如虫之负版，鼠之搬姜，甲乙部居，粗有条理。……然生平所酷嗜者，宋椠本为最。友人冯定远每戏予曰：‘昔人佞佛，子佞宋刻乎？’相与一笑，而不能已于佞也。……世间聚散何常，百六飙回，绛云一烬，图史之厄，等于秦灰。今吾家所藏，不过一毛片羽，焉知他年不为有力者捆载而去，抑或散于面肆酒坊，论秤而尽，俱未可料。”《分甘余话》：“先生（按：指牧斋）逝后，曾尽鬻之泰兴季氏，于是藏书无复存者。闻今归昆山徐氏矣。”钱曾藏书钤“虞山钱曾遵王藏书”、“钱曾”、“遵王”等印记。

曹溶，字洁躬，又字秋岳，号倦圃，秀水人，崇祯丁丑进士，入清官至广东布政使，康熙二十四年歿，年七十三。王士禛《池北偶谈》卷十六：“秀水曹侍郎秋岳（溶），好收宋元人文集，尝见其《静惕堂书目》，所载宋集自柳开《河东集》已下凡一百八十家，元集自耶律楚材《湛然集》已下凡一百十有五家，可谓富矣。”按：世传《静惕堂书目》仅宋元人集目，王士禛所见盖亦如是。何小山《法书考跋》：“先生歿后，将旧钞宋元版书五百册质于高江村，竹垞先生倍其值而有之。”陆陇其《三鱼堂日记》卷下：“秋岳次子敬胜讳彦桓，言有宋板书一大橱，俱为成德取去。盖不敢不应也。”曹溶撰《流通古书约》，主古书流通，云“藏书家当念古人竭一生心力，辛苦成书，渺渺千百载，崎岖兵攘劫夺之余，仅而获免，可称至幸。又幸而遇赏音者，知蓄之珍之，谓当绣梓通行，否亦广诸好事。何计不出此，使单行之本，寄箧笥为命，稍不致慎，形踪永绝！自非与古人深仇重怨，不应若尔。”曹溶这一主张，自较秘不示人者高出一筹，当时“昆山徐氏、四明范氏、金陵黄氏皆谓书流通而无藏匿不返之患，法最便”（曹溶《绛云楼书目题词》），可知我国藏书家自来有开明的传统。曹溶藏书印常见者有“曹溶”、“洁躬”、“槜李曹氏”。

季振宜，字诜兮，号沧苇，泰兴人，顺治丁亥进士，官御史。黄丕烈《季沧苇藏书目跋》：“《季沧苇藏书目》一册，其详载宋元板刻以至钞本，几于无所漏略。余阅《述古堂藏书目序》有云‘举家藏宋刻之重复者，折阅售之泰兴季氏’，是季氏书半出钱氏，而古书面目较诸钱氏所记更详。于今沧苇之书已散失殆尽，而每从他处得之，证诸此目，若合符节。”按：

季氏藏宋元版、精钞本极富，为清初一大家。其《季沧苇藏书目》包括四部分：1.《延令宋版书目》，载二百二十一种。2.《宋元杂版书》，载八百十一种。3.《崇祯历书总目》，载三十三种。4.《经解目录》，载一百三十七种。总计一千二百零三种。季氏藏书钤"季振宜印"、"沧苇"、"季振宜字诜分号沧苇"、"御史振宜之印"等印记。

王士禛，字子真，一字贻上，号阮亭，又号渔洋山人，新城人，顺治十二年进士，官至刑部尚书，谥文简。家有池北书库，为藏书之所。朱彝尊《池北书库记》："先生自始仕迄今，目耕肘书，借观辄录其副。每以月之朔望，玩慈仁寺日中集，俸钱所入，悉以购书。"王士禛《古夫于亭杂录》："昔在京师，士人有数谒予而不获一见者，以告昆山徐尚书健庵。徐曰：'此易耳，但值每月三五，于慈仁寺市书摊候之，必相见矣。'如其言，果然。"孔尚任《燕台杂兴》："弹铗归来抱膝吟，侯门今似海门深。御车扫径皆多事，只向慈仁寺里寻。"自注："渔洋龙门高峻，人不易见，每于慈仁庙寺购书，乃得一瞻颜色。"王士禛一生勤奋，为官不废读书创作，著述等身，观《王渔洋遗书》数十种可知。其读书题跋，余与王绍曾师辑为《渔洋读书记》一册，凡六百四十篇，尚非其全，其博览固非常人可比。王氏藏书并不佞宋，其跋《杜诗》云："今人但贵宋椠本，顾宋椠亦多讹舛，但从善本可尔。如钱牧翁所定《杜集》，《九日寄岑参诗》从宋本作'两脚但如旧'，而注其下云'陈本作雨'。此甚可笑。"池北书库藏书因身后缺乏保护，多毁于虫鼠屋漏。伦明《渔洋山人著述考》引王启沆、王启汧与黄叔琳书云："先君平日藏书，自弃世后不思分析。因先长兄一病五年，不幸于丁未下世后，始查点三分收藏。孰知半饱鼠蠹，半坏积霖，而乘间攫去者亦复不少，及经检查，已多残缺，致使先人手泽尽付东流，可胜浩叹！"王氏藏书传世较少，这是主要原因。黄永年先生藏有明蓝格白绵纸抄本《左氏传说》二十卷四册，王士禛手跋，书中钤有"池北书库"、"济南王士禛印"、"王阮亭藏书记"、"石帆亭图书印"、"大司成章"、"国子祭酒"诸印，均系王士禛藏印。

徐乾学，字原一，又字健庵，昆山人，康熙九年探花，官刑部尚书。家有传是楼，藏书之富，于毛氏、钱氏、季氏之后，为吴中之冠。黄宗羲、汪琬、邵长蘅、彭士望均尝为文记之，万斯同又有《传是楼藏书歌》长诗咏之。汪记云："徐健庵尚书筑楼于所居之后，凡七楹，斫木为厨，贮书若干万卷，部居类汇，各以其次。素标缃帙，启钥烂然。与其子登斯楼而诏之曰：'吾何以传汝曹哉?'因指书而欣然笑曰：'所传者惟是矣。'遂名其楼为传是。"徐钪《南州草堂集》卷二十《菊庄藏书目录自序》："吾吴藏书之富，数十年来推海虞钱氏、泰兴季氏，近则吾玉峰司寇氏。海虞自绛云一炬，锦轴牙签，都归劫火。泰兴殁后，编简亦多散亡。惟司寇氏传是楼所藏，插架盈箱，令观者相顾怡愕，如入群玉之府，为当今第一。"徐氏有《传是楼宋元本书目》传世，著录宋元善本四百四十二部，依千字文诠次。徐氏藏书非但宋元旧本一时罕匹，即明代刊本亦收藏极富，黄宗羲辑《明文海》，煌煌巨编，阅明人文集几至二千余家，大半取自徐氏传是楼（参《四库全书总目提要·明文海》）。乾隆三十八年修《四库全书》，征访遗书，两江总督高晋奏云："徐乾学家之传是楼已于雍正十二年间不戒于火，书籍悉遭焚毁。"（《纂修四库全书档案》第81页）惟徐乾学藏书传世颇多，钤"徐健庵"、"乾学"等印记，清乾隆《天禄琳琅书目》徐氏藏书屡见，即其一例。又陆心源《宋椠婺州九经跋》谓徐氏书经何义门介绍归怡亲王府。知雍正十二年火灾前传是楼藏书精品已大都散去。

揆叙，大学士明珠子，康熙时官至左都御史。藏书印曰"谦牧堂藏书记"、"谦牧堂书画记"，《天禄琳琅书目后编》屡见其旧藏，贵胄藏书中可与怡府明善堂交相辉映。

怡亲王府，怡贤亲王允祥，圣祖第十三子，康熙六十一年封，雍正八年薨，子弘晓袭封。至弘晓四世孙载垣，道光五年袭封，咸丰十一年与郑王端华、端华弟肃顺等同赐死。陆心源《仪顾堂续跋》卷一《宋椠婺州九经跋》云："怡贤亲王为圣祖仁皇帝之子，其藏书之所曰乐善堂，大楼九楹，积书皆满。绛云楼未火以前，其宋元精本大半为毛子晋、钱遵王所得。毛、钱两家散出，半归徐健庵、季沧苇。徐、季之书由何义门介绍归于怡府。乾隆中四库馆开，天下藏书家皆进呈，惟怡府之书未进，其中为世所罕见者甚多，如《施注苏诗》全本有二，此外可知矣。怡府之书藏之百余年，至载垣以狂悖诛，而其书始散落人间。聊城杨学士绍和、常熟翁叔平尚书、吴县潘文勤、钱唐朱修伯宗丞得之为多。"按：叶昌炽《藏书纪事诗》引此跋"载垣"作"端华"，误，端华为郑亲王，与怡府无关。叶氏又云："怡府藏书始自怡亲王之子，名弘晓。余闻之盛伯希祭酒云。"考《清史稿》，怡贤亲王允祥，圣祖第十三子，康熙六十一年封，雍正八年薨，子弘晓袭封。又考《碑传集》，何焯卒于康熙六十一年六月九日。则何义门介绍徐、季藏书归怡府事至少先于弘晓袭封怡亲王八年，所谓怡府藏书始于弘晓，亦未可尽信。怡府藏书传世尚多，钤"安乐堂藏书记"、"明善堂览书画印记"等印。

朱彝尊，字锡鬯，号竹垞，秀水人，康熙十八年举博学鸿词科，授翰林院检讨，与修《明史》。撰《经义考》、《日下旧闻》、《曝书亭集》，辑《词综》、《明诗综》等，皆为世重。《曝书亭集·鹊华山人诗序》："予中年好抄书，通籍以后，见史馆所储、京师学士大夫所藏弄，必借录之。"又《书椠铭》："予入史馆，以楷书手王纶自随，录四方经进书。纶善小词，宜兴陈其年见而击节。寻供事翰苑，忌者潜请学士牛钮形之白简，遂罢予官。归田之后，家无恒产，聚书三十椠。老矣，不能遍读也。铭曰：夺侬七品官，写我万卷书，或默或语，孰智孰愚。"彝尊藏书处曰"曝书亭"。子昆田，早卒。孙稻孙，字稼翁。王昶《蒲褐山房诗话》："（稼翁）晚年贫不能支，曝书亭藏书八万卷，渐致散佚。"乾隆三十八年修《四库全书》，征访遗书，三月二十九日上谕："闻东南从前藏书最富之家，如昆山徐氏之传是楼、常熟钱氏之述古堂、嘉兴项氏之天籁阁、朱氏之曝书亭、杭州赵氏之小山堂、宁波万（范）氏之天一阁，皆其著名者。"四月二十八日浙江巡抚三宝奏："曝书亭家藏之书，久已散落各方，今据嘉兴县知县王士浣广行购觅，找获得有六十九种。"知当时曝书亭藏书已散去，《四库全书总目》所称"浙江朱彝尊家曝书亭藏本"，实为嘉兴知县王士浣购觅进呈，与范懋柱、汪启淑、鲍士恭等私家呈本性质不同。曝书亭藏书钤"某（梅）会里朱氏潜采堂藏书"、"秀水朱氏潜采堂图书"等印记，传本尚不稀见。

汪文柏，字季青，一字柯庭，休宁人，徙居浙江桐乡，康熙间官北城兵马司指挥。著有《摛藻堂诗稿》一卷《续稿》二卷、《古香楼吟稿》三卷《词稿》一卷、《柯庭文薮》二册、《柯庭余习》十二卷等传世，均康熙间所刊。其家藏书甚富，钤"古香楼"（朱文圆印）、"摛藻堂藏书印"、"休宁汪季青家藏书籍"、"平阳季子收藏图书"等印记，传世颇多。文柏兄文桂、森，皆喜收藏。汪森建裘杼楼，富盛名，有《裘杼楼藏书目》四卷传世。乾隆中修《四库全书》，汪如藻献书一百三十七种，即裘杼楼旧藏，如藻为裘杼楼第五代主人。

李馥，字汝嘉，号鹿山。王应奎《柳南随笔》卷一："李中丞馥，号鹿山，泉州人也。中康熙甲子科举人，历官浙江巡抚。性嗜书，所藏多善本，每本皆有图记，文曰'曾在李鹿山处'。后坐事讼系，书多散逸。前此所用私印若为之谶者。夫近代藏书家若吾邑钱氏、毛氏，插架之富甲于江左,其所用图记辄曰某氏收藏、某人收藏,以示莫予夺者。然不及百年而尽归他氏矣。中丞所刻六字,寓意无穷,洵达识也。"鹿山藏书传世亦多,仅此一印耳。前辈丁山教授遗书多在山东大学图书馆,钤印有"曾在丁山处",亦宏通之士。

吴焯,字尺凫,号绣谷,钱塘人,雍正十一年卒,年五十八。《藏书纪事诗》引《杭郡诗辑》注:"尺凫喜聚书,凡宋雕、元椠与旧家善本,若饥渴之于饮食,求必获而后已,故瓶花斋藏书之名,称于天下。所辑《薰习录》,则纪所藏秘册也。"按:《绣谷亭薰习录》仅存经部易类一卷、集部二卷,为解题目录,民国初吴昌绶刻入《松邻丛书》。吴焯长子吴城,字敦复,承其先业,亦好聚书,所居杭州九曲巷口,与汪氏振绮堂衡宇相望。吴城弟吴玉墀,字兰陵,一作兰林,号小谷,乾隆修《四库全书》,玉墀献书三百五种,赏内府初印《佩文韵府》一部。吴氏藏书印记有"吴焯"、"尺凫"、"绣谷薰习"、"吴城"、"敦复"、"吴兰林西斋书籍刻章"等。抄本栏外有"钱塘吴氏绣谷亭钞"八字。

赵昱,字功千,号谷林,仁和人。弟赵信,字辰垣,号意林。子赵一清,字诚夫,号东潜。全祖望《小山堂藏书记》:"谷林以三十年之力爬梳书库……其鉴别既精,而有弟辰垣,好事一如其兄,有子诚夫,好事甚于其父。每闻一异书,辄神飞色动,不致之不止。其所蓄书,联茵接屋。"翟晴江《东皋诗序》:"谷林小山堂图籍,埒于秘省。益之以四明范氏、广陵马氏之借钞,加之以吴君绣谷亭之佽助,穷搜博讨,倾筐倒庋而不惜。"又《藏书纪事诗》"吴焯"条引赵昱诗自注:"绣谷藏书颇矜惜,不轻借人,独许予钞,予所藏多绣谷亭本。"小山堂抄本久为世重,版框外或版心有"小山堂钞本"五字。其藏书钤"小山堂书画印"等印记。

孙从添,字庆增,号石芝,常熟人,乾隆三十二年丁亥卒,年七十六。善医,喜藏书,藏书处曰上善堂。有《上善堂宋元版精钞旧钞书目》,著录宋版五十五种、元版七十六种、名钞八十九种、影宋钞七十二种、旧钞一百四十五种、校本三十六种,都四百七十三种。尝著《藏书纪要》,久为传诵,自序云:"余无他好,而中于书癖,家藏卷帙,不下万数,虽极贫,不忍弃去。数年以来,或持囊以载所见,或携箧以志所闻,念兹在兹,几成一老蠹鱼矣。"黄丕烈《藏书纪要跋》:"孙庆增所藏书,余家收得不下数十种。"其藏书印曰"孙从添印"、"庆增"。

汪宪,字千陂,号鱼亭,钱塘人,乾隆十年进士,官刑部陕西司员外郎。

《杭郡诗辑》注云："鱼亭性耽蓄书，有求售者，不惜丰价购之，点注丹黄，终日不倦。乾隆三十七年诏求遗书，其长君汝瑮以秘籍经进。御题《曲洧旧闻》、《书苑菁华》二种，恩赐《佩文韵府》一部。"按：汪汝瑮进书二百一十九种。汪宪又有子汪璐，辑《藏书题识》五卷传世。璐子诚，乾隆五十九年举人，尝撰《振绮堂书目》五卷，著录藏书三千三百余种，计六万五千卷（《藏书纪事诗》引《杭郡诗辑》）。诚子远孙，字久也，号小米，著《国语明道本考异》四卷、《国语三君注辑存》四卷、《国语发正》二十一卷、《汉书地理志校本》二卷等，务为根柢之学。远孙妻梁端撰《列女传校注》七卷《续》一卷。远孙弟迈孙、遹孙编有《振绮堂简明书目》，即民国十六年罗振玉排印之《振绮堂书目》，著录宋元刊本、抄校稿本及普通书共二千七百九十八种。汪氏藏书盖散于咸丰间太平天国战乱。汪氏藏书钤有"汪鱼亭藏阅书"印记，丁氏八千卷楼收得不少，《善本书室藏书志》多有著录。丁氏藏书印有"八千卷楼藏阅书"、"嘉惠堂藏阅书"，想不无效仿汪氏之意。

翁方纲，字正三，号覃溪，晚号苏斋，大兴人，乾隆十七年进士，与修《四库全书》，官至内阁学士。工诗、书，精鉴藏。尝得宋刻施氏、顾氏《注东坡先生诗》，因名其室为"宝苏室"，每年东坡生日，设奠祭之。当时名流雅士七十余人竞相题诗作跋，甚至绘图于护页。翁方纲还把肖像绘于卷前，吴郡张埙撰像赞，曲阜桂馥隶书书写。光绪末，其书辗转归湘潭袁思亮，袁宅失火，家人急救出，幸仅伤及四周，后归张珩，张氏倩良工修治，年余方毕，略复旧观。抗战中，张氏书售归中央图书馆，现存台北。

卢文弨，字绍弓，余姚人，乾隆十七年进士，官翰林院侍读学士，精校雠，撰《群书拾补》，为校勘名著。藏书处曰抱经堂。钱大昕《卢氏群书拾补序》："抱经先生精研经训，博极群书，自通籍以至归田，铅椠未尝一日去手，奉廪修脯之余，悉以购书，遇有秘钞精校之本，辄宛转借录。家藏图籍数万卷，皆手自校勘，精审无误。"按：抱经堂藏书因卢文弨丹黄雠勘，久为世重，所谓名家批校，卢校即其一家。钤"卢文弨"、"弓父手校"、"武林卢文弨家经籍"、"武林卢文弨手校"、"卢文弨字召弓"、"文弨校正"、"抱经堂印"、"抱经堂写校本"、"抱经堂手校"等印记。标榜手校，足见其志趣所在。

卢址，字丹陛，一字青崖，乾隆间鄞县人。藏书处曰抱经楼，与卢文弨抱经堂有浙中东西两抱经之目。钱大昕《抱经楼记》："卢君青崖，诗礼旧门,自少博学嗜古,尤善聚书。遇有善本,不惜重价购之。闻朋旧得异书,宛转借抄,晨夕雠校。搜罗三十年,得书数万卷,为楼以贮之,名之曰抱经。"《鄞县志》云:"(卢址)羡天一阁之有《图书集成》也,竟至北京购得《图书集成》底稿以归,以为抗衡范氏之资。"按:乾隆三十八年四库馆开,征访遗书,四月二十八日浙江巡抚三宝奏章有"鄞县贡生卢址呈邀遗书二十余种"等语,知卢址亦尝进书,盖以数量不足百种,未得于《总目》中著其姓名。抱经楼书约在清后期散出,钤有"四明卢氏抱经楼藏书印"、"抱经楼"印记,传世颇多。

朱筠,字竹君,一字美叔,号笥河,大兴人,乾隆十九年进士,官翰林院侍读学士,安徽学政。乾隆三十七年正月下诏购访遗书,十一月二十五日朱筠上《购访遗书及校核〈永乐大典〉意见折》,提出四条建议:一、"旧刻钞本,尤当急搜";二、"金石之刻,图谱之学,所在必录";三、"中秘书籍,当标举现有者,以补其余";四、"著录校雠,当并重也"。在第一项中提出"官钞其副,给还原书",第三项中提出《永乐大典》"古书之全而世不恒觏者,辄具在焉,臣请敕择取其中古书完者若干部,分别缮写,各自为书,以备著录,书亡复存,艺林幸甚",第四项提出仿《七略》、《崇文总目》,"每一书上,必校其得失,撮举大旨,叙于本书首卷",均系乾隆三十八年二月开馆纂修《四库全书》之主要纲领,或谓纂修《四库全书》实导源于朱筠此奏,不无道理。筠广交文人学士,助人为乐,王念孙、汪中、章学诚、黄景仁等,困难时均尝受其帮助,又奖掖实学,为乾嘉学派中一领袖人物。朱筠藏书处曰椒花吟舫。朱珪《先叔兄墓志铭》云:"公聚书数万卷,种花满径,来请谒者不拒,考古著录,穷日夜不倦。"朱筠藏书印鉴常见者为"大兴朱氏竹君藏书之印"双行朱文长方印,又"茶花吟舫"朱文方印。子锡庚,字少河,能世其业,钤印曰"笥河府君遗藏书画"、"笥河府君遗藏书记"、"朱锡庚印"、"少河"。朱筠弟朱珪,尝为《四库全书》总阅官,筠则为《四库全书》纂修官,堪为书林佳话。

周永年,字书昌,历城人,乾隆三十六年进士。乾隆三十八年征修《四库全书》。桂馥《周先生传》:"先生于衣服、饮食、玩好一不问,但喜买书,有贾客出入其家,得书辄归先生,凡积五万卷。先生见收藏家易散,有感于曹石仓及释、道藏,作《儒藏说》。约予买田筑借书园,祀汉经师伏生等,聚书其中,招致来学。"按:平步青《霞外捃屑》:"《尺牍新钞》卷一曹石仓《与徐兴公书》云:'释、道有《藏》,独吾儒无《藏》,可乎?仆欲合古今经、史、子、集大部,刻为《儒藏》。'"知所谓《儒藏》即汇刻经、史、子、集四部书而成一大丛书,以与《大藏经》、《道藏》鼎足而三。永年身体力行,置藏书于借书园中,供人借读,且广事宣传,冀"天下学宫书院、名山古刹"皆置《儒藏》,"设为经久之法,即偶有残缺,而彼此可以互备"(《儒藏说》)。"当时士大夫颇有受其影响者,于是《儒藏》之说,由个人而及国家,由理想而成事实,故《四库全书》之成就,士林以倡导之功归诸永年"(郭伯恭《四库全书纂修考》)。永年既入四库馆,辑集《永乐大典》佚书,不避艰辛,不辞劳苦,在馆臣中无第二人。《四库全书纂修考》引李慈铭《越缦堂日记》:"《四库总目》虽纪文达、陆耳山总其成,然经部属之戴东原,史部属之邵南江,子部属之周书昌,皆各集所长。书昌于子,盖极毕生之力,吾乡章实斋为作传,言之最悉,故子部综录独富。"李氏此言,或有未尽确当,但周永年在四库馆之作用非同寻常,则是事实。周永年藏书处,借书园(一作藉书园)外,早年有水西书屋。四库馆开,周永年献书见于《四库总目》者三十三种,又山东巡抚采进书中,亦不乏出借书园者,数量则未能确指。永年不善治产,而又迂不可及,屡营屡亏,至于负债,身后萧条,图书星散,深足惋惜。周氏藏书今于各大图书馆中往往可见,钤有"林汲山房藏书"、"藉书园本"等印。1999 年余与齐鲁书社周晶副总编前往济南古旧书店,主人出示明刊胡应麟《诗薮》全二十卷六册,半叶十行,行二十字,细黑口,左右双边,似为初刻本,钤"济南周氏藉书园印"朱文双行印、"周氏藉书园印"白文方印、"藉书园印"白文方印、"周震甲字东木"白文方印。震甲为永年子。余与周晶先生以为此系周永年遗书,足以纪念,乃怂恿山东省图书馆购藏之。盖周永年之理想,与今日之图书馆实出一辙,其"藏之天下"、"藏之万世"(《儒藏说》语)之思想,正足以使天下万世景仰无穷。

鲍廷博,字以文,号渌饮,歙县人,以商籍生员寄籍浙江桐乡县。翁广平《鲍渌饮传》:"生平酷嗜书籍,每一过目,即能记其某卷某叶某讹字。有持书来问者,不待翻阅,见其板口,即曰此某氏板,某卷刊讹若干字。案之历历不爽。"乾隆三十八年修《四库全书》,廷博集其家藏六百二十六种,命子士恭进呈,赏《古今图书集成》一部。廷博"勤搜遐访,积数十年,家累万卷,丹铅校勘,日手一编,人从假借,未尝逆意",尝谓:"书愈少则传愈难,设不广为之所,古人几微之绪,不将自我而绝乎?"(赵怀玉《亦有生斋文钞》卷二《知不足斋丛书序》)。于是取宋元善本,名家抄校,世不经见者,次第付之剞劂,名曰《知不足斋丛书》。阮元《知不足斋鲍君传》云:"嘉庆十八年,方公受畴巡抚浙江,奉上问鲍氏《丛书》续刊何种。方公以续刊之第二十六集进。奉上谕:……鲍廷博年逾八旬,好古积学,老而不倦,着加恩赏给举人,俾其世衍书香,广刊秘籍,亦艺林之胜事也。"嘉庆十九年秋卒,年八十七。道光初,其子士恭续刊《丛书》至三十集。前后计刊198种,多据罕传之本,校雠不苟,卷帙庞大,故久为学林所重。鲍氏藏书钤"歙西长塘鲍氏知不足斋藏书印"、"歙鲍氏知不足斋藏书"、"知不足斋鲍以文藏书"、"老屋三间赐书万卷"等印记。其抄本,版心有"知不足斋正本"或"知不足斋丛书"六字,并钤"鲍氏正本"或"知不足斋钞传秘册"等印记。

孔继涵,字体生,一字补孟,号荭谷(一作荭谷),曲阜人,乾隆三十六年进士,官户部河南司主事。藏书处曰微波榭。翁方纲《复初斋文集》卷十四《孔君墓志铭》:"君雅志稽古,于天文、地志、经学、字义、算数之书,无不博综。官京师七年,退食之暇,则与友朋讲析疑义,考证同异,凡所手校者数千百帙,聚集汉唐以来金石刻千余种,悉考核其事,与经义史志相比附。……遇藏书家罕传之本,必校勘付锓,以广其传。"孔继涵藏书以南宋两浙东路茶盐司刊《礼记正义》最有名,后辗转归潘明训,潘氏因此命藏书处为"宝礼堂"。孔氏藏书钤"孔继涵"(连珠印)、"补孟"、"孔继涵印"、"荭谷"、"微波榭"等印记,多抄校本。又刻《微波榭丛书》,亦为世重。

(六)清代著名藏书家(下)

吴骞,字槎客,号兔床,海宁人,嘉庆十八年卒,年八十一。藏书处曰拜经楼。吴骞《愚谷文存·桐阴日省编下》:"吾家先世颇乏藏书,余生平酷嗜典籍,几寝馈以之。自束发迄乎衰老,置得书万本,性复喜厚帙,计不下四五万卷(自注:分归大、二两房者不在此数),皆节衣缩食,竭平生之精力而致之者也。非特装潢端整,且多以善本校勘,丹黄精审,非世俗藏书可比。至于宋元本精钞,往往名人学士赏鉴题跋,如杭堇浦、卢抱经、钱辛楣、周松霭诸先生,鲍渌饮、周耕崖、朱巢饮、张芑堂、钱绿窗、陈简庄、黄尧圃诸良友,均有题识,尤足宝贵。故余藏书之铭曰:'寒可无衣,饥可无食,至于书,不可一日失。此昔贤诒厥之名言,允为拜经楼藏书之雅率。'呜呼!后之人或什袭珍之,或土苴视之,其贤不肖真竹垞所谓视书之幸不幸,吾不得而前知矣。"按:吴骞尝得宋《咸淳临安志》九十五卷(内宋刻二十卷,影宋钞七十五卷,缺卷六十四、九十、九十八至一百)、《乾道临安志》三卷(抄本)、《淳祐临安志》六卷(抄本),刻一印曰"临安志百卷人家"(白文双行长方印)。又闻黄丕烈藏书处曰"百宋一廛",即自题其居"千元十驾",谓千部元版可抵百部宋版,取"驽马十驾"意(详黄丕烈《席上腐谈跋》)。皆称书林佳话。子寿旸,取拜经楼藏书有题跋者,撰为《拜经楼藏书题跋记》五卷,为版本目录名著。吴骞藏书传世者多经手校题跋,为人珍爱。钤有"拜经楼"、"吴氏兔床书画印"、"骞"、"兔床手校"、"兔床山人"、"拜经楼吴氏藏书"等印记。

法式善,原名运昌,因与关帝字"云长"音近,诏改法式善,字开文,号时帆,斋号诗龛、梧门书屋,人称"法梧门",蒙古正黄旗人,乾隆四十五年进士,官翰林院侍读学士。著《清秘述闻》、《槐厅载笔》、《陶庐杂录》,与修《全唐文》,诗法王渔洋,有《存素堂诗集》。法式善《存素堂书目跋》:"余束发嗜藏书,北地书值昂贵,贫士尤难办。三十年来,一甑一裘,悉以易书。交游既广,大江以南爱余者多以副本见贻,益以生徒所缮写中秘本,积渐累累然充楹溢栋矣。"(载《文禄堂访书记》)又《陶庐杂录》卷三:"十年前,余正月游厂,于庙市书摊买宋明《实录》一大捆,虽不全之书,究属秘本,未及检阅,为友人携去,至今悔之。又得宋元人各集,皆《永乐大典》中散篇采入《四库书》者,宋集三十二种,元集二十三种,统计八百二十三卷。"又《存素堂文集》卷二《宋元人集钞存序》:"朱学士筠奏请就《永乐大典》各韵采掇成书,而宋元人集见录于当时者次第复出。……法式善备员编纂,十年中三役其事,因得借本,广付抄胥。其书有关系而世罕传本,又篇叶较少,易于藏功者,先录之。网罗收葺,积渐而成。阅十五年,得宋人集八十九家,七百七十七卷,元人集四十一家,三百二十八卷,装潢为一百七十七册。"梧门藏书钤"诗龛书画印"、"诗里求人,龛中取友,我怀如何,王孟韦柳"等印。

陈鳣,字仲鱼,号简庄,海宁人,嘉庆三年举人,藏书处曰向山阁。管廷芬《经籍跋文书后》:"(陈简庄)晚客吴门,闻黄荛圃主政百宋一廛九经三传各藏异本,于是欣然定交,互携宋钞元刻,往复易校,校毕并系跋语,以疏其异同,兼志刊版之岁月,册籍之款式,收藏之印记,莫不精审确凿。"吴骞《经籍跋文题词》:"予与简庄孝廉少日皆酷嗜书籍,购置不遗余力,凡经史子集,得善本辄互相传观,或手自校勘相质,盖数十年如一日云。"《杭郡诗辑》注:"简庄营别业于硖川之果园,在紫微山麓,购藏宋雕元椠及近世罕见本甚夥。"鱣撰《简庄疏记》、《经籍跋文》,校雠考订,钩沉索隐,久为世重。其藏书钤"海宁陈鱣观"、"陈仲鱼读书记"、"仲鱼过目"、"仲鱼手校"、"得此书,费辛苦,后之人,其监我"诸印。又刻戴笠半身小像印一方,像上刻"仲鱼图象"四字,钤于书中。后之观者,借此可想见其为人。

　　黄丕烈,字绍武,号荛圃,又号荛夫、老荛、复翁等,吴县人,乾隆五十三年举人,为清代藏书家之最著名者。藏书处曰士礼居、百宋一廛、陶陶居、读未见书斋等。王芑孙《黄荛圃陶陶室记》云:"同年黄荛圃,得虞山毛氏藏北宋本《陶诗》,继又得南宋本汤氏注《陶诗》,不胜喜,名其室曰'陶陶室'。饮余酒,属余为记。余未及为也。后二年,又得南宋本施、顾两家注《东坡和陶诗》,于是复饮荛圃家,而卒为之记曰:今天下好宋板书,未有如黄荛圃者也。荛圃非唯好之,实能读之。于其板本之后先,篇第之多寡,音训之异同,字画之增损,及其授受源流,翻摹本末,下至行幅之疏密广狭,装缀之精粗敝好,莫不心营目识,条分缕析。积晦明风雨之勤,夺饮食男女之欲,以湛冥其中。荛圃亦时自笑也,故尝自号佞宋主人云。"又云:"春秋佳日,招其二三同好,盘桓乎是室,胪列宋元,校量完阙,厘正舛错,标举湮沉,当其得意,流为篇什。"沈士元《祭书图说》:"黄君绍甫,家多藏书,自嘉庆辛酉至辛未,岁常祭书于读未见书斋。后颇止。丙子除夕,又祭于士礼居。前后皆为图。夫祭之为典,巨且博矣。世传唐贾岛于岁终举一年所得诗祭之,未闻有祭书者,祭之自绍甫始。"叶昌炽《藏书纪事诗》:"先生得一奇书,往往绘图征诗,有《得书图》、《续得书图》、《再续得书图》,今皆散佚。其名之可考者,曰《襄阳月夜图》,得宋刻《孟浩然诗》作也;曰《三径就荒图》,得蒋篁亭所藏《三谢诗》作也;曰《蜗庐松竹图》,得《北山小集》作也。余所见《玄机诗思图》,为得《咸宜女郎诗》而作。"嘉庆七年,黄丕烈迁居苏州悬桥巷,构专室贮藏宋板书,颜曰"百宋一廛",请顾广圻为作《百宋一廛赋》,黄氏自注之,计述宋板书一百二十二种,黄氏手写上板,刊入《士礼居丛书》,亦版本目录学上一奇作。黄氏藏书多有题跋,甚至再跋三跋,述得书经过,校异同是非,订刊刻先后,而其喜怒哀乐,往往蕴蓄其中,故于诸家书跋中独具风格。潘祖荫尝辑《士礼居藏书题跋记》六卷刊行,缪荃孙、章钰、吴昌绶又增辑为《荛圃藏书题识》十卷《补遗》一卷附《刻书题识》一卷《补遗》一卷,王大隆更辑

《荛圃藏书题识续录》四卷《再续录》三卷,渐趋完备。黄氏题跋当时即为人重,清周星诒《自题行箧书目》云:"复翁以百宋一廛诸刻本售与山塘益美布商汪阆源,虽残帙十数叶,亦有至十数金者。阆源购书,有复翁跋,虽一行数字,亦必重价收之。以故吴中书贾于旧刻旧钞,虽仅一二卷,倘有复翁藏印,索价必倍。若题识数行,价辄至十数金矣。即至残破签题,毁损跋语,亦可售一二金。至今犹然。"以今日海内外各图书馆而言,凡黄丕烈批校题跋之书,均为镇库之宝,私人藏家更无论矣。黄氏藏书印有"黄丕烈印"、"荛圃"、"复翁"、"士礼居藏"、"士礼居"、"百宋一廛"、"荛翁手校"等数十方。前辈沈燮元先生重辑黄丕烈题跋,历有年所,蓑然巨观,后来居上,闻不久可以面世。

汪士钟,字春霆,号阆源,长洲人,藏书处曰艺芸书舍,宋元旧刊,名家抄校,在黄丕烈后,为一时冠冕。《藏书纪事诗》:"阆源父厚斋,名文琛,开益美布号,饶于赀。"黄丕烈《郡斋读书志序》谓阆源"必广搜宋元旧刻以及《四库》未经采辑者,于是厚价收书,不一二年,藏弆日富"。顾广圻《艺芸书舍书目序》谓阆源"嗜好所至,专壹在兹,仰取俯拾,兼收并畜,挥斥多金,曾靡厌倦。以故郡中传流有名秘笈,搜求略遍"。又云:"既精且博,希有大观,海内好古敏求之士,未能或之先也。"艺芸书舍中悬阮元隶书联:"种树类求佳子弟,拥书权拜小诸侯。"潘祖荫《艺芸书舍宋元本书目跋》:"吾郡嘉庆时,黄荛圃、周香严、袁寿阶、顾抱冲,所谓四藏书家也。后尽归汪阆源观察。"又云:"咸丰庚申已前,其书已散失,经史佳本,往往为杨至堂丈所得。兵燹以后,遂一本不存。"按汪士钟《艺芸书舍宋元本书目》分《宋版书目》、《元版书目》两部分。《宋版书目》著录三百十九种,内包括宋抄本二种,金刻本五种。《元版书目》著录一百五十四种。即此而论,已远远超过黄丕烈。惟汪氏以富裕之家,厚价收书,短期之内,连屋充栋,其经史根柢及版本目录造诣,固不能望荛圃项背。汪氏藏书钤"汪士钟字春霆号朖园书画印"、"曾藏汪阆源家"、"汪士钟印"、"三十五峰园主人"、"阆源真赏"等印记。

张金吾,字慎旃,别字月霄,嘉庆道光间昭文(今常熟市)人。藏书处曰爱日精庐,有《爱日精庐藏书志》四十卷,著录宋元旧刊及抄校本七百六十五部,皆有关实学而世鲜传本者,体例精严,为后来诸家书志所取法。嘉庆庚辰自序云:"金吾年二十始有志储藏,更十年,合旧藏新得,以卷计者,不下八万。"又道光丙戌自序云:"宋元旧椠有关经史实学而世鲜传本者,上也。书虽习见,或宋元刊本或旧写本或前贤手校本,可与今本考证异同者,次也。书不经见,而出于近时传写者,又其次也。而要以有裨学术治道者为之断。"又云:"藏书而不知读书,犹弗藏也。读书而不知研精覃思,随性分所近,成专门绝业,尤弗读也。"即此可见张金吾藏书宗旨在于学术,自较寻常藏书家高出一筹。金吾藏书于生前即已散出。尝汇金代文章为《金文最》一百二十卷传世。又继《通志堂经解》辑《诒经堂续经解》一千二百余卷,未及付梓,辗转归商务印书馆涵芬楼,毁于1932年上海"一·二八"日本炮火。张氏藏书钤"爱日精庐藏书"、"张氏月霄"等印(见《藏园群书经眼录》卷十五所记清遐寄斋写本《顺斋先生闲居丛稿》二十六卷),未若同时拜经楼吴氏、士礼居黄氏、艺芸书舍汪氏、海源阁杨氏等印鉴常见,《铁琴铜剑楼书目》每于张金吾旧藏注明"旧藏爱日精庐张氏",而鲜记其印鉴,盖张氏未尝遍钤印记于各书首尾。张金吾叔父张海鹏,亦富藏书,其照旷阁所刊《学津讨原》、《墨海金壶》、《借月山房汇钞》等大部丛书,久为学林所重。

瞿绍基,字厚培,别字荫棠,常熟古里村人,道光十六年卒,年六十五。藏书处曰恬裕斋。又瞿氏尝收藏铁琴、铜剑各一,后更名藏书处为铁琴铜剑楼。黄廷鉴《恬裕斋藏书记》:"故学博荫棠先生……读书乐道,广购四部,旁搜金石,历十年,积书十万余卷。昕夕穷览,尝绘《检书图》以寓志。时城中稽瑞、爱日两家竞事储藏,称鼎峙。未几,两家先后废散,君复遴其宋元善本为世珍者,拔十之五,增置插架。由是恬裕斋藏书遂甲吴中。"(《第六弦溪文钞》卷二)张星鉴《怀旧记》:"季明经锡畴……晚年馆虞山瞿氏,馆中多善本书,得于黄氏士礼居者为多。"绍基子镛,字子雍,承其父业,益肆搜罗。瞿氏藏书目录《恬裕斋藏书目录》即创修于瞿镛。道光二十六年卒,年五十三。镛子秉渊(字敬之,一作镜之)、秉清(字浚之)承其世业。咸丰中,太平天国事起,秉渊、秉清载书避难,屡经播迁。事平返里,虽不无损失,而精华俱在,乃绘《虹月归来图》以志幸。翁同龢《题虹月归来图》云:"瞿氏三世聚书,所收必宋元旧椠,其精者尤在经部,乾嘉以来通人学士多未得见。龢尝戏谓镜之昆弟,假我二十年日力,当老于君家书库中矣。"(《铁琴铜剑楼研究文献集》第294页)秉渊、秉清又请季锡畴、王振声、管礼耕、王颂蔚、叶昌炽等帮助增补《铁琴铜剑楼书目》。按:汪士钟艺芸书舍藏书散于咸丰年间,潘祖荫《艺芸书舍宋元本书目跋》称"经史佳本往往为杨至堂丈所得",叶昌炽《藏书纪事诗》则称"汪氏书长编巨册皆归菰里瞿氏,归杨氏者其畸零也"。今就两家书目验之,实各有所得,而以杨氏所获为多,瞿氏亦颇得精品,如钱大昕所称景祐本《汉书》,毛子晋、季沧苇、徐健庵、黄荛圃递藏者,黄荛圃称为"希世宝笈",即经艺芸书舍归瞿氏铁琴铜剑楼,著录于《铁琴铜剑楼藏书目录》中,其余佳本亦不难检得。计其年月,经收之人自是秉渊、秉清兄弟。秉清子启甲,字良士,为铁琴铜剑楼第四代主人,生于同治十二年,卒在民国二十八年冬(1940年1月),年六十七。启甲谨守世藏秘笈,刊成《铁琴铜剑楼藏书目录》二十四卷,辑印《铁琴铜剑楼宋金元本书影》。又辑《铁琴铜剑楼藏书题跋集录》,未及刊行,后经哲嗣凤起整理,1985年由上海古籍出版社排印行世。民国间商务印书馆张元济辑印《四部丛刊》初、二、三编,共四百六十八种,其中八十一种底本出瞿氏铁琴铜剑楼。启甲子济苍、旭初、凤起承其家藏,为第五代主人。抗战中,瞿氏居上海,处境艰难,尝以少量善本出让,中央图书馆及沈仲涛研易楼均有所得(参《郑振铎先生书札》、《沈氏研易楼善本图录》)。不过大部图书保存无恙。建国后,三兄弟将大部分精品化私为公(部分捐献,部分出让),现藏中国国家图书馆。另有苏州地方文献多种(内多抄校本),"文革"中被抄没,存于上海图书馆,"文革"后发还,凤起先生悉数捐给常熟图书馆。凤起先生1987年卒于上海,享年八十岁。据闻凤起先生在上海居室极为狭小,生活俭朴,而以无价藏书捐为公有,其境界实为常人所不及。瞿氏藏书钤"虞山瞿绍基藏书之印"、"铁琴铜剑楼"、"菰里瞿镛"、"瞿秉渊印"、"恬裕斋镜之氏珍藏"、"瞿秉清印"、"瞿启甲"、"良士眼福"等印记。

　　杨以增,字益之,一字至堂(一作致堂),又号东樵(一作冬樵),聊城人,道光二年进士,官至江南河道总督,卒谥端勤。子绍和,字彦合,号协卿,同治四年进士,官至翰林院侍讲学士。杨绍和《楹书隅录序》:"先端勤公平生无他嗜,一专于书,所收数十万卷,庋海原阁藏之,属伯言梅先生为之记。别辟书室曰宋存,藏天水朝旧籍,而以元本、校本、钞本附焉。"又吴县许赓飏《楹书隅录序》:"嘉道以来,吾吴黄氏士礼居聚蓄宋本,最为精博,条举件系,详于顾涧薲《百宋一廛赋》。是录所登,半出自黄。"江标《聊城杨氏海源阁藏书目跋》:"吾郡黄荛圃先生所藏书,晚年尽以归之汪阆源观察。未几,平阳书库扃钥亦疏,在道光辛亥、壬子间,往往为聊城杨端勤公所得。至庚申而尽出矣。标癸未秋游山左,汪郎亭先生出示《海源阁书目》,并协卿太史所撰《楹书隅录》。甲申冬,复随先生观书于阁中。端勤文孙凤阿舍人发示秘笈。举凡《艺芸书目》之所收,《楹书隅录》之所记,千牌万缃,悉得寓目。大约吾吴旧籍十居八九,莪翁之所藏则又八九中居其七焉。"杨绍和《楹书隅录》卷一《宋本毛诗跋》:"桐乡陆君敬安《冷庐杂识》云:'冯砚祥有不全宋椠本《金石录》,刻一图记曰"金石录十卷人家"。仁和吴兔床明经得宋本《咸淳临安志》,又得乾道、淳祐二志,刻一印曰"临安志百卷人家",吴门黄莪圃部曹多藏宋板书,颜所居曰"百宋一廛",吴以"千元十驾"揭榜与之敌。聊城杨侍郎得宋板《诗经》、《尚书》、《春秋》、《仪礼》、《史记》、两《汉书》、《三国志》,颜其室曰"四经四史之斋"。皆可为艺林佳话。'按先公所藏四经,乃《毛诗》、三礼,盖为其皆郑氏笺注也。《尚书》、《春秋》虽有宋椠,固别储之。"按:海源阁书大都为杨以增历年经收,其中官河督时所得汪士钟艺芸书舍散出者为大宗,唯当时其子绍和在幕府襄赞公务,收书之事固父子同好。及同治间绍和官京师,怡亲王府书散出,杨绍和、翁同龢、潘祖荫、朱学勤得之为多。可见,聊城杨氏藏书实为父子两代经心所聚。绍和撰《楹书隅录》五卷《续编》四卷,著录宋金元刊及名家抄校二百六十八种。其子保彝辑《海源阁宋元秘本书目》,著录宋元刊及抄校本四百六十九部。其余普通本另有《海源阁书目》,著录三千三百三十六部,实多明清精本。杨氏书宝藏四代,于民国间散出,精品多辗转归北平图书馆,普通本则多归山东省图书馆。钤印"杨以增印"、"至堂"、"杨以增字益之又字至堂晚号冬樵行弍"、"关西节度系关西"、"宋存书室"、"四经四史之斋"、"杨氏海原阁藏"、"东郡杨绍和字彦合藏书之印"、"彦合珍玩"等不下百方。

　　刘喜海,字燕庭,诸城人,嘉庆二十一年举人,官至浙江布政使。其曾祖刘统勋,从祖刘墉,父刘镮之,皆跻高位。喜海精鉴藏,所收金石文字、古籍善本甚富,藏书处曰嘉荫簃、味经书屋。鲍康《观古阁丛稿》卷下《又题观察金石苑后即送之入都十首》之一:"卅载搜奇书满家,藏来宝刻遍天涯。斜阳古市无人迹,为读残碑剔藓花。"喜海藏金石拓本逾五千通,其中三千六百通于光绪二十二年辗转归缪荃孙艺风堂。所撰《金石苑》一百二十一卷(稿本藏中国国家图书馆)、《古泉苑》一百卷(稿本藏山东省博物馆)、《长安获古编》、《清爱堂家藏钟鼎彝器款识法帖》等甚富。喜海藏书以百衲宋本《史记》为有名,用四种宋版集成一部,后归姚觐元,再归端方,有商务印书馆影印本(宣统元年邓邦述跋)、贵池刘世珩玉海堂影刻本(宣统三年)。刘喜海藏书钤"御赐清爱堂"、"文正曾孙"、"刘喜海印"、"燕庭"、"燕庭藏书"、"嘉荫簃藏书印"、"味经书屋藏书印"等印记。嘉荫簃、味经书屋抄本亦为世重,尤以传抄诸家书目,颇多罕见者。

丁申,字竹舟。弟丙,字嘉鱼,别字松生,晚号松存。藏书处曰"八千卷楼",系先世旧额。胡凤丹《嘉惠堂藏书目序》:"竹舟慨振绮诸家所藏渺不可得,即天一范氏,胜国所遗,合族所守,亦荡焉渺焉。念斯文坠地之厄,发覆箦为山之思,以阁目为本,以附存为翼,节衣缩食,朝蓄夕求,远至京师,近逾吴越,外及海国,或购或抄,随得随校,积二十年,聚八万卷,视阁目几及九成,较楼额已逾十倍。"俞樾《丁松生家传》:"粤寇陷杭,君出城,至留下市中买物,以字纸包裹,取视,皆《四库》书,惊曰:'文澜阁书得无零落在此乎!'君之搜辑文澜遗书,实始此矣。仓皇奔走,书籍束以巨缅,每束高二尺许,共得八百束。皆载之至沪,请陆君匊珊绘《书库抱残图》纪之。"张浚万《嘉惠堂八千卷楼记》:"初,杭州之陷也,文澜阁毁,先生与其兄竹舟先生方跳身出危城,匿西溪农舍。深宵潜往,掇拾灰烬瓦砾之中,得万余册。"缪荃孙《善本书室藏书志序》:"钱塘丁丈松生,博极群书,于学无所不通,与贤兄竹舟先生有双丁之目。庚辛之乱,于兵火中扶持文澜阁书,俾出于险,久已名闻海内。迨乱定,请帑修阁,书有阙者为之抄写补足,数十年来未已。而己之收藏亦日益富,造八千卷楼庋之。"又云:"近海内称藏书家,曰海源阁杨氏,曰铁琴铜剑楼瞿氏,曰皕宋楼陆氏,与八千卷楼为南北四大家。"光绪七年浙江巡抚谭钟麟以丁氏抢救文澜阁书事上奏朝廷,得谕旨褒其"嘉惠士林"。光绪十四年丁氏于旧居正修堂西北隅拓地二亩余,建嘉惠堂五楹。丁丙《八千卷楼自记》云:"堂之上为八千卷楼。堂之后室五楹,额曰其书满家,上为后八千卷楼。后辟一室于西,曰善本书室,楼曰小八千卷楼,楼三楹,中藏宋元刊本约二百种有奇,择明刊之精者,旧钞之佳者,及著述稿本,校雠秘册,合计二千余种,附储左右。"其八千卷楼储《四库》著录书三千五百部,《四库存目》书一千五百余部则分藏楼之两厢。《四库》未收书八千余种及释藏、道书、传奇小说则藏于后八千卷楼。丁国钧《荷香馆琐言》卷上《浙江两藏书家》:"丁未(光绪三十三年)十月,丁氏所开官银号亏倒,以家产呈抵,于是所藏书尽为端午帅以官款七万三千银圆购建江南图书馆。"按:江南图书馆后更名江苏省立国学图书馆,即今南京图书馆。丁氏书不以宋元版见长,其特色在《四库》著录、《四库存目》、《四库》未收之书较别家齐备,又网罗杭州及浙江地方文献亦蔚为大观,于学术研究最为方便。丁氏善本书有丁丙撰《善本书室藏书志》，其普通书有其子丁立中辑《八千卷楼书目》，皆为版本目录要籍。《中国古籍善本书目》著录丁丙跋本颇多，其跋大都以浮签粘附于各书之首，验其内容，即其《藏书志》原稿。丁氏藏书印有"八千卷楼"、"八千卷楼藏阅书"、"嘉惠堂藏阅书"、"善本书室"、"四库附存"、"泉唐丁氏竹舟申松生丙辛酉以后所得"等约四十余方，又有"两江总督端方为江南图书馆购藏"印，则端方经收时所钤。

　　陆心源，字刚甫，号存斋，晚号潜园老人，归安人，咸丰举人，官至福建盐运使。李宗莲《皕宋楼藏书志序》："十余年来，凡得书十五万卷，而坊刻不与焉。其宋元刊及名人手抄手校者，储之皕宋楼中。若守先阁，则皆明以后刊及寻常钞帙。"日本岛田翰《皕宋楼藏书源流考》："同治初元，宜稼之书散出，其宋元旧椠、名校精钞，大半先为丰润丁禹生中丞日昌于观察苏松泰时豪夺去。……而其余精帙，俱归于归安陆刚甫心源有。心源已获郁氏书，富于藏储。方是时，受丧乱后，藏书之家不能守，大江南北，数百年沉霾于瑶台牛箧者，一时俱出。而心源时备兵南韶，次权总闽盐，饶于财。于是网罗坠简，搜抉缇帙，书贾奔赴，捆载无虚日。上自苕溪严氏芳茉堂、乌镇刘氏瞑琴山馆、福州陈氏带经堂，下迄归安韩子蘧、江都范石湖（名筌，康熙中人）、黄荛圃、仁和平甫季言二劳、长洲周谢庵（名世敬，香严子）、归安杨秋室、德清许周生、归安丁兆庆、乌镇温铁华及元、钱唐陈彦高等。有一无二手稿草本，从飘零之后撼拾之，尽充插架，以资著作。素缥缃帙，部居类汇，遂为江南之望矣。"按：光绪二十年，心源殁后，子树藩、树声承其业。光绪三十三年，树藩以十一万八千元（一说十万元）售归日本岩崎氏静嘉堂文库。据严绍璗《汉籍在日本的流布研究》统计，共四千一百四十六种四万三千二百一十八册。静嘉堂因此成为日本最著名的汉籍文库。王仪通《题皕宋楼藏书源流考》之十一云："三岛于今有西山，海涛东去待西还。愁闻白发谈天宝，望赎文姬返汉关。"陆书舶载东去，我国文化人士心灵所受创伤，于此可见一斑。皕宋楼书陆心源辑有《皕宋楼藏书志》一百二十卷《续志》四卷。归静嘉堂后，日本河田罴辑《静嘉堂秘籍志》五十卷二十五册，其中卷一至十二为皕宋楼书，卷十三至五十为陆氏守先阁及十万卷楼书。其藏书印有"陆心源印"、"存斋"等。

　　缪荃孙，字炎之，一字筱珊（又作小山），晚号艺风老人，江阴人，光绪二年进士，官翰林院编修、清史馆总纂，历主南菁、泺源、钟山等书院讲席，清末先后创办江南、京师两大图书馆,为清末民初著名学者,尤邃于金石学、版本目录之学,娴于文史掌故。缪氏富收藏,所藏金石拓本以刘喜海旧藏三千六百通为大宗,加之自己南北搜访,总计一万一千八百余种,撰有《艺风堂金石文字目》十八卷行世。缪氏藏书丰富,光绪二十六年(1900)自撰《艺风藏书记》八卷时,所获旧刻、旧钞及稿本即达十余万卷。民国元年又撰《艺风藏书续记》八卷,继得之书几与前等。辛亥以后,缪氏隐居上海,"佳椠旧钞,往往易米","然遇心喜之书,相当之值,遂损衣食之费而易之",往往"旋收旋散"(《艺风藏书再续记》)。缪氏把这些辛亥以后新收之书编为《艺风堂新收书目》,殁后,1939年由燕京大学以《艺风堂藏书再续记》之名排印行世。缪氏生前售去精本,往往为张钧衡适园、刘承干嘉业堂所得。缪荃孙1919年去世,其子禄保以遗书售之上海古书流通处。少数遗稿,如《艺风老人日记》等,经邓之诚之介售归燕京大学图书馆。缪荃孙为藏书名家,不仅由于他个人收藏丰富,而且因为他精于版本目录之学,二十四岁时即协助张之洞撰成不朽之作《书目答问》。主京师图书馆时撰有《清学部图书馆善本书目》五卷、《方志目》一卷,在清史馆撰有《清史艺文志稿》(稿本藏中国国家图书馆)。瞿氏《铁琴铜剑楼藏书目录》、丁氏《善本书室藏书志》皆曾请缪氏审订,张钧衡《适园藏书志》实为缪荃孙代撰。晚年主刘氏嘉业堂,又为撰《藏书志》一千二百余篇,订为十七册(吴格先生已将缪稿与吴昌绶、董康分撰稿合编为《嘉业堂藏书志》由复旦大学出版社印行)。缪氏刻书亦极富,伦明《辛亥以来藏书纪事诗》云:"先生刻书最多,其自刻者,若《云自在龛丛书》、《藕香零拾》、《烟画东堂小品》、《古学汇刊》、《常州骈体文录》、《词录》等。代人刻者,若盛氏《常州先哲遗书》初二集、刘氏《聚学轩丛书》、端匋斋《东坡七集》等,大抵偏于近代。"其所纂辑如《辽文存》六卷、《江苏金石志》二十四卷、《荛圃藏书题识》十卷、《重编红雨楼题跋》二卷、《江阴县续志》二十八卷、《续碑传集》八十六卷等,亦久为世重。缪氏交游甚广,为一代文献所系,观《艺风老人日记》、《艺风堂友朋书札》等可以想见。

(七)近代著名藏书家

李盛铎,字蟫樵,一字椒微,号木斋,晚号麟嘉居士,江西德化人,光绪十五年进士,官至山西巡抚。入民国,任北洋政府大总统顾问、参政院参政、国政商榷会会长等职,晚年寓居天津。藏书处曰木犀轩、麟嘉馆等。伦明《辛亥以来藏书纪事诗》:"德化李木斋盛铎,早年购得湘潭袁漱六卧雪庐书。聊城杨氏书最先散出者,如《孟浩然集》、《孟东野集》、《山谷大全集》等,皆百宋一廛故物,君皆得之。所蓄亦不限于古本,吾国今日惟一大藏书家也。"李盛铎 1934 年去世,1940 年其子李滂将藏书售归北京大学图书馆,该馆编为《北京大学图书馆藏李氏书目》于 1956 年印行。李氏售归北大的藏书共九千三百零九种五万九千六百九十一册。其中善本书五千余种,宋元本达三百零一种,旧钞本、稿本、批校本为数众多。日本古刻本、活字本、旧钞本及朝鲜铜活字本等达一千余种。傅增湘评论李氏藏书说:"量数之丰,部帙之富,门类之赅广,为近来国内藏书家所罕有。"又说:"其可贵,要以旧钞、名刻之名品丰富、包罗万象为最。"(《藏园群书题记》附《审阅德化李氏藏书说帖》)李盛铎生前除编有《木犀轩收藏旧本书目》、《木犀轩宋本书目》、《木犀轩元板书目》外,还撰有《木犀轩藏书书录》稿本二十册,著录一千四百六十四种。李盛铎还喜校书,并撰题跋。近年北大图书馆古籍部张玉范主任已将李氏题跋辑录成集,共一百七十三篇,又将《书录》稿本加以订补,合为《木犀轩藏书题记及书录》,由北京大学出版社出版。又张玉范、沈乃文主编《北京大学图书馆藏善本书录》,收入一百七十四种精品的图版,大半为木犀轩故物,可以参阅。

　　傅增湘,字润沅,号沅叔,四川江安人,光绪二十四年进士,官翰林院编修、直隶提学使等职。北洋政府时期曾任教育总长、故宫博物院图书馆长等职。1949 年 11 月 3 日去世,年七十八。傅氏收集善本始于辛亥,自谓"逮辛亥解组,旅居沪渎,得交沈寐叟、杨邻苏、缪艺风诸前辈,饫闻绪论,始知版本雠校之相资,而旧刻名钞之足贵,遂乃刻意搜罗"(《双鉴楼善本书目序》)。二十年间,孜孜以求,成为藏书大家、校勘名家。傅氏先人收有元刊《资治通鉴音注》,1916 年傅增湘收得百衲宋本《资治通鉴》,遂名藏书处为"双鉴楼"。1928 年又收得南宋内府写本《洪范政鉴》,遂取代元本《通鉴音注》,仍称"双鉴"。30 年代傅增湘年近六十时,已校书万卷,并编成《双鉴楼藏书目录》四卷、《双鉴楼藏书续记》二卷,著录善本一千二百三十八种。又编普通书为《藏园外库书目》,著录三千三百四十七种,十余万卷。七十岁时又将六十岁以后所收善本二百四十九种编为《藏园续收善本书目》一卷。傅氏晚年曾将生平所收宋元善本重加审订,命其子忠谟编为《双鉴楼珍藏宋金元秘本书目》四卷,计收录宋刻本一百零八种,宋写本一种,金刊本一种,元刻本五十九种,都一百六十九种。又总括平生校书七百九十七种一万六千三百零一卷为《藏园校书录》四卷。傅氏六十岁以后生计渐窘,早在庚午(1930)小除夕作《双鉴楼藏书续记序》时已自云:"偶自检视,则目存而书去者,十已二三。"知六十岁以前已多有出让。1933 年又让出宋元抄校本一百二十种给王绶珊九峰旧庐,1939 年出让《周易正义》给陈清华(澄中),1942 年出让宋元抄校本一百种,经上海书商转归陈群泽存书库。后又出让北宋本《史记集解》、宋蜀本《南华真经》给史语所。其余善本及手校本则或捐或让,大都归北京图书馆(参傅熹年《记先祖藏园老人与北京图书馆的渊源》,载《北京图书馆馆刊》1997 年第 3 期)。傅氏一生获见宋元刻本、名家抄校极其丰富,皆有记录,经文孙熹年先生整理为《藏园群书经眼录》、《藏园订补邵亭知见传本书目》出版。又所撰善本书跋,生前大都发表,晚年曾作修订,亦经熹年先生汇为《藏园群书题记》二十卷出版,计收五百八十篇。至于散见各书首尾之题识,数量尚夥,不在其中。以上三大著作均可信今而传后,足以说明傅增湘为民国间第一版本大家。

张钧衡,字石铭,号适园主人,浙江乌程人,光绪二十年举人。家世从商,以经营丝绸及盐业致富。平生喜藏书,所收多宋元旧刊、名家抄校。1916 年请缪荃孙代撰《适园藏书志》,收宋本四十五部,元本五十七部,黄荛圃校跋本二十六部,名家抄校及罕传之书近百种。钧衡 1927 年去世,其子乃熊,字芹伯,一字菦圃,承其父业,益加收集。1941 年编《菦圃善本书目》,著录宋本八十八部,元本七十四部、黄荛圃跋本一百零一部,共著录善本一千二百部。这批书于 1941 年由张寿镛、郑振铎等代中央图书馆收购,现藏台北。适园藏书钤"张钧衡印"、"石铭秘笈"、"择是居"、"石铭收藏"、"乌程张氏适园藏书印"、"菦圃收藏"等印记。

刘承干,字贞一,号翰怡,别号求恕居士,浙江吴兴南浔镇人,生于光绪八年(1882),卒于 1963 年。祖父刘镛,以营蚕丝致富。父刘锦藻,光绪二十年进士,撰《皇朝续文献通考》著名于世。承干出身书香门第,复饶于资,性喜藏书,藏书处曰嘉业堂,驰名海内外,至今保存完好。刘承干《嘉业藏书楼记》:"溯自宣统庚戌,开南洋劝业会于金陵,瑰货骈集,人争趋之。余独徒步状元境各书肆,遍览群书,兼两载归。越日,书贾携书来售者踵至,自是即有志聚书。逾年辛亥,武汉告警,烽燧达于江左,余避居淞滨。四方衣冠旧族,避兵而来者日益多,遂为中原文献所聚。如甬东卢氏之抱经楼、独山莫氏之影山草堂、仁和朱氏之结一庐、丰顺丁氏之持静斋、太仓缪氏之东仓书库,皆积累世之甄录,为精英所钟聚,以世变之日亟,人方驰骛于所谓新说者,而土苴旧学,虑仓卒不可保,为余之好之也,遂举而委贾焉。而江阴缪艺风参议、诸暨孙问清太史,亦各以宋元精椠,取值畀余。论者或喜书之得所归,余亦幸适会其时,如众派之分流,而总汇于兹楼,以偿夙愿。都计得约六十万卷,费逾三十万。”刘氏书以明刊本、抄校稿本见长,均逾二千种,清人集部约五千种,亦蔚为巨观。1941年以二十五万元售给中央图书馆明刊本一千二百余种、抄校本三十六种。经收者徐森玉、郑振铎,盖拔其菁华以去。清人集部大都在建国后让归复旦大学图书馆。其《永乐大典》四十余册抗战中售给大连满铁图书馆,后为苏军掠去,建国后璧还,现存国图。南浔嘉业堂及所余图书、书版均归浙图。刘氏于民国间曾刊刻图书多种,“网罗前哲遗编,曰《嘉业堂丛书》;汇集近儒述作,曰《求恕斋丛书》;限乡贤所著者,曰《吴兴丛书》;阐性理微言者,曰《留余草堂丛书》。又精椠影宋《四史》、《晋书斟注》、《旧五代史注》及金石诸书”(《嘉业老人八十自叙》)。所刊皆孤本及罕传之本,并延海内通人如缪荃孙、叶昌炽、王舟瑶、陈毅、孙德谦、杨钟羲、况周颐、董康等主其事,多缀序跋,述其原委。计刻三千余卷,为不朽盛业。刘氏又聘缪荃孙、董康、吴昌绶等为撰《藏书志》,近经复旦大学吴格先生精心整理为《嘉业堂藏书志》(附刻书序跋)由复旦大学出版社出版。刘氏藏书印以“刘承干字贞一号翰怡”白文方印、“吴兴刘氏嘉业堂藏书印”朱文方印、“吴兴刘氏嘉业堂藏书记”朱文长方印较常见。

周叔弢,名暹,以字行,别署弢翁、老弢,安徽东至人,1891年生于扬州,1914年移居天津,1984年去世,年九十四。藏书以宋元旧刊及名家抄校本为主,藏书处曰自庄严堪。傅增湘《题周叔弢勘书图》云:“旅津二十年,殖业余闲,无日不以访书为事,厂肆之人,艼舟之估,麇集其门。内而天府馆库之旧储,外而南北故家所散逸,珍异纷罗,供其采择。由是频岁所收宋元古椠殆百帙,名钞精校亦称是。声光腾焯,崛起北方,与木犀轩、双鉴楼鼎足而立。”又云:“悬格特严,凡遇宋刻,卷帙必取其周完,楮墨必求其精湛,尤重昔贤之题识与传授之源流,又其书必为经子古书、大家名著,可以裨学术、供循讽者。至钞校之书,审为流传之祖本,或名辈之手迹,必精心研考以定其真赝。”(《藏园群书题记》附)1952年周叔弢以藏书精品七百一十五种二千六百七十二册捐献国家,藏于北京图书馆,后由冀淑英编为《自庄严堪善本书目》。1954年将中外文图书、杂志三千五百二十一册捐南开大学。1955年将清刻古籍三千一百余种二万二千余册捐天津图书馆,1972年将善本书籍一千八百余种九千一百余册捐天津图书馆。1981年将敦煌卷子二百余卷、秦汉古玺九百余方及字画、古墨多件捐天津艺术博物馆。其余零星捐献贵重图书文物又有多次。周氏藏书多钤"周暹"白文小方印,而校勘题识,字画端谨,皆爱书之意。

郑振铎,笔名西谛,福建长乐人,1958年出访阿富汗、阿拉伯联合共和国时飞机失事身亡,年仅六十岁。郑振铎为现代著名文学家和学者,又是著名藏书家。1937年郑振铎《西谛所藏善本戏曲目录跋》云:"余性喜聚书,二十年来节衣缩食所得尽耗于斯。于宋元以来歌词、戏曲、小说搜求尤力。"叶圣陶《西谛书话序》:"振铎讲究版本,好像跟一般藏书家又不尽相同。他注重书版的款式和字体,尤其注重图版——藏书家注重图版的较少,振铎是其中突出的一位。就书的类别而言,他的搜集注重戏曲和小说,凡是罕见的,不管印本抄本,残的破的,他都当宝贝。"赵万里《西谛书目序》:"《诗经》、《楚辞》,到戏曲、小说、弹词、宝卷,面面俱到,齐头并进,四十年如一日。"郑氏去世后,夫人高君箴把全部藏书捐献国家,藏于北京图书馆。冀淑英《辛勤聚书的郑西谛先生》说:"他以毕生精力辛勤收集中外图书一万七千二百二十四部,九万四千四百四十一册;其中宋、元、明、清各代版刻都有,而以明清版居多数,手写本次之,就数量和质量论,以一人之力搜集如此之富,在当代私家藏书中,可算是屈指可数的。"北京图书馆择其精善古籍七千七百四十种编成《西谛书目》由文物出版社出版。《书目》五卷,集部占三卷,其中明别集三百零六种,清别集七百六十二种,总集八百零一种,小说六百八十二种,词五百五十五种,曲六百六十七种,弹词鼓词二百九十九种,宝卷九十一种,均见专长。又史部传记二百八十七种,地理一百九十九种,目录二百九十五种,子部艺术三百三十四种,杂家三百一十三种,类书一百三十七种,丛书一百十八种,亦富特色。郑氏书不以宋元版见长,但罕见本特多,学术资料价值极高,为一般藏家所不及。郑氏题跋有吴晓铃辑《西谛书跋》二册(1998年文物出版社出版),收六百四十余则,并有吴氏案语及注释,颇为精善。郑氏尝代北京图书馆购《脉望馆钞校古今杂剧》,又代中央图书馆在上海收购古籍善本(其中刘氏嘉业堂、张氏适园两家书为大宗)。尝辑《玄览堂丛书》初二三集、《古本戏曲丛刊》初二三四集,皆善本影印,又撰《插图本中国文学史》、《中国俗文学史》、《中国版画史图录》等，均传世之作。郑氏藏书印以"长乐郑振铎西谛藏书"行书朱文方印、"长乐郑氏藏书之印"篆书朱文长方印为常见。

　　以上介绍古今藏书家事迹，仅仅举其要者，即此可见我国藏书家在保护图书方面所做出的巨大贡献，同时也可认识到我国藏书家有注重流通、大公无私的光荣传统，这是应当继承发扬的。

第五章 文献的版本

一、"版本"释义

"版本"是指雕刻木版刷印的书本,所以前人常写作"板本"。在雕版印刷发明以前,还没有这个词,雕版印刷发明后,主要是在宋代,人们开始使用这个词,而且仅指雕版印本。

宋沈括《梦溪笔谈·技艺》:"版印书籍,唐人尚未盛为之,自冯瀛王始印五经,已后典籍,皆为版本。"宋叶梦得《石林燕语》卷八:"唐以前凡书籍皆写本,未有模印之法,人以藏书为贵。人不多有,而藏者精于雠对,故往往皆有善本。学者以传录之艰,故其诵读亦精详。五代时冯道始奏请官镂《六经》板印行。国朝淳化中,复以《史记》、前后《汉》付有司摹印,自是书籍刊镂者益多,士大夫不复以藏书为意。学者易于得书,其诵读亦因灭裂。然板本初不是正,不无讹误。世既一以板本为正,而藏本日亡,其讹谬者遂不可正,甚可惜也。"可见,在宋人眼里,"板本"含义单纯,指雕板刷印的书本,与"写本"这一概念相对。

但随着时代推移,"板本"含义逐步丰富了,变成了以雕板印本为主体而包括写本、活字本、批校本、手稿本在内的一个大概念。清叶名沣《桥西杂记·藏书求善本》:"昭文张氏《爱日精庐藏书志》亦讲求板本,是近时书目中之最佳者。"张金吾讲求的"板本",其《藏书志·例言》开头已指明:"是编所载,止取宋元旧椠及钞帙之有关实学而世鲜传本者。"看来叶名沣说张金吾讲究板本,是包括抄本的。

近代,排印技术逐步取代雕板印刷,"板本"含义进一步丰富。《鲁迅书信集·致章廷谦》:"请为我在旧书坊留心两种书,即《玉历钞传》和《二十四孝图》,要木板的,中国纸印的更好。如有板本不同的,不妨多买几种。"在鲁迅先生生活的年代,木刻板本还有,但已不如石印本、铅印本普及,所以,特别指出要木板的。所谓板本不同的,不妨多买几种,大概就不限于木板了,当时石印本也很多,可能包括石印、铅印这些时兴的本子。

姜德明《野草忆往》:"《野草》1927年7月由北新书局初版,封面是鲁迅的朋友孙福熙画的,书名为鲁迅所书,作者署名'鲁迅先生著'是编者加的。鲁迅提出改正,到1928年1月发行第三版时删去了署名后的'先生'二字。若讲趣味,藏有这两种版本才好比较。"(《藏书家》第1辑)这里"版本"指的是排印本。

现在把书籍做成光盘,叫"电子版",也就成了一种"版本"。不同商家出版的同一种文献的不同光盘,就成为不同的电子版,也称不同版本。现在《四库全书》、《二十四史》的光盘都有多种版本。

这样,"版本"的概念就不再限于木版印刷本,甚至不再限于各种纸质的书本,而是扩大到非纸质的本子了。

二、版本类型

这里主要讲纸本,甲骨、金、石、竹木、帛书以及电子版这些特殊材料的本子暂不过多涉及。较古的材料流传太少,很少有异本。最新材料虽然开发得多,但好的版本不多,而且与纸质的版本在鉴别上也有一定差距,今后应当会有专门的鉴定分类方法。纸本文献的版本类型大体有以下几种:

(一)写本

又叫抄本。在印刷术发明以前,书籍固然都是写本。印刷术发明的早期,仍以写本居多。宋以来,印刷术普及了,写本才逐步减少,但其绝对数量仍然相当大,只是就写本与印本的比例而言,写本少,印本多。在印刷术高度普及的明清及近代,写本仍发挥着巨大的作用,大部头的《永乐大典》和《四库全书》就只有写本,没有财力刻印这么大的书。这一时期著名的藏书家都极重视抄本。傅增湘《审阅德化李氏藏书说帖》:"旧抄本,此类包孕最富,名称至繁。分别而言,有名人手写本,如钱磬室、柳大中、王乃昭、金耿庵、吴枚庵等;有精影宋元本,如毛子晋、钱遵王、席玉鉴

（泽逊按：席鉴，字玉照，此当作席玉照）、汪阆源等；有明清藏家传录本，如自天一阁、抱经楼、锄经堂，以至艺风堂等；有四库馆底本，有原进馆钞以及传写诸本。诸书咸有名家印记，旧人题识，流传有绪可寻，足以据为校勘之资。而其中更多名人遗著手稿，未经刊行者，为前贤精神所寄，尤为瑰宝。"（《藏园群书题记》附录）写本一般又分为：

1. **手稿本**。作者亲笔所写，往往多勾改涂乙。

2. **清稿本**。有作者亲手誊写的，但大都是请人誊清，往往经作者校过，有少量添改，添改为作者手迹。这种清稿本往往有作者印鉴。山东省博物馆藏清刘喜海《古泉苑》一百卷，版心下有"嘉荫簃"三字，系刘喜海堂号，其内容则系请人精心誊清的，书法瘦劲美观，虽无刘喜海手迹，仍属清稿本。

3. **抄稿本**。从稿本直接过录，仅次于稿本，一般根据抄者跋语来定。

4. **影钞本**。即照底本影摹的本子。《天禄琳琅书目》卷四《周易辑闻》："明之琴川毛晋，藏书富有，所贮宋本最多。其有世所罕见而藏诸他氏不能购者，则选善手以佳纸墨影钞之，与刊本无异，名曰影宋钞。于是一时好事家皆争仿效，以资鉴赏，而宋椠之无存者，赖以传之不朽。"又《金壶记》条："影钞纸白如雪，墨色不尚浓厚，取其匀净，几与刊本摹印无异。"钱曾《读书敏求记·考古图》："此系北宋镂板，予得之梁溪顾修远，洵缥囊中异物也。后为季沧苇借去，屡索不还，耿耿挂胸臆者数年。沧苇殁，此书归之徐健庵，予复从健庵借来，躬自摹写。其图像命良工绘画，不失毫发。楮墨更精于椠本，阅之沾沾自喜。"可见，好的影钞往往不爽毫发，副近原本。但近人称为影宋钞本、影元钞本的，往往只是照其行款版式过录，字体与底本颇有差距，我们不要一听说是影钞即认为像毛氏、钱氏那样"不失毫发"。

5. **抄本**。即一般手写本，其中往往有特别罕传的书籍，尤其是著名藏书家如明代祁承爜淡生堂、毛晋汲古阁、清代钱曾述古堂、赵昱小山堂、鲍廷博知不足斋、彭元瑞知圣道斋、黄丕烈士礼居、刘喜海味经书屋、近代刘承干嘉业堂等的抄本，往往用自家专门抄书格纸，版心或栏外印有堂号，书中常常有校，有抄书题记，钤有印记，这种所谓名家抄本大都属于稀见之物，应格外重视。从纸格的颜色，人们往往称红格抄本、蓝格抄本、黑格抄本，或称朱丝栏、乌丝栏。一般说，明人多蓝格，清人多红格、黑格。

（二）刻本

即雕版印刷的本子。从时代早晚看，有唐五代刻本、宋刻本、金刻本、元刻本、明刻本、清刻本、民国刻本。从刻书地域看，南宋有四川地区刻蜀本、浙江地区刻浙本、福建地区刻建本（或叫闽本）。金、元时期有山西临汾刻的平水本等。从出资者来看，有官刻本、家刻本、坊刻本。从刊刻先后看，有初刻本、重刻本、覆刻本（又叫影刻本）等。从刷印早晚看，有初印本、后印本、重修本、增修本、三朝本、递修本等名目。从墨色看，又有蓝印本、朱印本、墨印本。蓝印、朱印多是刷印校样，大抵明人多蓝印，清人多朱印。从开版大小看，开版小的又叫巾箱本（或袖珍本）。从版式看，有黑口本、白口本。从行款看，又有十行本、八行本等。从字体大小看，又有大字本、小字本。这些基本上都属于刻本范围内的概念，分类角度不同，也就造成名目繁多。

（三）套印本

用两种或两种以上颜色、经过多版次印刷而成的版本。过去多用刻版的方法，每一页上需要几种颜色，就刻几块版，每版刷印一色，合之即成多色印刷品。台湾"中央图书馆"有元刊《金刚般若波罗蜜经》，经折装，经文朱印，注文墨印，经专家研究，是"在同一版上先后刷印双色，虽与明末闵、凌二家分版套印稍异，仍可视为套印本之滥觞"（《满目琳琅：国立中央图书馆善本特藏》第 117 页）。套印本最负盛名的仍是明后期吴兴闵齐伋、凌濛初两家印本，两家之中又以闵氏为代表，所以世称"闵本"。《四库全书总目·六书通》："齐伋字寓五，乌程人，世所传朱墨字版、五色字版，谓之闵本者，多其所刻。"套印本中用不同颜色印刷的大都是评注和圈点，醒目美观。套印也有用活字版印刷的。清乾隆时内府曾用五色雕版套印过《御选唐宋诗醇》，传世不稀。大约在咸丰时期，该书又出现过用木活字五色套印的本子，排印整饬，颇为罕见。1989 年 6 月我曾在南京书摊购得残帙二册，后以一册赠给罗琳先生，更为宋平生先生索去，另一册仍留寒斋，作为教学实物。

（四）饾版与拱花印本

《中国版刻图录》明崇祯胡正言辑刻彩色套印《十竹斋笺谱》："此书

各图均彩色套印,采用饾板与拱花二法。饾板,即将画稿按深浅浓淡阴阳向背各刻一板,以次套印,有至十多次者。后此《芥子园画传》、《百花诗笺谱》、《北平笺谱》,均用此法。拱花,即现今印刷术中之凸版,将纸压在板上,花纹就凸现在纸上,书中鸟类羽毛,流水行云,多用此法。此书在世界印刷史上开一新纪元,影响深远,出其他画谱上。"胡正言还刻印了《十竹斋画谱》,亦用饾版与拱花法,赵万里称:"精丽无比,与《笺谱》可称双绝。"

(五)活字本

　　雕版印刷属于整版印刷,一页一块版。活字则不同,每个字一个字模,制版时用一块底盘,把活字一个个检出排上,然后压平固定,即可刷印,印完拆版,字模可再排他版,经济方便。《梦溪笔谈》卷十八:"版印书籍,唐人尚未盛为之,自冯瀛王始印五经,已后典籍皆为版本。庆历中,有布衣毕昇又为活版。其法用胶泥刻字,薄如钱唇,每字为一印,火烧令坚。先设一铁板,其上以松脂腊和纸灰之类冒之,欲印则以一铁范置铁板上,乃密布字印,满铁范为一板。持就火炀之,药稍熔,则以一平板按其面,则字平如砥。若止印三二本,未为简易,若印数十百千本,则极为神速。常作二铁板,一板印刷,一板已自布字。此印者才毕,则第二板已具。更互用之,瞬息可就。每一字皆有数印,如之、也等字,每字有二十余印,以备一板内有重复者。不用则以纸贴之,每韵为一贴,木格贮之。有奇字素无备者,旋刻之,以草火烧,瞬息可成。不以木为之者,木理有疏密,沾水则高下不平,兼与药相粘,不可取,不若燔土,用讫再火,令药熔,以手拂之,其印自落,殊不沾污。昇死,其印为余群从所得,至今保藏。"这是北宋仁宗庆历(1041—1048)年间毕昇发明胶泥活字的十分完整具体的记录,事属亲见,无容置疑,这是世界印刷史上的一大发明。毕昇发明的胶泥活字及其印刷品未见流传。在敦煌及黑水城遗址,曾发现西夏文活字印刷物,据专家研究为西夏中后期印刷品,在毕昇发明活字后约一个世纪,是今存最早的活字印刷品。另在敦煌石窟发现有回鹘文(约公元9—15世纪使用)木活字一千多枚,是今存最早的活字实物,据专家研究距今有八百年历史(参史金波、雅森·吾守尔《中国活字印刷术的发明和早期传播》)。在内地,留存下来的铜活字和木活字本都是明代印刷物,其中明弘治三年(1490)无锡华燧会通馆铜活字印《会通馆校正诸臣奏议》时代较早。清代雍正间曾以铜活字印大部头的《古今图书集成》,乾隆时以木活字(雅称"聚珍版")印《武英殿聚珍版书》,都是有名的活字本。清代的家谱有不少活字本,我曾在徽州买到一部乾隆四十五年木活字印《新安吴氏家谱》(残存三册),像许多活字家谱一样,开版阔大。《中国家谱综合目录》未著录,当是稀见之物。鉴定活字本,一般看版框四角有无缝隙,因为活版版框是拼起来的。但《武英殿聚珍版书》版框四角无缝,其框是整的。另看摆字有无歪斜,上面说的《新安吴氏家谱》有几个字就躺倒了,显然是活字,但前面说的《唐宋诗醇》则未见摆字歪斜者,版面特别整齐,只是版框四角有缝。第三就是活字版面毕竟不平,墨有浓淡差别。第四是活字本上下字之间笔画不会交叉,而雕版印刷则不免有交叉现象。活字据其质地可分为泥活字、木活字、铜活字、铅活字、锡活字等。这些活字本的区别,往往靠排印序跋、识语、牌记。没有这类明显交待的,则往往笼统地称为"活字本"。武英殿聚珍本因是内府活字印本,人称"内聚珍",浙江等省有翻刻武英殿聚珍本,则是木版本,非活字,人称"外聚珍"。"内聚珍"是先用整版印出版框行格,再用活字印出文字。如此则虽都用黑墨,版框行格与文字墨色必浓淡有别。又印版框行格之木版必有断裂之缝,其断裂之处文字并不随之同步断裂。"外聚珍"则反是。此则区别内、外聚珍之法,诸君可一验之。清代后期,西方铅字传入我国,后逐步取代了传统雕版印刷和传统的木活字、铜活字印刷,而西方铅活字原本是我国活字传入西方之后的演变物。

(六)石印本

用石材制版印刷的书本。其方法是:用富于胶着性的药墨,直接描绘字画于天然多微孔的石印石面上;也可写原稿于特制的药纸上,待稍干后,将药纸覆铺于石面,强力压之,揭去药纸。印刷前,先用水拂拭石面。其字画因系油质,不沾水,余处则沾水。趁水未干,滚上油墨。凡石版沾水处均不沾油墨,其字画则均沾油墨,然后铺纸刷印,即成一页(参《文献学辞典·石印本》)。

(七)珂罗版印本

多属于影印本。其法以厚磨砂玻璃版,涂上硅酸钠溶液,用水洗净。干后再涂以珂罗丁和重铬酸钾混合液,以无网阴图底片覆盖并使曝光,底片形象即留在版上。刷印时先用水浸版,拂去湿气,再滚上墨,铺纸印刷,即得一页(参《文献学辞典·珂罗版印本》)。石印法也可用来影印,《四部丛刊》、《续古逸丛书》等都是石印本。《中国版刻图录》是珂罗版印本,比较精致。石印和珂罗版印刷术都是外来技术。

(八)批校本、题跋本

写本或印本,经过读书人批注、校勘或加写题跋,就成为批校本、题跋本。名家批校本、题跋本一向受藏书家重视。批校,如清初何焯,清中叶吴骞、黄丕烈、卢文弨、顾广圻,清后期至民国间缪荃孙、傅增湘、王国维,均极名贵。题跋,如钱谦益、王士禛、朱彝尊、黄丕烈、叶德辉、傅增湘、郑振铎等,均极受重视。

三、"善本"的界义

(一)善本的两层含义

什么叫"善本"? 我们到图书馆古籍部,发现那里的书分两等,一等叫"善本",不能随便看;二等是普通本,可以较随便地阅览。你很容易感觉到,那些"善本"很贵重。因此,我们也就很容易得出"善本"的概念:具有较高文物价值的古书版本。

但是,这仅仅是"善本"的含义之一,而且是在近代才流行的"善本"的一个含义。

"善本"本来的含义是"好的本子",而"好的本子"是指错误少、不残缺的本子。前面我们举《石林燕语》的例子,可以发现叶梦得"藏者精于雠对,故往往皆有善本"的话,这个"善本"显然是指"精校本",即错误少的本子。再如欧阳修《集古录跋尾·唐田弘正家庙碑》:"自天圣以来,古学渐盛,学者多读韩文,而患集本讹舛,惟余家本屡更校正,时人共传,号为善本。"这个"善本"的含义也很明确,指错误少的本子。

关于这一点,清末张之洞《輶轩语·语学》曾总结为:"善本非纸白墨新之谓,谓其为前辈通人用古刻数本精校细勘付刊,不讹不缺之本也。"张之洞还描绘了清朝人精校本的特色:"此有一简易法,初学购书,但看序跋,是本朝校刻,卷尾附有校勘记,而密行细字,写本精工者即佳。"

这种以讹误少为标准的善本的概念和前面的文物标准的善本概念显然不同。因为文物标准一是要求时代早,越早越好,唐朝刻本早于宋朝,宋本又早于元本,元本又早于明本,其文物价值也就是唐大于宋,宋大于元,元大于明。唐至明的刻本都算善本。这是时代标准。又有另一条文物标准,那就是稀见与否,稀见的文物价值就大,孤本更不得了,所以一部分清代刻本,比如道光、咸丰刻本,有一些因刻版在太平天国时被毁,印本无多,也就成为罕传本,进入善本行列。至于名家手稿,名家手批手校,或者名家写有亲笔题跋的本子,尽管时代不早,也以文物价值高而入于善本。《中国古籍善本书目》事实上就是以文物价值为主要标准收录善本的。

我们读书治学,要弄清这两个不同概念的善本,尤其应注重讹误少的善本,前辈学者常说"读书必求善本",主要是指的精校本。

当然有些善本同时具备时代早、讹误少这两个特点,文物价值与学术价值兼有其美,如宋代国子监刻本、公使库刻本及周必大等家刻本,那真可谓"善之善者"了。

张之洞《𫐐轩语》中另为"善本"下过一个定义,就徘徊于文物价值与学术价值之间。他说:"善本之义有三:一足本:无缺卷,未删削;二精本:一精校,一精注;三旧本:一旧刻,一旧钞。"前两条仍是学术标准上的善本,第三条则是文物意义上的善本。两个标准不在一个层面上,是不宜混为一谈的。

学术意义上的善本可归纳为八个字:精注精校,不缺不讹。大约相当于张之洞的前两条。这个概念基本上不受时代早晚限制,而且经常表现为后出转精。例如《二十四史》,常见的本子有明南京国子监刻《二十一史》、明万历北京国子监刻《二十一史》、明崇祯毛氏汲古阁刻《十七史》(至《新唐书》、《新五代史》止)、清乾隆武英殿刻《二十四史》(在《二十一史》基础上加《旧唐书》、《旧五代史》、《明史》)、清同治光绪间五省官书局合刻《二十四史》、民国间商务印书馆印张元济辑《百衲本二十四史》、建国后中华书局排印点校本《二十四史》,七大版本系统。武英殿本经过学者校勘,撰有《考证》,胜于明本,在清代至民国初称为善本。百衲本集各史旧刻予以影印,并改正了大量有版本依据的明显错误,另撰《校勘记》,就错误较少这个角度讲,显然又胜于武英殿本,在民国间至现在,都被认为是善本。中华书局点校本,又用过去各种版本进行了校勘,吸收了前人校勘的成果,并发现了前人未发现的脱误(有的是整叶脱漏),撰写了《校勘记》,并且加了标点,分了段,还编有配套的纪传索引、人名索引、地名索引、引书索引等,总体看来已大大胜于旧本,是目前较好的读本。

再比如《大唐西域记》,宋金元明清以及高丽、日本都有各种刻本,不下十几种。近人校本有 1957 年金陵刻经处刊吕澂校本,1977 年上海人民出版社排印章巽校本。注本有 1971 年日本东京平凡社出版的水谷真成译注《大唐西域记》(《中国古典文学大系》22)等。但是,1985 年中华书局出版的《大唐西域记校注》在校和注两方面都达到了更高水平,同时前面有季羡林《玄奘与大唐西域记》长文,后附参考书目、注释条目索引,使用也较方便。那么这个校注本可谓后出转精,是《大唐西域记》的善本。我们要查考或阅读《大唐西域记》,应首先想到这个本子。

(二)四部要籍之精校精注本

就四部要籍的注本来说,称得上善本而又通行易得的有:

《周易集解纂疏》十卷,唐李鼎祚集解,清李道平纂疏

《尚书今古文注疏》三十卷,清孙星衍撰

《尚书孔传参证》三十卷,清王先谦撰

《诗毛氏传疏》三十卷,清陈奂撰

《诗三家义集疏》二十八卷,清王先谦撰

《周礼正义》八十六卷,清孙诒让撰

《仪礼正义》四十卷,清胡培翚撰

《礼记训纂》四十九卷,清朱彬撰

《礼记集解》六十一卷,清孙希旦撰

《春秋左传注》,杨伯峻撰

《公羊义疏》七十六卷,清陈立撰

《穀梁补注》二十四卷,清钟文烝撰

《论语正义》二十卷,清刘宝楠撰

《论语集释》四十卷,程树德撰

《论语译注》,杨伯峻撰

《孟子正义》三十卷,清焦循撰

《孟子译注》,杨伯峻撰

《孝经郑注疏》二卷,清皮锡瑞撰

《尔雅正义》二十卷,清邵晋涵撰

《尔雅义疏》二十卷,清郝懿行撰

《四书章句集注》十九卷,宋朱熹撰

《说文解字注》三十卷,清段玉裁撰

《说文解字义证》五十卷,清桂馥撰

《说文解字句读》三十卷,清王筠撰

《广雅疏证》十卷,清王念孙撰

《史记会注考证》一百三十卷(附《校补》),南朝宋裴骃集解,唐司马贞索隐,唐张守节正义,日本泷川资言考证,日本水泽利忠校补

《汉书补注》一百卷,清王先谦撰

《后汉书集解》一百二十卷,清王先谦撰

《三国志集解》六十五卷,卢弼撰

《晋书斠注》一百三十卷,吴士鉴撰

《水经注疏》,北魏郦道元注,杨守敬、熊会贞疏

《资治通鉴音注》二百九十四卷,元胡三省撰

《史通通释》二十卷,清浦起龙撰

《荀子集解》二十卷,清王先谦撰

《墨子閒诂》十五卷,清孙诒让撰

《帛书老子校注》,高明撰

《庄子集释》十卷,清郭庆藩撰

《庄子集解》八卷,清王先谦撰

《列子集释》八卷,杨伯峻撰

《管子集校》,郭沫若、闻一多、许维遹撰

《晏子春秋集释》,吴则虞撰

《商君书锥指》五卷,蒋礼鸿撰

《韩非子集解》二十卷,清王先慎撰

《吕氏春秋校释》,陈奇猷撰

《淮南鸿烈集解》二十一卷,刘文典撰

《韩诗外传集释》,许维遹撰

《盐铁论校注》十卷,王利器撰

《春秋繁露义证》十七卷,苏舆撰

《说苑校证》二十卷,向宗鲁撰

《法言义疏》二十卷,汪荣宝撰

《白虎通疏证》十二卷,清陈立撰

《论衡校释》三十卷,黄晖撰

《论衡集解》三十卷,刘盼遂撰

《世说新语笺疏》六卷,梁刘孝标注,余嘉锡笺疏

《颜氏家训集解》七卷,王利器撰

《抱朴子内篇校释》二十卷,王明撰

《抱朴子外篇校笺》五十卷,杨明照撰

《楚辞补注》十七卷,汉王逸注,宋洪兴祖补注

《文选注》六十卷,唐李善撰

《文心雕龙注》十卷,范文澜撰

以上只是择要列举,仍不全面。作为研究生或者有志从事我国传统学问的人,应优先考虑购置这些要籍的权威注本,这些注本大都出自清人及近人之手,汉唐宋人旧注大都网罗在内,清人及近人的校勘、考释成果也大抵集其精华,为我们提供了相对完整丰富的资料。至于汉唐人旧注,如《十三经注疏》所收诸家注、疏,《史记》三家注,《汉书》颜师古注,《三国志》裴松之注,《后汉书》李贤注等,亦应购置,以供参证。

四、版本鉴定

版本鉴定的目的主要是确认一个本子刻(或抄写、排印)于什么时间,什么地点,谁刻的,是否稀见,是否完整,在现存各本中处于何等地位。时代较近的本子,一般有明确的出版年代及出版者,用不着鉴定。这里讲鉴定,主要针对旧本而言。

一讲版本鉴定,就免不了玄妙感,认为不是一般人容易掌握的。一本古书,我看半天也看不出名堂,专家一看,马上确定是宋版、元版,多么多么名贵,价值连城,岂不玄妙吗?这种玄妙确实存在。但在版本鉴别上,这种情况仅仅是特殊条件下才出现的。绝大部分情况下,版本鉴定都是在看得见、摸得着的客观根据下进行的,并无玄妙可言。我们要善于找证据,善于发现别人看不见、注意不到的证据,在求证方面高人一筹,再加上经验的积累,成为版本上的内行,是完全办得到的。版本鉴定的基本方法

步骤如下：

（一）明确撰写年代

首先弄清你要鉴别的是本什么书，什么时代的什么人撰述的。假如是一部《康熙字典》，就无须再考虑它是不是宋刻本、元刻本、明刻本了。抄本也是如此。上升到理论，这叫确定上限。1987 年 10 月我为《清史稿艺文志拾遗》到安徽图书馆查书，见到一部《危言》，共二卷二册，红格抄本，半页九行，行二十五字，版心有"文美斋"三字，无序跋，但知为清代绩溪邵作舟撰，不知具体年代，封面有行书"辛卯伏日徐世兄国光录"一行，亦不知辛卯为何年。细检内容，发现卷上《知耻篇》有"前岁之役，袭马尾、陷澎湖、困基隆、败越南"语，《纲纪篇》有"道光、咸丰以来中国一再败于太西"语，考马尾之战在光绪十年，则是书之作在光绪十一年后。这样即可确认辛卯为光绪十七年，此本可定为光绪十七年徐国光抄本。假如"辛卯伏日徐世兄国光录"一行是本书作者邵作舟写的（这种可能较大），那么这个抄本还属于清稿本。

（二）细读前后序跋

大部分古书都有序跋。先秦两汉时期，作者序大都在后头，例如《史记·太史公自序》、《汉书·叙传》、《说文解字叙》，都在末尾。刘向校书，每校一部书都有一篇序，也是在后头。那时书以篇行，篇与篇之间顺序容易乱，全书有多少篇也常常搞不清楚，所以自序或整理者序都注重叙述篇目及次序，这就是《太史公自序》为什么要逐篇说明"作《五帝本纪》第一"、"作《夏本纪》第二"等等的原因。后来，序放在前头或后头都无讲究了，而且越晚放在前头的越多。有的序在目录后，这是沿袭古代序言（尤其是刘向叙录）的传统，例如余嘉锡《四库提要辨证》、蒋礼鸿《商君书锥指》，自序均在目录后，都是有讲究的。把书前书后序跋全看过，这部书从撰述到刊刻、抄写，以及再版，大概都有了一个线索。序言中有时代最晚的一篇或若干篇，可能与这个本子的刊刻时间有关。

例如《古逸丛书三编》收有《禹贡论》二卷《后论》一卷《山川地理图》二卷，是原大影印的北京图书馆藏宋刻本。打开这本书，首先是《程尚书禹贡论图序》，署"淳熙辛丑（八年）孟春既望承议郎提举福建路市舶彭椿年序"。然后是《程尚书经进禹贡论总目》。然后是《禹贡论序》，题"朝请大夫权尚书刑部侍郎兼侍讲臣程大昌上进"，末署"淳熙四年六月朝请大夫权尚书刑部侍郎兼侍讲臣程大昌谨叙"。然后是《禹贡论》上下卷正文，署名同《序》。次程大昌《禹贡后序》，未署年月。次《禹贡后论》一卷。次《程尚书经进禹贡图总目》。次《禹贡山川地理图》，《图》开头是《序》，署"淳熙四年六月日朝请大夫权尚书刑部侍郎兼侍讲臣程大昌序"。次《图》附说，分上下卷。末有跋，署"淳熙辛丑（八年）上元后五日迪功郎充泉州州学教授陈应行谨跋"。跋后列衔"直学林冠英、陈倪/学录王伯修、石起山/学正林元镇/校勘掌膳王冲远"四行。可以条理出序跋五篇。两篇在淳熙四年，一篇未落时间，这三篇是自序，证明书成于淳熙四年（1177）。另有彭椿年序、陈应行跋，均在淳熙辛丑（八年）。当时彭椿年"提举福建路市舶"，陈应行为"泉州州学教授"。据彭椿年序，知淳熙七年程大昌"来镇泉南"，序作于淳熙八年春，序末云："郡博士陈君应行请以其著刻木郡庠，布之学者，而求予文为表。予不容辞，故为之书。"陈跋则云："庚子（淳熙七年）公以法从出守温陵，而编修彭公提舶于此，与公有同舍之旧，得其副本。应行……请于公（指彭椿年），愿刻之郡庠……公曰：是吾志也。乃出公帑十五余万。"可知程大昌于淳熙七年出任泉州（温陵是泉州的别称）太守，当时提举福建路市舶的彭椿年衙门即在泉州。彭与程有旧交，于是出公款十五万命泉州州学刻版。当时州学教授陈应行具体承办刊刻事宜，故有跋文。跋后开列在事人衔名，这是宋代刻书的常见做法（这种方法后代还有沿用的）。这部书正是根据彭椿年序、陈应行跋来确认是南宋淳熙八年（1181）福建泉州州学刻本。当然这里可能有例外，比方说元明清时期重刻此本，序跋照刻，无新加序跋，或者有新序跋而被人撤去。所以看序跋只能使我们有个初步认识，有个倾向。然后再考虑其他因素会不会与序跋提供的结论产生矛盾。如果没有别的破绽，就可以根据序跋定其刊刻年代及地点。这部《禹贡论》就找不出与序跋抵触的证据。

（三）验牌记

牌记从宋刻本就有，是刻书的专门识语。一种是用长方框（或别的形状，如亚字形，碑形，或者莲龛形）围起来。一种是不围，直接在空白处（卷尾或目录尾等处）刻上一行或数行字，说明刻书时间、地点或者刻书人、刻书铺号等。大概相当于今天的版权页。

例如《昌黎先生集》四十卷《集外文》十卷《附录》一卷，台湾故宫博物院藏宋淳熙元年锦溪张监税宅刻本。书末有长方牌子"淳熙改元锦溪／张监税宅善本"二行（系影钞补）。

《新刊校定集注杜诗》三十六卷，台湾故宫博物院藏宋刻本，每卷末有"宝庆乙酉广东漕司镂板"大字一行。

《昌黎先生集》、《河东先生集》，中国国家图书馆藏南宋咸淳廖莹中世綵堂刻本，每卷末有"世綵廖氏／刻梓家塾"双行篆文牌子。

宋刻本中的浙江刻本系统，一般没有牌子，而有刻书序跋、列衔。但浙江地区坊刻本，如陈起的陈解元书籍铺等坊刻本（传世以唐宋人小集为多），则大都有单行识语。如《王建诗集》目录末有"临安府棚北睦亲坊巷口陈解元宅刊印"一行。四川刻本大都无牌记，但也有少数有牌记的，如台湾"中央图书馆"藏宋蜀刻本《东都事略》目录末有"眉山程舍人宅刊行／已申上司，不许覆板"长方双行牌子。宋福建刻本则牌子较为常见，多属于坊刻。如《史记》三家注南宋庆元建安黄善夫刻本（《百衲本二十四史》据以影印），集解序末有"建安黄善夫刊／于家塾之敬室"双行长方牌子。黄氏又刻《汉书》、《后汉书》、《王状元集百家注分类东坡先生诗》，均有这种牌子。两《汉书》后来又有建安刘元起刷印本，刘元起把牌记改刻为"建安刘元起刊／于家塾之敬室"。过去误为两种版本，经日本学者尾崎康比较指出系同版（见尾崎康《以正史为中心的宋元版本的研究》一书）。

元代福建刻本牌记更多。明、清刻本均常见有刻书牌记。如清张惠言《七十家赋钞》，卷前有"道光元年五月合河康氏刊"一行，各卷末有"合河康氏刻梓家塾"亚形牌子。

明代后期以至清代，刻书年月及堂号又往往记于卷前书名页，如《吕叔简先生四礼翼》卷前书名页正面大字书名下有"同治二年重刊"二行，背面又有"品莲书屋藏板／连平颜培瑚题"双行牌子。又如《冲虚至德真经》封面分左中右三栏，中栏大字刻"列子笺释"，右栏上刻"嘉庆甲子重镌"，左栏下刻"姑苏聚文堂藏板"。也有刻书年月在封面页上方横刻的。如《三藩纪事本末》封面分左中右，中刻书名，右刻撰写人，左刻"粤东三元堂藏板"，眉上横刻"同治三年重镌"。

牌记及类似牌记的刻书识语，是鉴定版本的重要依据。但有假冒的，有后加的。例如清代道光咸丰间历城马国翰刻《玉函山房辑佚书》、《玉函山房藏书簿录》等书,身后书版归其女婿章丘李氏,光绪十五年李氏用旧版重印,加了一块牌子:"光绪十五年己／丑仲春重校刊／绣江李氏藏板"。章丘有条河叫绣江。如果根据这个牌记,就会误定为光绪十五年绣江李氏重刻本,实际上是道光咸丰间历城马氏刻光绪十五年绣江李氏印本。这种情况多见,应注意识别。

石印本大都仿木刻本,如《增像第六才子书》五卷首一卷,卷前书名页背面有亚形牌子:"光绪／己丑仲春月上／浣上海鸿宝斋／石印"。

(四)查避讳

避讳是古代特殊的文化现象,主要是国讳,就是帝王的名字不能直接书写,要采取一定方式避讳。这就为确定版刻的下限提供了一定参考。

宋代刻书一般都避讳,其中浙江系统刻本最严格,四川、福建刻本则不甚严。元代刻书不避讳,只是有覆刻宋版偶沿旧本避讳不改的。明代刻书基本不避,只有最后三位皇帝泰昌(朱常洛)、天启(朱由校)、崇祯(朱由检)避讳。清代则自康熙开始均避讳。

避讳常见方式是缺笔,另一种方式是改字,改字多用同音字替代。

例如1980年山阴人沈仲涛将运到台湾的家藏善本捐献台北故宫,台北故宫为辑《沈氏研易楼善本图录》,其中有一部《文中子》,卷一至五题《监本音注文中子》,卷六至十题《纂图音注文中子》,是清潘祖荫滂喜斋旧藏。《滂喜斋藏书记》(叶昌炽撰)卷二著录云:"宋讳徵、敬字缺笔,可知为宋椠也。"徵字是避北宋仁宗赵祯讳,敬字是避宋太祖赵匡胤祖父赵敬讳。叶昌炽据此二字缺末笔定为宋刻本。但这种"纂图音注"及"监本音注"子书,一般出现于南宋后期福建书坊,不可能刻于北宋仁宗时。所以这里利用避讳不够精密。而且前五卷与后五卷书名有差别,不是一刻,而是两刻配齐的。不过定为宋本是可信的。台湾故宫博物院的审定更细,《图录》云:前五卷"宋讳匡、徵、桓、慎等字缺笔,或易之以谐音之字"。后五卷"宋讳匡、徵、溝、慎、敦等字缺笔,避讳止于光宗,当较前五卷晚出"。宋的始祖叫玄朗,宋本玄、朗常见缺笔。太祖名赵匡胤,所以匡缺末笔。北宋仁宗名赵祯,徵字同音,缺末笔。钦宗名赵桓,故桓缺末笔。南宋高宗名赵构,溝与构同音,所以缺笔。南宋孝宗名赵昚,慎是昚的异体字,所以缺笔。南宋光宗赵惇,敦与惇同音,所以缺笔。从避讳字看,前五卷止于南宋孝宗,后五卷止于南宋光宗,就可以约略推测出前五卷刻于南宋孝宗时,后五卷刻于南宋光宗时。这显然比《滂喜斋藏书记》在断代方面更精确。

再举一例:北京师大藏《明谥考》三十八卷,清抄本,残存卷一至十、十三至三十八,共二册。明叶秉敬撰。前人已定为清人抄本。从避讳字看,卷内曆字作歷,弘字作宏,琰字不避讳,可知避讳至乾隆止,因此可进一步推定为乾隆年间抄本。这就精密了一步,因为清代有二百六十七年历史,清抄本意味着是这二百六十七年间所抄,而乾隆在位六十年,根据避讳字就缩小到这六十年间所抄,上下限大大缩小。

(五)考刻工

刻工是刻字工匠名,宋版书中浙江系统多有之,元明清以及近代刻本一直相沿。不是所有书都记刻工,而是一部分。宋版中浙江本刻工多,福建本、四川本刻工相对少一些。

刻工大都记在版心下方,有的姓名俱全,也有的只记姓或名,还有冠以籍贯的。刻工往往用俗体字、行书,或同音代替,或偏旁代替。大概最初是为了支付工钱,同时也为了表示负责,所以在刻上刻工名的同时,一般刻有这一版大字多少,小字多少。刻工名也有记在卷尾等处的,多见于明清刻本。到了近代,像陶子麟这样的高手,把自己的名字记在书名页背面这样显赫位置的也有。明代顾氏奇字斋刻《类笺唐王右丞诗集》,目录后专刻一页《无锡顾氏奇字斋开局氏里》,开列写勘、雕梓、装潢工人的姓名、籍贯,并详记刻书的起讫年月日,也较特殊。

一位刻工一生总要刻许多书,其中有些书有明确年代(例如有序跋、牌记之类),这些有固定刊刻年代的本子可作为标准件,从而也就定下了这些刻工的时代。凡有他本刊刻时代不明而有刻工与此相同者,则可参照标准件推定其刊刻时代。大家都知道甲骨文有个断代问题,甲骨文断代有不少是利用“贞人”来系联的,这是董作宾的发现。刻工其实带有相类的性质。利用刻工鉴定版本,佳例甚多。

例如,《通鉴总类》二十卷,宋沈枢撰。初刻本为南宋嘉定元年潮阳刻本,有楼钥序,言之甚明。元至正二十三年浙江行中书省左丞蒋德明购得潮阳本,因其罕见,命平江路儒学重刻,周伯琦序,言之亦甚明。现潮阳初刻已罕传,至正平江路重刻本尚有多部传世,半页十一行,行二十三字,细黑口,左右双边,单黑鱼尾,版心记刻工:平江张俊、景仁、仁、芦显、赵伯川、赵海、好显、好古、遂良、何、可、潘、番、夫、王、周、世、陈、八、元、原、圭、付、傅、东、德、什、昷、朱、亨、祥、中、仲、和、魏、灌、天、忠等。宋讳恒、桓等字缺笔。清乾隆《天禄琳琅书目后编》著录宋刻三部，称为潮阳初刻，实际都是元平江路重刻的，原书周伯琦序被人撤去，故有此误。那时对刻工还不甚留意，其实刻工中有"平江张俊"，平江即元平江路（今苏州），正是重刻之地，即此亦足以令人怀疑这是至正平江路重刻本了。民国间王文进《文禄堂访书记》卷二载有元至正本，也同样误认为"宋潮阳刻本"，王氏明明指出刻工有"平江张俊刊、夫、陈、仁、王、赵、可、原"，"平江"二字仍没引起重视。原北平图书馆有元至正本两部（现存台北故宫），尚存至正二十三年周伯琦序，经吴哲夫先生核实，与故宫本刻工正同。沈仲涛研易楼藏一部，亦系至正平江路重刻本。《沈氏研易楼善本图录》云："刻工如芦显曾见于天历元年所刊《通鉴前编》，赵海见于泰定元年西湖书院所刊《文献通考》，赵伯川见于信州路所刊之《北史》、饶州路所刊之《隋书》，景仁、好显、赵海等三人见于元季修补版绍兴刊《春秋经传集解》，斯则可据而推定此刻当系镂板于元季无疑。"

但是，利用刻工断代，是极复杂的，不同刻工，其姓名有偶然相同现象。我们必须参照其他证据予以分析。

例如，《龙龛手鉴》宋刻本，传世者有三个本子：

一是中国国家图书馆藏宋刻本四卷，正文首行"龙龛手鉴平声卷第一"，下题"释行均字广济集"。前有"新修龙龛手鉴序"，次行题"燕台悯忠寺沙门智光字法炬撰"，署统和十五年丁酉七月一日癸亥。卷内钤"毛氏子晋"、"汲古主人"、"毛晋私印"、"汲古阁"、"子晋"、"阆源真赏"、"汪士钟印"、"铁琴铜剑楼"、"瞿氏秉清"、"绥珊经眼"、"祁阳陈澄中藏书记"等印记。是书由明末毛晋汲古阁辗转归黄丕烈士礼居，见《百宋一廛书录》、《百宋一廛赋注》，又归汪士钟艺芸书舍、瞿氏铁琴铜剑楼、陈澄中，最后归北图。其中第二卷缺，系毛晋影宋钞补。

二是清朝宫廷天禄琳琅藏本，见《天禄琳琅书目后编》，原系吴城绣谷亭物，据《读书敏求记校证》引陈鳣说系吴氏得之鲍氏知不足斋者。未知何时进宫。现藏台北故宫博物院。吴哲夫先生《故宫博物院宋本图录》著录。

三是傅增湘双鉴楼藏宋本，民国间商务印书馆《续古逸丛书》、《四部丛刊续编》据以影印。

　　还有清初钱曾述古堂藏宋刻本,系钱谦益故物,现不知飘落何处。

　　《龙龛手鉴》是辽释行均撰的,前有辽统和十五年(北宋太宗至道三年,997)燕台悯忠寺沙门智光序。所以明代徐燉跋(见《四部丛刊续编》影印傅增湘藏宋刻本卷首)即认为“实契丹原本”。清初钱曾《读书敏求记》亦基本上认为是辽刻(其《述古堂书目》则著录为宋本,又有宋本影钞一部)。《天禄琳琅书目后编》明确于卷八“辽版经部”著录《龙龛手鉴》,云“是书虽不载刊刻年月,而僧智光序称统和十五年丁酉七月癸亥,当即是时所刊本”。同时又著录有影辽钞本一部。《四库全书》即据浙江吴玉墀(吴城弟)进呈本著录,《提要》亦称“影钞辽刻”。

　　以上三家认为是辽刻本,清代考据学代表人物钱大昕和版本学名家黄丕烈对此提出异议。

　　钱大昕《十驾斋养新录》卷十三《龙龛手鉴》条:“契丹僧行均《龙龛手鉴》四卷,予所见者影宋钞本。前有燕台悯忠寺沙门智光字法炬序,题云统和十五年丁酉七月,即宋太宗至道三年也。书中于‘完’字缺末一笔,知是南宋所钞。晁氏、马氏载此书,本名《龙龛手镜》,今改镜为鉴,盖宋人避庙讳嫌名。”

　　黄丕烈《百宋一廛书录》:“相传是书刻于辽者为《龙龛手镜》,翻刻于宋者为《龙龛手鉴》。今序文‘犹手持于鸾镜’,镜字作镜,盖犹避宋讳也。”《百宋一廛赋注》亦表达这种观点。

　　瞿氏《铁琴铜剑楼藏书目录》则进一步在避讳字上下工夫:“考《梦溪笔谈》、《郡斋读书志》并称《龙龛手镜》,以镜为鉴当是宋人翻刻避嫌讳而改”,“今观此书序中镜字阙笔。《金部》并不载‘镜’字。《宀部》‘完’字缺笔。《木部》并不载‘桓’字,‘構’书作‘構’。‘惇’、‘敦’作‘惇’、‘敦’。余如殷、敬、让、恒、树、慎、扩、昀等字悉行刊落。盖非特不出于辽,恐并非蒲传正帅浙时所刻矣”。

　　以上都从讳字入手,否定了辽刻,十分可靠,其中镜字改鉴,又序中镜字缺末笔,又卷内完字缺末笔(按:商务印书馆影印本不缺笔,未知何故),構字缺笔,都是极硬的证据。

　　但是瞿氏利用避讳字有些属于推测,并不可靠。瞿氏指出宋本《龙龛手鉴》未收镜、桓、殷、敬、让、恒、树、慎、扩、昀等字,都是辽本原有,宋本因避讳而删掉。如果真是这样,那只能证明此本刻于南宋晚期理宗年间。这里有两点疑问:(1)为什么删去以上这些避讳字,而不删去匡、祯、佶、完、構、旉、敦、惇(太宗、仁宗、徽宗、钦宗、高宗、孝宗、光宗)这些讳字呢?(2)瞿氏没见过辽本,怎么知道辽本原来有这些字呢?

值得庆幸的是,高丽刻《大藏经》收有《龙龛手镜》,书名镜字不作鉴,说明不避宋讳。高丽《大藏经》是据北宋初年四川刻《开宝藏》以及辽刻《契丹藏》合编而成,此《高丽藏》本《龙龛手镜》当来自辽刻本。日本有影印《高丽藏》本,1985 年中华书局又据日本影印本影印。其中第二卷原缺,用商务印书馆《四部丛刊》影宋本配齐。就所存三卷《高丽藏》本看,敬、镜、殷、让、恒、桓、树、慎、昀这些字根本没收。《龙龛手镜》并不是一部全汉字典,"该书收字的原则是只收有异体异训的字,还有新产生的俗字、音译造字。一些常用字不致造成辨读理解的困难,就不收"(《中国古代语言学家评传》第 210 页张鸿魁《释行均》)。因此可以通过《高丽藏》本和《龙龛手镜》收字原则证明辽本原来就没有收入这些字,根本不是宋刻本因为避讳删去了这些字。

至于惇作惇,只是俗体字,并非避讳。"諄"字下列出諄、誖两个字形,也是同意。

那么,前人指出的可信的讳字是镜、完、構三个字。据我查考,卷内樤缺末笔,宋的始祖名玄朗,樤缺末笔是避宋讳。又心部"愿"、"憋"、"憼"三字下小注中"敬"字均缺末笔,亦是避讳。根据避讳可推知瞿氏藏宋版《龙龛手鉴》以及《四部丛刊》影印傅增湘藏宋本当为南宋初年高宗时刻本。

以上是从避讳字角度考察刊刻年代。其实这部书还有刻工。我曾到北图专门看过毛氏汲古阁藏的那一部,刻工有:范子荣(在序言版心)、何、实、圆宝、郑、范刊(以上卷一)、澄刊、张良刊、张刊、良、金良、郑林、何(以上卷二,系汲古阁影宋钞本)、何、徐(以上卷三)、何、范、子、良、李、李生、林茂、林盛、虞、徐、徐永刊(以上卷四)。

经查王肇文《古籍宋元刊工姓名索引》,以上刻工名有些见于其他宋刻本,分析如下:

张良,见日本静嘉堂文库藏南宋刻《武经七书》,该本避讳至"慎"字,是孝宗时刊本。但该本刻工二十一人,仅此一名重见,难以证明两张良为一人。

李生,见南宋嘉定建宁刻《西汉会要》。该书刻工十三人,仅此一名重见,难以证明两李生系一人。

林盛,见南宋绍定三年越刻《切韵指掌图》,该本刻工十人,仅此一名重见,无法证明两林盛系一人。

林茂,见日本静嘉堂藏宋咸平刊南宋初补刊《三国志·吴书》。该书刻工六十人,仅此一名重见,不能证明两林茂系同一人。又见南宋鹄山书院刻《资治通鉴》,该本刻工十九人,仅此一名重见,不足以证明即同一林茂。又见宋刊大字本《通鉴纪事本末》,该本刻工四十余人,仅此一名重见,不足以证明即同一人。且其中有"林嘉茂",林茂当即林嘉茂之省,刻工中省称极为常见。又见宋刻大字本《文章正宗》(避讳讓、完),刻工十七人,仅此一名重见,不能证明即同一人。

从以上分析看,这部《龙龛手鉴》的刻工很难用来断代。

但这些刻工仍有用途。台湾故宫那一部,还有商务印书馆影印的傅增湘那一部,虽然同是宋刻,却不知是不是同版。通过对比刻工,我们发现刻工是相同的,因而推定属于同一刻本。

我在调查三个宋本的关系时,发现前人有些错误。宋本误为辽本,已不必说。主观臆断地认为宋本删去了避讳字,也不必再说。这里应当指出的是商务印书馆影印的傅增湘的藏本,这个本子第二卷与其他三卷根本不是一个刻本。这一点张元济先生已明确指出来了:"卷二上声一册字迹劲挺厚重,有率更法度,的是北宋剞劂。板心每叶记刻工姓名,中有徐彦、朱礼二人,见于绍兴十九年明州所刻之《徐公文集》。考《宋史·蒲宗孟传》'熙宁元年宗孟改著作佐郎',其徙知杭州当在神宗或哲宗时,距《徐公文集》刻成之岁,尚有四五十年。是书卷二所载刻工凡二十人,至绍兴十九年多已物化,仅存二人。此二人者,当刻本书时年事尚幼,居于杭州,或因南渡时移徙浙东,仍操故业,至四五十年后,尚能刻《徐公文集》。此以事理衡之,非不可能。其他平、去、入声三卷,则刻工仅有五人,然均非卷二所有。版口阔狭亦不同,笔意既殊,镂法并异。就此观之,其上声一卷,可定为是书由辽入宋最初覆刻。余则为后来再覆之本。"(《涉园序跋集录》)

张元济先生通过字体、版式、刻工三个方面证明卷二与卷一、三、四不是一刻,这个结论是正确的。

但张氏认为这个卷二为北宋刻,则是不确的。该卷是南宋初年刻,证据即在刻工上。

张元济先生说卷二有二十个刻工,我重新审查一过,可辨认的至少有二十五人：顾仲、徐彦、澄刊、耽、道、胡印、于昌、詹真、朱礼、朱祥、陈乙、沈绍、朱常、宥、钱皋、何全、胡杏、王固、张由、胡山、徐文、王成、周治（？）、吴邵、王因。

这个《龙龛手鉴》第二卷，原来是商务印书馆藏的，并非傅增湘藏的。我曾到北图查阅原书，有"华山老衲"、"衍存"、"涵芬楼"、"海盐张元济经收"等印记，刻工与商务印书馆影印本同，当即张元济所说的北宋本。由此可见，傅氏藏本只有平、去、入三卷被用作商务印书馆《四部丛刊续编》底本。

这个第二卷，赵万里先生收入了《中国版刻图录》，并指出："此书刻工朱祥、沈绍、朱礼、胡杏，南宋初年又刻《乐府诗集》、《资治通鉴》、《徐铉文集》、《昭明文选》等书，因推知此书当是南宋初年杭州地区重刻蒲宗孟本。……《四部丛刊》印本即据此帙影印。"

赵万里先生对这个第二卷的判断完全正确。我细查这二十五个刻工，见于南宋初年高宗绍兴九年临安府刻《文粹》的有王成、王因、朱礼、胡杏、何全、吴邵、沈绍、钱皋。见于南宋绍兴初杭州刻《乐府诗集》的有朱礼、朱祥、胡杏。见于北宋末明州刻南宋绍兴二十八年补刻《文选注》的有王因、张由、徐彦。见于南宋初杭州刻《昭明文选》的有朱礼、朱祥、胡杏。见于南宋绍兴三年两浙东路茶盐司刻《资治通鉴》的有朱祥、朱礼、胡杏、沈绍。这样大批量重见，就不是偶然现象。从这些刻工重见之书均在南宋初年绍兴时期，又刻于浙江地区来看，这个《龙龛手鉴》卷二显然是南宋初年浙刻本。张元济先生北宋说是不妥的。

当然赵万里先生笼统地指出"《四部丛刊》印本即据此帙影印"，给予人的信息是平、上、去、入四卷全是此本。这为后人带来一定误会。

李致忠先生《宋版书叙录》中曾为北图藏四卷宋本，即毛氏汲古阁藏本作叙录。《叙录》云："此本书口或说是版心上镌每版大小字数，下镌刊工姓名。今可检阅者，其刻工计有：实、新、张刊、澄刁、良金良、何全、郑林、徐、范、子、范子荣、李生、林茂、林盛、虞、徐永、朱祥、沈绍、朱礼、胡杏、王成、王因、陈乙等。"

我们可以发现，以上所列刻工中，朱祥、沈绍、朱礼、胡杏、王成、王因、陈乙等七人并不见于汲古阁旧藏的那部宋本《龙龛手鉴》，而是出于另一部宋刻本的卷二，即《四部丛刊续编》影印本所配的第二卷。汲古阁旧藏宋本中另有"张良"、"圆宝"等，《叙录》却没开列。又所列"良金良"乃是

"良"、"金良"误合为一。由于把两部不同版的宋本刻工合并在一部宋本上，所以利用刻工断代时就有偏差。《叙录》说："林盛参与过《切韵指掌图》的雕印工作。"考《切韵指掌图》末有"绍定庚寅三月朔四世从孙敬书于卷末"识语，明确说明"谨重刊于越之读书堂"，说明是南宋理宗绍定三年（1230）越州刻本。《叙录》又说：王因"在绍兴九年（1139）参与过《文粹》"。从绍兴九年到绍定三年已相去九十一年，王因与林盛显然是不可能合作刻《龙龛手鉴》的。王肇文《古籍宋元刊工姓名索引》也误合两个宋刻本《龙龛手鉴》刻工于一本。这说明利用刻工鉴定版本，具体操作起来是颇为复杂的。

（六）核校阅人时代

在宋版书中，往往在序末或卷末有列衔，即校勘人名单，大都是一些州学教授。这能帮助我们判定刻书时间与地点。

例如《文选》六臣注南宋赣州州学刻本（残存卷三十一、三十二，台北故宫藏）。避宋讳至慎字止，大概是孝宗时刻本。卷三十一末有列衔"州学斋谕李孝开校对／乡贡进士刘才邵校勘／左迪功郎新永州零陵县主簿李汝明覆校／左从政郎充赣州州学教授张之纲覆校"四行。此本《天禄琳琅书目后编》著录一部六函六十一册，云："每卷末列校对、校勘、覆勘衔名，或三人或四人，其覆勘张之纲官赣州州学教授，李盛官赣州司户参军，萧倬官赣州石城县尉，邹敦礼官赣州观察推官，皆一时章贡僚属，是此本赣州郡斋开雕者。"

再如铁琴铜剑楼藏宋刻本《旧唐书》，残存六十九卷，卷末题"左奉议郎充绍兴府府学教授朱倬校正"者十五卷，题"右文林郎充两浙东路提举茶盐司干办公事霍文昭校勘"者九卷，同上衔苏之勤校勘者二十四卷，题左从政郎绍兴府录事参军张嘉宾校勘者六卷，同上衔徐俊卿校勘者六卷。据《宋史·朱倬传》倬与丞相秦桧忤，出教授越州（参张元济《校史随笔》）。按两浙东路茶盐司办事衙门在绍兴府，以是知系南宋初年绍兴两浙东路茶盐司刻本。越州即绍兴。

到了明清时期，刻书者往往在每卷第一页书名之次行题撰人，三行四行题校者或评阅者姓名，这个校者或评阅者往往是参与刻书之人，或者出资之人，因此与刻书时间有密切关系，这些校者或评阅者经常还撰写序文，题衔与序文两相结合，更容易考出版刻年代。

日本九州帝国大学文学部藏有一百四十三种明版书,其中有一部《甲子会纪》五卷,明薛应旂撰,原定为嘉靖三十八年刻本。该本前有嘉靖三十八年(1559)许毂序,卷一首行题"甲子会纪卷之一",次行题"明赐进士前中宪大夫浙江按察司提学副使两京吏礼郎中武进薛应旂编集",第三行题"史官长洲陈仁锡评阅"。从序言上看,只有嘉靖三十八年序,撰人又是嘉靖时人(嘉靖十四年进士),又无刻工、牌记之类。在这种情况下,不能放过任何证据,"陈仁锡"就是一个必须考虑的因素。查《明清进士题名碑录》,陈仁锡是天启二年进士,授编修,崇祯七年卒。所谓"史官",应在授编修之后。因此这部书绝不会是嘉靖三十八年刻本,而是明末天启、崇祯间刻本。

王重民《中国善本书提要》所附索引包括"校"、"评阅"之类非撰人,这是独具眼光的做法。因为校的人往往不容易查到其生平资料,借助于王重民的索引,可以考出这位校者还校过什么书,就可以大体定出年代,这实际上也是一种系联法。

(七)看字体

这就有一点难度,因为现在的读书人大都没练过书法,对各家书体风格不太了解。传统文化各个方面往往有横向联系,书法与文字学有关、与美学有关,这容易理解,现在与版本鉴别有关,似乎平时不易注意到,但确乎存在这种关系。

一般说来,宋版书,浙江系统刻本属于欧体,四川刻本属于颜体,福建刻本也出于颜体而刀法更峭削,更有锋棱。

元代四川刻书中心被毁,浙江、福建两个中心还在。另外在山西平阳,金元时期形成了刻书中心,平阳有平水,所以平阳刻本叫平水本。

元浙本仍袭宋浙本风格,但书体带上赵孟頫影响,增加了赵体风格。

元建本仍沿南宋字体,主要是颜体,但要瘦一些,圆劲一些,同时不像宋建本那样横特别细、竖特别粗,正文和注之间差别也不像南宋那么大。杂剧、话本则更草率,多俗体字。

平水本,有欧体,如《曾子固集》金刻本。《黄帝内经》等又在欧体基础上加入颜体特点,比较挺拔。元平水本比金平水本更近颜体,但较挺拔,与元建本之圆劲者又不同。

明代刻本,分早、中、晚三期,字体不同。早期多赵体字,中期正德、嘉靖间则仿宋浙本作欧体字,但比宋本要板滞得多,笔画硬,有其形而无其神。嘉靖本的捺较秃,尖短。晚期隆庆、万历至崇祯间,逐步形成长方形的横细竖粗的宋体字。宋体字不产生于宋代,而产生于明中叶以后,这是明中叶仿宋浙本的结果。清代通行的是宋体字,但在康熙至乾隆间又同时盛行一种软体字写刻,以康熙扬州刻《全唐诗》为代表。字比较小,笔画宛转圆熟,像写出来的。清初写刻本也分两路,一是点画方劲,如康熙徐乾学刻《通志堂经解》、《通志堂集》,张士俊《泽存堂五种》。一是点画软美,略似晋唐小楷,《全唐诗》为代表。写刻本中,似以后者更多见。关于字体,可参看黄永年先生《古籍版本学》、《清代版刻图录·清代版本述略》,讲得明白切实。

前面举过《通鉴总类》的例子。其实季振宜也藏过一部,钤有"季振宜藏书"、"沧苇"等印记,同时钤"宋本"椭圆印,知季氏鉴定为宋板。后入清宫,《天禄琳琅书目》卷五"元板史部"著录,云:"本朝季振宜亦经收藏,其用'宋本'印,盖因楼钥序中有'公之季子守潮阳,欲锓板以广其传'语。然书之字体结构与宋椠本不同,且印工墨色亦欠精朗,其为元绌,固不能自掩耳。"于敏中等认为季振宜定为宋版不妥,改定为元版,主要是根据"字体结构与宋椠本不同",应当说这是非常内行的。

（八）看版式

宋浙本系统版式多白口、单鱼尾、左右双边,版心记字数及刻工,很少有牌记。书名在鱼尾下方,多简称。

宋蜀本也多是白口、单鱼尾、左右双边,记字数及刻工不如浙本多。书名在上鱼尾下,多简称。

宋建本则前期类似浙本,中后期多黑口、四周双边、双黑鱼尾,书名在上鱼尾下,多简称。版框左栏外上方有时有书耳或耳题。在行文中,一些需要醒目的地方有黑地白字,一些字书、韵书在部首或韵部上加鱼尾。建本书名上往往加上"监本音注"或"监本重言重意互注"一类冠词,表示自己的本子是以监本为底本,可靠,而且内容又较监本为多,这些花样都是出于商业考虑。果是监本,就不必冠"监本"二字了。又如《王状元集百家注编年杜陵诗史》三十二卷、《黄氏补千家注纪年杜工部诗史》三十六卷、《新刊五百家注音辩昌黎先生文集》四十卷《外集》十卷等,这些冠词也都具有夸大的广告目的,常见于福建坊刻本。

元浙本,版式仍宋浙本,但也出现了一些细黑口,刻工也少于宋浙本。荆溪岳氏相台书塾刻《九经三传》有书耳,这是受宋建本的影响。

元建本,几乎全是黑口,而且越晚越粗,双黑鱼尾,或花鱼尾,书名仍在上鱼尾下,用简称。

平水本,白口,双黑鱼尾,四周双边,书名在上鱼尾下,用简称(参黄永年先生《古籍版本学》)。

明本早期沿元建本,大黑口,四周双边,双黑鱼尾,上鱼尾下记书名,书名则多简称。

明中期仿宋浙本,一变为白口,单鱼尾,左右双边,书名一般在鱼尾下,用简称,版心上记大小字数,下记刻工。

明晚期仍多白口,左右双边,单鱼尾,但书名往往置于鱼尾上方,且用全称,卷端大书名后多罗列撰人、校人、评阅人等官衔姓名。封面页(书名页)流行左中右三栏式,中刻大字书名,右上方刻撰人或评阅人,左下方刻"××堂藏板"或"××堂梓"。清代基本沿用了明后期这些版式风格。

(九)看纸张

宋浙本,多是白麻纸、黄麻纸。蜀本多白麻纸。"帘纹"宽约二指。这种麻纸,据化验多是楮树皮为原料做的纸。宋建本多竹纸,发黄,质量比浙本蜀本差得远。

元浙本仍用白麻纸、黄麻纸,后期"帘纹"变窄,只有一指宽。平水本近浙本。元建本仍用竹纸。

明代早期好的印本仍是白麻纸(皮纸),一般书用竹纸。明代盛行一种"白绵纸",有厚薄两种,《大典》属于较厚的。据研究仍是皮料纸。万历以后多用竹纸,微黄,较薄,日久易脆。

清代武英殿本喜用开化纸,《四库全书》即用开化纸抄写,白而匀洁,但日久会出现黄斑。又有一种连史纸,白而匀细。清代的书籍大部分仍用竹纸,稍讲究的则用白纸。

较出名的好纸是宋代白麻纸,明代白绵纸、清代开化纸、连史纸。但更常用的却是宋代至清代一直沿用的竹纸。

(十)看装潢

宋版原装多是蝴蝶装。元本有蝴蝶装,大多应是包背装。明代早期包背装,后期则变为线装。清及民国刻本一般都是线装。佛经以经折装为常见。

(十一)查藏印

藏印可以帮助我们确认刊、抄年代的下限。还可以帮助我们确认稿本、初刻原印本、批校者等。

例如辽宁图书馆藏《天府广记》四十四卷,清初孙承泽撰,抄本。这部记载北京地理历史的书从来没刻印过,几个抄本亦不全,这是惟一全本。这个抄本既是清初人撰,当然不会早于清代,细查书中玄字、弘字缺末笔,知抄写不早于乾隆间。又书中钤有一印,曰"大兴朱氏竹君藏书之印",前面讲藏书家时提到过,这是大兴人朱筠的藏书章,考朱筠卒于乾隆四十六年,则此本系乾隆间抄本可以确定了。极有可能就是朱筠家抄本,因作者是北京人,书中记的是北京史地,而朱筠也是北京人,收集乡邦文献是绝大部分藏书家都留意的。

(十二)类比法

甲书年代已定、乙书字体版式风格全同,可定为同时所刻。青铜器研究中有所谓"标准器",与此略同。例如明代刘纯著有《杂病治例》一卷、《伤寒治例》一卷。《四库全书总目》著录二书,均云"成化己亥萧谦刻本"。国图有《伤寒治例》明刻本,辽宁中医学院有《杂病治例》旧刻本。余以二书对照,发现字体版式全同,均题"吴陵刘纯宗厚编辑,长安萧谦子豫校正",半页十一行,行十八字,黑口,四周双边。前有成化己亥萧谦序。北图本定为明刻,则辽宁中医学院本亦明刻无疑。从本书版式、萧谦序及卷端题萧谦校正来看,应即《四库全书总目》所谓"成化己亥萧谦刻本"。《中国版刻图录》著录的金刻本,大都是从风格上类比出来的。例如《南丰曾子固先生集》北图藏本,过去定为宋刻,赵万里先生发现此本与潘祖荫家藏金刻《云斋广录》版式字体行款相同,于是定为金刻本。看字体、版式实际都是类比法,同一时代同一地区刻书版式字体风格相似,可以类比。这种方法利用得好不好,往往取决于经验是否丰富,属于版本鉴别中稍感玄妙的一种方法。

（十三）查著录

当你面对一部弄不清刊刻年代的书时，可先查一下以前到底有过哪些刻本，那些刻本各有什么特征，诸如行款、版式、刻工、讳字、牌记、序跋、校阅人等等，看这个本子与以前哪个本子接近，这样可以帮助我们排除许多可能，找到较接近的答案，从而进一步参考其他证据确定刊刻时代、地域及刊刻人。例如前面说日本九州帝国大学藏《甲子会纪》，明薛应旂著，《中国古籍善本书目》记载有两个刻本：一是明嘉靖三十七年玄津草堂刻本，一是明陈仁锡刻本。九州帝国大学本题"史官长洲陈仁锡评阅"，那你应当首先考虑这是陈仁锡刻本。再查陈仁锡生活的年代及科第，即可大体确定其刊刻时代为明天启崇祯间。又如《通鉴总类》，《天禄琳琅书目》前后编均屡次著录，从中可以了解到该书在宋代有潮阳初刻，在元至正间有平江重刻。知道这些背景，才能对刻工"平江张俊"有特殊感觉，把它与元刻联系起来。版本学和目录学密不可分，原因就在于此。

（十四）求旁证

从要鉴别的版本本身找证据，可谓之"本证"或"内证"，行款版式、字体墨色、序跋牌记、装潢纸张、避讳刻工、收藏印记等，都属于内证。当内证不能解决问题，或者不能完全解决问题时，旁证最见功夫。这里举二例。

一是傅氏"双鉴"之一的宋宫廷写本《洪范政鉴》。当傅氏从完颜景贤得到此书后，对该书本身特征有这样的描述："朱丝栏，左右细线，无边栏。半叶九行，每行十七字。树、竖、顼、玮、桓、構、雏、殻、慎，皆为字不成，敦字不缺笔，审为孝宗时重缮本。前有康定元年七月御制序，每卷首有'内府文玺'（泽逊按：府当作殿）、'御府图书'印，卷尾有'缉熙殿书籍印'，皆宋代内府所钤朱文大印。……笔法清劲，有唐人写经风格。桑皮玉版，厚如梵夹，蝶装旧式，凡十二册。"傅氏从栏格、行款、避讳、印鉴、书法、纸张、装潢等方面审定为宋孝宗时重抄本。这些内证应当说已比较充分。但只能证明该书为南宋宫廷收藏，不能证明为何方所写。这是民国十七年戊辰傅氏鉴定的成果，写成了跋文。

过了十年，即民国二十七年戊寅，傅氏从清人徐松所辑《宋会要辑稿》中发现了旁证，使鉴定工作得到圆满解决。于是又作一跋云："前跋作于戊辰之春,以属稿仓卒,未遑博稽。嗣校印徐星伯《宋会要》辑本,于其中搜得二证焉。一曰:建炎三年三月二日,行在太史局合要各书,下诏访求,内有《洪范政鉴》十三册(傅氏注:三当为二字之误)。见《永乐大典》一万九千七百七十八卷。一曰:淳熙'十三年二月八日,令秘阁缮写《洪范政鉴》一本进纳'。见《永乐大典》一万一千九百四十四卷。以此观之,建炎时既下诏访求,至淳熙时,必已求得遗本,故令秘阁重缮进御。今考本书,避帝讳至'慎'字止,是此本为淳熙秘阁缮进之原帙,固彰彰甚明矣。"(《藏园群书题记》)

　　如果没有徐松从《永乐大典》中辑出《宋会要》这两条史料,恐怕无法确认为"淳熙秘阁缮进之原帙"。而这两条旁证的获得,去第一次作跋竟历十年之久,并且不无偶然性。可见,旁证之求,殊为不易。当然,如果没有该书独具的宋代宫廷藏书的特征,以及避讳字的密合,仍不能得出"彰彰甚明"的结论。内外证据的严密结合,是何等重要!

　　第二个例子是清人王筠的《说文解字句读》三十卷。这是一部普通常见的清刻本。这部书先有王氏自刻本,后有光绪八年四川尊经书局重刻本。二本行款相同,但卷端题名不同。初刻本题:"汉太尉南阁祭酒许氏记,安丘王筠撰集,相国寿阳祁春浦夫子鉴定,益都陈山嵋、晋江陈庆镛订正,博山蒋其崘书篆。"光绪八年重刻本仅题"汉太尉南阁祭酒许氏记,安丘王筠撰集",其余均删去,所以空隙较大。光绪本卷前封面刻"提督四川学政詹事府正詹事余姚朱逌然重刊",又有牌记:"光绪壬午秋八月开雕,四川尊经书局藏板。"所以光绪本容易判定。而初刻本就不好办,前面有道光庚戌(三十年)四月安丘王筠序,又凡例,均未言刻书事。《贩书偶记》著录为"道光庚戌刊",是以作序年为刻书年,不太可靠。傅增湘《藏园订补邵亭知见传本书目》著录两个版本:一"道光庚戌刊",一"同治四年刊《安丘王氏说文三种》本"。所谓同治四年刊,是因为同治四年王筠之子彦侗曾将《说文释例》、《说文句读》呈请御览,奉旨下南书房覆阅。当时潘祖荫参加了南书房覆阅,所以王彦侗离京时请潘祖荫作了篇序,序末署"同治四年太岁在乙丑五月吴潘祖荫"。由此,王彦侗刷印此书时加了龙纹封面,中刻"御览说文句读",右刻"同治四年二月二十二日由礼部进呈",左刻"同知衔附贡生王彦侗恭缮"。其实仍是原版。道光本、同治本仍是一刻。问题是,究竟何年所刻,仍无依据。王氏在刻成《说文句读》之后,曾加补正,由其子王彦侗付刻。王筠在《说文句读补正》末有附记:"咸丰四年八月覆阅之,至十月秒而毕,凡所删改增益约数百事。将别勒为一册,刻为《补正》。十一月初三冬至记。"又其子彦侗附识:"是时先大人已病,犹日抄别册不释,至第六卷遂成绝笔,十二月初九日疾革。彦侗以是册宜付梓为请,然之。遂卒。痛哉。用是敬遵遗命,与孙玉山先生蓝田校而梓之。九年七月男彦侗谨识。"据此,则《补正》刊成于咸丰九年,《句读》刊成当在咸丰四年八月以前。道光三十年为道光最后一年,这年自序,那么付刻应在稍后。因此,《中国古籍善本书目》著录《说文句读》三十卷《句读补正》三十卷,作"清咸丰王彦侗刻本",基本符合事实,而仍无刻书年份、地点。刻书人王彦侗,事实上也只有《补正》是明确的。要弄清《说文句读》付刊时间、地点,只有求诸旁证。考郑时《王菉友先生著述考》(附屈万里、郑时辑《清诒堂文集》后)引王彦侗《菉友府君行述》云:"咸丰二年六月,以历年征刻完全,复调署曲沃。先是,府君积所入俸金刻《文字蒙求》一卷、《说文释例》二十卷,续刻《补正》附各卷之后。及是,《说文句读》成,曲沃之荐绅如张君子特、崔君绍闻、张君鹤书、王君思耀、苏君廷绅辈,皆慕府君之学,怂恿邑人,争助以资,毕工以书偿之。"再细核原书各卷之末,有校者名氏:"曲沃苏仰伊校"、"曲沃韩锡龄校"、"曲沃许淋校"、"曲沃张鹤书校"、"曲沃苏廷绅校"、"曲沃边钜贤校"、"曲沃裴骅校"、"曲沃受业苏廷直校"、"曲沃崔绍闻校"、"曲沃郭瀚校"、"曲沃王恩照校"、"曲沃受业卫天鹏校"、"曲沃受业张凤梧校"、"翼城焦腾凤校"、"乡宁郑晋泰校"。与王彦侗《行述》正相吻合,知即咸丰二年曲沃刻本无疑。这样,《说文句读》的刊刻年份、地点及出资者曲沃士绅,均得弄明。由此可知,《贩书偶记》、《藏园订补邵亭知见传本书目》著录均误。《中国古籍善本书目》的著录应改为:"清咸丰二年曲沃刻咸丰九年王彦侗补刻本。"这个例子再次证明,内证与旁证必须密切配合,才能得出正确结论。

明代有些地方官喜欢刻书,往往在序言中说自己或者自己的上司履任一年,政清人和,爱刻某书。遇到这类情况可查当地的地方志,看职官表中该官在任年限,即可得知其刻书年份。或者序中言及上司,不敢直呼其名,也要通过地方志职官表看其间是何人任职。这样就可确认刻书人姓名与刻书年月了。总之,旁证很重要,而求之殊难,需要对古代文献有较深较广的认识,查来得心应手,方可左右逢源。

（十五）对书影

同一部书的不同版本，应相互对比，不能对比原书则应对比书影。对比结果，经常会发现，以往认为是不同版本的，其实是同版的不同印本。上面说的《说文句读》同治四年刻本，实际是咸丰二年曲沃刻本的同治四年印本。这里再举一例。《读书敏求记》，清钱曾撰，是版本目录学名著。《中国古籍善本书目》著录有"清雍正四年赵孟升松雪斋刻本"、"清雍正六年濮梁延古堂刻本"、"清乾隆十年沈尚杰双桂草堂刻本"，显然是作为三种版本对待。但经把三种版本相互对比，可以发现实为一版。造成这一结果的原因，是雍正六年濮梁序称："惜此编未克流传，爰付诸梨枣，以公同志。"俨然自刻，而只字不提雍正四年赵孟升刻版事。乾隆十年沈尚杰序亦明确声称："因举吴兴赵氏之本，重加校雠，付诸剞劂。"俨然是据赵孟升本重刻。其实都是用雍正四年赵孟升刻版刷印，他们的不诚实的序言，为后人带来了错误的认识。这种错误要得到纠正，惟一的方法是将同一部书的不同版本相互核对。《中国古籍善本书目》虽然还存在类似《读书敏求记》的问题，但是，通过十几年间编撰《中国古籍善本书目》，各馆版本相互核对书影，发现并订正的此类错误不胜枚举。鉴别同一书的不同版本，对照各本书影可以说是简单易行的高招。

以上从十五个方面介绍版本鉴定的方法，仍不能说是全面。在实践中应把这些方法配合使用，综合考虑，才能避免一些错误，得出正确的鉴定结果。

这十五种方法仍然是为了确定版本的年代，主要是为确定版本的文物价值考虑的。至于前面讲善本的界义时所谈的版本的学术价值，即错误少、注释精，也是鉴别的重要任务，这一任务的完成，则有赖于校勘和注释的本领。

第六章　文献的校勘

一、文献讹误的类型及校勘的目的

（一）文献错讹的类型

文献经过传抄、刻印、排印等，都会出现错误，主要的错误类型有：

1. **讹**。即文字错误。

段玉裁《戴东原先生年谱》："先生言：《水经注》'水流松果之山'，钟伯敬本'山'讹作'上'，遂连圈之，以为妙景，其可笑如此。'松果之山'见《山海经》。"

这里戴震说的钟伯敬本《水经注》应指明崇祯二年刻《水经注》四十卷。这个本子前有崇祯二年己巳谭元春《刻水经注批点叙》，说是自己与亡友钟伯敬及蜀人朱无易评点，武林严忍公等刊刻行世。又有《水经注笺评姓氏》，列"南州朱谋㙔郁仪、蜀郡朱之臣无易、景陵钟惺伯敬、谭元春友夏"四人，可知这个三人评点本是以明代朱谋㙔《水经注笺》为底本进行评点的。他们的评点注重文学成就，所以钟惺看见"水出松果之上"的话，认为很有意境，就在每个字旁加上了圈。根据王国维校，"上"字《永乐大典》本、明抄本均作"山"，松果山是山名，戴震指出见于《山海经》。如果作"水出松果之山"，就是一句平平常常的话，用不着连圈之了，可见，钟惺不知道"松果"是山名，更看不出"上"字是"山"字之误，估计把"松果"理解成"松树之果"，水从松果上流下来，确是很美的描景语言。

这个例子确实说明钟惺因为一个错字而误解《水经注》，但我们还应当明白，这个错字不始于钟惺，在朱谋㙔《水经注笺》中已是错误的，钟惺不过是以讹传讹。同时，段玉裁转述的"水流松果之上"，"流"字应是"出"字之误，也不够准确。"出"表示发源。我们在读书时应弄清本源，不可照抄二手资料。否则以讹传讹，错上加错，害人害己，就太不应当了。

2. **脱**。脱文，也叫夺文。即漏掉文字。

《史记·吴太伯世家》："吴太伯、太伯弟仲雍，皆周太王之子，而王季历之兄也。季历贤，而有圣子昌。太王欲立季历以及昌。于是太伯、仲雍二人乃奔荆蛮，文身断发，示不可用，以避季历。季历果立，是为王季。而昌为文王。太伯之奔荆蛮，自号句吴，荆蛮义之，从而归之千余家，立为吴太伯。太伯卒，无子，弟仲雍立，是为吴仲雍。仲雍卒，子季简立。季简卒，子叔达立。叔达卒，子周章立。是时周武王克殷，求太伯、仲雍之后，得周章。周章已君吴，因而封之。乃封周章弟虞仲于周之北故夏墟，是为虞仲。"

这段关于周民族早期历史的资料，为不少人所熟知。日本大阪杏雨书屋藏南宋绍兴十年邵武朱中奉宅刻《史记》（集解），脱去"之子，而王季历之兄也。季历贤，而有圣子昌。太王"共十九字（参水泽利忠《史记会注考证校补》）。而南宋庆元建安黄善夫刻《史记》（集解、索隐、正义），脱去"伯、仲雍之后，得周章。周章已君吴，因而封之。乃"共十八字，元彭寅翁刻本、明嘉靖王延喆刻本亦脱此十八字（参张元济《史记校勘记》）。朱中奉本傅增湘《藏园群书经眼录》著录，云："此本铁画银钩，字体雕工与瞿氏藏《周易》相类，是南渡初建本之精者。"黄善夫本亦藏日本，商务印书馆《百衲本二十四史》据以影印。傅增湘《经眼录》亦著录云："是书精雕初印，棱角峭厉，是建本之最精者。"傅氏对这两个宋建本的赞美基本上是从鉴赏角度出发的。至于文字校勘，则粗疏已甚，殊非善本。

商务印书馆张元济影印《百衲本二十四史》时，因黄善夫本为传世三家注合刻第一本，且中土久佚，故选为影印底本。我国所缺，从日本借印补齐。当时通过校勘，发现南宋黄善夫本脱此十八字，为了使文字完整可读，张元济在影印时请专门人才照宋本字体补上了这十八个字，所以《百衲本二十四史》中的《史记》就不缺这十八个字了。按照"不讹不缺"的善本标准来衡量，商务影印本较其底本更符合善本标准。当然影印古籍而进行这样的补充改正，有伤原本面貌，如果用校勘记的方式加以说明而不改原书，也许会更好一些。

3. 衍。衍文就是多余的字，由后人传写传刻中不小心混入或者重复而造成，也有无知者擅自补入而造成的。

南宋黄善夫刻《史记·司马相如列传》正文："未就，请具而奏之，相如以为列仙之传居山泽间。"注文："索隐曰：案：传者，谓相传以列仙居山泽间，音持全反。小颜及刘氏并作儒。读云：儒，柔，术士之称。非也。"这段正文十九字、注文三十八字，共五十七字，黄善夫本重复出现。又同上《龟策列传》："此横吉上柱足胕内自举外自垂，以卜病者，卜日不死，其一日乃死。"这二十六字也重复，都是坊刻本不重视校勘而留下的衍文，这种无意造成的衍文较易发现。

有些衍文则为害较大，例如《太平御览》卷六百二十《治道部》："孙卿子曰：君，舟也。庶人，水也。水能行舟，亦能覆舟。"又曰："君者，义也。……源清则流清，源浊则流浊。〇鬼谷子曰：事圣君，有听从，无谏争。事中君，有谏诤，无谄谀。事暴君，有补削，无矫拂。"清嘉庆十年秦恩复石研斋刻《鬼谷子》是有名的善本，因为书中无《御览》所引《鬼谷子》这段话，于是附于书后，作为佚文。清末孙诒让指出："此《荀子》语，《御览》误。"（见孙诒让手批《鬼谷子》）按：此语见《荀子·臣道》。根据《太平御览》的体例，"鬼谷子曰"应作"又曰"，这样就与上面"孙卿子曰"连为一体，不会有这个误会。"鬼谷子"三字当是编辑或刊刻时误入的，属于衍文。如果我们用这段话研究鬼谷子的思想，那就会得出不合实际的结论。这样的衍文不易发现，我们对待那些传世典籍的"佚文"或者已佚典籍的辑本，应格外谨慎。

4. 倒。即文字颠倒。

《史记·司马相如列传》："相如与（卓文君）俱之临邛，尽卖其车骑，买一酒舍酤酒，而令文君当炉。相如身自著犊鼻裈，与保庸杂作，涤器于市中。""犊鼻裈"，三国吴韦昭注："今三尺布作，形如犊鼻。"南宋黄善夫本、元彭寅翁本、明万历凌稚隆刻《史记评林》本均脱"布"，作"今三尺作"。商务印书馆影印黄善夫本《史记》时，根据武英殿本补入一"布"字，但不小心补错了位，补在"作"字下，成了"今三尺作布"，这就造成"作布"两字互倒。又《新唐书·虞世南传》中华书局标点本："与兄世基同受学于吴顾野王余十年。""余十年"不通，《旧唐书》作"十余年"，是。这也属于倒文的例子。

5. 错乱。一段文字乱了次序。

清惠栋《松崖笔记》卷二《仁》:"《春秋元命苞》曰:仁者情志,好生爱人,故其为人以其人,立字二为仁。仁人,言不专于己,念施与也。"

这段话虽勉强可以断开句子,但文义不通。商务印书馆影印宋刻《太平御览》卷三百六十《人事部》载有此段文字:"《春秋元命苞》曰:'仁者情志,好生爱人。故其为仁以人,其立字二人为仁。'注:'二人,言不专于己,念施与也。'"

我们可以发现《御览》文义畅达,应是惠栋《松崖笔记》的来源。但惠栋的时代看不到宋版《御览》,所据者非善本,至有错乱多处,文字不可句读。细绎其误有四:(1)讹文:"其为仁"讹作"其为人"。"二人"误作"仁人"。(2)脱文:"二人为仁"脱"人"字。(3)倒文:"其人"当作"人其"。(4)注文误入正文。这样一段仅有三十二字的文字,发生如此多错乱,怎么还能读得懂呢?

古书错误非常之多,对读者正确理解文义产生了很大影响,同时,先民的文化遗产亦得不到准确记录,这显然是令人不能无动于衷的事。所以古书必须校勘。

(二)校勘的目的

校勘古书的目的是恢复古书原貌,正本清源。我们从事校勘工作,最大的忌讳是替古人修改文章。文章无论好不好,那是古人原样,我们的目的是保护古书原样,这是必须明确的。

二、校勘应具备什么条件

(一)主观条件

校书者必须具备读懂古书的能力,否则强不知以为知,妄改古书,只能错上加错。要读懂古书,首先要精通古代语言文字,包括文字、音韵、训诂、文法。其次要具备古代文化知识,诸如天文、历法、地理沿革、职官制度、风俗习惯(例如避讳)等。第三要懂得古书的行文习惯,一般古书是繁体字竖写,自右至左,大字单行写正文,小字双行写注文,遇到当朝帝王相关的语句要抬头(提行)等等。

关于语言文字和文化知识,容易理解。关于第三条,举一个例子:

　　《四库全书总目》卷七十八《南夷书》提要："是编乃永乐四年缅甸宣慰使那罗塔劫杀孟养宣慰使刁查及思栾发而据其地。"

　　《南夷书》传本很少,中国国家图书馆有明抄本,即当年四库馆臣所见之本。检书中所记,"刁查"作"刀木旦",书末附有四库馆臣程晋芳所拟提要原稿,亦作"刀木旦",知"刁查"为"刀木旦"之误。"木旦"为什么会误为"查"?那是因为古书竖写,"木"字在"旦"字之上,写得紧了,就成为一个"查"字了。明白古书竖写的习惯就容易理解这种错误了。至于刀误为刁,则是形近所致。

　　古人有自作正文自作注的,也有他人作注的,在传写过程中,注文与正文极容易混在一起,因为古书的注释采取的是夹注的方式,区别在于注释是双行小字。我们今天把注文单独列于一段或一篇之后,就不容易与正文混淆了。上面举的惠栋《松崖笔记》引《春秋元命苞》之文,就是注文混入了正文。《水经注》因为正文与注文相混,曾经清初大学者全祖望、赵一清、戴震等用多年精力加以校勘,区别正文与注文。基本解决了经、注混淆的问题。

　　所以我们除了通晓古代语言文字、文化知识之外,还应当熟悉古人行文的习惯。

(二)广求异本

　　校书必广求异本,尤其必须广求古本。傅增湘《校史随笔序》:"窃惟史籍浩繁,号为难治,近代鸿著,无如王氏《商榷》、钱氏《考异》、赵氏《劄记》。三君皆当代硕儒,竭毕生之力以成此书。其考辨精深,征引翔实,足为读史之津寄。然于疑误夺失之处,或取证本书,或旁稽他籍,咸能推断以识其乖违,终难奋笔以显为刊正。则以未获多见旧本,无所取证也。第旧本难致,自昔已然。钱氏晓征,博极群书,然观其《旧唐书考异》,言关内道地理,于今本多所致疑,似于闻人诠本未全寓目。明刻如此,遑论宋元。更以近事言之,合州张石卿,亦吾蜀好学之士,尝侈言欲重勘全史,持书遍谒胜流。共和之初,遇之海上,告以欲校古书,宜先求善本,否则,劳而鲜获,壮志难酬。石卿不喻斯旨,矻矻廿年,取材之书不越殿本、局刊,再上汲古、北监而止。年逾七十,于迁史始见震泽王氏本。身后以遗稿见托,则疏失孔多,未堪问世。追惟往事,深足矜怜。可知校勘之事,良未易言。博求广览,得所据依,斯可循流以溯源,庶免冥途而暗索也。"

　　傅增湘着重讨论了校书必广求异本,尤其要搜集古刻善本。清乾嘉学派考据学代表人物——王鸣盛、钱大昕、赵翼虽然有能力广征博引,证明史书讹误不通之处,但终不敢因而改正史文。什么原因呢?因为他们没有见到古刻善本作为直接证据。这里举二例:

　　《旧唐书·地理志》关内道凤翔府:"改雍州为凤翔县。"钱大昕《考异》谓"州"字衍。因为上文明确指出"凤翔府,隋扶风郡,武德元年改为岐州,领雍、陈仓、郿、虢、岐山、凤泉等六县,又割雍等三县置围川县。"知雍是县无疑。当时另有雍州,地在今西安,不是一个地方。钱大昕的判断当然是有根据的。其实明嘉靖闻人诠本作"雍县",那就完全正确了。这就是说不是钱大昕所判断的衍"州"字,而是"县"字误作"州"字。如果出校记,应作"州字乃县字之讹"或"州字当作县"。

　　又河南道河南府:"领洛、郑、熊、谷、嵩、管、伊、汝、管九州。"(武英殿本如此)钱大昕《考异》谓两"管"字必有一误。其实闻人诠刻本作"洛、郑、熊、谷、嵩、管、伊、汝、鲁九州",后一"管"乃"鲁"之误。由此可见,考证虽然能发现古书讹误,但很难据以改正古书,只有根据旧刻善本,才能更准确地判定错误,并加以改正。

(三)广求相关资料

　　凡校某书,应对所校古书的相关材料进行调查,达到相当程度,以便校勘时随时参证。例如校《汉书》可利用《史记》的西汉部分,校《后汉书》可利用《三国志》中相关的部分,校《晋书》可利用《三国志》中相关的部分,校《南史》应利用《宋书》、《南齐书》、《梁书》、《陈书》,校《北史》应利用《魏书》、《北齐书》、《周书》、《隋书》,校《旧唐书》应利用《新唐书》,校《新唐书》要利用《旧唐书》,校《宋史》要利用《辽史》、《金史》及《元史》相关部分。他如《建康实录》与南朝各史,《册府元龟》、《太平御览》、《资治通鉴》与各史,关系都十分密切。陈垣先生校《元典章》,《元史》就成为最重要的参校资料。又点校本《旧唐书》,其中《地理志》有《旧唐书》各本均误,而据《元和郡县图志》、《通典》、《太平寰宇记》改正的例子多处。例如《地理志》一朔方节度使:"西受降城,在丰州北黄河外八千里。"八千里,各本同。《元和郡县图志》卷四云:"西受降城,在丰州西北八十里,盖汉朔方郡地,临河县故理处,开元初为河水所坏,至开元十年总管张说于故城东别置新城,今城西南隅又为河水所坏。"从最简单的事理来推断,如果西受降城在黄河外八千里,是无论如何不会被黄河屡次冲毁的,显然是八十里。所以标点本根据《元和郡县图志》改"八千"为"八十"。如果没有这个证据,则明知其误亦无从更正。

(四)精研所校之书

凡校一书,应对该书反复阅读研究,熟习内容和行文规律,以便前后互证。

例如清乾隆武英殿刻本《后汉书·郭太传》说郭太(名泰,字林宗。因范晔父名泰,所以改作郭太,传中只称郭林宗)"性明知人","其奖拔士人,皆如所鉴"。在"皆如所鉴"下有唐章怀太子李贤注(双行小字):"《谢承书》曰:泰之所名,人品乃定,先言后验,众皆服之。故适陈留则友符伟明,游太学则师仇季智,之陈国则亲魏德公,入汝南则交黄叔度。"紧接这段双行小注,下面又有大字正文一段:

> 初太始至南州,过袁奉高,不宿而去。从叔度,累日不去。或以问太。太曰:"奉高之器,譬之(泛)[氿]滥,虽清而易挹。叔度之器,汪汪若千顷之陂,澄之不清,扰之不浊,不可量也。"已而果然。太以是名闻天下。

钱大昕读到这里,认为"词句不伦",提出四条疑点:"蔚宗避其父名,篇中前后皆称林宗,即他传亦然,此独书其名,一疑也。且其事已载《黄宪传》,不当重出,二疑也。叔度书字而不书姓,三疑也。前云'于是名震京师',此又云'以是名闻天下',词义重沓,四疑也。"(《廿二史考异》)

后来钱大昕见到明嘉靖汪文盛刻本,证实了自己的看法。他说:"后得闽中旧本,乃知此七十四字本章怀注引《谢承书》之文。叔度不书姓者,蒙上'入汝南则交黄叔度'而言也。今本皆换入正文,惟闽本犹不失其旧。闽本系明嘉靖己酉岁按察使周采等校刊,其源出于宋刻,较之他本为善。"(按:闽本系嘉靖汪文盛刻嘉靖二十八年己酉福建按察使周采等重修本,非周采刻。钱说不确。)

这条注文混为正文的错误,宋绍兴两浙东路茶盐司本亦不误。元大德九年宁国路儒学刻本、明北京国子监刻本、汲古阁刻本、清武英殿刻本均误为正文(参张元济《后汉书校勘记》)。

假使钱大昕对《后汉书》不精熟,这样的错误极难发现。即使他有机会见到宋本、闽本,用来校元本、北监本、汲古阁本、武英殿本,发现这里有不同，判定是非，仍需要对《后汉书》十分熟悉。

中华书局标点本是根据商务印书馆影印宋绍兴本标点的，已将这段混入正文的注文放回注文当中，并出校记云："此注文七十四字，汲本、殿本皆搀入正文，明嘉靖汪文盛刻本不误，闽本亦不误。闽本盖据汪文盛本翻刻也。"这段校记显然承用了钱大昕的成果，但埋没了钱大昕的名字。校记中把汪文盛本与闽本误作两个版本，其实是一个版本，汪文盛刊版，周采修版刷印。

三、校书的主要方法

陈垣先生《元典章校补释例》总结出校法四例，即对校法、他校法、本校法、理校法，甚为简括。今略予变通，改理校法为综合考证法，并更换其例证，以求贴切易懂。

（一）对校法

假如一部书传世的本子不止一个，那就应对不同的本子进行对校。对于印本来说，同一版印出多份，传世再多，也只是一种版本，自然无须对校。如果同一版，中间经过修版补版，前后刷印的本子就有差距，初印本与后印本究竟有什么不同，也要经过校勘才能明白。

对校的方法，刘向校书时就大量采用了。《文选·魏都赋》李善注："《风俗通》曰：案刘向《别录》'雠校'，一人读书，校其上下，得缪误，为校。一人持本，一人读书，若怨家相对，[故曰雠也]。"《御览》卷六百十八："刘向《别传》曰：雠校者，一人持本，一人读析，若怨家相对，故曰雠也。"《文选注》无"故曰雠也"四字，据《御览》，当有此四字，文义方完。

根据上面的史料可以发现，不同本子对校，是由两人进行的，一个人拿着书本，另一个人读，遇有异文就标示出来。这种方法清代仍有用之者。张尔岐《仪礼郑注句读》目录后有乾隆八年济阳高廷枢刻书识语云："详细对阅，胥借力于男之玴、侄之璇。盖若辈亦曾手录过也。既敷于板，又命侄之玫、之璐对勘，而后交工。每刻一页，刷印数纸，玴、璇两人对面唱答，一点一画，不许轻易放过。"这就是过去称校勘为"雠对"、"雠勘"、"雠校"的来历。

我们在进行对校时,不一定要两人对唱。一个人也可以对校。把两个本子摊在桌子上,一个作为工作底本,遇有两本异处,就把异文统统记在工作底本上,让人看到你的校本,就像看到另一个本子一样。这种工夫叫作"死校"。在过去,没有复制技术,你有一个通行易得的本子,人家有一个宋刻本,十分难得,怎么办? 借来对一遍,把所有不同之处用红笔记在自己的本子上,包括某处至某处为一行,某处抬头,某字因避宋讳缺一笔等,都要记下,这样等于有了一个宋本,过去称这种用宋本死校过的本子为"校宋本"。同样,用元本校过的称"校元本",用旧抄本校过的叫"校旧抄本"。如果宋本、元本、旧抄本因难以预料的原因失传了,那么校宋本、校元本、校旧抄本就保存了可贵的旧刻、旧抄的面貌。清代陆贻典、毛晋父子、黄丕烈、顾千里等都做过大量这样的死校工作,他们的校本后来被学者们奉为名贵的善本,原因之一在于保存了古本面目。《四部丛刊》中有毛扆校宋本《鲍氏集》十卷,其底本为明正德五年朱应登刻本,毛扆用宋本朱笔校,凡遇文字不同,直接用朱笔改过,行款用朱笔勾出,属于典型的校宋本,《四部丛刊》影印时,仍用朱墨两色,可供我们观摩。

假如异本不多,可以逐一对校。假如异本较多,则不可能逐一对校,那就要先弄清版本系统。

考究版本系统仍要先将各种印本进行重新鉴定,依时代排出先后顺序。然后细细审阅序跋,许多序跋对于刻书底本都有交待。例如清同治间五局合刻本《二十四史》,大都依据毛氏汲古阁刻《十七史》重刻,就没有太大校勘价值。金陵书局刻《史记》经张文虎等精校,则有较高的校勘价值,与局刻本他史有所不同。

通过研究序跋可将版本分为若干组,每一组有一个祖本,其余是根据祖本重刻的本子。

如果序跋没有说明底本来源,则应通过与他本对校,弄清各本之间的关系,弄清哪些版本关系较近(即异文最少)。你会发现,同一系统的版本,连稀奇古怪的错误都往往一样,一脉相沿。这种校应当死校,一丝不苟,当然只校一两卷即可解决问题,不必再通校全书。

分出系统后,每个系统依据时代先后找出祖本,这样,通校的工夫可限于祖本与祖本之间。其余从祖本衍生的本子则作为参校本。所谓参校本,就是在有分歧处参考一下,就不再作一字一句、一点一画的通校工夫了。张元济校《史记》,就以南宋黄善夫本与清武英殿本通校,其余清刘喜海藏百衲宋本、明末毛氏汲古阁刻单索隐本、刘承干影刻宋本、明嘉靖震泽王延喆刻本则作为参校本。周祖谟先生校《洛阳伽蓝记》，其卷前《叙例》首条对版本源流有精彩的分析：

> 《洛阳伽蓝记》之刻本至多，有明刻本及清刻本。明刻本主要有三种：一、如隐堂本，二、吴琯《古今逸史》本，三、毛氏汲古阁所刻《津逮秘书》本。如隐本不知何人所雕，板刻似出于嘉靖间（赵万里先生谓此书盖长洲人陆采所刻）。《逸史》本则为万历间所刻也。二者来源不同，文字有异。《津逮》本刊于崇祯间，据毛斧季言，原从如隐本出，而有改窜。盖据《逸史》本校改者。至于清代刻本，则有四种：一、乾隆间王谟辑校之《汉魏丛书》本。二、嘉庆间张海鹏所刊《学津讨原》本。三、嘉庆吴自忠《真意堂丛书》活字本。四、道光吴若准《洛阳伽蓝记集证》本。考《汉魏》本乃出自《逸史》本。《学津》本即据《津逮》本翻雕，而小有更易。真意堂本则又参取《津逮》、《汉魏》两本以成者。至于吴氏《集证》本，虽云出自如隐，然亦略有删改，凡别本有异者，均于《集证》中详之。综是而言，《伽蓝记》之传本虽多，惟如隐堂本及《古今逸史》本为古，后传刻《伽蓝记》者，皆不出此两本。故二者殆为后日一切刻本之祖也。校《伽蓝记》自当以此二者为主，如振裘挈领，余皆怡然理顺。苟侈陈众本，而不得其要，则览者瞀乱，劳而少功矣。

在总结版本系统时，除研究序跋，校对异同外，还应尽量参考前人成果。前人成果一般表现在目录题跋中，重要的书目题跋如清于敏中等《天禄琳琅书目》及彭元瑞等《后编》、张金吾《爱日精庐藏书志》、吴寿旸《拜经楼藏书题跋记》、周中孚《郑堂读书记》、黄丕烈《荛圃藏书题识》、孙星衍《平津馆鉴藏书籍记》、陆心源《皕宋楼藏书志》、《仪顾堂题跋》、瞿镛《铁琴铜剑楼藏书目录》、杨绍和《楹书隅录》、丁丙《善本书室藏书志》、缪荃孙《艺风堂藏书记》、傅增湘《藏园群书经眼录》、《藏园群书题记》、邵懿辰《四库简明目录标注》、莫友芝《邵亭知见传本书目》、傅增湘《藏园订补邵亭知见传本书目》、王重民《中国善本书提要》、赵万里、冀淑英《中国版刻图录》、张元济《涉园序跋集录》、昌彼得《蟫庵群书题识》等，对我们了解古书版刻源流优劣都有重要帮助。

总之弄清版本源流十分重要，可以执简驭繁，得其要领。

古书的讹误通过对校容易被发现，例如《旧唐书》传一百四十六《李白传》明嘉靖闻人诠刻本：

> 天宝初，客游会稽，与道士吴筠隐于剡中。既嗜酒，日与饮徒醉
> 于酒肆。

南宋绍兴两浙东路茶盐司刻本作：

> 天宝初，客游会稽，与道士吴筠隐于剡中。既而玄宗召筠赴京
> 师，筠荐之于朝。遣使召之，与筠俱待诏翰林。白既嗜酒，日与饮徒
> 醉于酒肆。

张元济先生以宋本校明闻人诠本，因而发现闻人诠本脱二十六字，这二十六个字牵涉到李白生平中的大事，非常重要。如不对校，就无法发现这二十六字脱文，因为闻人诠刻本仍然可以读得通。清乾隆武英殿刻本，据沈德潜序称"合之《新书》以核其异同，征之《通鉴》、《纲目》以审其裁制，博求之《通典》、《通志》、《通考》与夫《英华》、《文粹》诸书，以广其参订"，做了很多考证校订工作，但这二十六字脱文却没有发现，一仍闻人诠本之旧。由此可见，获得古刻旧钞精善之本进行对校，是校勘古籍最重要、最基本的方法，校书应从版本对校入手。

（二）他校法

陈垣《元典章校补释例·校法四例》："他校法者，以他书校本书。凡其书有采自前人者，可以前人之书校之。有为后人所引用者，可以后人之书校之。其史料有为同时之书所并载者，可以同时之书校之。此等校法，范围较广，用力较劳，而有时非此不能证明其讹误。"

这其实也算得上一种对校，不过不是全书对校，而是片段对校。无论他书引本书，或本书引他书，这些语句都仍是出于这一部书，所以仍属于对校。

我们先举两个极简单的例子：

张元济《校史随笔·旧唐书》："《传》第一百四十六《李白传》。"我们查《旧唐书》传第一百四十六，是《吐蕃传》，不是《李白传》。再查，《李白传》在卷一百四十下，知"六"乃"下"之误。这属于本书引他书，我们拿他书来校本书。这个错误从表面不容易看出来，非拿《旧唐书》来核校不能发现。这就是最简单的他校法。

《文献通考·经籍考序》："其有名而忘其书者，十盖五六。"这是说的开元时藏书至北宋欧阳修撰《新唐书·艺文志》时存者仅十分之五六，我

们很容易推测出这段文字来自《新唐书·艺文志序》,拿来一校正是,但是"忘"字作"亡",《文献通考》误作"忘"。这也是他校法的简单例子。

近人刘文典《淮南鸿烈集解》是较权威的《淮南子》校注本,前面有胡适序云:"叔雅治此书,最精严有法,吾知之审,请略言之。唐宋类书征引《淮南王书》最多,而向来校注诸家搜集多未备。陶方琦用力最勤矣,而遗漏尚多。叔雅初从事此书,遍取《书钞》、《治要》、《御览》及《文选注》诸书,凡引及《淮南》原文或许、高旧注者,一字一句,皆采辑无遗。辑成之后,则熟读之,皆使成诵。然后取原书,一一注其所自出。然后比较其文字之同异。其无异文者,则舍之。其文异者,或订其得失,或存而不论。其可推知为许慎注者,则明言之,其疑不能明者,亦存之以俟考。计《御览》一书,已逾千条。《文选注》中亦五六百条。其功力之坚苦如此,宜其成就独多也。"

刘文典的方法即属于他校法,找的是他书引本书的材料。但工作艰苦细致,绝非易事。

王念孙在他校法方面有突出成就。如《荀子·劝学》:"蓬生麻中,不扶而直。"唐孔颖达《尚书·洪范正义》曰:"《荀卿书》云:'蓬生麻中,不扶自直。白沙在涅,与之俱黑。'"宋本及各本《荀子》均无后二句。《大戴礼记·劝学》与《荀子·劝学》极相近,亦仅"蓬生麻中,不扶自直",无下二句。唐杨倞注《荀子》不释后二句,知所见本亦无。但孔颖达引《荀子》有此二句,王念孙《读书杂志》认为这二句是应当有而脱落的文字。王氏说:"此言善恶无常,唯人所习,故白沙在涅与蓬生麻中义正相反。"另外,这四句是古代常用语,《大戴礼记·曾子制言上》:"蓬生麻中,不扶自直。白沙在泥,与之皆黑。"《史记》褚少孙续《三王世家》:"传曰:蓬生麻中,不扶自直。白沙在泥中,与之皆黑。"唐司马贞认为褚少孙所称"传曰"见于《荀卿子》。这说明司马贞所见《荀子》有"白沙"两句。当然,我认为《三王世家》所称"传曰"四句与《大戴礼记·曾子制言》同(唯衍一"中"字),当出《大戴礼记》。《大戴礼记·曾子制言》和《史记》褚少孙续《三王世家》属于旁证,而孔颖达引《荀子》则是直接证据。由此可以断定《荀子·劝学》中原有"白沙在涅,与之俱黑"八个字,唐代开始脱去。近人梁启雄的《荀子简释》已根据王氏主张补入这八个字。朱东润主编《中国历代文学作品选》等文学史选本亦据王念孙的说法加上了这八个字。这八个字没有版本依据,完全只是用他校法发现并补入的。

《战国策·赵策》有一段人所熟知的故事，《触龙说赵太后》。原文："左师触詟愿见太后，太后盛气而揖之。入而徐趋，至而自谢曰……"

王念孙《读书杂志》认为"触詟"应作"触龙言"。其根据有：（1）《史记·赵世家》作"左师触龙言，愿见太后"。（2）《太平御览·人事部》引此策正作"左师触龙言愿见"。（3）《汉书·古今人表》有"左师触龙"。（4）姚宏注云"一本无言字"，说明姚宏本原有言字。（5）《荀子·议兵》注曰："《战国策》，赵有左师触龙。"这些证据中《御览》引文属于直接证据，《荀子注》算变相引用，《古今人表》、《史记·赵世家》算是同一史事互见。姚宏注则可间接归于版本证据。虽然当时没有直接版本证据，这些旁证也比较充足可信了。另外还有"太后盛气而揖之"，王念孙认为"揖"字不通，因为下文说触龙"入而徐趋"，说明这时触龙尚未进来，太后无从揖之。元吴师道指出《史记》作"盛气而胥之"，当是。《史记集解》说"胥犹须也"，等待之义。《太平御览》引此策正作"须之"。

1973年长沙马王堆汉墓出土大量帛书，其中《战国纵横家书》一组，恰有此篇，正作"触龙言"，不作"触詟"。"揖"字作"胥"，与《史记》正同。这就从版本上彻底证明王念孙校勘的成果千真万确。

从以上两例看，他校法要求广泛掌握同类文献资料，包括引文和同一史料互见他书，因而此法很见功力。

（三）本校法

本校法是以本书校本书，在本书内部找证据。要求掌握本书文法文例，韵文掌握韵例。熟读全书。目录与正文可以互校，注文与正文可以互校等等。

先举一个简单的例子：《海宁王静安先生遗书·观堂集林》卷五《史籀篇证序》。据《观堂集林目录》，此篇当作《史籀篇疏证序》，脱"疏"字，可据目录校补。又《遗书》中收有《史籀篇疏证》一卷，亦是本证。

下面再举两个复杂的例子。《庄子·刻意》："故曰圣人休休焉，则平易矣。"俞樾《诸子平议》："按'休焉'二字传写误倒，此本作'故曰圣人休休焉，休则平易矣'。《天道篇》'故帝王圣人休焉，休则虚'，与此文法相似，可据订正。"

《离骚》："乃年岁之未晏兮，时亦犹其未央。"闻一多《楚辞校补》："案：'犹其'二字当互乙。上文'虽九死其犹未悔'、'唯昭质其犹未亏'、

'览余初其犹未悔'、'览察草木其犹未得兮',并作'其犹未'可证。王注曰'然年时亦尚未尽',正以'尚未'释'犹未',是王本未倒。"

闻一多举出《离骚》本文中四个文法一致的句子,又举出王逸注作证据,证明"犹其未央"为"其犹未央","犹未央"即王注"尚未尽",这是本校法的很好例子。从这个例子可以体会到闻一多对《离骚》已烂熟于胸中,故能运用自如,左右采获。

(四)综合考证法

我们上面举出三种方法,为便于讲解,挑选出较为单一的例子,但在实际校勘实践中,则并非如此,往往诸法并用,而且要根据自己的文字音韵训诂以及历史文化知识来判断是非,这叫综合考证。一位合格的校勘学家,其功力可尽见于此法。

例如《荀子·君道》:"人主欲得善射射远中微者,悬贵爵重赏以招致之……欲得善驭速致远者,一日而千里,悬贵爵重赏以招致之。"

王念孙《读书杂志》曰:"'欲得善驭速致远者',元刻世德堂本(泽逊按:当作明嘉靖十二年顾春世德堂刻本)'速'上有'及'字,卢(文弨)从宋本云'俗间本有"及"字'。按:有'及'字者是也。'及速'与'致远'对文。行速则难及,道远则难致,故唯善驭者乃能及速致远,非谓其致远之速也,则不得以'速致远'连读。'善驭及速致远'与'善射射远中微'对文,若无'及'字,则与上文不对,一证也。《王霸篇》云'欲得善射射远中微,则莫若羿、蠭门矣;欲得善驭及速致远,则莫若王良、造父矣',与此文同一例,二证也。《淮南·主术篇》云:'夫载重则马羸,虽造父不能以致远。车轻而马良,虽中工可使追速。''追速致远'即'及速致远',三证也。《群书治要》有及字,四证也。"周祖谟说:"读此文可悟校书之法。"(《语言文史论集·论校勘古书的方法》)这里有对校、他校、本校、旁证、文法等各种手段,可谓精绝。

四、校勘成果的处理及校勘记的写法

校勘前言,必须说明本书有哪些传本,这些传本的源流如何,以何者为底本,何者为校本,何者为参校本。

　　一般说来,底本,应是传本中讹误较少的本子。校本,则是较早的祖本。校本可以是一个,也可以是几个,要根据实际情况来定。

　　底本与工作本不一样,工作本是自己容易弄到的本子,而底本则是各本中讹误较少的本子。因此,初校时应采取死校法,把所有异同都校出来。经过分析后,选定底本,然后把初校结果进行分析处理,处理方法大体有两大派。

　　一是主张所有异同都罗列成校勘记,而原文不予改动,是非判断写在校勘记当中。这种办法可以保证底本的原始面貌,又可以借校勘记了解各种版本面貌,同时对是非判断的意见也可体现于校勘记当中。日本水泽利忠《史记会注考证校补》就是一例。黄焯《经典释文汇校》附于通志堂刻《经典释文》后,周祖谟《尔雅校笺》校勘记附于影印宋刻本《尔雅》后,都不改正文,只出校勘记,是非均在校勘记中讨论。

　　二是选定底本后,对于底本错误予以改正,但在校勘记中说明原作某字,现据什么本子或什么理由予以改正。其余不能肯定是非的异文,也一律写入校勘记中,供人参考。但底本不误,校本误的,就不再入校。目前此法较为通行,以中华书局点校本为代表。这样可以抓住要领,避免校勘记过于繁碎。但很明显,不能兼有第一种方法之长,不能取代第一种方法。

　　我们将采取什么方式,我主张错误要改正,但必须在校勘记中说明。对于主要对校本,因为也属于另一系统的重要代表,应全部罗列异文。对于参校本的异文,则择要写入校勘记。至于有的重要古籍,能够网罗到的稀见本较多,我则主张全部通校,全部罗列异文,这样等于保存了多种版本的面貌,对研究极为方便。两种方法用途不同,不应定于一尊,应根据实际情况来选择。

　　至于校语,一般有以下几种:

　　(1)有版本依据的讹文,可采取如下说法:A.“某字某本作某,是。”B.“某字当依某本作某。”C.“某字原作某,今据某本改。”

　　(2)有版本依据的脱文,可采取以下说法:A.“某下某本有某字,当据补。”B.“某下某本有某字,是也。”C.“某字原脱,今据某本补。”

　　(3)有版本依据的倒文,可采取以下说法:A.“某某二字某本作某某,当据乙。”B.“某某二字某本互乙,是。”C.“某某二字原误倒,今据某本乙正。”

（4）有版本依据的衍文，可采取以下说法：A."某字某本无,当系衍文。"B."某下原有某字,今据某本删。"

（5）有版本依据的错乱,可采取以下说法：A."某某某某几字,某本作某某某某,当据正。"B."某某某某几字原作某某某某,今据某本订正。"

（6）义可两通或不辨是非者,可这样说："某字某本作某。"

（7）据他校所得成果,可采取以下说法：A."某字某书引作某,当据订正。"B."某字原作某,今据某书引改正。"C."某字原脱,今据某书引补。"D."某字下某书引有某字,当据补。"E."某句某书引作某句,又某书引作某句,某字下均有某字,当据补。"F."某某,某书引作某某,当据乙。"等等。

（8）据考证所得结果,应以按语形式出校。如：A."按：某字当作某字。（下举证据）"B."按：某下当有某字。（下举证据）"C."按：某某二字误倒。（下举证据）"D."按：某至某若干字当系注文误入正文。（下举证据）"E."按：某字当系衍文。（下举证据）"

（9）有旧说者可先引旧说,再下按语。如："王念孙曰某当作某……按：宋本正作某,王说是也。"

（10）疑不能决者,可这样表述："某字疑当作某。"

校语一般应简明扼要,不宜冗长。偶有重大是非问题,历来悬案,则须详加考证。

五、校书的态度：多闻阙疑

《论语·为政》："多闻阙疑,慎言其余,则寡尤。"

校书须慎之又慎,万不可强不知以为知,以不误为误,逞臆妄改。宋彭叔夏《文苑英华辨证》自序："叔夏尝闻太师益公（周必大）先生之言曰：校书之法,实事是正,多闻阙疑。叔夏年十二三时,手抄《太祖皇帝实录》,其间云'兴衰治□之源',阙一字,意谓必是'治乱'。后得善本,乃作'治忽'。三折肱为良医,信知书不可以意轻改。"按《尚书·益稷》："予欲闻六律五声八音,在治忽。"伪孔传："在察天下治理与忽怠者。"知"治忽"自有来历。"治乱"虽通,然非其原书面目。前面说过校书的目的在恢复原貌,不是修改文章,这一点千万分清楚。

　　又如《辽史·纪第一》:"太祖九年十月,钩鱼于鸭绿江。"《纪第四》:"太宗会同二年十二月钩鱼于土河。"《纪第八》:"景宗保宁七年十月钩鱼于土河。""钩鱼"二字在《辽史》中凡二十二见。清武英殿本《辽史》全作钓鱼。明南京国子监本亦同,明北京国子监本仅一条作钩,其余亦全作钓。而明初刊《辽史》全作"钩鱼"。

　　清厉鹗《辽史拾遗》引宋程大昌《演繁露》:"《燕北杂录》载契丹兴宗重熙年间衣制、仪卫、打围、射鹿、钩鱼等事,于景祐五年十月撰进。又曰:达鲁河钩牛鱼,虏中盛礼。意慕中国赏花钓鱼,然非钓也,钩也。又曰:其钩是鱼也,虏主与其母皆设次冰上。先使人于河上下十里间以毛网截鱼,令不得散逸,又从而驱之,使集虏帐。其床前预开冰窍四,名为冰眼,中眼透,旁三眼环之不透,第斫减令薄而已。薄者所以候鱼,而透者将以施钩也。又曰:鱼之将至,伺者以告虏主,即遂于斫透眼中用绳钩掷之,无不中者。"(参张元济《校史随笔·辽史》)然则,明人不知钩鱼含义,故监本均改作钓鱼,是不知妄改之一例。

　　《四库提要》曰:"古书义奥,文句与后世多殊,阙疑犹愈于妄改也。"(《太平御览》条)又曰:"不改旧文,即是善本。"(《六臣注文选》条)顾广圻则认为:"凡天下书皆当以不校校之。"(《百宋一廛赋》黄丕烈注)乍视之,不免偏激,深味之,知为愤激之语,是对妄改古书者的劝戒与批评。我们从事校勘活动,固然是要纠正错讹,但每下一义,定要谨慎,"多闻阙疑",应是我们的座右铭。

第七章　文献目录

一、"目录"的产生及其含义

"目录"一词现存文献以《汉书》为最早。《汉书·叙传》:"刘向司籍,九流以别,爰著目录,略序洪烈。"

刘向是我国目录学创始人,班固说刘向管理国家图书时,对图书进行分类,并撰写了目录,以表现西汉文化事业的伟大成绩。

刘向受汉成帝之命对图书进行系统整理,订正讹误,补脱删衍,剔其重复,整理成定本。对那些同类文献尚未结集者,则辑为定型文献,如《楚辞》、《战国策》、《说苑》、《新序》、《列女传》都是利用现成文献编集而成的。

刘向每校定一种书,都写一篇"书录",大约相当于今天书前的"目次"和"序"两部分内容。例如《晏子书录》:

内篇谏上第一凡二十五章

内篇谏下第二凡二十五章

内篇问上第三凡三十章

内篇问下第四凡三十章

内篇杂上第五凡三十章

内篇杂下第六凡三十章

外篇重而异者第七凡二十七章

外篇不合经术者第八凡十八章

右《晏子》凡内外八篇总二百十五章。

护左都水使者光禄大夫臣向言:所校中书《晏子》十一篇,臣向谨与长社尉臣参校雠。太史书五篇,臣向书一篇,参书十三篇,凡中外书三十篇,为八百三十八章。除复重二十二篇六百三十八章,定著八篇二百一十五章。外书无有三十六章,中书无有七十一章,中外皆有以相定。中书以夭为芳,又为备,先为牛,章为长,如此类者多,谨颇略榑,皆已定,以杀青书,可缮写。晏子名婴,谥平仲,莱人。莱者,今东莱地也。晏子博闻强记,通于古今,事齐灵公、庄公、景公,以节俭力行、尽忠极谏道齐,国君得以正行,百姓得以附亲。不用则退耕于野,用则必不诎义,不可胁以邪。白刃虽交胸,终不受崔杼之劫。谏齐君,悬而至,顺而刻。及使诸侯,莫能诎其辞。其博通如此,盖次管仲。内能亲亲,外能厚贤,居相国之位,受万钟之禄,故亲戚待其禄而衣食五百余家,处士待而举火者亦甚众。晏子衣苴布之衣,麋鹿之裘,驾散车疲马,尽以禄给亲戚朋友。齐人以此重之。晏子盖短。(按,此下疑有阙文。)其书六篇,皆忠谏其君。文章可观,义理可法,皆合六经之义。又有复重,文辞颇异,不敢遗失,复列以为一篇。又有颇不合经术,似非晏子言,疑后世辩士所为者,故亦不敢失,复以为一篇。凡八篇。其六篇可常置旁御观。谨弟录。臣向昧死上。

我们可以发现,《晏子书录》包含以下几个方面内容:(1)目次,(2)校雠整理情况,(3)作者生平,(4)内容评价。

所谓目次,指篇名和次第。当时书用竹木简书写,每篇是单独编连的个体,各篇之间要有个顺序,否则各篇之间容易颠倒,而且极容易丢掉其中某一篇而并无察觉。所以篇目次第特别必要。

校雠整理情况、著者生平、内容大要共同构成一篇叙录。目次加叙录,就构成了一书的目录。许多书的目录汇集起来,就成为群书目录(参余嘉锡《目录学发微》二《目录释名》)。

刘向校书有个班子。《汉书·艺文志序》说:"至成帝时,以书颇散亡,使谒者陈农求遗书于天下。诏光禄大夫刘向校经传、诸子、诗赋,步兵校尉任宏校兵书,太史令尹咸校数术,侍医李柱国校方技。每一书已,向辄条其篇目,撮其指意,录而奏之。会向卒,哀帝复使向子侍中奉车都尉歆卒父业。歆于是总群书而奏其《七略》,故有《辑略》,有《六艺略》,有《诸子略》,有《诗赋略》,有《兵书略》,有《术数略》,有《方技略》。"

所谓"条其篇目"即确定各书的篇次。所谓"撮其指意"即撰写各书叙录。刘向、刘歆等在每一书后都撰有一篇书录,当时把这些书录单独辑成一部书,叫《别录》。同时刘歆又在《别录》基础上,写成《七略》。《别录》是书录的结集,应当是分类的,其类别可能是六艺、诸子、诗赋、兵书、数术、方技。《七略》则更为严密,有总序,六类(六略)又有类序,总结各类学术源流;六类下各分若干小类,共有三十八小类(当时叫三十八种),三十八小类各有小序,叙述小类的源流(其中《诗赋略》只有一篇大序,无小序);每一书又有书录。所以《别录》、《七略》都是群书目录,同时也是了不起的学术著作,是西汉以及西汉以前我国学术史的系统总结。《汉书·叙传》说"刘向司籍,九流以别,爰著目录,略序洪烈",即指这件大事。这两部目录均已亡佚,但班固《汉书·艺文志》是根据《七略》简编而成的,除了删去各书书录外,基本保存了《七略》的面貌。所以《汉书·艺文志》是我们认识西汉及西汉以前中国学术史的重要门户。清代学者金榜说:"不通《汉艺文志》,不可以读天下书。《艺文志》者,学问之眉目,著述之门户也。"(王鸣盛《十七史商榷》引)史家范文澜亦将《七略》视为"一部极可贵的古代文化史",与《史记》并称为西汉两大著作(见《中国通史简编》第二编第二章)。

《七略》之后,具有典范意义的目录是《四库全书总目》二百卷,这部巨著是先秦至清初学术史的系统总结,被张之洞称为"良师":"泛滥无归,终身无得。得门而入,事半功倍。或经、或史、或词章、或经济、或天算、或地舆。经治何经,史治何史,经济是何条,因类以求,各有专注。至于经注,孰为师授之古学,孰为无本之俗学。史传,孰为有法,孰为失体,孰为详密,孰为疏舛。词章,孰为正宗,孰为旁门。尤宜抉择分析,方不至误用聪明。此事宜有师承,然师岂易得? 书即师也。今为诸君指一良师,将《四库全书总目提要》读一过,即略知学术门径矣。"(《輶轩语·语学·论读书宜有门径》)

章学诚有部名著《校雠通义》,把校雠之学的崇高境界论述得最为充分。他所说的校雠之学大约相当于我们所说的目录之学。《校雠通义序》说:"校雠之义,盖自刘向父子部次条别,将以辨章学术,考镜源流。非深明于道术精微、群言得失之故者,不足语此。后世部次甲乙,纪录经史,代有其人,而求能推阐大义,条别学术异同,使人由委溯源,以想见于坟籍之初者,千百之中不十一焉。"章学诚把目录学的最高要求归纳为"辨章学术,考镜源流"八个字,是非常恰当的,现得到广泛承认。

同样是乾嘉时期的学者王鸣盛,对目录学是这样强调的:"目录之学,学中第一紧要事,必从此问途,方能得其门而入。"(《十七史商榷》卷一）所以目录学一向被视为入门之学。如果要从事研究工作,应从目录学入手。

二、古籍分类

群书目录都有个分类问题,我国古代图书分类从西汉到清代有个演变发展过程。

图书文献为什么要分类呢? 大抵出于两方面的原因。

一是为了查找方便。书多了不便查阅,于是根据内容,把相同相近的图书放在一起。比如《诗经》的注释有西汉毛亨《毛诗故训传》、东汉郑玄《毛诗笺》、唐代孔颖达《毛诗正义》、宋代朱熹《诗集传》、清代马瑞辰《毛诗传笺通释》、陈奂《诗毛氏传疏》、王先谦《诗三家义集疏》等许多种,如果把这些关于《诗经》的注释按时代先后排放在一起,查找起来会方便很多。同样关于《周易》、《尚书》、《论语》、《庄子》以及《楚辞》、《昭明文选》等等,都有注释或研究著作,也应作同样处理。这是关于一部书。关于一个人物的研究,比如孔子、孟子,相关资料也应放在一起。再进一步扩大,古代把孔子用来教授弟子的《易》、《书》、《诗》、《礼》、《乐》、《春秋》视为经典,是一组文献,称为"六经",亦称"六艺"。这一组文献在封建社会是最重要的文献,而且互相之间关系密切,这一组文献自然而然地放在一起,而且按照上面的顺序排列。六经是一个大类,六经下再列《易》、《书》、《诗》、《礼》、《乐》、《春秋》六个小类,各经的注释论说再依先后放在一起,这样秩序井然,查找极便。同样关于诸子的、军事的、文学的、医学的也应分门别类存放一处,容易查找。清代章学诚把这一功用概括为"即类求书,因书究学"(《校雠通义·互著篇》)。

分类的第二个目的,是能够通过分门别类总结学术源流。中国古代图书分类始终以图书内容、学术门类为主要依据,从这个意义上说,分类是能够从一个角度体现学术发展历史状况的。郑樵认为"类例既分,学术自明"(《通志·校雠略》),正是揭示这一道理的。

历代图书分类情况大致是这样的:

西汉刘向、刘歆父子《七略》分图书为六大类三十八小类。框架如下:

六艺略：易、书、诗、礼、乐、春秋、论语、孝经、小学。

诸子略：儒家、道家、阴阳家、法家、名家、墨家、纵横家、杂家、农家、小说家。

诗赋略：屈赋之属、陆赋之属、荀赋之属、杂赋、歌诗。

兵书略：兵权谋、兵形势、兵阴阳、兵技巧。

数术略：天文、历谱、五行、蓍龟、杂占、形法。

方技略：医经、医方、房中、神仙。

六略之前还有《辑略》，梁阮孝绪《七录序》云："其一篇即六篇之总最，故以《辑略》为名。"可知《辑略》不是单独一类，所以《七略》只有六类，可称为"六分法"。

继承刘向、刘歆《七略》分类体系而又有所发展的是刘宋时王俭的《七志》。《七志》已佚，据梁阮孝绪《七录序》及《隋书·经籍志》，其分类如下：

经典志：纪六艺、小学、史记、杂传。

诸子志：纪今古诸子。

文翰志：纪诗赋。

军书志：纪兵书。

阴阳志：纪阴阳图纬。

术艺志：纪方技。

图谱志：纪地域及图书。

道经：道教经籍。

佛经：佛教经籍。

《七志》比《七略》增加图谱一类，成为"七分法"，又附道经、佛经二录，实际为九类。

《七志》之后有梁阮孝绪《七录》，该书亦佚，仅《七录序》保存于《广弘明集》卷三。据《七录序》所附《七录目录》，知其分类如下：

经典录：易部、尚书部、诗部、礼部、乐部、春秋部、论语部、孝经部、小学部。

记传录：国史部、注历部、旧事部、职官部、仪典部、法制部、伪史部、杂传部、鬼神部、土地部、谱状部、簿录部。

子兵录：儒部、道部、阴阳部、法部、名部、墨部、纵横部、杂部、农部、小说部、兵部。

文集录:楚辞部、别集部、总集部、杂文部。

术伎录:天文部、纬谶部、历算部、五行部、卜筮部、杂占部、刑法部、医经部、经方部、杂艺部。

　　以上内篇五录。

佛法录:戒律部、禅定部、智慧部、疑似部、论记部。

仙道录:经戒部、服饵部、房中部、符图部。

　　以上外篇二录。

内外篇图书凡五十五部六千二百八十八种八千五百四十七帙四万四千五百二十六卷。

从以上框架看,《七略》、《七志》虽以"七"名,实非七类,《七录》才是真正的"七分法"。

三国时魏国郑默编有《中经》,分类已无可考。

西晋秘书监荀勖因魏《中经》更辑新簿,叫作《晋中经簿》(见《广弘明集》卷三《七录序》附。《隋书·经籍志》作《晋中经》十四卷)。分为四部:

甲部:六艺、小学。

乙部:古诸子家、近世子家、兵书兵家、术数。

丙部:史记、旧事、皇览簿、杂事。

丁部:诗赋、图赞、汲冢书。

东晋李充就西晋荀勖《晋中经簿》加以校核,发现西晋《晋中经簿》著录藏书 29945 卷,东晋仅存 3014 卷,约十分之一,于是重编《晋元帝书目》,仍以甲、乙、丙、丁分四部。但乙、丙相当于荀勖的丙、乙,就是说史书升到第二位乙部,子书降到第三位丙部。从此以后,四部的格局基本确定。但那时还不叫经、史、子、集,而叫甲、乙、丙、丁。东晋末年还有《晋义熙四年秘阁四部目录》(见《七录序》附),分类方法当与李充同。

据《七录序》附《古今书最》、《隋书·经籍志·簿录篇》,南朝四部目录有:

《宋元嘉八年秘阁四部目录》,谢灵运编。

《宋元徽元年秘阁四部书目录》,王俭编。

《齐永明元年秘阁四部目录》,王亮、谢朏编。

《梁天监四年文德正御四部目录》,刘孝标编(据《隋书》)。

《梁天监六年四部书目录》,殷钧编(据《隋书》)。

《梁东宫四部目录》,刘遵编。

《陈天嘉六年寿安殿四部目录》。

《陈德教殿四部目录》。

隋朝四部目录有:

《开皇四年四部目录》。

《开皇八年四部书目录》。

《香厨四部目录》。

《隋大业正御书目录》。

梁元帝萧绎《金楼子》(《四库全书》据《永乐大典》辑本)有《著书篇》,系萧绎自著或命人代撰之书的目录,分甲、乙、丙、丁四部,大概是现存最早的四部目录了。

唐代初年官修《隋书·经籍志》是现存较早的按四部分类的目录,规模较大,学术价值也比较高。其分类框架如下:

经:易、书、诗、礼、乐、春秋、孝经、论语、纬书、小学。

史:正史、古史、杂史、霸史、起居注、旧事、职官、仪注、刑法、杂传、地理、谱系、簿录。

子:儒、道、法、名、墨、纵横、杂、农、小说、兵、天文、历数、五行、医方。

集:楚辞、别集、总集。(以上四部四十类)

道经(附):经戒、饵服、房中、符箓。(均不列书目)

佛经(附):大乘经、小乘经、杂经、杂疑经、大乘律、小乘律、杂律、大乘论、小乘论、杂论、记。(道佛共十五类)

如将《七略》、《七录》、《隋书·经籍志》相比较,不难发现,经部、集部都是前后一贯的。子部则是《七略》中诸子略、兵书略、数术略、方技略的合并。史部变化最大,原是六艺略中春秋的附庸,连二级类目都够不上。到西晋荀勖《晋中经簿》把史记、旧事、皇览簿、杂事列为"丙部",已基本上相当于后来的史部,东晋李充又把史书提升为乙部,后世基本沿用下来。梁阮孝绪《七录》虽然说是"斟酌王、刘",但在史部独立这个问题上则顺应学术发展,遵照荀勖的做法,立"记传录",而且仅次于"经典录"。如果不讨论佛法录、仙道录,《七录》实际上只有五录,其中子兵录、术伎录相当于四部中的子部,另三录经典、记传、文集则相当于四部中的经、史、集。因此《七录》实际上处于《七略》"六分法"与后来"四分法"的过渡状态。

　　从二级类目看,《七录》已非常细致,共五十五类。《隋书·经籍志》同样也是五十五类。这之间有分有合,但基本框架是一脉相承的。《隋书·经籍志》是四部分类目录现存较早的一部,但其分类框架则是参照两晋南北朝各家目录拟定的。其后,我国图书分类基本上不出四部分类体系。

　　四部分类体系到《四库全书总目》逐步趋于成熟,可视为"四分法"的代表,其框架如下:

　　经部:易类、书类、诗类、礼类(周礼、仪礼、礼记、三礼总义、通礼、杂礼书)、春秋类、孝经类、五经总义类、四书类、乐类、小学类(训诂、字书、韵书)。

　　史部:正史类、编年类、纪事本末类、别史类、杂史类、诏令奏议类(诏令、奏议)、传记类(圣贤、名人、总录、杂录、别录)、史抄类、载记类、时令类、地理类(宫殿疏、总志、都会郡县、河渠、边防、山川、古迹、杂记、游记、外纪)、职官类(官制、官箴)、政书类(通制、典礼、邦计、军政、法令、考工)、目录类(经籍、金石)、史评类。

　　子部:儒家类、兵家类、法家类、农家类、医家类、天文算法类(推步、算书)、术数类(数学、占候、相宅相墓、占卜、命书相书、阴阳五行、杂技术)、艺术类(书画、琴谱、篆刻、杂技)、谱录类(器物、食谱、草木鸟兽虫鱼)、杂家类(杂学、杂考、杂说、杂品、杂纂、杂编)、类书类、小说家类(杂事、异闻、琐语)、释家类、道家类。

　　集部:楚辞类、别集类、总集类、诗文评类、词曲类(词集、词选、词话、词谱词韵、南北曲)。

凡四部四十四类,有些类下增析三级类目。

　　至清末张之洞《书目答问》,把丛书从子部杂家类杂编之属分出来,别立"丛书部",次于集部之后,成为五部分类体系。后来一般沿用五分法。《中国古籍善本书目》就分经、史、子、集、丛五部。

　　《中国丛书综录》仍是四部分类,但对于丛书中的小丛书,如《微波榭丛书》内有《算经十书》,则于四部之后别立"别录"一部,以容这类丛书内的小丛书,实际上也是《书目答问》的五部分类的模式。不过《中国丛书综录》在四部之下分出的小类却较《四库全书总目》精细许多。以经部小学类为例比较如下:

《四库全书总目》
　　经部
　　　小学类
　　　　训诂
　　　　字书
　　　　韵书
《中国丛书综录》
　　经部
　　　小学类
　　　　说文之属
　　　　　传说
　　　　　专著
　　　　字书之属
　　　　　通论
　　　　　古文
　　　　　字典
　　　　　字体
　　　　　蒙学
　　　　音韵之属
　　　　　韵书
　　　　　古今音说
　　　　　等韵
　　　　　简字拼音
　　　　训诂之属
　　　　　群雅
　　　　　字诂
　　　　　方言
　　　　　译文

很容易发现《中国丛书综录》已增设四级类目。且三级类目、二级类目均加细。三级类目的加细，从字书之属析出说文之属，已可看出来。二级类目的加细，可从礼类发现。礼类在《四库全书总目》中是经部中的一个二级类目，下分周礼、仪礼、礼记、三礼总义、通礼、杂礼书六个三级类目。

《中国丛书综录》则在经部下设周礼类、仪礼类、礼记类、大戴礼记类、三礼总义类五个二级类目，取代原来的"礼类"。五个二级类目下又分别设三级类目。《中国丛书综录》是四部分类体系中较为精细的一部书目。对《中国丛书综录》分类框架产生较大影响的是民国间柳诒徵等编的《江苏省立国学图书馆图书总目》，那也是一部值得重视的体大思精的古典目录。

　　现代当代的著作，有的仍沿用旧有的内容与体制，这部分著作仍可在四部分类中找到位置。而近代从西方输入的新学科新方法，则应当采用西方的图书分类体系予以分类。现在通行的《中国图书馆分类法》实际上是借鉴西方分类法制定的，适应了近现代中国学术发展的要求。但是新分类法并不适用于我国古籍的分类。两者可根据需要并行不悖，不能认为四部分类法是落后的，新分类法是先进的，只能认为它们是适应不同时期学术发展状况而制订的，各自有其合理性。从 2004 年起，我受国家清史委员会委托，主持编纂《清人著述总目》，相当于"艺文志"。考虑到清后期西学东渐，译书甚多，借鉴晚清一些书目的做法，我拟定了经部、史部、子部、集部、西学部、丛书部六部分类框架，也是从学术发展和图书的实际情况出发的。这可以说是图书分类的原则之一。

三、目录的主要内容

　　就一部典型的目录例如《四库全书总目》而言，它应当包括以下构成成分：书名、篇卷、时代、著者、提要、大小序。

（一）书名

1. 古书命名的方式

　　书名是一部书的标志。古代书少，所以命名方式比较简单，到后来书多了，命名也就越来越麻烦。主要命名方式：

　　（1）以通称为书名

　　《诗》、《书》、《礼》、《乐》、《春秋》、《史记》等，都应属于这一类。

　　（2）摘取书中一二字为书名

　　《急就章》首句："急就奇觚与众异。"因取首二字为书名。王国维《观堂集林》卷五《史籀篇疏证序》云："《诗》、《书》及周秦诸子,大抵以二字名篇,此古代书名之通例。字书亦然。《苍颉篇》首句虽不可考,然《流沙坠简》卷二第十八简上有汉人学书字,中有'苍颉作'三字,疑是《苍颉篇》首句中语,故学书者书之。其全句当云'苍颉作书',句法正仿'大史籀书'。《爰历》、《博学》、《凡将》诸篇,当亦以首二字名篇,今《急就篇》尚存,可证也。"

江陵张家山汉墓出土汉简中有一种标题《盖庐》,即吴王阖庐,又作阖闾。这样标题是因为篇中记载的是阖庐问申胥、申胥作答的内容。

1972 年山东临沂银雀山出土竹简有《唐革》二十枚,罗福颐先生考定"唐革"即"唐勒",得到公认。但这篇文章经李学勤考定应是宋玉作品,之所以取名《唐革》,是因为首句为:"唐革与宋玉言御襄王前。"(参李学勤《〈唐勒〉、〈小言赋〉和〈易传〉》,《齐鲁学刊》1990 年第 4 期)。我们前面还讲到唐太宗集王羲之二十八帖装裱为一卷,取名《十七帖》,是因为首帖开头为"十七日"。其命名方式亦采取首二字。

(3)以姓名为书名

古书原以篇行,例如《史记·老子韩非列传》:"作《孤愤》、《五蠹》、《内外储说》、《说林》、《说难》十余万言。"又《管晏列传》:"吾读管氏《牧民》、《山高》、《乘马》、《轻重》、《九府》。"均只取篇名,说明当时以篇为单位流传。后来才集中一人之作为一组,就像后代的文集那样。这项工作大概主要是刘向父子整理皇家藏书时做的。所以《汉书·艺文志》著录有《李克》七篇、《宁越》一篇、《公孙固》一篇,以及《邓析》、《庞煖》、《邹阳》,都以人名为书名。如果表示尊重,则于姓后加子字,如《孟子》、《荀子》、《庄子》、《管子》等。后代文集以人名或字号加上"集"字,如《陶渊明集》、《庾子山集》、《李太白集》亦是这种命名方式的变体。

(4)以朝代命名

二十四史大都以朝代加"书"、"志"、"史"等命名。《后汉书》有谢承、薛莹、华峤、谢沈、袁山松等六家,《晋书》则有王隐、虞预、朱凤、徐广、谢灵运、臧荣绪、沈约、萧子云八家。说明了纪传体史书有特定命名方式。总集如《全唐诗》、《全宋诗》、《全明诗》,其实也属于这种方式。

(5)以时间命名

《长庆集》,有元稹、白居易两家集子。宋代曾巩有《元丰类稿》。都以时间命名。雨果的小说《九三年》也是以时间命名,可知中外书名颇有相通之处。

（6）以地点命名

唐皮日休、陆龟蒙酬唱诗集名《松陵集》，宋陆游把诗集称为《剑南诗稿》，皆以地名为书籍命名。

（7）隐括内容为名

许慎《说文解字》、刘熙《释名》，均属此类。

2. 同书异名与异书同名

在书籍数量增多以后，以下两种现象越来越多，那就是同书异名和异书同名。

（1）同书异名。如《国语》又名《春秋外传》，《史记》又名《太史公书》，《淮南子》又名《淮南鸿烈》等。有些属于全称与简称，如《輶轩使者绝代语释别国方言》简称《方言》。《四库全书总目》简称《四库总目》。《焦太史国朝献征录》简称《献征录》。还有的是避讳改名，如《广雅》因避隋炀帝杨广讳改名《博雅》。明清小说同书异名更多，如《石头记》与《红楼梦》、《异史》与《聊斋志异》。

（2）异书同名。前面提到六家《后汉书》、八家《晋书》都是异书同名。后代还有不少异书同名者，如《河东集》（唐柳宗元、宋柳开）、《白云集》（元许谦、元释英、明唐桂芳）、《读书杂志》（清王念孙、清杨城等）、《读史杂记》（清方宗诚、邹维琏、沈豫）等。近数十年来，《中国文学史》、《中国通史》、《世界通史》等，都有多部问世，也是异书同名，而且是有意为之。

目录书在著录同书异名、异书同名时，都应加以特殊说明，以免混淆。

鉴于书名容易重复，我们著书立说时，应在命名上多动脑筋，命名要恰当简明，不落俗套，不与前人重复，不能过于偏僻，让人不认识、记不住。

（二）篇卷

篇和卷都是古书数量单位，但篇与内容起讫有密切关系，如《史记》一百三十篇，是指从内容上分为一百三十个单位。而卷，则是从物质形态上划分的，竹木简、帛书、卷子都可以卷起来，所以以卷为单位。早期篇和卷基本统一。后来则往往不统一，一卷可包括若干篇。至于由卷子过渡到书册以后，篇、卷、册三者就更不统一，一册可包括两三卷，一卷又可包括两三篇。由于篇与内容起讫紧密相连，所以篇目对一部书的完整性来说最为重要,无论书籍形态怎么变化,篇都是基本不变的。而卷、册就不同了。卷在书籍装潢变为册子以后,几乎失去了实际意义,书籍分卷主要是一种传统习惯。册就更具随意性,可厚可薄。明清时期的刻本,一册一般包括两三卷,每卷约三十页。有时分卷要照顾内容的起讫,所以卷有长有短,特殊时一卷仅有一页。目录书同时记录篇、卷、册数,甚至记录页数,都有必要性,这样书籍就不容易残缺、错乱,而且可透过页数估计其篇幅大小。《民国时期总书目》著录册数、页数,是有用途的。

(三)撰人及朝代

书目记完书名、篇卷,就应记何时何人所撰。

1.关于撰人的朝代

朝代当然是著者生活的朝代。改朝换代,前朝官员如不受新朝俸禄,称为"遗民",则仍标前朝。如《四库全书总目》:"《吾汶稿》十卷,宋王炎午撰。炎午⋯⋯宋末为太学生,咸淳间文天祥募兵勤王,炎午杖策谒之,留入幕府。旋以母老辞归。天祥被执北上,炎午为文生祭之,励以必死,尤世所称。入元后终身不出,因所居汶源里名其稿曰《吾汶》,亦示不仕异代之义。"其他宋末元初人,如果著录为宋人,一般都要明确一个事实:入元不仕。

《四库全书总目》又著录:"《稼村类稿》三十卷,元王义山撰。义山字元高,丰城人,宋景定中进士,知新喻县,历永州户曹。入元,官提举江西学事。原刻题曰宋人,非其实也。"可知这个朝代问题是来不得半点马虎的。方以智(1611—1671)、钱谦益(1582—1664)二人,钱比方大二十九岁,钱卒于康熙三年,方卒于康熙十年。钱万历三十八年(1610)进士,方崇祯十三年(1640)进士,就是说钱谦益中进士时,方以智还没出生。但方以智是明朝人,钱谦益却没资格作明朝人,只能作清朝人。两人在明朝都做官,方以智是翰林院检讨,钱谦益在南明弘光时官至礼部尚书。他们的不同在于,入清方以智出家为僧,以避免与清朝合作,康熙十年到吉安谒文天祥墓,道卒。钱谦益则降清,官礼部侍郎。这种划分方法体现了中国传统道德观念。商孤竹君的两个儿子伯夷、叔齐,在周武王灭商之后,耻食周粟,逃到首阳山,采薇而食,饿死山中。这种不食周粟的精神一直受到歌颂和肯定,唐代韩愈曾作《伯夷颂》,即是一例。所以在改朝换代时不向新朝投降,宁死不屈的人,在新朝仍可受到表彰,例如卢象昇,明末官兵部尚书,崇祯十一年戊寅清兵下巨鹿,象昇督师战败,牺牲。南明福王赐谥"忠烈",清乾隆四十一年赐谥"忠肃",均予以表彰。而降清的钱谦益反而列入贰臣。这种道德观念恐怕不能简单予以否定,因为在封建社会忠君、爱国往往连在一起。所以,现在著录古籍,对于朝代问题,有时也只能沿用旧式,很难改动。当然《辞海》上说方以智、钱谦益为明末清初人,更为合适。这要看具体体例。

2. 关于撰人

著者,一般要著录姓名。过去有不少书署名方式是朝代、籍贯、姓名、字连署,例如明末汲古阁刻《中吴纪闻》,题:"宋昆山龚明之希仲纪,明虞山毛晋子九订。"《山海经新校正》题:"兵部侍郎兼都察院右副都御史巡抚陕西西安等处地方赞理军务兼理粮饷钦赐一品顶带毕沅新校正。"现在一般从中截取朝代、姓名,作"宋龚明之撰"、"清毕沅校正"。但有时有同姓名现象,《古今同姓名大辞典》有厚厚一本,仍然很不全,可见同姓名者之多。如果同姓名者不予以区别,则容易张冠李戴。如何区别呢? 要靠时代不同、字号不同、籍贯不同加以区别。因此,如果目录书能把朝代、籍贯、姓名、字号照原书著录,会有很大用处。蒋元卿先生用多年精力撰写了一部《皖人书录》。其中有个胡文学,清朝人,其实不是安徽人,是宁波人。因为安徽桐城也有个胡文学,见于《桐城县志》。于是混二人为一人,把两个人的著作、两个人的事迹都误放在一人身上。如果书目上记明籍贯,像上面的"宋昆山龚明之希仲",就能避免这种错误。中国疆域很广,地域文化各具特色,因而乡邦文献历来受重视,目录书著录撰人籍贯对研究地方文史也有很大帮助。

著者姓名后要著录是著还是编、辑、校、注等等,这属于著述方式,也对读者有很大帮助。过去书目喜用"撰"字,这个字原义接近"编",后来扩大,包括编、著、述等,应根据情况分别对待。

(四) 版本

早期书目不太重视版本,清代《四库全书总目》仍不注重版本。但清代及近代藏书家所编目录则重视著录版本,尤其是善本目录,更注重版本著录。早期开始注意版本著录者有宋代尤袤《遂初堂书目》、元荆溪岳氏《九经三传沿革例》。

著录版本应注意区分刻本、抄本、校本、稿本、石印本、活字本、铅印本等不同版本类别。然后要弄清产生时代，即哪朝哪代刻本或抄本。还要弄清是何人何地刻本，或何人所抄、何人所校。如有人在上面作了亲笔题跋，应一并注出。如果是丛书中的一种，则应注明丛书名，以便查找。《中国古籍善本书目》、《中国丛书综录》、《增订四库简明目录标注》、《藏园群书经眼录》、《藏园订补郘亭知见传本书目》、《贩书偶记》等是较为简明的版本目录，用途很大。

（五）提要

提要即内容提要，前面举《晏子书录》即一例。提要应介绍著者生平，如里籍、字号、科第、官位、生卒年等。然后介绍书的内容。然后评价得失，或者考其流传情况、版本源流。对于珍贵的版本，要对鉴别情况加以说明。内容上如有特殊资料价值，亦应加以提示。

有些提要是辑录前人序跋而成，叫"辑录体"。如元马端临《文献通考·经籍考》、清朱彝尊《经义考》、谢启昆《小学考》，即是这种体例。这种目录可以为后人提供丰富的原始资料，十分有价值。其实还可以两结合，先列前人提要序跋，再加个人按语。清末孙诒让《温州经籍志》就是如此。《经义考》中也不乏朱彝尊的考证案语。不要一听说是"辑录体"，就认为只是辑录他人的东西。

提要内容十分丰富，无论是撰写作者小传、内容梗概、优劣评价，还是版本源流等，都必须建立在对原书研究的基础之上，不是可以轻而易举的。在这方面，《四库提要》规模较大，总体水平较高，虽然不无疏误，但仍是研究传统学问必备的工具。所以我们要了解一部书，应注意参考《四库提要》。

为了具体认识《四库提要》的学术价值，这里我们举出一篇：

《诗序》二卷，内府藏本。

案：《诗序》之说，纷如聚讼。以为大序子夏作，小序子夏、毛公合作者，郑玄《诗谱》也。以为子夏所序《诗》即今《毛诗序》者，王肃《家语注》也。以为卫宏受学谢曼卿，作《诗序》者，《后汉书·儒林传》也。以为子夏所创，毛公及卫宏又加润益者，《隋书·经籍志》也。以为子夏不序《诗》者，韩愈也。以为子夏惟裁初句，以下出于毛公者，成伯玙也。以为诗人所自制者，王安石也。以小序为国史之旧文，以大序为孔子作者，明道程子也。以首句即为孔子所题者，王得臣也。以为毛传初行,尚未有序,其后门人互相传授,各记其师说者,曹粹中也。以为村野妄人所作,昌言排击而不顾者,则倡之者郑樵、王质,和之者朱子也。然樵所作《诗辨妄》一出,周孚即作《非郑樵诗辨妄》一卷,摘其四十二事攻之。质所作《诗总闻》,亦不甚行于世。朱子同时如吕祖谦、陈傅良、叶适,皆以同志之交,各持异议。黄震笃信朱学,而所作《日钞》亦申《序》说。马端临作《经籍考》,于他书无所考辨,惟《诗序》一事,反复攻诘至数千言。自元明以至今日,越数百年,儒者尚各分左右祖也。岂非说经之家第一争诟之端乎?

考郑玄之释《南陔》曰:子夏序《诗》,篇义各编。遭战国至秦而《南陔》六诗亡。毛公作传,各引其序,冠之篇首。故诗虽亡而义犹在也。程大昌《考古编》亦曰:今六序两语之下,明言有义无辞,知其为秦火之后见序而不见诗者所为。朱鹤龄《毛诗通义序》又举《宛丘篇》序首句与毛传异辞。其说皆足为小序首句原在毛前之明证。邱光庭《兼明书》举《郑风·出其东门篇》,谓毛传与序不符。曹粹中《放斋诗说》亦举《召南·羔羊》、《曹风·鸣鸠》、《卫风·君子偕老》三篇,谓传意、序意不相应。序若出于毛,安得自相违戾?其说尤足为续申之语出乎毛后之明证。观蔡邕本治鲁诗,而所作《独断》载《周颂》三十一篇之序,皆只有首二句,与毛序文有详略,而大旨略同。盖子夏五传至孙卿,孙卿授毛亨,毛亨授毛苌,是毛诗距孙卿再传。申培师浮丘伯,浮丘伯师孙卿,是鲁诗距孙卿亦再传。故二家之序大同小异。其为孙卿以来递相授受者可知。其所授受只有二句,而以下出于各家之演说,亦可知也。且《唐书·艺文志》称:《韩诗》卜商序韩婴注二十二卷,是《韩诗》亦有序,其序亦称出子夏矣。而《韩诗》遗说之传于今者,往往与毛迥异,岂非传其学者递有增改之故哉?今参考诸说,定序首二语为毛苌以前经师所传,以下续申之词为毛苌以下弟子所附。仍录冠诗部之首,明渊源之有自。并录朱子之《辨说》,著门户所由分。盖数百年朋党之争,兹其发端矣。

《隋志》有顾欢《毛诗集解叙义》一卷、雷次宗《毛诗序义》二卷、刘炫《毛诗集小序》一卷、刘璥《毛诗序义疏》一卷(原注:案:序、叙二字互见,盖史之驳文,今仍其旧),《唐志》则作卜商《诗序》二卷。今以朱子所辨,其文较繁,仍析为二卷。若其得失,则诸家之论详矣,各具本书,兹不复赘焉。(《四库全书总目》卷十五)

我们读了这篇提要,可以发现,关于《诗序》的作者问题,历来有几种说法,四库馆臣看法如何,均有条不紊,历历在目。而且文字精练,要言不烦,千年聚讼,纲举目张。当然,《提要》一万余篇,繁简精粗,良莠不齐,我们应区别对待,取其长而弃其短。非但对《四库提要》如此,对待其他文献均应如此。

（六）大小序

《汉书·艺文志》在前面有总序,六略各有大序,各小类又有小序。《四库总目》四部有总叙,各类有小序。这些大小序在辨明学术源流方面作用甚大。《四库提要》经部大序实际上是一篇最简明的西汉至清初的经学史,非常精彩,对中国学术史、经学史及小学有兴趣的人,不可以不读这篇总叙。这里摘取其要,以见典型:

自汉京以后,垂二千年,儒者沿波,学凡六变:

其初专门授受,递禀师承,非惟诂训相传,莫敢同异,即篇章字句,亦恪守所闻。其学笃实谨严,及其弊也拘。

王弼、王肃稍持异议,流风所扇,或信或疑,越孔、贾、啖、赵,以及北宋孙复、刘敞等,各自论说,不相统摄,及其弊也杂。

洛闽继起,道学大昌,摆落汉唐,独研义理,凡经师旧说,俱排斥以为不足信。其学务别是非,及其弊也悍。

学脉旁分,攀缘日众,驱除异己,务定一尊,自宋末以逮明初,其学见异不迁,及其弊也党。

主持太过,势有所偏,材辨聪明,激而横决,自明正德、嘉靖以后,其学各抒心得,及其弊也肆。

空谈臆断,考证必疏,于是博雅之儒引古义以抵其隙。国初诸家,其学征实不诬,及其弊也琐。

要其归宿,则不过汉学、宋学两家互为胜负。夫汉学具有根柢,讲学者以浅陋轻之,不足服汉儒也。宋学具有精微,读书者以空疏薄之,亦不足服宋儒也。消融门户之见而各取所长,则私心祛而公理出,公理出而经义明矣。

读了这段总叙,对于章学诚"辨章学术,考镜源流"的精辟概括,应有切实的体会,目录之学的确不限于"部次甲乙"。当然,任何学科的著作都有典型和非典型,《四库提要》无愧于古典目录的典型,但是大量目录达不到这个高度,绝大部分书目无大小序及提要,确是"部次甲乙"者流,而我们却不能不承认那也是目录学。《书目答问》就没有大小序及提要,其为用之大,却是人所共知的。

四、目录的类型

(一)公藏目录

官府藏书目录始于《七略》、《别录》,魏晋南北朝时每代都有,前面讲分类时已提到。唐代的公藏目录有元行冲等《群书四录》二百卷,已亡佚。又有《开元四库书目》,亦已不存。

宋代公藏目录,北宋有王尧臣等《崇文总目》六十六卷,现存残本,以清代钱东垣等《崇文总目辑释》较通行。南宋有陈骙等《中兴馆阁书目》七十卷、张攀等《续中兴馆阁书目》三十卷,均亡佚,有近人赵士炜《中兴馆阁书目辑考》五卷、《中兴馆阁续书目辑考》一卷。

明代公藏书目有杨士奇《文渊阁书目》二十卷、张萱、孙能传《内阁藏书目录》八卷。清代则有于敏中等《天禄琳琅书目》十卷、彭元瑞等《天禄琳琅书目后编》二十卷、缪荃孙《清学部图书馆善本书目》等。

入民国,则有张允亮《故宫善本书目》三卷、江瀚《故宫普通书目》六卷、陶湘《故宫殿本书库现存目》三卷、柳诒徵等《江苏省立国学图书馆图书总目》四十四卷《补编》十二卷、赵万里《国立北平图书馆善本书目》四卷、毛春翔《浙江省立图书馆善本书目甲编》四卷等。

1949 年以后,有《北京图书馆善本书目》、《北京图书馆古籍善本书目》、《北京图书馆普通古籍总目》、《北京大学图书馆善本书目》、《中国人民大学图书馆善本书目》、《上海市历史文献图书馆藏书目录》、《复旦大学图书馆古籍简目初编》、《四川省图书馆古籍目录》、《福建省图书馆善本书目》、毛春翔《浙江图书馆特藏书目》(甲编、乙编、续编)等。台湾有《中央图书馆善本书目》、《故宫博物院善本旧籍总目》、《中央研究院历史语言研究所善本书目》等。

大型联合目录如《中国地方志联合目录》、《中国古籍善本书目》、《中国丛书综录》事实上也都是公藏目录。

《四库全书总目》著录图书万余种,其中三分之一收入《四库全书》,

这些书有当时内府藏书,也有地方官员购买之书,也有私家进呈之书,但抄成七部的《四库全书》则属于官藏,其《总目》也基本上属于公藏目录。

另外,王重民《中国善本书提要》及《补编》著录国立北平图书馆、美国国会图书馆、北京大学图书馆善本书五千余种,也属于公藏目录。

还有近年出版的《民国时期总书目》,著录 1911 年到 1949 年出版的中文图书十二万四千余种。所收系北京图书馆、上海图书馆、重庆市图书馆三家所藏,当然也属于公藏。每种书有简单说明,有藏馆(B、S、C 分别指北图、上图、重庆图),共分二十大类,每类有索引。虽然其精密不如《中国丛书综录》、《中国古籍善本书目》,但仍是一部极有用的书目。

(二)私藏目录

私人藏书目录六朝时已有,史载任昉富藏书,殁后沈约奉命就任昉书目核对,凡朝廷所无,就昉家取之。但其目不传。传于今天的有宋晁公武《郡斋读书志》、宋尤袤《遂初堂书目》、宋陈振孙《直斋书录解题》为较早。明代则有朱睦㮮《万卷堂书目》、高儒《百川书志》、晁瑮《宝文堂书目》、陈第《世善堂藏书目录》、赵用贤《赵用贤书目》、赵琦美《脉望馆书目》、祁承㸁《澹生堂藏书目》等。

清初有钱谦益《绛云楼书目》、毛扆《汲古阁珍藏秘本书目》、钱曾《也是园书目》、《述古堂书目》、徐乾学《传是楼书目》、《传是楼宋元本书目》、季振宜《季沧苇藏书目》。

清中叶则有彭元瑞《知圣道斋书目》、吴寿旸《拜经楼藏书题跋记》、孙星衍《孙氏祠堂书目》、《平津馆鉴藏书籍记》、《廉石居藏书记》、黄丕烈《百宋一廛书录》、《求古居宋本书目》、《荛圃藏书题识》(缪荃孙等辑)、张金吾《爱日精庐藏书志》、汪士钟《艺芸书舍宋元本书目》等。

清后期则有杨绍和《楹书隅录》及《续编》、瞿镛《铁琴铜剑楼藏书目录》、陆心源《皕宋楼藏书志》、《仪顾堂题跋》、丁丙《善本书室藏书志》、丁立中《八千卷楼书目》、丁日昌《持静斋书目》、《持静斋藏书纪要》(莫友芝撰)、潘祖荫《滂喜斋藏书记》(叶昌炽撰)、朱学勤《结一庐书目》、缪荃孙《艺风藏书记》等。

民国间则有邓邦述《群碧楼善本书录》、《寒瘦山房鬻存善本书目》、蒋汝藻《传书堂藏书志》(王国维撰)、叶德辉《观古堂书目》、《郋园读书志》、傅增湘《双鉴楼善本书目》、刘承干《嘉业堂藏书志》(缪荃孙、董康、吴昌绶撰)、章钰《四当斋藏书目》(顾廷龙撰)、潘明训《宝礼堂宋本书录》(张元济撰)、张元济《涵芬楼烬余书录》、李盛铎《木犀轩书录》、张钧衡《适园藏书志》(缪荃孙撰)等。

　　建国后,有郑振铎《西谛书目》(赵万里、冀淑英等编)、《西谛书跋》(吴晓铃辑)、周叔弢《自庄严堪善本书目》(冀淑英撰)、黄裳《前尘梦影新录》、《清代版刻一隅》、《来燕榭书跋》等。

　　以上这些私藏目录以著录宋元善本、精校名钞者为多,其中大部分有题跋,蕴含着丰富的学术成果,有较高的学术价值。查阅这些题跋可借助于《古籍版本题记索引》(罗伟国、胡平编)。

(三)史志目录

　　史志,主要指正史(纪传体史书)当中的《艺文志》或《经籍志》,以《汉书·艺文志》最早。其后有《隋书·经籍志》、《旧唐书·经籍志》、《新唐书·艺文志》、《宋史·艺文志》、《明史·艺文志》、《清史稿·艺文志》。其他正史则缺少艺文志。

　　上面七种史志目录中的前五种,著录图书的范围是当朝的藏书。例如《汉书·艺文志》据刘歆《七略》编成,作者班固在东汉时期,已不可能再完整地看到西汉成帝至哀帝时的藏书面貌,也就是说班固不是根据原书来著录的,而是根据间接资料编成的,其目的在于反映西汉藏书之盛。《隋书·经籍志》修于唐初,是"五代史"共同的经籍志。"五代史"指《北齐书》、《周书》、《梁书》、《陈书》、《隋书》。《经籍志》是根据《隋大业正御书目录》等前代公藏书目编成的。当然,隋代嘉则殿藏书唐初尚存,可以参考。《旧唐书·经籍志》是五代刘昫修的,反映的是开元盛世藏书面貌,根据的是毋煚《古今书录》。这与《汉书·艺文志》根据《七略》是一样的。《新唐书·艺文志》是宋欧阳修编的,根据的也是《唐开元四库书目》,不过又补充了开元以后唐人的著作。《宋史·艺文志》修于元初,根据的是宋代官修历代国史的艺文志以及《崇文总目》、《中兴馆阁书目》。

　　由于这五种史志目录都以纪录一代藏书之盛为目的,因而是通录古今,不分时代。这些书目有很大用处。第一,可以从中看到一代藏书的全貌。第二,可以从中查找某个人或某一学科有哪些著作。第三,可以考察古书亡佚的大体年代。例如《隋书·经籍志》著录"《参解楚辞》七卷,皇甫遵训撰",但《旧唐书·经籍志》、《新唐书·艺文志》都不著录这部书。

唐代开元时期皇家藏书十分丰富,其中却没有这部书,说明这部书大抵亡佚于隋唐之际。《隋书·经籍志》还记载有:

《楚辞》十二卷,后汉王逸注。

《楚辞》三卷,郭璞注。

《楚辞音》一卷,徐邈撰。

《楚辞音》一卷,宋处士诸葛氏撰。

《楚辞音》一卷,孟奥撰。

《楚辞音》一卷,无撰人。

《楚辞音》一卷,释道骞撰。

《离骚草木疏》二卷,刘杳撰。

以上八家楚辞注,到《旧唐书·经籍志》,只有王逸、郭璞、刘杳三家。《新唐书·艺文志》有王逸、郭璞、刘杳、孟奥、徐邈、释道骞六家。到《宋史·艺文志》只存王逸一家。王逸注一直保存到今天,可谓岿然鲁灵光了。我们可以推测诸葛氏《楚辞音》、佚名《楚辞音》唐以前尚存,唐代已佚。另外五家则大抵亡于唐安史之乱至五代间,宋代已不存。古书亡佚数量之大,速度之快,于此可见一斑。

《明史·艺文志》、《清史稿·艺文志》与以前史志目录不同,其著录范围仅限于一朝之著述。所以《明史·艺文志》可供查考明朝人著述情况,《清史稿·艺文志》可供查考清朝人著述情况。

有些正史没有艺文志,或有志而不全,后代学者曾为之补作,称为"补志"。主要有:

宋王应麟《汉艺文志考证》(补入二十七部)

清姚振宗《汉书艺文志拾补》

清钱大昭《补续汉书艺文志》

清侯康《补后汉书艺文志》

清顾櫰三《补后汉书艺文志》

清姚振宗《后汉艺文志》

清曾朴《补后汉书艺文志》

清侯康《补三国艺文志》

清姚振宗《三国艺文志》

清黄逢元《补晋书艺文志》

清秦荣光《补晋书艺文志》

清丁国钧《补晋书艺文志》

清文廷式《补晋书艺文志》

清吴士鉴《补晋书经籍志》

聂崇岐《补宋书艺文志》

陈述《补南齐书艺文志》

清张鹏一《隋书经籍志补》

徐崇《补南北史艺文志》

清宋祖骏《补五代史艺文志》

清顾櫰三《补五代史艺文志》

清黄虞稷、卢文弨《宋史艺文志补》

清王仁俊《西夏艺文志》

缪荃孙《辽艺文志》

黄任恒《补辽史艺文志》

清王仁俊《辽史艺文志补证》

清龚显曾《金艺文志补录》

清钱大昕《元史艺文志》

清黄虞稷、卢文弨《补辽金元艺文志》

清金门诏《补三史艺文志》（辽金元）

武作成《清史稿艺文志补编》

王绍曾先生主编《清史稿艺文志拾遗》

　　另外，明代修国史，焦竑纂成《经籍志》，而国史未成，《国史经籍志》单独流传，也属于史志目录。

　　除了正史艺文志外，宋郑樵《通志·艺文略》、元马端临《文献通考·经籍考》、明王圻《续文献通考·经籍门》、清《续通志·艺文略》、《清通志·艺文略》、清《续文献通考·经籍考》、《清文献通考·经籍考》、《清续文献通考·经籍考》也应属于史志目录范围。

　　地方志中有《艺文志》或《经籍志》，有的是书目，有的是地方文献汇编。属于书目的如《山东通志·艺文志》、《安徽通志艺文稿考》、《湖北通志·艺文志》等，这些亦属于史志目录。其中孙诒让《温州经籍志》影响较大。地方志数量很大，现存的也有万种之多，其中艺文志记载一个地方的著述，既可以补充国史之不足，也可以作为研究地方文献的依据。近年出版的《皖人书录》（蒋元卿撰）、《山东文献书目》（王绍曾主编）、《江苏艺文志》、《云南书目》(李小缘撰)等都很有价值。考察古今著作,除了查正史艺文志以外,还要看著者是哪个地方的人,查查那个省的通志或者府志、州志、县志当中的艺文志,会获得更多的史料。

查正史艺文志及补志有一本工具书可以利用,那就是哈佛燕京学社洪业、田继综、聂崇岐、李书春、马锡用合编的《艺文志二十种综合引得》。既可从人名查,又可从书名查,很方便。书前有聂崇岐序,详述艺文志之源流,值得一读。

(四)专科目录

1. **经学目录**。较重要者为朱彝尊《经义考》三百卷。每书注存、佚、缺、未见。全录原书序跋,以及有关各书的评述文献,并附按语。该书所引资料极博,但出处或未标明,是其一病。翁方纲有《经义考补正》十二卷。

2. **小学目录**。有清谢启昆《小学考》、胡元玉《雅学考》、黎经诰《许学考》,体例大体仿《经义考》。

3. **史部目录**。宋高似孙《史略》、清章学诚《史籍考》(已佚)、谢国桢《晚明史籍考》、《清开国史料考》、黄永年、贾宪保《唐史史料学》、朱士嘉《中国地方志综录》、北京天文台《中国地方志联合目录》、容媛《金石书录目》、日本人长泽规矩也《中国版本目录学书籍解题》等。

4. **子部目录**。宋高似孙《子略》、陆达节《历代兵书目录》、刘申宁《中国兵书总目》、王毓瑚《中国农学书录》、北京图书馆等《中医图书联合目录》、余绍宋《书画书录解题》、严灵峰《周秦汉魏诸子知见书目》等。

5. **集部目录**。姜亮夫《楚辞书目五种》、崔富章《楚辞书目五种续编》、万曼《唐集叙录》、张舜徽《清人文集别录》、袁行云《清人诗集叙录》、李灵年、杨忠主编《清人文集总目》、柯愈春《清人诗文集总目提要》、吴熊和、严迪昌、林玫仪《清词别集知见目录汇编》、元钟嗣成《录鬼簿》、王国维《曲录》、清黄文旸《曲海总目提要》、庄一拂《古典戏曲存目汇考》、孙楷第《中国通俗小说书目》、欧阳健、萧相恺等《中国通俗小说总目提要》、宁稼雨《中国文言小说总目提要》、石昌渝主编《中国古代小说总目》(文言卷、白话卷)、一粟(周绍良、朱南铣)《红楼梦书录》、周采泉《杜集书录》、郑庆笃、焦裕银、张忠纲、冯建国合撰《杜集书目提要》、车锡伦《中国宝卷总目》、蒋寅《清诗话考》等。

（五）特种目录

1. **举要目录**。最著名的是清张之洞《书目答问》，目前通行本为范希曾《书目答问补正》。

2. **丛书目录**。最早的丛书目录当是清嘉庆中顾修的《汇刻书目》。目前常用的主要有上海图书馆编《中国丛书综录》、阳海清编《中国丛书广录》、上海图书馆编《中国近代现代丛书目录》。

3. **知见目录**。知见，即所知、所见，包括直接见到的和间接知道的。这类书目以清邵懿辰《四库简明目录标注》、清莫友芝《邵亭知见传本书目》最有名。前者经邵章增订为《增订四库简明目录标注》，后者经傅增湘增订为《藏园订补邵亭知见传本书目》。

4. **经眼目录**。与知见目录不同，在于全是亲眼所见，更可靠。主要有傅增湘《藏园群书经眼录》、孙殿起《贩书偶记》、《贩书偶记续编》、雷梦水《古书经眼录》、严宝善《贩书经眼录》、江澄波《古刻名钞经眼录》等。董康《书舶庸谈》也带有这种性质。

5. **禁毁目录**。主要有《清代禁毁书目》，清姚觐元编、邓实增补、商务印书馆补遗，共收禁书三千零十一种。《清代禁书知见录》，孙殿起编，收禁书一千四百余种。以上二种1957年商务印书馆排印合订一册，较为完备。

6. **版本图录**。版本图录可视为版本目录的一种，"录"就是与"图"配合的说明文字，相当于版本目录的"提要"。有的有图无录，亦归于此类。版本图录主要有：赵万里、冀淑英《中国版刻图录》、杨守敬《留真谱》、瞿启甲《铁琴铜剑楼宋金元本书影》、张允亮《故宫善本书影初编》、陶湘《涉园所见宋版书影》、顾廷龙、潘景郑《明代版本图录》、昌彼得《中央图书馆宋本图录》及《金元本图录》、吴哲夫《故宫博物院宋本图录》、黄永年、贾二强《清代版本图录》、黄裳《清代版刻一隅》、陈先行等《中国古籍稿钞校本图录》、任继愈主编《中国国家图书馆古籍珍本图录》、张玉范、沈乃文主编《北京大学图书馆善本书录》等。

7. **辨伪目录**。早期的辨伪目录有宋濂《诸子辨》、胡应麟《四部正讹》、姚际恒《古今伪书考》。目前常用而且资料较丰富的是张心澂《伪书通考》、郑良树《续伪书通考》。

8. **其他**。胡文楷《历代妇女著作考》，辑录资料十分丰富，既有著者生平、内容介绍,又有版本考察,为书目之佳者。

　　应当指出,目录是我们从事研究的工具书,只有自己亲自查检,才能体会出其中的多种用途。同时,目录也是著述的体裁之一,朱彝尊《经义考》、谢国桢《晚明史籍考》都是不朽的专著,他们选择了最合适的形式来表现他们的研究成果,这是值得我们借鉴的重要经验。

第八章　文献的辑佚与辨伪

一、辑　佚

（一）古书亡佚之多及其原因

前面讲史志目录时曾举了《隋书·经籍志》集部楚辞类著录关于《楚辞》的注释及注音八家，到《旧唐书·经籍志》仅著录三家，《新唐书·艺文志》著录六家，而到《宋史·艺文志》仅存王逸注一家，其余七家逐步亡佚了。这个比例即八种书有七种亡佚，仅存一种。不但《楚辞》类是这样，其他各类也大抵相似。宋欧阳修《新唐书·艺文志序》说："藏书之盛，莫盛于开元，其著录者五万三千九百一十五卷，而唐之学者自为之书者又二万八千四百六十九卷，呜呼，可谓盛矣！……今著于篇，其有名而亡其书者，十盖五六也，可不惜哉！"近人聂崇岐《艺文志二十种综合引得序》："总上述二十种艺文志所著录之典籍，自先秦以迄清末，其有名可稽考者，盖不下四万余种，然求其存于今者，恐已不及半数。"欧阳修（1007—1072）生活的年代上去唐开元年间（713—741）不过三百多年，开元年间著录在册的图书三千二百七十七部五万三千九百一十五卷，在北宋欧阳修撰《新唐书·艺文志》时亡佚者已十之五六，在北宋以来近千年中历经劫难而亡佚者更不知凡几。如果就时代更早的《汉书·艺文志》来考察，亡佚比例更大。《汉书·艺文志》据刘歆《七略》编成，反映的是西汉藏书面貌。近人顾实《汉书艺文志讲疏》于每一种书都分别标明"存"、"亡"、"残"、"疑"。《汉书·艺文志》著录的五百九十六家（《七略》著录的实六百零三家），顾实明确标明"存"的只有二十九家，不到5%。另有注"残"的四十三家，合起来仅得七十二家，只占12%。所以

《汉书·艺文志》著录各书今天已十不存一。

《宋史·艺文志》著录宋人以及宋以前著作九千八百一十八种,其中宋人著作五千五百余种,这些见于《宋志》的宋人著作经七百余年,现在"十亡七八"(刘琳、沈治宏《现存宋人著述总录·前言》,1995 年巴蜀书社排印本)。

从这些抽样统计,我们可以想见中国图书亡佚之多,存于今天的只是一小部分。

图书亡佚的原因首先是兵火,我们在前面已历举历史上各次重大的书厄,每次书厄都会有一定数量的图书失传。当然由于中国地大,并不是每次书厄毁的书都失传了,而是往往在他处还有副本,书种不绝。但有些书如《永乐大典》清代内府仅有一部,庚子事变(1900)时大都被毁,这部书也就残存无几了。

除天灾人祸,图书还有个自然淘汰过程。在唐代初年重修《晋书》之前,据史载有十八家《晋书》,我们讲图书命名时曾列举八家。但在唐代官修《晋书》行世后,其余各家就自然而然地不被重视,逐步失传了。同时在《隋书·经籍志》中还著录了李轨《晋泰始起居注》二十卷至刘道会《晋起居注》三百十七卷共二十一种五百五十一卷晋起居注,这些起居注也应是唐初修《晋书》的重要参考,所以后来全都失传了。起居注保存在宫中,民间流传估计不多,在皇家藏书被毁时自然容易亡佚,但完全失传,应当还有自然淘汰的原因。

别集,汉魏六朝时期见于《隋书·经籍志》的有八百八十六部八千一百二十六卷(其中四百四十九部梁朝有,后来亡佚)。到清乾隆修《四库全书》,著录于别集类的自《扬子云集》至《徐孝穆集》十四家而已。明末张溥辑有《汉魏六朝百三名家集》,基本上都是亡佚后重新搜集遗文佚句编成的。即使《四库》著录的十四家,也大都是宋元明以来所重辑,其传世者据考只有《嵇康集》、《陆士龙集》、《陶渊明集》、《鲍参军集》、《谢宣城集》、《江文通集》六家而已。从这个角度说是百不存一。我们所见到的汉魏六朝诗文应当说只是实际数量的一鳞片甲。如果没有《昭明文选》、《玉台新咏》幸存下来,那会更惨。这八九百种别集的亡佚,不可能全都出于天灾人祸,其中有相当一部分作家的文集应当是被自然淘汰的。从梁朝(502—557)至隋末(705)不足一百五十年,八百八十六部别集中的四百四十九部已亡佚,其速度是很快的。

　　以现在的一鳞片甲研究六朝文学,谓之"管窥蠡测"当不过分。所以当我们下结论说"六朝没有某某现象"或"某某现象从某某开始"时,应慎重,应考虑到现在所能掌握的史料只是全部史料的一小部分。

　　正是基于这样的原因,我们不能不感慨研究先秦汉魏六朝的历史、文学、语言、哲学处处受到史料限制,孔子说文献不足征,用于这个阶段是再恰当不过了。

　　《四库提要》曾指出:"古书亡佚,愈远愈稀,片羽吉光,弥足珍贵。"(见《苏氏演义》条)辑佚,正是在这种背景下出现的。

(二)前人辑佚的成绩

　　辑佚始于何时尚难论定,但宋人已有做辑佚工作的了。

　　叶德辉《书林清话》卷八:"宋黄伯思《东观余论》中有《跋慎汉公所藏相鹤经后》云:'按《隋经籍志》、《唐艺文志》,《相鹤经》皆一卷,今完书逸矣。特马总《意林》及李善《文选注·鲍照舞鹤赋》抄出大略,今真静陈尊师(北宋道士陈景元)所书即此也。……'据此,则辑佚之书当以此经为鼻祖。"北宋人从唐马总《意林》、唐李善《文选注》中辑出已佚古书《相鹤经》,被叶德辉认为是辑佚之始。

　　章学诚《校雠通义·补郑篇》:"昔王应麟以《易》学独传王弼,《尚书》止存伪孔传,乃采郑玄《易注》、《书注》之见于群书者,为《郑氏周易》、《郑氏尚书注》。又以四家之诗独《毛传》不亡,乃采三家诗说之见于群书者,为《三家诗考》,嗣后好古之士,踵其成法,往往缀辑佚文,搜罗略遍。"章学诚追溯辑佚之源,从南宋王应麟说起。总之,宋人已有辑佚书者,无可怀疑。

　　辑佚方面贡献最大的还是清朝人。清乾隆修《四库全书》,安徽学政朱筠奏请从《永乐大典》中辑集佚书,得到批准。郭伯恭《四库全书纂修考》云:"康熙中徐乾学即有辑录《永乐大典》散见各书之议。后乾隆元年全祖望寓李绂京宅,因李得借《大典》,日各读二十卷,以所签分令四人抄之,计抄出高氏《春秋义宗》一百五十卷、王安石《周官新义》六十卷、《曹放斋诗选》、《刘公是文钞》、《唐说斋文钞》、史真隐《尚书》、《周礼》、《论语》解、《二袁先生文钞》及永乐《宁波府志》诸书。杭世骏《读礼记集说》所采元人说,亦大半辑自《大典》。四库馆开,浙江采进遗书中已有抄存《大典》内《考工记》六本。当时校办《大典》,以周永年为最尽力。除就

《大典》校补、校正各书不计外，其已辑出收入《四库》之书，著录者凡三百八十五种四千九百四十六卷，存目者凡一百二十七种。"按：明隆庆三年盛时选所刻《名公书判清明集》十四卷，即嘉靖后期张四维参与重抄《永乐大典》时从《永乐大典》中辑出的。黄永年先生指出"这是从《大典》辑佚书之始"。张四维同时还从《永乐大典》中抄出《折狱龟鉴》二卷，隆庆五年淮安知府陈文烛序而刻之。只是这时的辑佚仍带偶然性，真正大规模从《大典》辑佚书仍是清人所为。当时四库馆臣辑出的重要典籍如《元和姓纂》、《旧五代史》、《续资治通鉴长编》、《建炎以来系年要录》、《直斋书录解题》、《宋景文集》、《彭城集》、《宋元宪集》等，都是赫赫有名的。

嘉庆中修《全唐文》，又从《永乐大典》辑出佚文不少。徐松与修《全唐文》，利用这一时机，辑出《宋会要》五百卷、《宋中兴礼书》三百卷、《中兴礼书续编》八十卷等大部头佚书。从《永乐大典》中辑佚书，对清代辑佚事业有较大影响。

清代辑佚之风大盛，成果累累，其中较重要的如：

马国翰，《玉函山房辑佚书》五百九十二种七百十五卷（据道光咸丰间历城马氏刻同治十年济南皇华馆书局补刻印本统计）、《续补》十一种十四卷（据光绪十五年章丘李氏刻本统计），合计六百三种七百二十九卷。

黄奭，《黄氏逸书考》三百四十一种二百九十一卷（附刻七种非辑佚书未计）、《汉学堂知足斋丛书》二百十五种二百十五卷。以上两丛书重复者只占少部分，当合观之。

严可均，《全上古三代秦汉三国六朝文》七百四十六卷，作者三千四百九十六人。

王谟，《汉唐地理书钞》七十九种八十一卷、《汉魏遗书钞》一百零四种附四种共一百零八种一百十七卷。

王仁俊，《玉函山房辑佚书续编》二百六十九种二百七十四卷、《补编》一百三十八种一百三十八卷、《十三经汉注》四十种四十卷、《经籍佚文》一百一十六种一百二十一卷，合计五百六十三种五百七十三卷。

民国间鲁迅先生有《古小说钩沉》，郭绍虞先生有《宋诗话辑佚》，都是典型的辑佚之作。

近年辑佚方面最引人注目的成果是复旦大学陈尚君先生的《全唐诗补编》、《全唐文补编》、《旧五代史新辑会证》，都是无愧先贤的传世佳作。

关于辑佚书的总成绩,可参考孙启治、陈建华《古佚书辑本目录》。

(三)辑佚的方法

"辑佚"的意思是辑集佚书、佚文。古书亡佚了,其中某些片断散见于他书,叫"佚文"。诗文作品不见于别集或总集的,也叫"佚文"。有的只存一两句了,叫作"佚句"。辑佚的主要任务是把佚文找全,尽可能按原书的顺序排纂好。

佚文到何处去找? 主要有:(1)古注。如郦道元《水经注》、《世说新语》刘孝标注、《文选》李善注、《史记》三家注(南朝宋裴骃集解、唐司马贞索隐、唐张守节正义)、《三国志》裴松之注、《后汉书·志》刘昭注、《十三经注疏》引汉魏六朝旧注。(2)类书。如《北堂书钞》、《初学记》、《艺文类聚》、《白孔六帖》、《太平御览》、《太平广记》、《册府元龟》、《玉海》、《永乐大典》等。(3)小学书。如《原本玉篇》、《一切经音义》、《经典释文》等。(4)其他汉魏六朝隋唐古书。例如《开元占经》内有不少佚书引文,历代史书中有不少诏令、奏议及一般诗文,应广事网罗。搜辑诗文,应重点利用文学总集,如《文选》、《古文苑》、《文苑英华》、《玉台新咏》、《乐府诗集》、《唐文粹》等等,许多作家的诗文集亡佚了,可从总集中辑得不少佚文。

佚文排纂很有学问,要对古书进行研究,明白古书体例。对于佚文本身也要进行校勘,有些引文不止见于一处,文字互有出入,应在小注中注明。经书佚注,应照经文顺序排列。诗文可先诗、后文,依文体分类排,亦可编年排列。

佚文出处应注出,早期辑佚书不注出处,是不科学的,不便查核。乾隆殿本《二十四史》中《旧五代史》是辑本,却不注每条佚文的出处,就不科学。刘承干得到邵晋涵原本,有出处,刻出来了,《百衲本二十四史》又据刘刻影印,就有特殊价值。陈尚君先生的新辑本不但内容大大丰富,可靠度更高,而且把相关文献以注释的形式一并保存下来,颇似《三国志》裴注,就更具学术价值了。

古人引书有时节引、有时引其大义,并且又不加省略号和引号,往往不知起讫,应熟悉古人引书通例,才能正确辑出佚文。

下面举三个例子,说明辑佚之不易。

(1)张舜徽《中国古代史籍校读法》举了一个例子:《水经》"河水又

东过砥柱间"注："刘向叙《晏子春秋》称古冶子曰：吾尝济于河，鼋衔左骖以入砥柱之流。当是时也，从而杀之。视之，乃鼋也。"这段话被马国翰认为是刘向《晏子春秋叙》而辑入《七略别录》中。其实这是《晏子春秋》的原文，不是刘向的话。"刘向叙"指的是刘向编定的意思。前面讲校勘时还举过秦恩复误辑《鬼谷子》佚文的例子，那是因为《太平御览》的错误而引起的。

（2）我曾在书店买到一部《明州阿育王山志》，是明朝郭子章编写的。宁波阿育王山有阿育王寺，六朝时所创，唐宋以来屡经修缮，文字记载及诗词歌咏亦复不少，明万历间郭子章辑为此志，其中保存了不少碑刻文献。这些文献当然越早的就越受人重视，其中有两位唐朝人于季友、范的的诗，人各一首，而且是唱和之作，刻在碑上。清代乾嘉时期的金石学家王昶在著名的《金石萃编》中收入了这两首诗：

①《范处士在育王寺书碑因以寄赠》　明州刺史于季友

　　　墨妙复辞雄，扁舟访远公。

　　　□天书梵□，霜月步莲官。

　　　迹寄双林下，名留劫石中。

　　　遥知松径望，棠叶满山红。

②《时在育王寺书石字奉酬□丞使君寄赠四韵，依次用本韵》　处士范的上

　　　拙艺荷才雄，新诗起谢公。

　　　开缄光佛域，望景动星官。

　　　风雪文章里，书镌琬琰名中。

　　　将谁比佳句，霞绮散成红。

孙望先生《全唐诗补逸》即据《金石萃编》收入此二诗。其中于季友诗"□天书梵□"缺二字，孙先生注称赵绍祖《金石文钞》作"云天书梵字"。万历本《明州阿育王山志》则作"雪天书梵字"，看来"字"字已无问题。"云天"和"雪天"就有了分歧。首先我们要考察二诗作于何时。这两首诗刻于明州（宁波）《阿育王寺常住田碑》后，这块碑原是唐代万齐融撰，徐峤之书，后毁。于季友为明州刺史，乃请范的重书，末有大和七年十二月一日于季友《后记》，可知重写刻石即在大和七年十二月一日。这是隆冬腊月，可见作"雪"字是无季节上的错误的。那么当时有没有下雪呢？我们看范的和诗，有"风雪文章里"之句，知道当时确实下了雪。这样看来作

"雪天书梵字"合情合理。如果作"云天",则无的放矢,与"霜月"亦不对,与范的和诗"风雪文章里"亦不相应,可见当作"雪"字。这就解决了两个缺字问题。

范的诗中还有个问题:"书镌琬御名中",孙望先生把"琬御名"改为"琬琰",他解释说:"诗中琬下原是'御名'两字。盖避武宗讳不书。武宗名炎。则诗中此字原当作琰可知。然则诗之作在太和间,镌石则在武宗会昌中,其间相去固将十载矣。"孙望先生说是"琬琰",这没问题,但是,唐武宗名"李炎",不名"李琰",为什么要用"御名"二字代替"琰"字呢? 琰字不是御名。这是一处讲不通的地方。事实上,王昶《金石萃编》刻于清嘉庆十年,那时的皇帝嘉庆名"颙琰",这个"御名"二字指的是嘉庆皇帝,不是唐武宗。我拿万历本《明州阿育王山志》相校,发现"琬"下系"聊"字,这应是"琰"之误,但至少说明明朝郭子章所见此诗不作"御名"二字,所以说孙望先生的解释不妥。再根据这种解释推断刻石在会昌中,就更不妥了。

(3)王先慎《韩非子集解》前有"佚文",其中有二条:

A.孙叔敖冬日黑裘,夏日葛衣。(《北堂书钞》卷一百二十九引)

B.孙叔敖相楚,粝饭菜羹,枯鱼之膳。(同上卷一百四十三引)

其实两条出于一段话,见《韩非子·外储说左下》:"孙叔敖相楚,栈车牝马,粝饭菜羹,枯鱼之膳,冬羔裘、夏葛衣,面有饥色,则良大夫也。"《北堂书钞》系节引,且羔裘误为黑裘。所以王先慎误为《韩非子》佚文(参王君南《玉函山房辑佚书研究》)。可见辑佚是很复杂的,要找佚文,还要鉴别考订佚文,稍有不慎,就会出错。

二、辨　伪

(一)什么叫"伪书"

所谓伪书,就是一书的公认著者及时代并非这书的真正著者及时代,这书即被称为伪书。例如《神农本草经》相传为上古时期神农作,《黄帝内经》相传为黄帝作,《列子》相传为先秦列御寇作,都是伪书。书中有假的史料,或者书的版本被人做了手脚,如以明刊本冒充宋本,都不在"伪书"之列。

（二）作伪的动机

作伪有有意为之的，也有无意为之的。有意为之，就有个动机问题。这里参考前人的成果总结为六条。

1. 传道

孔子说"述而不作，信而好古"，这种观念影响了中国秦汉以来的学风，大部分学者都有一种贵古贱今的倾向，认为古代的东西可信，古代的东西价值大。这是在著书立说中托古以传道的思想基础。早在先秦时期，儒家托之于周公，农家托之于神农，道家托之于黄帝，《汉书·艺文志》中多有揭示。兵家之书《十六策》、《将苑》、《心书》，均题诸葛亮撰，《四库提要》指出"盖宋以来兵家之书多托于亮"。唐代天文数学大家李淳风的著作，根据历代史书的记载，是越往后代越多。《旧唐书·经籍志》只著录五种，经过宋元明清，竟逐步增加到二十七种。《四库提要》对此有这样的感叹："夫古书日亡而日少，淳风之书独愈远而愈增，其为术家依托，大概可见矣！"数术之书除托名李淳风外，还经常托名晋代郭璞、明代刘基等。凡古人著述，无非心血之所寄，甚或累世相传之经验，若谓作者不欲自举其名，殆无人信，其所以依托他人，则在借重他人之名以传其书。《天禄阁外史》，旧题汉黄宪撰。明朱国祯《涌幢小品》卷十六云："昆山王舜华，名逢年，有高才奇癖，著《天禄阁外史》，托于叔度以自鸣。"是对这种动机的直接揭示。

2. 射利

为获得金钱而造伪，久已有之。《北史·刘炫传》："时牛弘奏购求天下遗逸之书，炫遂伪造书百余卷，题为《连山易》、《鲁史记》等，录上送官，取赏而去。"又如，《术数记遗》，旧题汉徐岳撰，北周甄鸾注。《隋书·经籍志》具列徐岳、甄鸾著述，独无此书。至《新唐书·艺文志》才加著录。又序中所言史事，多与正史不符。书中注文与正文又多不相蒙。《四库提要》因此指出："唐代选举之制，算学《九章》、《五曹》之外，兼习此书。此必当时购求古算，好事者因托为之，而嫁名于岳耳。"这种以牟利为目的的造伪现象在后来雕版印刷盛行之后尤多。如《筠轩清秘录》，旧题董其昌撰，实际上是把张应文的《清秘藏》二卷析为三卷，又伪撰陈继儒的序，以取信于人。《四库提要》指出："书贾以其昌名重，故伪造继儒之序以炫俗射利耳。”

3. 炫名

名垂青史,这是很多人的愿望。但有的人为此而不择手段,窃取他人成果,在学术界不乏其例。《化书》,旧名《齐丘子》,题南唐宋齐丘撰。《四库提要》引宋代陈景元云:“谭峭景升,在终南著《化书》,因游三茅,历建康,见齐丘有道骨,因以授之……齐丘遂夺为己有而序之。”又有为先人造伪者,如《肃雝集》,旧题元女子郑允端撰,钱惟善、杜寅序。《四库提要》认为“词意浅弱,失粘落韵者不一而足。钱惟善等皆一代胜流,不应滥许至是”。嗣考集中《桃花集句》所谓“从教一簇开无主,终不留题崔护诗”者,杨循吉《吴中往哲记》以为苏州李氏女子所作。又《碧筒》一首作于王夫人席上者,结有“可笑狂生杨铁笛,风流何用饮鞋杯”句。铁笛,杨维桢号。明瞿佑《归田诗话》卷下《香奁八题》条:杨廉夫(维桢)“或过杭,必访予叔祖,宴饮传桂堂,留连累日。尝以《香奁八题》见示,予依其体作八诗以呈……廉夫加称赏,谓叔祖云‘此君家千里驹也’,因以‘鞋杯’命题。予制《沁园春》以呈”。杨维桢《香奁八题》有自序,作于至正丙午(1366)春三月。以鞋杯命题又在其后。据允端小传,郑允端卒于至正丙申(1356)。也就是说,郑允端《肃雝集》中所载允端《碧筒》诗已咏及她死后十年之事,显然不是郑氏之作。根据这些事实,《四库提要》推测:“此殆允端原有诗集,岁久散佚,而其后人赝撰刊行。”果如此,则其作伪动机亦在于炫名。

4. 争胜

学术争论,本来是为澄清事实。但有些文士背离了这一宗旨,为求一时之胜,竟伪造证据。三国时魏国学者王肃曾公布了《孔子家语解》二十一卷,肃自序云:“郑氏学行五十载矣,寻文责实,考其上下,义理不安,违错者多,是以夺而易之。孔子二十二世孙有孔猛者,家有其先人之书,昔相从学,顷还家,方取以来。与予所论,有若重规叠矩。而恐其将绝,故特为解,以贻好事之君子。”当时博士马昭曾经说过:“《家语》王肃增加,非郑玄所见,肃私定以难郑玄。”(《礼记·乐记》疏引)宋代王柏《家语考》则说:“四十四篇之《家语》乃王肃自取《左传》、《国语》、《荀》、《孟》、二《戴记》割裂织成之,孔衍之序亦王肃自为也。”《四库提要》云:“出于王肃手无疑。”《四库简明目录》云:“《家语》虽名见《汉志》,而书则久佚。今本盖即王肃所依托,以攻驳郑学。”果如诸家所论,则王肃伪窜《孔子家语》,目的在于争胜。明代杨慎也有类似的行为。《四库提要》在《升庵集》条说:杨慎"往往恃其强识,不及检核原书,致多疏舛。……又恃气求胜,每说有窒碍,辄造古书以实之"。杨慎不是与某个人争胜,而是"睥睨一世,谓无足以发其覆"(《四库提要·丹铅录》),归根结底,也是为了争胜。

在政治舞台上,为了打击政敌,也有使用制造伪书这一手段的。唐人小说《周秦行纪》是李德裕的门人韦瓘伪造而托名于李德裕的政敌牛僧孺的,其中有对君主的不敬之语,李德裕据以作《周秦行纪论》,攻击牛僧孺。又如《碧云騢》,题梅尧臣撰,实为魏泰伪造。《四库提要》说:"泰为曾布妇弟,故尝托梅尧臣之名撰《碧云騢》,以诋文彦博、范仲淹诸人。"(见《四库提要·临汉隐居诗话》)《邵氏闻见后录》引王铚《跋范仲尹墓志》云"(范)文正公与欧阳公、梅公",托名梅尧臣攻击文彦博、范仲淹,盖有一石三鸟之冀。

5.逃禁

由于政治原因,一些书不能以真正作者的名义流传,不得不改题作者。例如《子华子》,旧题先秦晋国程本撰。《四库提要》认为:"殆能文之士发愤著书,托其名于古人者。观篇末自叙世系,以程出于赵,眷眷不忘其宗,属其子勿以二心以事主,则明寓宋姓。其殆熙宁、绍圣之间宗子之忤时不仕者乎?"如果这一推论不误,那么《子华子》之所以托名以行,在于真正的作者是一位"忤时"者。自举其名,该书是得不到流通的,甚至还会带来其他麻烦。又如《全唐诗话》,旧题宋尤袤撰。《四库提要》说:"考周密《齐东野语》载贾似道所著诸书,此居其一。盖似道假手廖莹中,而莹中又剽窃旧文(按:旧文,指计有功《唐诗纪事》),涂饰塞责。后人恶似道之奸,改题袤名,以便行世。"可见,《全唐诗话》被改题尤袤,动机在"恶似道之奸",若以贾似道的名义行世,世人不会接受。

6.避嫌

一般人对于名誉都是十分爱惜的,有些作品虽然能够被普通读者接受,但为正统观念所不容。例如描写男女爱情甚至男女交欢的作品,被认为有伤风化,孔子曰"郑声淫,放郑声",即是针对爱情诗歌而言的。《金瓶梅》是一部描写市民生活的作品,事涉淫秽,作者不愿直署其名,而是自称"兰陵笑笑生",弄得几百年来的读者们猜不透作者的真实姓名。但是,作者没有把作品托名别人,而是使用了自己的一个鲜为人知的别号,因而不是作伪。五代时期的和凝在同样性质的问题面前,就采取了作伪的办法。《梦溪笔谈》卷十六:"和鲁公凝,有艳词一编,名《香奁集》。凝后贵,乃嫁其名于韩偓。今世传韩偓《香奁集》,乃凝所为也。"胡应麟说:"有耻于自名而伪者,和氏《香奁》之类是也。"其实,和凝是怕损害自己的名声,怕因此而遭世人嫌弃,才嫁名他人的。

（三）作伪的主要手段

所谓作伪的手段,是指制造伪书所需要的方法。大体可归纳为以下十一种。

1. 作者假托他人

上面举过的《香奁集》、《碧云騢》、《子华子》、《天禄阁外史》等,都是由作者本人托名他人而造成的伪书。此类例子较多,不再详举。

2. 后人改题著者

古书流传一段时间之后,由于某种原因,作者被改变了。上文举过《全唐诗话》,本来是廖莹中代贾似道而作,后人恶贾似道之奸,改题尤袤,这就造成了伪书。又如《管子注》,旧题房玄龄撰。晁公武认为是尹知章托名房玄龄。《四库提要》根据《新唐书·艺文志》著录尹知章注《管子》三十卷,并未另著录房玄龄注本,认为:"知章本无托名,殆后人以知章人微,玄龄名重,改题之以炫俗耳。"《四库提要》的结论比晁公武合理。

3. 割去序跋

在版本学上,割去原有序跋冒充古本者不胜枚举,那是书贾伪造旧本的手段。但这种手段有时连真正的作者也改变了,于是在伪造旧本的同时也造出了一部伪书。例如清初曹溶编的《学海类编》和陆烜编刻的《奇晋斋丛书》都收有《平巢事迹考》一卷,题宋人撰。陆烜还写了跋,说这部书是元人抄本。《四库提要》指出:"今考其书,即明茅元仪之《平巢事迹考》,但削去元仪原序耳。盖溶为狡黠书贾所绐,烜又沿溶之误也。"

4. 伪撰序跋

这个手段与割去原有序跋相互补充,有时单独出现,也有时同时使用。例如《两宋名贤小集》三百八十卷,共一百五十七种,很有价值。旧题宋陈思编、元陈隆补。有宋魏了翁序、清朱彝尊跋。《四库提要》指出:"考所载了翁序,与《宝刻丛编》之序字句不易,惟更书名数字。其为伪托无疑。"《宝刻丛编》是宋陈思所编,魏了翁为之序。作伪者为了证明《两宋名贤小集》是宋人陈思编的,就把陈思《宝刻丛编》的魏了翁序稍加改动移弁卷首。另外,朱彝尊跋也不见于《曝书亭集》而且与朱氏《宋高菊磵遗稿序》矛盾,所以《四库提要》认为"当由近人依托为之"。又如《家礼仪节》一书,有的本子题明杨慎编,前有杨慎序。《四库提要》指出:杨慎序"词极鄙陋","核其书,即邱濬之本,改题慎名。"杨序当是伪撰的。

5. 沿袭旧名而作新书

有些古书久佚不存,但书名、著者仍然留在史志中,甚至见于古书传注中。后人借旧名作新书,并托名原作者,号称旧本复出,炫人耳目。例如《关尹子》,陈振孙《直斋书录解题》说:"《汉志》有《关尹子》九篇,而《隋》、《唐》及《国史》志皆不著录。意其书亡久矣。徐葳子礼得之于永嘉孙定,首载刘向校定序,篇末有葛洪后序。未知孙定从何传授,殆皆依托也。序亦不类向文。"宋濂《诸子辨》进一步分析说:"间读其书,多法释氏及神仙方技家,而藉吾儒言文之。如'变识为智'、'一息得道'、'婴儿蕊女、金楼绛宫、青蛟白虎、宝鼎红炉'、'诵咒土偶'之类,聃之时无是言也。其为假托,盖无疑也。"《四库提要》推测:"《墨庄漫录》载黄庭坚诗'寻师访道鱼千里'句,已称用《关尹子》语,则其书未必出于定,或唐五代间方士解文章者所为也。"他如《无上秘要》,《四库提要》疑为"后人袭原书之名,剿他书以成编"。《孔子家语》也被认为是沿旧名而作伪。

6. 节采某书更易新名

把某一部书的一部分独立出来,换上新书名,《四库提要》认为是作伪行为。例如《诚斋挥麈录》一卷,旧题杨万里撰,《四库提要》说:"左圭收入《百川学海》中。今检其文,实从王明清《挥麈录话》内摘出数十条,别题此名。凡明清自称其名者,俱改作万里字。盖坊刻赝本,自宋已然。"

7. 缀合群书造为新编

从古书中广泛裁取资料,巧加连缀,造成一部新书,而号称古书。最著名的例子是伪《古文尚书》。现行的《十三经注疏》中的《尚书正义》,是孔颖达以南北朝时期流行的《古文尚书》五十八篇及伪孔安国注为底本作的疏,陆德明《经典释文》中的《尚书音义》也是以此本为据的。唐、宋、元、明、清历代都把它视为经典,科举考试,往往从中命题。其实,所谓《古文尚书》五十八篇,有二十五篇是假的,另三十三篇是真的。对这二十五篇古文《尚书》,东晋至北宋无人怀疑,南宋吴棫开始怀疑,朱熹开始指出其文风不似,至明梅鷟撰《尚书考异》、《尚书谱》,才深入揭示二十五篇古文采掇群书、巧为连缀的痕迹,到清初阎若璩《古文尚书疏证》才真正使二十五篇之伪成为定案。之所以如此难以发现,发现了又如此难以定案,就是因为二十五篇《古文尚书》是精心之作,汉魏诸儒所称引的"佚《书》"零句几乎都被纳入,连缀得文从字顺,加上伪撰的孔安国注又多本故训,就更不易被察觉。大经学家孔颖达是这样评价伪《古文尚书》的:"古文经虽然早出,晚始得行。其辞富而备,其义弘而雅。故复而不厌,久而愈亮。"(《尚书正义序》)二十五篇伪古文之一《大禹谟》中有这样四句话:"人心惟危,道心惟微,惟精惟一,允执厥中。"这四句被宋儒认为是《书经》中的精华。事实上,《荀子·解蔽》有"人心之危,道心之微"的话,《论语·尧曰》有"允执其中"的话,《大禹谟》即据二书连缀改写而成。二十五篇伪古文,几乎都能找到其来源。所以清初以后,很少有人再相信二十五篇古文了。用这种手段伪造古书,当然是难度较大的,犹如采花酿蜜,不是寻常之辈能办的。也正因为这样,这类伪书辨识起来也极难。

8. 变乱旧例以充新编

此种手段往往伴随其他手段而施行,不外乎割裂、删削、颠倒、分析诸技。如《筠轩清秘录》,旧题董其昌撰,实即把张应文《清秘藏》二卷析为三卷,然后改个书名、著者。再如《群贤梅苑》,旧题朱鹤龄撰,《四库提要》指出:该书实"取宋黄大舆《梅苑》一书而颠倒割裂之",显然不出朱鹤龄之手。

9. 自著自注

自己伪造古书,又自为作注,以增加可信度。《孔子家语》王肃只承认是作注的,其正文号称孔子二十二代孙孔猛所传先人之书。从三国时马昭以来不断有人指出正文也是王肃作的。再如《玉照真定经》,题郭璞撰,张颙注。但自隋至宋从未有人说郭璞有此书。《四库提要》说:"勘验书申,多涉江南方言,疑书与注文均出自张颙一人之手,而假名于璞以行。"

10. 书以篆籀而充古本

这是从书写形式上作伪,是一种辅助手段。明代丰坊是个典型。丰坊伪撰《石经大学》、《子贡诗传》、《申培诗说》,都以篆籀书写,声称古代秘本。丰坊是个进士,家有万卷楼,藏书极富,多储秘本,加上工于书法,所以骗了不少人。《四库提要》驳斥说:"二书皆以古篆刻之。不知汉代传经悉用隶书,故孔壁科斗世不能辨,谓之古文。安得独此二书参用籀体? 郭子章、李维桢皆为传刻释文,何镗收入《汉魏丛书》,毛晋收入《津逮秘书》,并以为曾见宋拓,皆谬妄也。"(《诗传提要》)

11. 以假搀真窜乱旧帙

这种现象一般叫窜乱。如元代陈诚中为卢琦编《圭峰集》,竟把萨都剌的诗三十二首有意搀入。说他是有意,是因为他做了手脚。如萨都剌《溪行中秋玩月》一首有序云:"余乃萨氏子。"陈诚中就把这首诗的题目改为《儒有萨氏子》。诗末"至元丁丑仲冬书"一句被删去。《四库提要》认为这"不得谓之误收",而是有意作伪。

(四)我国辨伪的历史

中国古籍之富世界罕见,但由于种种原因,出现了大量伪书,宋代学者朱熹曾慨叹:"天下多少是伪书! 开眼看得透,自无多书可读。"(《朱子语类》卷八十四)清人张之洞也指出:"一分真伪,而古书去其半。"(《輶轩语·语学》)为了使学术研究建立在可靠的基础上,我国历代学者用了大量的精力考辨这些为数众多的伪书,确定其真正的时代和作者。无论在实践上,还是在理论上,都积累了丰硕的成果,逐步形成了一门学科——古籍辨伪学。20世纪20年代梁启超讲授《古书真伪及其年代》一课,其中第三章《辨伪学的发达》专讲辨伪学的历史,是富有开辟意义的。这里吸取了梁氏的正确主张,也有所补充和订正。

我国古籍辨伪工作,见诸记载的,要以西汉成帝时辨张霸所上《百两尚书》为较早。《汉书·儒林传》:"世所传《百两篇》者,出东莱张霸,分析合二十九篇以为数十,又采《左氏传》、《书序》为作首尾,凡百二篇。篇或数简,文意浅陋。成帝时求其古文者,霸以能为《百两》征。以中书校之,非是。霸辞受父,父有弟子尉氏樊并。"唐陆德明《经典释文叙录》引作:"成帝时,刘向校之,非是。"与今本《汉书》不同。考成帝河平三年,刘向奉诏校书,《百两》之进于朝廷,正当刘向奉诏校书时,因此陆德明所谓"刘向校之"当有依据。

刘向、刘歆父子的辨伪成绩主要见于《别录》、《七略》二书。二书已佚,但班固《汉书·艺文志》是据《七略》"删其要"而成的,保存了刘氏父子辨伪的部分材料。从《汉书·艺文志》看,刘氏父子辨定或怀疑的古书有:《太公》二百三十七篇、《文子》九篇、《力牧》二十二篇(道家)、孔甲《盘盂》二十六篇、《大侴》三十七篇、《神农》二十篇、《伊尹说》二十七篇、《鬻子说》十九篇、《师旷》六篇、《务成子》十一篇、《天乙》三篇、《黄帝说》四十篇、《封胡》五篇、《风后》十三篇、《力牧》十五篇(兵阴阳)、《鬼容区》三篇,共十六部。另外刘向《晏子书录》有云:"又有颇不合经术,似非晏子言,疑后世辩士所为者,故亦不敢失,复以为一篇。"是怀疑《晏子春秋·外篇》非晏子所作,而是后来辩士所作而托名于晏子。

刘氏父子的辨伪方法,可总结为四条:

(1)从文辞方面辨伪。如《伊尹说》二十七篇,《汉书·艺文志》说:"其语浅薄,似依托也。"(2)从事实方面辨伪。如道家《文子》九篇,《汉书·艺文志》云:"老子弟子,与孔子并时,而称周平王间,似依托者也。"(3)从因袭上辨伪。上面所举辨《百两尚书》之伪即用此法。(4)从思想体系辨伪。上面所举辨《晏子春秋·外篇》为依托,即是其例。

继刘氏父子以后,东汉又有不少学者做过零星的辨伪工作。例如史学家班固,有感于当时好事者取奇言怪语附会为东方朔作品,便在《汉书·东方朔传》中罗列了东方朔的所有作品,并且声明:"凡刘向所录朔书具是矣,世所传他事皆非也。"从而以刘向《别录》为依据,将东方朔作品的真和伪划清了界限。从辨伪的方法来说,班固开创了"从旧志不著录而定其伪或疑其伪"的辨伪方法,这对后代影响很大,明代胡应麟提出的著名的"辨伪八法",第一条就是"核之《七略》以观其源",应当说这是对班固辨伪方法的继承。再如经学大师马融,对当时流传的《泰誓》从三个角度进行了有力的揭露。第一个角度是文章浅露,第二个角度是《泰誓》中有的内容与孔子思想不合,第三个角度是前人引用《泰誓》而不见于今本《泰誓》者较多。其原文如下:

《泰誓》后得,案其文似若浅露。又云"八百诸侯不召自来,不期同时,不谋同辞"及"火复于上,至于王屋,流为雕。至五,以谷俱来,举火"。神怪,得无在子所不语中乎? 又《春秋》引《泰誓》曰:"民之所欲,天必从之。"《国语》引《泰誓》曰:"朕梦协朕卜,袭于休祥,戎商必克。"《孟子》引《泰誓》曰:"我武惟扬,侵于之疆,取彼凶残,我伐用张,于汤有光。"《孙卿》引《泰誓》曰:"独夫受。"《礼记》引《泰誓》曰:"予克受,非予武,惟朕文考无罪。受克予,非朕文考有罪,惟

予小子无良。"今文《泰誓》皆无此语。吾见书传多矣,所引《泰誓》而
不在《泰誓》者甚多,弗复悉记,略举五事以明之,亦可知矣。(孔颖
达《尚书正义》卷十一引马融《书序》)

就辨伪方法来说,马融的第三个角度当是他的发明,即"从古书佚文不见
于今本来辨伪",这也是后代辨伪的一个基本方法。至于清人孙志祖《读
书脞录》主张汉代出现的今文《泰誓》不伪,只是由于中、下二篇亡佚,才
出现了《左传》、《国语》、《管子》、《墨子》、《荀子》、《孟子》等所引《泰誓》
多不见于其中的现象。那是另一个问题,不在本文探讨之列。又如经学
大师郑玄,辨《礼记·月令》非周公所作,理由是"其中官名时事多不合周
法"(孔颖达《礼记正义》卷十四引郑玄《三礼目录》),这就开创了从典章
制度辨伪的方法。还有赵岐,他在注《孟子》时,发现《内篇》七篇外,还有
《外书》四篇,经过研究认为:"其文不能宏深,不与《内篇》相似,似非孟子
本真,后世依放而托之者也。"(《孟子题辞》)这就继承了刘向从文辞上辨
伪的方法。还有一位学者林孝存,不同意《周礼》作于周公的说法,专门
作《十论七难》与郑玄辩论,认为"武帝知《周官》末世渎乱不验之书"。
公羊学家何休也认为《周礼》是"六国阴谋之书"(贾公彦《周礼疏·
序》)。这都给后人以不同程度的启示。两汉的辨伪成绩很大,尤其刘、
班、马、郑,在方法上均有发明,他们奠定了古籍辨伪学的基础。

　　两晋以降,至于隋代,佛门高僧的辨识伪经使古籍辨伪工作出现了新
局面。东晋道安《综理众经目录》有"疑经录"一门,梁代僧祐《出三藏记
集》也有"新集疑经伪撰杂录"一门,隋代法经《大隋众经录目》进一步把
"疑惑"和"伪妄"分为二录。他们使辨伪在目录学中有了独立的一席地
位,使辨伪学的地位大大提高了。不但如此,僧祐还从抽象的角度提出了
辨伪的理论,他说:"昔安法师摘出伪经二十六部,又指慧达道人以为深
戒。古既有之,今亦宜然矣。祐校阅群经,广集同异,约以经律,颇见所
疑。夫真经体趣融然深远,假托之文辞意浅杂,玉石朱紫,无所逃形也。
今区别所疑,注之于录,并近世妄撰,亦标于末。"(《出三藏记集》卷五)僧
祐在这段文字中指出了佛经辨伪的起源、佛经辨伪的基本方法和著录疑
伪佛经的基本原则。其中从理论上提出辨伪的方法,在刘向之后还是首
次,值得充分肯定。

　　在此期间,研究普通典籍而能辨识真伪且于方法上有一定发明的,南
有刘勰,北有颜之推。刘勰针对当时流传的李陵、班婕妤的五言诗指出:

"至成帝品录,三百余篇,朝章国采,亦云周备。而辞人遗翰,莫见五言。所以李陵、班婕好见疑于后代也。"(《文心雕龙·明诗》)这便开了从文体上辨伪的法门。颜之推在《颜氏家训·书证》中指出《山海经》、《本草》、《尔雅》、《春秋》、《世本》、《汲冢琐语》、《苍颉篇》、《列仙传》、《列女传》九部书中均有后人羼入的内容。其中《山海经》旧说夏禹及益所记,《本草》旧说神农所述,但《山海经》中有长沙、零陵、桂阳、诸暨等秦汉地名,《本草》中有豫章、朱崖、赵国、常山等汉代地名。颜氏据此怀疑为后人窜入。这显然开创了从地理沿革上辨伪的方法。

　　唐代辨伪更趋自觉,其最有影响者,前有高僧法琳、智昇、史学家刘知幾,后有柳宗元。法琳的贡献在于从理论上揭示作伪的手段和辨伪的方法,这主要表现在贞观十三年答刑部勘对状。他这样归纳道书作伪的手段:"增加卷轴,添足篇章。依傍佛经,改头换尾。或道名山自出,对唱仙洞飞来。"法琳的这一揭露不但可用于辨道书之伪,而且可用于辨一切来历不明的伪书,梁启超曾提出"从书的来历暧昧不明"来辨伪,应当说这与法琳的理论是合拍的。法琳还针对这种作伪手段进一步指出:"何乃黄领独知,英贤不睹?"(唐释彦琮《唐护法沙门法琳别传》卷下)明代胡应麟曾提出"核之《七略》以观其源"的辨伪方法,班固就已经用"刘向所录"作标准划分东方朔作品的真伪,法琳所谓"黄领独知,英贤不睹",实际上是把班固的方法进一步发展并理论化了,这是值得重视的。法琳的言论与初唐时期异常激烈的佛、道之争关系密切,不无感情色彩,但却道出了道教徒为战胜佛教徒而伪造道书的事实。另一位高僧智昇的贡献在于从理论上确立了辨伪在目录学中的重要地位,他说:"夫目录之兴也,盖所以别真伪,明是非,记人代之古今,标卷部之多少,撮拾遗漏,删夷骈赘。欲使正教纶理,金言有绪,提纲举要,历然可观也。"(《全唐文》卷九百十四《开元释教录序》)智昇的这一观点与东晋以来佛经辨伪在佛经目录中的较高地位是分不开的,智昇把道安、僧祐、法经等高僧的实践进一步理论化了。

　　刘知幾的辨伪活动表现在辨《孝经》郑玄注、《老子》河上公注、子夏《易传》之伪。开元七年,玄宗令诸儒讨论《孝经》郑注、《老子》河上公注、子夏《易传》之短长。刘知幾于是年四月七日上《孝经老子注易传议》(《唐会要》卷七十七,《全唐文》卷二百七十四)。对《孝经》郑注,刘知幾认为"《孝经》非玄所注,其验十有二条",其十二条证据是:(1)郑玄《自序》备言所注,独不及《孝经》。(2)郑玄卒后,其弟子追论师所著述及应对时人之语作《郑志》,言郑所注者唯有《毛诗》、三礼、《尚书》、《周易》,都无注《孝经》之文。(3)《郑志目录》记郑玄著述,寸纸片言莫不记载,而无《孝经》之注。若有《孝经》之注,无容匿而不言。(4)郑玄弟子分授门徒,各述师言,更相问答,编录其语,谓之《郑记》,唯载《诗》、《书》、《礼》、《易》、《论语》,不及《孝经》。(5)赵商《郑先生碑铭》具称诸所注笺驳论,不言注《孝经》。《晋中经簿》于《周易》、《尚书》、《尚书中候》、《尚书大传》、《毛诗》、《周礼》、《仪礼》、《礼记》、《论语》凡九书皆云“郑氏注,名玄”。至于《孝经》,则称“郑氏解”,无“名玄”二字。(6)《春秋纬演孔图》云:“康成注三礼、《诗》、《易》、《尚书》、《论语》,其《春秋》、《孝经》则有评论。”宋均《诗纬序》云“我先师北海郑司农”,则均是玄之传业弟子,师所著述无容不知,而云《春秋》、《孝经》唯有评论,非玄之所注,于此特明。(7)宋均《孝经纬注》引郑《六艺论》叙《孝经》云:“‘玄又为之注’,司农论如是,而均无闻焉,有义无辞,令予昏惑。”(8)宋均《春秋纬注》云:玄“为《春秋》、《孝经》略说”,则非注之谓。所言“玄又为之注”者,泛辞耳,非其实。其序《春秋》亦云“玄又为之注”也,宁可复责以实注《春秋》乎?(9)后汉史书存于当时者有谢承、薛莹、司马彪、袁山松等,俱为郑玄作传者,载郑玄所注皆无《孝经》。(10)王肃《孝经传》首有司马宣王之奏云:“奉诏令诸儒注述《孝经》,以肃说为长。”若有郑注,亦应言及,而都不言郑。(11)王肃著书发扬郑短,凡有小失皆在《圣证》,若《孝经》此注亦出郑氏,被肃攻击最应烦多,而肃无言。(12)魏晋朝贤论辨时事,郑氏诸注无不撮引,未有一言引《孝经》之注。刘知幾这十二条证据,就其辨伪方法而言,不外两途:一是查文献记载,二是查前人引用。刘知幾在这篇奏议中探赜索隐,引据甚博,在开元时代可谓绝无仅有。对此,他本人也毫不隐讳,他在《重论孝经老子注议》中说:“臣才虽下劣,而学实优长。窃自不逊,以为近古已来未之有也。”(《全唐文》卷二百七十四)所以,对于《孝经》郑玄注,后人多尊刘知幾说。例如清代阮元《孝经注疏校勘记序》说:“郑注之伪,唐刘知幾辨之甚详。”当然清儒主张《孝经》郑玄注非伪者亦大有人在。这个问题还可进一步研究,但刘知幾的考辨能力确是不可轻视的。刘知幾辨《老子》河上公注、子夏《易传》也是遵循这种原则。他的贡献不在于辨出了多少伪书,而在于他的方法和勇于怀疑的精神。昔人论刘知幾的辨伪主要是以《史通》的《疑古》、《惑经》为立论依据,事实上《疑古》、《惑经》不过是辨伪事,属于史料的鉴别,并非辨伪书。真正代表刘知幾在古籍辨伪学方面成就的仍当推《孝经老子注易传议》,这篇辨伪论文可以与马融《书序》相媲美。宋邢昺作《孝经注疏》全录此文之论《孝经》者,益可见其久为学界所重。

柳宗元在辨伪上的贡献有三:一是指明作伪的重要手段——剽掇群书而作伪。如《辨文子》云:"凡《孟子》辈数家,皆见剽窃。"二是发明从学术源流辨伪的方法。如《辨晏子春秋》云:"吾疑其墨子之徒有齐人者为之……其旨多尚同、兼爱、非乐、节用、非厚葬久丧者,是皆出《墨子》。"三是发明从称谓上辨伪的方法。如《辨论语》上篇,柳宗元认为儒者以《论语》为孔子弟子所记是不对的,理由是《论语》中对孔子弟子都只称字,唯独有子、曾子尊称子。有子是因为像孔子,孔子去世后,孔子弟子们想立他为师,因他不能回答弟子们的疑问,没有立成。可见有子称"子"是有来历的。而曾子在孔门年龄较小,称"子"是说不通的。所以柳宗元认为《论语》是曾子的弟子编成的。柳宗元的辨伪远不及刘知幾求证严密,但他的辨伪文章已有数篇,对中晚唐的疑古风气有推动作用。

宋人的辨识伪书,较之唐人大大地进了一步。其特点有三:一是参与此事者多,二是被辨出或被怀疑的书多,三是方法有重大改进。首开这一风气的是欧阳修,他的《易童子问》洋洋三千余言,对向来被认为孔圣人作的《十翼》提出辩难。他认为《十翼》中的《系辞》、《文言》、《说卦》、《序卦》、《杂卦》不是孔子所作。他的理由很多,但主要方法是找出其中与《论语》的矛盾,也就是说是从思想体系上辨伪,这是对刘向辨《晏子春秋·外篇》的方法的继承。另一种方法是从称谓上辨伪,《系辞》、《文言》均有"子曰"之称,显系孔子后学所为。这是对柳宗元《辨论语》的方法的继承。继欧阳修之后,郑樵、叶适、赵汝谈、赵汝楳等先后对《十翼》提出辩难,使《十翼》除《彖传》、《象传》以外均被认为非孔子所作。尤其赵汝谈《南塘易说》三卷,据陈振孙《直斋书录解题》说是"专辨《十翼》非夫子作"的,这恐怕是辨一书之伪的第一部专著,可惜亡佚了。《易传》如此,东晋晚出的《古文尚书》也是首先由宋人揭其伪迹的。首发其难者是吴棫,他说:"增多之书皆文从字顺,非若伏生之书诘曲聱牙。夫四代之书,作者不一,乃至二人之手而定为二体,其亦难言矣。"(元黄镇成《尚书通考》卷一引)朱熹受了吴棫的启发,进一步指出:"今文多艰涩,而古文反平易……伏生倍文暗诵,乃偏得其所难,而安国考定于科斗古书错乱磨灭之余,反专得其所易,则又有不可晓者。"(白寿彝辑《朱子辨伪书语》)其后赵汝谈、陈振孙也都有辨识,这就为晚出的《古文尚书》的伪案揭开了考辨的序幕。他如苏辙、黄震怀疑《管子》、晁公武怀疑《文中子》、陈振孙怀疑《关子明易传》、郑樵攻《诗序》等等,先后呼应,呈群起之势。而最能代表宋人辨伪成就的应是朱熹。

朱熹集两宋理学之大成,对古书下功夫极深。因此,他既能超脱注疏家的繁琐而对古书独有会心,又能贯穿群籍而有相当的考证。他怀疑的古书在宋人中为最多,他自己说:"欲作一书论之而未暇。"(朱熹《孝经刊误附记》)可见他是第一个打算专著一书以辨群书之伪的人。白寿彝先生曾辑《朱子辨伪书语》一册(民国二十二年朴社排印本),从中可知朱熹怀疑或辨定的伪书达四十部之多,就个人辨伪来说,这是前所未有过的成绩,可以说是刘向以来一人而已。朱熹曾总结自己的辨伪经验说:"熹窃谓生于今世,而读古人之书,所以能别其真伪者,一则以其义理之所当否而知之,二则以其左验之异同而质之。未有舍此两途而能直以臆度悬断之者也。"(《朱文公文集》卷三十八《答袁机仲·来教疑河图洛书》条)白寿彝先生更进一步将朱熹的辨伪方法归纳为六条:(1)根据常识来推测。(2)因确知作伪者是谁而知其书为伪书。(3)因一书的内容与历史上的事实不符辨伪。(4)因一书的思想与所依托的人的思想不符辨伪。(5)因一书的内容抄袭凑合之迹显然而知为伪。(6)从一书的文章气象辨伪(《朱子辨伪书语·序》)。朱熹治学的领域较宽,辨伪犹其余事,但即此而论,已是理论与实践均能远迈前修的了。

元人的辨伪,向来以为成绩很小。梁启超曾说:"元朝在文化史上是闰位,比较的任何学术都很少贡献,在辨伪方面也是如此。"(《古书真伪及其年代》)所以他在讲辨伪发展史时根本不讲元代。这是梁启超对元朝的成见太深。元代的诗、戏曲、小说、书画、天文、地理、医学等均有独特的成就,这里姑置勿论。即辨伪之学,也有承前启后的作用。首先,在辨伪《古文尚书》方面,《四库提要》曾说:"《古文尚书》自贞观敕作《正义》以后,终唐世无异说。宋吴棫作《书稗传》始稍稍掊击,《朱子语录》亦疑其伪。然言性、言心、言学之语,宋人据以立教者,其端皆发自《古文》,故亦无肯轻议者。其考定《今文》、《古文》自陈振孙《尚书说》始,其分编《今文》、《古文》自赵孟頫《书古今文集注》始,其专释《今文》则自澄此书始。"(吴澄《书纂言》提要)又说:"自吴棫始有异议,朱子亦稍稍疑之。

吴澄诸人本朱子之说相继抉摘,其伪益彰。"(阎若璩《古文尚书疏证》提要)可见元代的赵孟頫、吴澄是继宋代吴棫、朱熹等之后进一步辨《古文尚书》之伪的人。尤其吴澄,他在《校定古文尚书二十五篇序》中明确指出二十五篇系收拾遗佚连缀而成,对后来梅鷟、阎若璩等启发最大,所以《四库提要》认为经吴澄进一步研究,晚出之《古文尚书》"其伪益彰"。另外,郝经、王充耘对伪《古文尚书》也有辨证。伪《古文尚书》的问题可说是古籍辨伪史上的第一大案,历宋元明清四代,牵涉学者数十人,才最后定案。元代学者能抓住这一问题作文章,是有历史意义的。

　　元人辨伪的第二个值得重视的贡献,是出现了中国历史上第一部辨群书之伪的专书——宋濂的《诸子辨》。这部专书作于元顺帝至正十八年(1358)。当时宋濂有感于诸子书"有依仿而托之者",要"辞而辨之"(《诸子辨·序》),于是在至正十八年三月为逃避兵荒马乱进入句无山期间,"因旧所记忆者"作了《诸子辨》一卷。在这部书里,宋濂对上起周秦、下至唐宋的四十部子书逐一进行审辨,共得伪书二十七部(包括疑伪)。其辨《管子》云:"是书非仲自著也。其中有绝似《曲礼》者,有近似《老》、《庄》者,有论伯术而极精微者,或小智自私而其言至卑污者。疑战国时人采掇仲之言行附以他书成之。不然,'毛嫱西施'、'吴王好剑'、'威公之死,五公子之乱',事皆出仲后,不应预载之也。"其辨《关尹子》云:"间读其书,多法释氏及神仙方技家,而借吾儒言文之。如'变识为智'、'一息得道'、'婴儿蕊女、金楼绛宫、青蛟白虎、宝鼎红炉'、'诵咒土偶'之类,聃之时无是言也。"(按:关尹子与老子同时,故云。)其他诸书大抵如此,由此可见宋濂的辨析相当细致。他在后记中说:"第以家当屡徙之余,书无片牍可以稽质,不能必其无矛盾也。"宋濂是在元末颠沛流离中写成这部具有历史意义的专书的,这是我们不能不深表敬佩的。宋濂这部专书的出现,打破了古书辨伪的零散状态,明代胡应麟作《四部正讹》、清代姚际恒作《古今伪书考》,乃至近人张心澂辑《伪书通考》,可以说无不以《诸子辨》为先导。

　　元人辨伪成绩还有第三个值得重视的地方,那就是陈应润的《周易爻变义蕴》首发《易先天图》之难。《易先天图》前人如邵雍、朱熹均尊信不疑,陈应润认为先天诸图杂以《参同契》炉火之说,非《易》之本旨。《四库提要》认为:"自宋以后,毅然破陈抟之学者,自应润始。"《河图》、《洛书》的伪案在辨伪史上仅次于《古文尚书》,而这一伪案的首讼者是元朝人。他们的贡献不容低估。

明代的古籍辨伪在宋元基础上得到更大发展,最值得强调的是胡应麟的《四部正讹》和梅鷟的《尚书考异》,这两部各具特色的辨伪专著的出现,使古籍辨伪学进入了一个新阶段。

《四部正讹》已不像《诸子辨》那样限于一类图书,而是把辨伪的范围扩大到经史子集四部,这就使它成为第一部综合性的辨伪专书。《四部正讹》辨出的伪书共有九十七部(包括疑伪之书)之多,这在辨伪史上是空前的,即使后来姚际恒的《古今伪书考》也不过辨出八十八部伪书。从辨伪理论上讲,胡应麟更称得上古籍辨伪史上的第一位专家。他在《四部正讹》卷首和卷尾系统提出了关于作伪的手段、作伪的动机、伪书的类型、辨伪的方法等一整套辨伪学理论。尤其是他在自己坚实的辨伪实践基础上并大量借鉴历代辨伪经验而提出的辨伪八法,至今仍是辨识伪书的基本方法:

> (一)核之《七略》以观其源。(二)核之群志以观其绪。(三)核
> 之并世之言以观其称。(四)核之异世之言以观其述。(五)核之文
> 以观其体。(六)核之事以观其时。(七)核之撰者以观其托。(八)
> 核之传者以观其人。(《四部正讹》)

我国古籍的辨伪一向以实践为主,理论的阐发往往是零星的,缺乏系统,如梁释僧祐、唐释道世、智昇、宋儒朱熹等都是如此。《四部正讹》的出现打破了这种只重实践不重理论的格局,从此古籍辨伪学不但有大量的坚实的实践,而且有了基本系统的理论。所以梁启超针对这一事实指出:“辨伪学到了此时才成为一种学问。”(《古书真伪及其年代》)

梅鷟的《尚书考异》是现存最早的专辨一书之伪的专书。《古文尚书》之辨,前有吴棫、朱熹等,后有赵孟頫、吴澄等,但他们都没专著一书仔细探究这个问题。梅氏在宋元人基础上专门作了《尚书考异》和《尚书谱》两书来解决这一问题,尤其前者,《四库提要》认为“指摘皆有依据”。梅氏最突出的方法是“参考诸书,征其剽剟”(《古文尚书疏证》提要),虽然他“见闻稍狭,搜采未周”(同上),但这种方法却对清代辨伪学产生了直接影响,阎若璩作《古文尚书疏证》、惠栋作《古文尚书考》、孙志祖作《孔子家语疏证》、范家相作《家语正讹》、王国维作《今本竹书纪年疏证》等,都以这种方法为主。梁启超认为梅鷟“渐渐的用科学方法来辨伪,开了后来辨伪的许多法门”(《古书真伪及其年代》),这是毫不过分的。

　　清代是学术文化高度发达的朝代，古籍辨伪也是这样，其成就远远超过前人。这主要表现在两个方面：一是考证精密，二是成果丰硕。清康熙中，山西太原人阎若璩以三十余年之力作《古文尚书疏证》八卷，"引经据古，一一陈其矛盾之故，古文之伪乃大明。所列一百二十八条，毛奇龄作《古文尚书冤词》百计相轧，终不能以强辞夺正理"（《四库提要》）。虽然阎氏也偶有失误，有的证据尚未掌握，但乾隆时官修的《四库提要》仍给他以崇高的评价："反复厘剔，以祛千古之大疑，考证之学则固未之或先矣。"显然，从梅氏到阎氏，最大的进步在于考证的严密。稍后，惠栋又作了一部《古文尚书考》，"采摭《史记》、前后《汉书》及群经注疏以辨后出古文之伪"，"爬罗剔抉，句梳字栉，摘其伪之由来"（王昶《惠栋墓志铭》）。惠氏此书创始于雍正十二年，至乾隆八年他从友人处看到阎氏《疏证》，慨叹"阎君之论可为助我张目者"（惠栋《古文尚书考》卷二识语），于是采阎氏精到之语附于己说之后，以"阎若璩曰"为识。惠氏此书仅两卷，不如阎书博赡，而考证更趋精密，所以钱大昕认为阎氏书"未若先生之精而约也"（《古文尚书考序》）。如果说阎若璩《疏证》还不够精严，那么，自惠栋此书出，晚出的《古文尚书》的伪案便成了无懈可击的定谳了。阎、惠之外，辨《古文尚书》之伪的还有姚际恒《尚书通论》、程廷祚《晚书订疑》、丁晏《尚书余论》等，据梁启超统计，"这案的卷宗，或是专著，或是单篇，总计不下数百种，百数十万字"（《古书真伪及其年代》）。

　　《古文尚书》如此，《河图》、《洛书》的辨识也是如此。北宋初陈抟推阐《易》理，创《先天图》。由于该图据《易》而作，所以后人以《易》研究这个图，无不符合。传授的人便认为《易》是据《先天图》绘出的。后又有人因为《易·系辞》有"河出图、洛出书"的话，便造出了《河图》、《洛书》，其阴阳奇偶也与《易》一一相应。于是愈传愈神，认为《河图》、《洛书》上古已有，伏羲据以作《先天图》，从而绘出八卦。宋代邵雍、朱熹均承用其说，无人怀疑。朱熹还把《河图》、《洛书》绘在他的《周易本义》卷首。元代陈应润始疑《先天图》是"道家假借《易》理以为修炼之术"。至清，毛奇龄作《河图洛书原舛编》、黄宗羲作《易学象数论》、黄宗炎作《图书辨惑》，均旗帜鲜明地指出《河图》、《洛书》之伪妄。但诸公未能穷原竟委，一一指其来历。至胡渭著《易图明辨》十卷，"皆引据旧文，互相参证，以钳依托者之口"（《四库提要》）。该书考证之精，在清初与阎氏《古文尚书疏证》、惠氏《古文尚书考》相颉颃，《河图》、《洛书》之伪亦成定案。其他辨《河图》、《洛书》之伪的还有李塨《周易传注》、张惠言《易图条辨》等,其群起而攻之之势亦与辨《古文尚书》相似。由此可见,清人辨识伪书来势之猛烈,考证之精密,实在是前无古人的。

　　清人辨伪的丰硕成果,前人往往语焉不详,有的甚至根据《古今伪书考》估计清人的辨伪成果。《古今伪书考》固然是清初惟一的辨伪专科目录,姚际恒疑古的精神也是不同一般的。但这部书辨出的伪书只有八十八部,还不如明代胡应麟的《四部正讹》,而且多取前人成说。因此,它不足以代表清代前期辨伪的成绩。真正能够代表清代前期辨伪成绩的是《四库全书总目》。

　　《四库全书总目》集我国古典目录学之大成,是清代考据学兴盛的产物。在辨伪学方面,它也同样是集大成者。我曾将《四库提要》中的辨伪资料钩稽出来,初步总结了《四库提要》的辨伪成就,发现该书辨定或怀疑的伪书有五百七十余部,而朱熹、宋濂、胡应麟、姚际恒四家辨出的伪书总共也不过一百七十三部(除去重复)。由于《四库提要》涉及伪书众多,因此伪书的类型也复杂多样,这就决定了它的辨伪方法是多种多样的。我曾把《四库提要》的辨伪方法归纳为二十条(详下文《辨识伪书的方法》),可以说历代辨伪学家们创造的方法几乎无一例外地被《四库提要》利用了。虽然《四库提要》不是专门的辨伪目录,但它在古籍辨伪学上却是真正的集大成者,它无愧为清代辨伪学的代表之作。

　　在清初,值得一提的还有顾炎武,他在辨伪书方面并无惊人的成绩,但在方法上却对后人有相当的启发,那就是从文字和词汇上辨伪。顾氏云:“‘相’之名不见于经,而《说命》有‘爰立作相’之文。刘氏勰谓《论语》以前经无‘论’字,而《周官》有‘论道经邦’之语,皆梅氏之漏义也。”又云:“业”字在三代古书中只作“大板”或“敬谨”讲,无作“事业”讲的,但梅赜所上《古文尚书》有“业广惟勤”之语,因此绝非三代之书(惠栋《古文尚书考》卷一引)。近人吴世昌在那篇受过胡适表扬的论文《释〈书〉〈诗〉之“诞”》中,正是利用《今文尚书》、《诗经》之“诞”字均作“其也,当也”讲,而《古文尚书》和《列子·黄帝》之“诞”字却截然不同,作“大也”讲,这一词汇上的矛盾,“替伪《古文尚书》找出了一个强有力的反证”,同时也证明《列子》一书,至少《黄帝》是汉以后人的作品。因为“诞,大也”是汉人对《诗》、《书》的一个误解,而伪《古文尚书》和《列子·黄帝》却把这种误解当作“诞”的本来含义用到行文之中去了。吴世昌这种强有力的辨伪方法与顾炎武的方法显然是一脉相承的。

在清代嘉、道以后以至民国,辨伪学又出现了新气象,这种新气象完全是今文经学复兴和古史辨派勃起的结果。

今文经学的先驱是庄存与、刘逢禄,继之者是魏源、龚自珍。刘逢禄作《左氏春秋考证》,主张《左传》原名《左氏春秋》,与《吕氏春秋》一样,是独立的史书。西汉末刘歆利用独有的地位把《左氏春秋》篡改成为《春秋》的传(即注释),《春秋》中获麟以后的事是刘歆窜入的。魏源作《书古微》,不但认为梅赜所上《古文尚书》是伪书,而且认为西汉出现的《古文尚书》也是伪书,是刘歆一手伪造的。至光绪间,康有为作《新学伪经考》,进一步认为《周礼》、《逸礼》、《古文尚书》、《左传》、《毛诗》、《尔雅》等古文经均系刘歆伪窜,目的是为新莽篡汉制造理论根据。康氏有两个弟子,一个是受业弟子梁启超,一个是私淑弟子崔适。梁启超在辨伪学史上是继明代胡应麟之后又一个在理论上做出卓越贡献的人。他在《中国历史研究法》、《中国近三百年学术史》等书的有关章节中对辨伪学方法进行过系统总结。1927年2—6月,他在燕京大学曾专门讲授《古书真伪及其年代》一课,对辨伪的必要性、伪书的由来、伪书的种类、辨伪的历史、辨伪的方法等进行了非常简明系统的分析总结。这部讲义由弟子姚名达等记录整理问世。这是我国第一部古籍辨伪学理论专著。梁氏在辨伪学史上的地位不可磨灭,但他和他的老师康有为在辨伪学上的观点,尤其是对刘歆的看法,是一脉相承的,他仍然认为:"王莽谋篡,刘歆助之",伪造了大量古文经。崔适本是古文经学家俞樾的弟子,但看了《新学伪经考》大受影响,于是大讲今文经学,认为刘歆伪造《左传》,为了让人相信,又篡改了《史记》等书,《史记》中出于《左传》的内容皆为刘歆窜入,于是著《史记探源》一书,逐条进行揭示。崔氏在北京大学任教,影响了不少后进。对近代史学影响深远的古史辨派的产生及发展与他关系密切。以最激进的人物之一"疑古玄同"来说,他本出古文家章太炎门下,但后来转而专宗今文。他在1921年3月22日致顾颉刚的信中说:"1909年细绎刘申受、龚定庵二人之书,始'背师'(章太炎师专宗古文,痛诋今文)而宗今文家言……尚未绝对排斥古文。自1911年读了康、崔二氏之书,乃始专宗今文。康氏之《伪经考》本因变法而作,崔师则是一个纯粹守家法之经学老儒,笃信今文过于天帝。他们一个是利用孔子,一个是抱残守阙,他们辨伪的动机和咱们是绝对不同的,但他们考证的结果,我却认为精当者居多,此意至今未变。"(《古史辨》第一册)由此可见其学术渊源。古史辨派对古书真伪的考辨是对古史真伪考辨的一个组成部分,他们固然有过于大胆的地方,但他们的发明也很多。例如在辨伪方法上,他们利用了古史进化的新思想,使《周礼》、《尔雅》的托名周公获得了新证。早在1921年顾颉刚在致钱玄同的一封信中就指出了利用文章风格辨伪的流弊,并提出了利用文法辨伪的设想,他说:"这种'文气'、'文格'似是而非之谈,不说则觉得实有这个意思,说则又是言之无物,这样的辨伪是不确实的。先生对于音韵文字之学这般有研究,若是从文法上去考究,真不知道可以发现多少伪迹。"(同上)在辨伪史上,顾颉刚当是较早提出从文法上辨伪的人。

在今文经学派的对面是古文经学派,在辨伪方面较著名的有章太炎、符定一、钱穆等。章氏有《春秋左传读》、《刘子政左氏说》,符定一有《新学伪经考驳谊》,钱穆有《刘向、歆父子年谱》,都是驳今文家言的。其他如顾实《重考古今伪书考》,往往否定姚际恒的观点,实际是与顾颉刚竭力表扬姚际恒的做法唱对台戏的。杨宽的《刘歆冤词》也是专对今文家而发的。其中驳之简明精切者似为钱穆的《刘向、歆父子年谱》。由于古文家的多方攻驳,今文家的不少不够严密的地方被揭示出来了。1981年问世的徐仁甫的《左传疏证》一书,可以说是在竭力克服今文家们的疏漏之后做出的新成果,该书仿阎若璩、惠栋等辨《古文尚书》之法,列举《左传》采撅先秦至西汉十六种古书的例证三百一十六条,并归纳出《左传》采撅群书的公例。该书一反前人所谓刘歆遍改群书以助王莽篡汉之说,认为刘歆并未窜乱群书,只是遍采群书中关于春秋的史料,加以别择,创为《春秋左氏传》,其目的仅仅是托古传道。苏渊雷先生认为:"其言至辨,可备一说。"(《读史举要》)关于《左传》的真伪之辨,在清后期及民国以还,其热闹程度过于清初《古文尚书》之辨,但由于证据薄弱,伪书之说迄无定论。

晚近的辨伪著作或与辨伪有关的著作还有王国维《今本竹书纪年疏证》、黄云眉《古今伪书考补证》、马叙伦《列子伪书考》、罗根泽《诸子考索》、郭沫若《青铜时代》、《十批判书》、瑞典高本汉《左传真伪考》等。王国维的方法与阎若璩等一致,结论可靠。黄云眉主要是增加《古今伪书考》的证据,其中来自《四库提要》的材料较多。马叙伦辨《列子》之伪,列举十二证,今天看来不出清人窠臼,所以日人武内义雄有《列子冤词》之作。郭沫若有不少新鲜看法，但武断者太多，如以为《今文尚书》的《尧典》、《皋陶谟》、《禹贡》的伪托者"论理该是孔丘"（《中国古代社会研究》），又说："据我的看法，这人也就是思、孟一派的人。"（《十批判书》）其结论有相当的随意性。高本汉是较早用文法辨伪的人，对近世辨伪有一定影响。杨伯峻先生《从汉语史的角度来鉴定中国古籍写作年代的一个实例——列子著述年代考》是运用文法辨伪较成功的一例，这种成功无疑是以顾颉刚、高本汉为先导的。罗根泽《诸子考索》几乎对所有子书（包括现存的和亡佚的）算了个总帐，求证扎实细密，是一部很有价值的书。

辨伪学到了近世，已积累了极其丰富的资料，绝大多数有问题的书都已被提出来了，许多书都经过众多学人反复辨证。这些材料散在各处，显然很不利于参考使用，于是张心澂用多年精力编成了《伪书通考》，汇集辨伪资料，共涉及经、史、子、集及释、道古籍一千一百零四部，网罗极富。近年郑良树教授又编成《续伪书通考》三巨册，搜集张书之遗及后出辨伪材料甚备。张、郑二氏的书，为我们全面总结古籍辨伪学的成就打下了坚实的基础，也为古籍整理与研究工作提供了极为重要的工具。

古籍辨伪工作是否到此为止了呢？不，面对这一大笔遗产，新时期的古籍研究者们采取了一种更新的态度，那就是冷静地重新审视那些伪书或被怀疑的书。例如胡念贻先生《左传的真伪和写作时代问题考辨》一文，仔细审查了前人关于《左传》真伪的两方证据，认为："总之，关于《左传》，我们所能知道的是：它作于春秋末年，后人虽有窜入，但它还是基本上保了原来面目。传说它的作者是左丘明，否认他的人都提不出确凿的证据材料，还是无法把旧说真正推翻。如果采取老老实实的态度，目前只能作出这样的结论。"又如王洲明师，精研贾谊《新书》，作《新书非伪书考》一文，证明《新书》不是伪书。郑良树认为："这是一篇态度相当平实的论文，作者不但能够冷静地掌握问题争论的症结，而且也很能够平心静气地搜存证据来解决问题。"（《续伪书通考》）尤其值得我们重视的是考古的新发现，更为古籍辨伪提供了不少新证。例如《孙子兵法》，唐代杜牧《注孙子序》曾指出："武所著书凡数十万言，曹魏武帝削其繁剩，笔其精切，凡十三篇，成为一编。"（《全唐文》卷七百五十三）姚际恒《古今伪书考》沿其说。日本汉学家斋藤拙堂《孙子辨》又认为今本《孙子》是孙膑所著，孙武与孙膑是一个人，孙武是名，膑是号。另一位日本汉学家武内义雄虽然认为孙武、孙膑非一人,但仍认为《孙子兵法》为孙膑所作(详江侠庵编译《先秦经籍考》中册武内义雄《孙子十三篇之作者》)。金德建先生则主张孙武是传说中的人物,"《孙子》这部书的作者,当为战国时的孙膑无疑"(《古籍丛考》)。他们都提出了一系列证据,并非随意立说者。但在 1972 年山东临沂银雀山汉墓中同时出土了《孙子兵法》和《孙膑兵法》竹简本。其中《孙子兵法》二百余简,就其与今本相应的部分比较,篇名和内容都与传世的宋刻本《十一家注孙子》基本一致,足以证明十三篇《孙子兵法》,并非曹操删定的,而是先秦传下来的,杜牧的说法是错误的。而两部兵法同时出土则使种种旧说不攻自破。这就提醒人们,前人认为伪的不一定就伪,对于前人指为伪书的,我们要以谨慎的态度作一番审查和考证,胡念贻先生、王洲明师等学者的研究代表了一种方向,李学勤先生近年根据出土文献也在重新审视古书真伪方面作了许多有益的探讨。今后的辨伪工作恐怕要更多地朝这个方向发展,这种工作和揭示伪书的面目同等重要,其目的也同样是求真求实。

(五)辨识伪书的方法

上面在谈辨伪历史时涉及到一些方法。我曾把《四库提要》的辨伪方法总结为二十条,下面结合《四库提要》以外的实例作简要说明。

1. 从授受源流上辨伪

一部古书从产生那天起,总是一代一代地流传下来,经过抄写和刊刻,聚集和散亡,在其他古书中,尤其在历代目录中,会留下或多或少的记载。因此,查授受源流往往是古籍辨伪的入手方法。

《续宋编年资治通鉴》,旧题宋李焘经进。《四库提要》云:"考《宋史·艺文志》及焘本传,惟载所著《续通鉴长编》,无此书之名。……亦当时麻沙坊本,因焘有《续通鉴长编》,托其名以售欺也。"此可谓查源。

《关尹子》,旧题周尹喜撰。《四库提要》云:"考《汉志》有《关尹子》九篇,刘向《列仙传》作《关令子》,而《隋志》、《唐志》皆不著录,则其佚久矣。南宋时徐蒇子礼始得本于永嘉孙定家……或唐五代间方士解文章者所为也。"此可谓查流。

《丰溪存稿》,旧题唐吕从庆撰,是一部文集。《四库提要》云:"其集历代史志、书目皆不著录。此本为乾隆庚申其裔孙积祚所刊,称其从叔高祖元进所手录。黄之隽、邵泰、储大文皆为之序,称其湮没八百年而始显。

然其书晚出,授受源流渺不可考,越宋元明至今,忽传于世,论者颇以为疑。"此可谓查源又查流。

查授受源流最能发现问题,但最终解决问题还需要进一步找证据。

2. 从被依托的人辨伪

胡应麟《四部正讹》谈辨伪八法,其第七法云:"核之撰者以观其托。"即指此法。有的人因为有某种专长或传说有某种特长,后人有类似的书,为了大其传,往往托名于这些人。班固在《汉书·东方朔传》中曾指出:"朔之诙谐,逢占射覆,其事浮浅,行于众庶,童儿牧竖莫不眩耀。而后世好事者因取奇言怪语附著之朔。"应是最早揭示这种现象的。唐代李淳风是著名天文算学家,因此,后代有关天象、算学、占验乃至阴阳五行书多托名于他。《观象玩占》五十卷,旧题李淳风撰。《四库提要》云:"考《旧唐书·经籍志》有淳风《乙巳占》十卷、《皇极历》一卷、《河西甲寅元历》一卷、《缉古算术》四卷、《缀术》五卷。《新唐书·艺文志》有淳风《注周髀》二卷、《注五经算术》二卷、《注张丘建算术经》三卷、《注海岛算经》一卷、《注五曹孙子等算经》二十卷、《注甄鸾孙子算经》三卷、《天文占》一卷、《大象元文》一卷、《乾坤秘奥》七卷、《法象志》七卷、《太白通运逆兆通代记图》一卷。《宋史·艺文志》有淳风《太阳太阴赋》一卷、《日月气象图》五卷、《上象二十八宿纂要诀》一卷、《日行黄道图》一卷、《九州格子图》一卷。陈振孙《书录解题》有淳风《玉历通政经》三卷。尤袤《遂初堂书目》有淳风《运元方道》不载卷数。钱曾《读书敏求记》有淳风《天文占书类要》四卷、《乾坤变异录》四卷。夫古书日亡而日少,淳风之书独愈远而愈增,其为术家依托,大概可见矣。"这是一条非常典型的例子。根据《四库提要》所举,李淳风的书《旧唐志》著录仅五种,《新唐志》新增十一种,《宋志》又增五种,陈《录》、尤《目》又各增一种,钱曾《敏求记》又增二种,总计增至二十五种之多,难怪《四库提要》有愈远愈增之叹。还有一位用兵如神的诸葛亮,《将苑》、《十六策》、《心书》等兵书均托名于他,《四库提要》云:"盖宋以来兵家之书多托于亮。"(《将苑》提要)其他如相宅相墓之书托名郭璞、刘基,也属此类。熟悉这些常常被依托的人,对我们迅速发现伪迹有很大帮助。

3. 从首先传出该书的人辨伪

譬如有的商店或商业区是伪劣商品的集散地,吃过亏的人一看到那里的商品马上就会怀疑那是假的。有的人好造伪书,三国时的王肃、宋代的魏泰、明代的杨慎、丰坊都是《四库提要》多次指责的好造伪书的人。看到这些人传出的书,就应该警惕,好好考察一番。胡应麟所谓"核之传者以观其人",即指此法。《四库提要》利用此法辨杨慎所传《古文参同契》云:"明杨慎称或掘地而得石函,中有《古文参同契》……其说颇怪。慎好伪托古书,疑其因《唐志》之言,别《三相类》于《参同契》,造为古本。"(《参同契章句》提要)又辨题元邱处机撰的《摄生消息论》云:"其真出处机与否,无可验证……然曹溶《学海类编》所收,伪本居十之九,不能不连类疑之耳。"因为《学海类编》内伪书多,所以其中各书均受怀疑,其道理是不难理解的。当然,到底是否伪书,还要进一步求证。

4. 从该书与作者行事的矛盾辨伪

《太清神鉴》,旧题后周王朴撰,是一部论相法(相宅、相墓)的书。书前有自序云:"离林屋洞下山三载,遍搜古今,集成此书。"《四库提要》云:"考朴家世东平,入仕中朝,游迹未尝一至江左,安得有隐居林屋山事? 其为依托无疑。盖朴以精通术数知名,故世所传奇异诡怪之事,往往皆归之于朴。"

《浩斋语录》,旧题宋过源撰,末附其从孙过晸《祖光赋》,称"宣和乙巳,余在辽阳"。《四库提要》辨之云:"乙巳为靖康前一年,两国兵交,信使且艰于往来,游学之士安能越国至是? 其伪尤不问而知矣。"

《梅花道人遗墨》,元吴镇撰,乃其乡人钱棻捃拾题画之作,荟萃成编。内多伪作,如《题竹诗》:"阴凉生砚池,叶叶秋可数。东华客梦醒,一片江南雨。"《四库提要》辨之云:"考镇杜门高隐,终于魏塘,足迹未至京师,不应有'东华客梦'之句。核以高士奇《江村销夏录》,乃知为鲜于枢诗。镇偶书之,非其自作。"

用此法辨伪不可绝对化,应持审慎的态度。有的人虽然行迹未至某处,但却写出了关于那地方的佳篇。例如元萨都剌《京城春日诗》有"御沟饮马不回首,贪看柳花飞过墙"之句,据杨瑀《山居新语》,元制,御沟不得洗手饮马,留守司派专员巡视,犯者治罪。可见萨都剌所写恐非实情。但并未有人因此怀疑这首诗是假的。因此,必须具体问题具体分析,分清写实与想象,同时参照其他证据,方可下结论。

5. 据当世人的揭发辨伪

胡应麟辨伪八法有"核之并世之言以观其称",大抵近此。

《关氏易传》,旧题北魏关朗撰。《四库提要》云:"陈师道《后山丛谈》、何薳《春渚纪闻》及邵博《闻见后录》皆云阮逸尝以伪撰之稿示苏洵，则出自逸手，更无疑义。"《后山丛谈》原文云："世传王氏《元经》薛氏传、关子明《易传》、《李公问对录》，皆阮逸所著。逸以草示苏明允，而子瞻言之。"可见真正的揭发者是苏轼。在《李卫公问对》条，《四库提要》又进一步申述："今考阮逸伪撰诸书，一见于《春渚纪闻》，再见于《后山丛谈》，又见于《闻见后录》，不应何薳、陈师道、邵博不相约会，同构诬词。"何薳比苏轼稍晚，其父何去非曾被苏轼荐为武学博士（见陈振孙《直斋书录解题·春渚纪闻》），因此，何薳《春渚纪闻》中所记苏轼的话应当是可信的。

《正易心法》，旧题宋麻衣道者撰，又题希夷先生受并消息。《文献通考》载李潜序云"得之庐山异人"，马端临注曰"或云许坚"。又载张栻跋，亦信为陈抟所传。《四库提要》引《朱子语录》云："……后二年守南康，有前湘阴主簿戴师愈者求谒，即及《麻衣易》。因复扣之，宛然此老所作。"又云："《麻衣易》是戴师愈所作，太平州刊本第二跋即其人也。昨亲见之，甚称此《易》，以为得之隐者。问之，不肯明言其人。某适到其家，见有一册杂录，乃戴公自作，其言皆与《麻衣易》说相类。及戴死，其子弟将所谓《易图》来看，乃知真戴所自作也。"馆臣即此断定："是书之伪妄审矣！"据朱子揭露而辨识其伪的尚有《孟子正义》，此书旧题宋孙奭疏，《四库提要》云："其疏虽称孙奭作，而《朱子语录》则谓'邵武士人假托，蔡季通识其人'。今考《宋史·邢昺传》，称昺于咸平二年受诏与杜镐、舒雅、孙奭、李慕清、崔偓佺等校定《周礼》、《仪礼》、《公羊》、《穀梁》、《春秋传》、《孝经》、《论语》、《尔雅》义疏，不云有《孟子正义》。《涑水纪闻》载奭所定著，有《论语》、《孝经》、《尔雅》正义，亦不云有《孟子正义》。其不出奭手，确然可信。"

据当世人的揭发辨伪，可靠程度要高一些，但这类材料并不太多，因为造伪者无论出于什么目的，掩盖真相则是共同的手段。

6. 从文体上辨伪

文体具有鲜明的时代性，任何一种文体都有它产生、发展、成熟的过程，这个过程是不可倒置的。因此可以从这个角度辨伪。

《易衍》，旧题汉东方朔撰。《四库提要》云："其歌括皆作七言律诗，则伪妄不待辨也。"七律一体，以庾信《乌夜啼》较早，但只是暗合，到初唐沈佺期、宋之问才固定下来，东方朔生当西汉武帝时，岂能预作此体？所以《四库提要》说"伪妄不待辨"。

《兵要望江南歌》,旧题唐李靖撰,讲兵家占候,分三十二门,各以《望江南》词一首括其大义。《四库提要》云:"按段安节《乐府杂录》,《望江南》词本李德裕为亡妓谢秋娘作。则其调起于中唐。世传《海山记》隋炀帝作《望江南》八阕,实出伪托。靖在唐初,安得预制是词?"

7. 从文章风格辨伪

所谓风格就是文章从内容到形式所共同体现出的总体特征。一个成熟的作家一定有鲜明的风格。一代作者一般也有共同的时代风格。风格是由个人经历、个人性格、文化修养、时代风尚、民族心理等多种特殊因素促成的,是不易伪装的东西。真正的行家利用风格辨伪,往往能收到奇效。

《神异经》,旧题汉东方朔撰。《四库提要》云:"观其词华缛丽,格近齐梁,当由六朝文士影撰而成,与《洞冥》、《拾遗》诸记先后并出。"《洞冥》即《汉武洞冥记》,旧题后汉郭宪撰,《四库提要》认为:"词句缛艳,亦迥异东京,或六朝人依托为之。"通过以上三书相互比较,发现其风格近似,与六朝文风一致,因此断定《神异经》、《汉武洞冥记》均六朝人作而托名汉人者。

8. 从特殊语词的起源辨伪

词汇总是随着人类认识能力的发展和新事物的产生而逐步丰富和发展的,一个词的出现尤其是一些特殊词的出现是有一定条件的,而且当它被人们接受后会很快见之于书面材料(指书籍大量产生之后),因此,一般的词总可大体找到其源,即大体确定其产生年代。利用这种方法确定一部书产生的年代,从而帮助我们辨伪,是极有价值的。

《银海精微》,旧题唐孙思邈撰,是一部眼科医书。《四库提要》辨之云:"其曰'银海'者,盖取'目为银海'之义。考苏轼《雪诗》有'冻合玉楼寒起粟,光摇银海眩生花'句。《瀛奎律髓》引王安石之说,谓'道书以肩为玉楼,目为银海',银海为目,仅见于此。然迄今无人能举安石所引出何道书者,则安石以前绝无此说,其为宋以后书明矣。"案:苏轼《雪诗》指《雪后书北台壁》二首之二。元宋褧《雪寒书事诗》"气清华盖爽,光烂银海眩"句,显系承用苏诗。我们至少可以认为,"银海"一词用来指眼睛,在苏轼以前很少有人使用。孙思邈为隋末唐初人,卒于 682 年。苏轼、王安石乃北宋中期人。前后相去三四百年。假如孙思邈已用"银海"一词作书名,代指眼睛,当时及其后三四百年间文献应有所反映。所以,《四库提要》断为宋以后人作,是有道理的。近人余嘉锡先生进一步考证,此书唐、宋、元公私目录绝无记录,至明末黄虞稷《千顷堂书目》医家类才有记录,并且置于明代"不知撰人"中,因此推断为"方技家辗转传抄,因其书不著姓名,恐其术不足以取重,遂妄取古人之名以实之"(《四库提要辨证》卷十二)。可见,该书非但是伪书,而且产生时代当在明代,与孙思邈毫不相干。又如《六韬》,旧题周吕望撰,《四库提要》云:"今考其文,大抵词意浅近,不类古书。中间如避正殿乃战国以后之事,将军二字始见《左传》,周初亦无此名,其依托之迹,灼然可验。"也是利用"将军"这个特殊语词出现的时间晚于被依托的人来辨识《六韬》之伪的。当然,单靠个别词语未必能判定全书真伪,但这无疑是一个非常有力的佐证。现代出现了词汇统计研究法,用统计法得出的结论也可参考。

9. 从声韵系统和时代的矛盾辨伪

明代陈第《毛诗古音考序》说:"时有古今,地有南北,字有更革,音有转移。"为我国古音学走上科学的轨道奠定了基础。其后,清代顾炎武、江永、戴震、王念孙、孔广森等在这一观点指导下,进行了更深入的研究。到修《四库全书》时,古音系统已渐趋明朗。音韵学家戴震、王念孙均在四库馆任职,馆中其他纂修官也大都已接受顾炎武、江永的音韵学理论。这就为利用古代音韵系统辨伪造就了成熟的条件。

《韵经》五卷,旧题梁沈约撰类,宋夏竦集古,明杨慎转注、郭正域校。前有郭正域序称:"沈韵上平有九哈、十八痕,下平有二十二凡,上有十六混、十九赚,去有八祭、十代、十七焮,入有十六昔,而今韵无之。"《四库提要》辨之云:"沈韵虽不可见,而其集犹存。今以所用之韵一一排比钩稽之,惟东、冬、钟三韵同用,鱼、虞、模三韵同用,庚、耕、清、青四韵同用,而蒸、登两韵各独用,与《广韵》异。余则四声并用。又安得如正域所云九哈之类?其为赝托,殆不足辨。"这是利用沈约诗歌的押韵系统与《韵经》的矛盾辨伪。

《蕊阁集》,旧题辛弃疾撰,集六朝及唐人诗句为五七言近体,平声上下三十韵,韵为一首。所用为平水韵。《四库提要》辨之云:"弃疾当高、孝、光、宁之朝,平水韵未出,安得而用其部分?"断非出弃疾之手。

利用此法辨伪最能服人,但只适用于有韵之文,而且语音发展缓慢,只可根据声韵系统划定某书出现的大体年代,而不能断定具体年代。

10. 从因袭上辨伪

如果一部书与以前的书内容相似,有明显的因袭痕迹,那么这书很可能出于伪托。就造伪者来说,这是较容易的一种。就辨伪者来说,却要博览群书才能找出因袭之源。

《广夷坚志》,旧题明杨慎撰。《四库提要》云:"及核其书,乃全录乐史《广卓异记》,一字不异,可谓不善作伪矣。"

《搜采异闻录》,旧题宋永亨撰。《四库提要》云:"今考其文,皆剟取洪迈《容斋随笔》而颠倒其次序。"连洪迈称他父亲"忠宣公"、洪迈自述"余奉使金国"等字样也未及改去。若出永亨,当不至此。

《湖州竹派》,旧题明释莲儒撰。《四库提要》辨之云:"今以所载考之,其李公择妹、苏轼二条乃米芾《画史》之文。黄斌老、黄彝、张昌嗣、文氏、杨吉老、程堂六条乃邓椿《画继》之文。刘仲怀、王士英……十条乃夏文彦《图绘宝鉴》之文。吴璘、虞仲文、柯九思、僧溥光四条乃陶宗仪《画史会要》之文。皆剿窃原书,不遗一字。惟赵令庇、俞澄、苏大年三条未知其剿自何书耳。可谓拙于作伪。"即黄山谷自称"余作诗"、"余问子瞻"云云亦未及改,若出莲儒,必不至此。

其余如《筠轩清秘录》,旧题董其昌撰,实即张应文《清秘藏》,唯二卷析为三卷而已。《群贤梅苑》,旧题清朱鹤龄撰,实即宋黄大與《梅苑》而颠倒割裂之。《四库提要》均一一指其剿袭之迹而判为赝鼎。

11. 从称引上辨伪

一部书只能称引前人或当世人的著述,称引都有一定的习惯。如果在这两方面出了问题,那这书就值得怀疑。

《汉旧仪》二卷,旧题汉议郎东海卫宏敬仲撰。《四库提要》辨之云:"其中多引胡广语,广为安帝时人,宏为议郎则在光武帝时,先后相隔六十余年,不应宏书之内先有广名。又时时称'卫宏曰',亦必非宏自著书之体。其注中并引及《周礼注疏》,注出郑康成,疏出唐贾公彦,宏益不得见之矣。"显系后人辑本,而混入卫宏以后人语,径题卫宏撰,误人非浅。

《中庸合注》一卷,不著撰人名氏,前有元吴澄序。《四库提要》辨之云:"书中所载双峰饶氏、新安陈氏所说,皆澄同时之人。而郊社之礼一条乃引'吴氏澄曰'云云,其不出于澄更无疑义。《元史》澄传亦不言澄有此书。考其所引,皆明永乐中所修《四书大全》之说,必书贾摘录《大全》,伪托澄名以售也。"

从称引上辨伪必须分清是全书皆伪还是部分伪。周秦汉魏旧籍往往经后人重辑，混入他书条文者比比皆是，偶有一二，不必指为伪，其大量窜入者，则可定为部分伪。至宋元以来新出之书，称引乖违，则什九伪帙。

12. 从佚文上辨伪

从称引辨伪是就本书引他书或他说而言，从佚文上辨伪则就本书而言。一部古书经长期流传，一般要被他书引用，早期的引文显然更接近原书。所谓佚文，是指那些被引用的文句已不见于今本。利用那些佚文与今本对照，往往可以发现今本已与原书相去甚远或者面目全非，则今本可能是伪撰。

《竹书纪年》二卷，传说是晋太康二年出土的魏襄王（一说魏安釐王）时的竹书，沈约注。《四库提要》对当时的传本进行了非常详细深入的考辨，以宋以前旧籍所引《竹书纪年》与清初传本对照，发现舛互脱漏比比皆是。例如《穆天子传》郭注引《竹书》七条，与今本同者仅三条；《水经注》引《竹书》七十六条，其中五条不见今本，其余各条纪年方法也与今本全异；《史通》引二条，与今本全异；《文选》李注引五条，今本仅有一条；《开元占经》引四条，今本全无；《战国策》鲍彪注引一条，《广川书跋》引一条，均不见今本。其沈约注，《四库提要》云："惟五帝三王最详，他皆寥寥。而五帝三王皆全抄《宋书·符瑞志》语。约不应既著于史，又不易一字移而为此本之注。"所以，《四库提要》断定当时流传的《竹书纪年》及沈约注均系后人伪撰，且谓"观其以《春秋》合夏正，断断为《胡传》盛行以后书也"。近人王国维作《今本竹书纪年疏证》，实际是把世传《竹书纪年》的辨伪工作彻底完成。王氏又作《古本竹书纪年辑校》，将晋代以来诸书所存《古本竹书纪年》的佚文一一收集起来，编辑成书。王氏受《四库提要》的启发与影响是显而易见的。《四库提要》用此法辨伪的例子还有不少，如《搜神记》、《博物志》诸条均是，兹不详述。

13. 从史实的先后辨伪

一部书若涉及作者死后的史实，则不全伪即窜乱。正如一部书不能征引作者死后才出现的书一样。

《谭藏用诗集》一卷《集外诗》一卷，旧题唐谭用之撰。用之为唐末五代宋初人，但诗中涉及史事颇多出谭氏身后者，如《送赵容诗》："武林杨柳旧依依，甲第楼台有是非。莫道天崖龙已化，但看云际鹤还飞。"《四库提要》认为："其意似指南宋之亡。若唐末五代时，则钱氏据有临安，势方全盛,安得有此语?"今按:武林本山名,即杭州西灵隐山,汉代已有记载,但借指杭州城,则今可见者以苏东坡《送子由使契丹》"湖山应梦武林春"句较早。此云"武林杨柳"、"甲第楼台"显指杭州城,其产生当不在唐末五代。即此亦可见《四库提要》的分析是可信的。

《历代地理指掌图》,旧题宋苏轼撰,但书中有建炎二年改江宁为建康府、绍兴三十二年升洪州为隆兴府等事,皆在苏轼身后二三十年间,所以《四库提要》采用南宋费衮《梁溪漫志》的观点,断为伪书。

古人有续书的习惯,也有为前人修改书的行为,所以有些书中有原著者身后的史事。动用此法辨伪要审慎,不可抓住一点即否定全书。

14. 从称谓上辨伪

古代称谓至为讲究,家有家讳,国有国讳,自称名,称人字号,死者称谥等等,是较常见的。后人依托前人作书,免不了这方面的漏洞。因此,可从这一角度辨伪。

《编珠》,旧题隋杜公瞻撰,首载大业七年公瞻自序。《四库提要》云:"顾炀帝讳'广',故'广川'改'长河',《广雅》改《博雅》。而此书《桂林水》条下引《广州山川记》,《治鸡水》条下引《广州记》,《柏心桂》条下引伏滔《北征记》称'广陵县',《城南门三条路》条下引班固《西都赋》'披三条之广路'。隋高祖之父讳'忠',故《隋书》'忠节'改'诚节'。而此书《斩马剑》条下引《汉书》王莽斩董忠事。"又该书引及《乐府解题》,《乐府解题》宋《崇文总目》及郭茂倩《乐府诗集》始见记载,其书晚出,非公瞻所能得见。明《文渊阁书目》、《内阁书目》均不著录,《永乐大典》采摭极广,亦不见征引。馆臣因此判断《编珠》一书"出明中叶以后"。

《元经》,旧题隋王通撰,是部编年史,起自晋太熙元年,止于隋开皇九年。唐高祖李渊之父讳"虎",所以《晋书》"神虎门"作"神兽门"。《四库提要》指出《元经》"于康宁三年书'神虎门'为'神兽门',则显袭《晋书》"。又隋文帝讳"坚",《四库提要》指出《元经》"于周大定元年直书'杨坚辅政'。通生隋世,虽妄以圣人自居,亦何敢于悖乱如是哉"。此书为阮逸伪撰,曾以稿示苏洵,何薳《春渚纪闻》、陈师道《后山丛谈》、邵博《闻见后录》均记其事。《四库提要》断《元经》为伪固然以宋人记载为据,但《元经》称谓上的漏洞无疑是有力的内证。

15. 从制度上辨伪

制度就是人们共同遵守的尺度,涉及政治、经济、军事等各个方面。

制度随时代演变,有较强的时代特点。后人要伪造前人的著作,在制度上容易出错误。因此,可以利用制度上的舛误辨伪。

《古玉图谱》,旧题宋龙大渊等奉敕撰。《四库提要》云:"今即其前列修书诸臣职衔,以史传考证,舛互之处不可枚举。"《四库提要》共列举职官舛误十二条。有当时无其官而强立者,如张抡题为"提举徽猷阁",《四库提要》云:"徽猷阁为哲宗御书阁,据《宋志》只设学士、待制、直阁,并无'提举'一官。"有职名与当时规制不合者,如修书处列举"总裁"、"副总裁"等职,《四库提要》云:"宋制,凡修书处有提举、监修、详定、编修诸职名,从无总裁、副总裁之称。"有文武官衔混淆者,如叶盛列衔称"带御器械汝州团练使直敷文阁",士禄列衔称"带御器械忠州防御使直宝文阁"。《四库提要》云:"带御器械、防御、团练皆环卫武臣所授阶官,而直阁为文臣贴职,南宋一代从未有以加武职者。"如此之类,皆由不明当时职官制度而致,《四库提要》据此认定《古玉图谱》"必后人假托宋时官本,又伪造衔名以证之。而不加考据,妄为捃摭,遂致舛错乖互,不能自掩其迹"。这是从职官制度上辨伪的佳例。

《金丹诗诀》,旧题唐纯阳真人吕岩撰,宋云峰散人夏元鼎编,是一部道书。其中《下棋歌》一首,有"因看黑白,愕然顿悟,晓三百六十路"之句。《四库提要》辨之云:"唐人棋路,黑白各百五十,故《棋经》有'枯棋三百'之语。"以后代三百六十路(即今三百六十一目)的围棋制度加于唐人头上,其伪迹显然,不待详辨了。

16. 从地理沿革上辨伪

地理沿革一方面指自然地理变更,如河流改道、干涸、消失或新河出现等。另一方面指地名的沿革和行政区划的废置等。这里所谓地理主要指后者。

《水经》,旧题汉桑钦撰。《四库提要》云:"班固尝引钦说,与此经文异。道元注亦引钦所作《地理志》,不曰《水经》。观其涪水条中称广汉已为广魏,则决非汉时。钟水条中称晋宁仍曰魏宁,则未及晋代。推寻文句,大抵三国时人。"按《水经注》卷三十二:"涪水出广魏涪县西北。"郦注:"涪水出广汉。"又云:"南至小广魏。"郦注:"小广魏即广汉县地。"《水经注》卷三十九:"钟水……又北过魏宁县之东。"郦注:"魏宁,故阳安也,晋太康元年改曰晋宁县。"然则,《水经》为三国时魏国人作。

《竹书纪年》,旧题沈约注。《四库提要》云:"考《元和郡县志》,魏武定七年始置海州,隋炀帝时始置卫县,而注'舜在鸣条'一条称'今海州'、'夏启十一年放武观'一条称'今顿丘卫县',则非约语矣!"

《星经》二卷,不著撰人,《隋志》有《星经》二卷,与四库馆臣所见本同。《四库提要》云:"是书卷数虽与《隋志》合,而多举隋唐州名,必非秦汉间书也。"

从地理上着手,对考定伪书的产生年代有很大帮助,伪书的年代一旦确定,其价值即可发挥出来。

17. 从本书与作者的思想观点矛盾辨伪

一位成熟的学者,其思想观点、学术见解应当是比较统一的。如果一部书说是某人所作,而书中的观点与作者矛盾,那么这书是否出自其人之手,值得怀疑。

《孔北海集》一卷,汉孔融撰,馆臣所见为明人辑本,内有六言诗三首,盛称曹操功德。《四库提要》云:"其六言诗之名见于本传,今所传三章,词多凡近,又皆盛称曹操功德。断以融之生平,可信其义不出此。"

《三礼考注》,旧题元吴澄撰。其书据《尚书·周官》改《周礼》六官之属。《四库提要》指出:"澄作《尚书纂言》,不信古文,何乃据《周官》以定《周礼》? 即以澄《三礼叙录》及《礼记纂言》考之,所列篇目亦不合,其经义混淆,前后矛盾者,不一而足。"所以四库馆臣采用清初学者张尔岐《蒿庵闲话》的主张,断此书为伪书。

从这一角度入手,必须审慎,应对被托者一生的思想立场作通盘研究,才能确认书中思想确实与被托者矛盾。

18. 从被依托者的学术水平与本书矛盾辨伪

伪书一般托名于大家名家。而造伪之人十之八九只是略识学问门径而已。这就造成该书与被依托的人之间学术水平的差距。辨识这种伪书,在了解被依托者的学术修养之后,往往有"一望而知其伪"的收效。

《珍珠囊指掌补遗药性赋》,旧题金李杲撰。《四库提要》辨之云:"是编首载寒、热、温、平四赋,次及用药歌诀,俱浅俚不足观,盖庸医至陋之本,而亦托名于杲,妄矣!"今按:杲字明之,号东垣老人,从张元素学,尽得元素医法,"而名乃出于元素上,卓为医家大宗"(《四库提要·李杲内外伤寒辨惑论》),李杲是如此高明的医学家,而《珍珠囊指掌补遗药性赋》"浅俚不足观",与李杲的高深造诣大大脱节,所以《四库提要》认为是庸医陋本托名于李杲。

19. 从被依托者的学术专长与本书矛盾辨伪

造伪者一般是要托名于有关专家,如上文所说,兵书托于诸葛亮,天算托于李淳风,地理托于郭璞、刘基等等均是。但有时所托之人虽属名家,但学问专长并不在此,造成矛盾现象。

《杜天师了证歌》,旧题唐杜光庭撰。《四库提要》云:"考光庭所著,多神怪之谈,不闻以医显,此书殆出伪托。"

《山水松石格》,旧题梁孝元皇帝撰。《四库提要》辨之云:"元帝之画,《南史》载有《宣尼像》,《金楼子》载有《职贡图》,《历代名画记》载有《蕃客入朝图》、《游春苑图》、《鹿图》、《师利图》、《鹈鹕陂泽图》、《芙蓉湖醮鼎图》,《贞观画史》载有《文殊像》。是其擅长,惟在人物。故姚最《续画品录》惟称'湘东王殿下工于像人,特尽神妙'。未闻以山水松石传,安有此书也?"

20. 从学术思想发展史的倒置辨伪

任何一种学术思想都有其发生发展的过程,如果某书超越了这种历程,那是值得怀疑的。

《东园丛说》,旧题宋李如篪撰。《四库提要》辨之云:"其天文历数说,谓'今之浑天实盖天之法',亦似欧罗巴书既入中国之语。宋以前,即推步之家未明此理,无论儒生。"今按:盖天、浑天为两种观测天象之法。《四库提要·周髀算经》云:"浑天如球,写星象于外,人自天外观天。盖天如笠,写星象于内,人自天内观天。笠形半圆,有如张盖,故称盖天。合地上、地下两半圆体,即天体之浑圆矣。"可见盖天、浑天又是相通的。《四库提要》认为先秦即有盖天、浑天二说,但后来盖天说失传,所以"自汉以迄元、明,皆主浑天"。直到明万历中,"欧罗巴人入中国,始别立新法,号为精密"(见《周髀算经》提要)。就是说,西法输入后,中国人才又重新认识到盖天、浑天的关系。从科技发展史看,《东园丛说》既已认识到"今之浑天实盖天之法",那该书的出现应在明万历以后。所以《四库提要》的结论是:"或近时好事者,因如篪书名,捃摭旧文,益以所见,伪为此帙。"利用此法辨伪难度较大,非通人不办,但结论一般是可靠的。

(六)伪书的价值

伪书曾为科学研究造成极大的混乱,但是一旦确定了真正产生的时代,又可以发挥其应有的作用,为科学研究提供多方面的帮助。就各门学科而言,可以发现伪书有多种价值。

1. 伪书的史料价值

伪书和伪事不是一回事。真书中可能有伪史料,而伪书中又可能蕴藏真史料。《孔子家语》一般认为是王肃伪造,但《四库提要》认为:"其流传已久,且遗文轶事往往多见于其中,故自唐以来知其伪而不能废也。"《十六国春秋》一百卷,旧题魏崔鸿撰。《四库提要》指出:"鸿作《十六国春秋》一百二卷,见《魏书》本传……《崇文总目》始佚其名,晁、陈诸家书目亦皆不载,是亡于北宋也。万历以后,此本忽出,莫知其所自来。"验之《魏书》鸿子子元奏书及《史通·表历》所称述,非崔鸿原书,实乃明代"嘉兴屠乔孙、项琳之伪本"。但《四库提要》同时肯定了该书的价值:"其文皆联缀古书,非由杜撰。考十六国之事者,固宜以是编为总汇焉。"又唐冯贽《云仙散录》被认为是伪书,但其中记唐玄奘用回锋纸印普贤像事,是我国印刷史上重要的史料,而且经屈万里、昌彼得《图书版本学要略》考证,其事是可信的。

2. 伪书的文学价值

中国小说向列九流之外,不受重视,所以托名流传者较多。《海内十洲记》托名汉东方朔撰,《四库提要》判为六朝作品,但同时指出:"自《隋志》已著于录。李善注张衡《南都赋》、宋玉《风赋》、鲍照《舞鹤赋》、张衡《思玄赋》、曹植《洛神赋》、郭璞《游仙诗》第一首、第七首、江淹《拟郭璞游仙诗》、夏侯玄《东方朔画赞》、陆倕《新刻漏铭》并引其文为证。足见其词条丰蔚,有助文章。……唐人词赋,引用尤多。"又《汉武洞冥记》,旧题后汉郭宪撰,《四库提要》云:"此书所载,皆怪诞不根之谈,未必真出宪手。又词句缛艳,亦迥异东京。或六朝人依托为之。"但同时强调:"然所言影娥池事,唐上官仪用以入诗,时称博洽。后代文人词赋,引用尤多。盖以字句妍华,足供采撷。至今不废,良以是耳。"此类小说还有托名东方朔的《神异经》、托名班固的《汉武故事》、《汉武帝内传》等。它们的价值不仅在于"词条丰蔚","字句妍华",足供采撷,增广见闻。它们是六朝小说的有机组成部分,对唐传奇及后代小说有着深远的影响。它们在小说史上的地位绝不会因为它们是伪书而受到削弱。小说如此,其他文学著作也如此。《后山诗话》一卷,旧题陈师道撰。陆游《老学庵笔记》已认为"必非师道所撰"。《四库提要》云:"今考其中于苏轼、黄庭坚、秦观俱有不满之词,殊不类师道语。且谓苏轼词如教坊雷大使舞,极天下之工,而终非本色。案:蔡絛《铁围山丛谈》称雷万庆宣和中以善舞隶教坊。轼卒于建中靖国元年六月,师道亦卒于是年十一月,安能预知宣和中有雷大使借为譬况? 其出于依托,不问可知矣。"但《四库提要》同时肯定:"然其谓诗文宁拙毋巧,宁朴毋华,宁粗毋弱,宁僻毋俗。又谓善为文者因事以出奇,江河之行,顺下而已,至其触山赴谷,风转物激,然后尽天下之变。持论间有可取。其解杜甫《同谷歌》之'黄独'、《百舌诗》之'谗人',解韦应物诗之'新橘三百',驳苏轼《戏马台诗》之'玉钩'、'白鹤',亦间有考证。"在考定《后山诗话》为伪书的同时,肯定了它在文学批评方面的成就。

3. 伪书的语言价值

现存《十三经注疏》中的《尚书正义》是汉孔安国注、唐孔颖达疏。孔注是假的,世称"伪孔传"。但《四库提要》指出:"梅赜之时,去古未远,其传实据王肃之注而附益以旧训。故《释文》称'王肃亦注今文,所解大与古文相类,或肃私见孔传而秘之乎'。此虽以末为本,未免倒置,亦足见其根据古义,非尽无稽矣。"至于孔颖达疏,虽取伪古文、伪孔传,但仍有价值,《四库提要》指出:"名物训诂,究赖之以有考,亦何可轻也。"又《神异经》,旧题汉东方朔撰,实出六朝人之手。《四库提要》指出:"考《广韵》去声四十一漾收猰字,《说文》、《玉篇》皆所不载,注称'兽,似狮子',实本此经'北方有兽焉,其状如狮子,名曰猰'之文。则小学家已相援据,不但文人词藻转相采摭已也。"这是语言史料价值。即使伪书本身,一旦确定其时代,也是那个时代语言的标本,对汉语史研究也是很有价值的。

4. 伪书的思想价值

伪书在思想史上也有不容忽视的价值。如《子华子》,《直斋书录解题》认为"亦有可观者"。《四库提要》则更详细地指出:"商榷治道,大旨皆不诡于圣贤。其论黄帝铸鼎一条,以为'古人之寓言',足证方士之谬。其论唐尧土阶一条,谓圣人不徒贵俭,而贵有礼,尤足砭墨家之偏。"又如《关尹子》,《四库提要》指出:"其书虽出于依托,而核其词旨,固远出《天隐》、《无能》诸子上,不可废也。"还有《列子》一书,也是晋人伪撰,但其中一方面采集了大量先秦寓言故事,另一方面也是我们研究魏晋思想的资料,尤其是《力命》和《杨朱》二篇,"是玄学清谈和放荡纵欲的曲折反映","无妨把它们作为两晋风俗史和思想史的资料来看待"(杨伯峻《列子集释·前言》)。可见,伪书在思想史上的价值是不容忽视的。

5.伪书的其他价值

除了以上四方面外,还有不少方面不容忽视。例如《画山水赋》及所附《笔法记》,旧题唐荆浩撰,《四库提要》断为伪书,但同时指出"其论亦颇有可采者",可以"备画家一说"。这是伪书的艺术价值。再如《银海精微》,托名孙思邈撰,《四库提要》认为:"其辨析诸证颇为明晰。其法补泻兼施,寒温互用,亦无偏主一格之弊。方技之家率多依托,但求其术之可用,无庸核其书之必真。……此书疗目之方较为可取,则亦就书论书而已。"这是伪书的医学价值。由此可见,伪书有着多方面的功用,我们不应因某书是伪书而忽视了它的价值。

附:明刊《福寿全书》辨伪

《福寿全书》六卷,题"云间陈眉公辑",明刻本,半页八行,行十八字,白口,四周单边。中国科学院图书馆藏。复旦大学、南京图书馆、浙江图书馆等亦有藏本。《中国古籍善本书目》子部征求意见稿著录(按:《中国古籍善本书目》子部第713页同),《四库全书总目》入"存目",均作明陈继儒撰。陈继儒,字仲醇,号眉公,明华亭(今松江,别称"云间")人,诸生,年甫二十,隐居昆山,杜门著述,工诗文、书画,喜藏书刻书,当时刊行书籍求陈继儒作序者很多。陈继儒生于嘉靖三十七年,卒于崇祯十二年,年八十余。

科学院本《福寿全书》,自《惜福》至《冥果》凡二十篇,析为六卷。余读至再,见其漏洞百出,不可究诘。卷首鹿城友生顾锡畴《福寿全书序》称"陈子所辑《福寿全书》成,亟示余",显以此书为陈继儒作。但又称"陈子视事南庚,箩扒概量,日不暇给"。陈继儒一生未尝为官,何来"视事南庚"?序又称"余以甲子之役得陈子,已知其有安治天下之材。今其夙夜秉塞又若此,然则陈子之壮猷伊始"云云。陈继儒为诸生,何尝中举?"甲子",一为嘉靖四十三年,继儒方七岁,一为天启四年,则已六十七岁。七岁自无中举之可能,若六十七岁又何谈"壮猷伊始"?再读"年社弟许豸"《福寿全书序》,此序行书上版,共三页,其第二页称:"同年郑汉奉氏腹笥行秘,文誉夙胫四方。辛未夏初,余两人寓于燕之莆寺。"既为陈继儒《福寿全书》作序,何来同年郑汉奉?"辛未"一为隆庆五年,陈继儒十

三岁,一为崇祯四年,则已七十三岁,均无可能。许序又称郑汉奉"寄余
《昨非庵日纂》二十卷,远函征序",全序均言《昨非庵日纂》事,与《福寿
全书》及陈继儒杳不相干。再看正文二十篇,每篇有小序,序末署"云间
陈继儒识"。但《颐真》、《坦游》、《方便》三篇一反常规,篇首无小序。又
各篇小序大都无篇次,但《内省》篇小序末有"《内省》第十三"字样,而
《内省》事实上是第二篇。《敦本》篇小序末有"纂《敦本》第四"字样,而
《敦本》事实上为第五篇。此类自相矛盾之处均极明显,无法从《福寿全
书》自身得到解释。

　　从《福寿全书》许豸序提供的线索,我们不能不找来《昨非庵日纂》查
阅一下。二书对读,始悟《福寿全书》实为剽窃《昨非庵日纂》初集二十卷
加以窜乱、改题并翻刻而成。

　　《昨非庵日纂》二十卷《二集》二十卷《三集》二十卷,明郑瑄撰。郑
瑄,字汉奉,闽县人,明崇祯四年进士,官至应天巡抚。此书三集六十卷,
明崇祯刻本,半页八行,行十八字,白口,四周单边。版式行款及圈点字体
均与《福寿全书》同。唯《昨非庵日纂》版心上有"昨非庵纂"四字,《福寿
全书》版心相应位置作空白。《昨非庵日纂》崇祯刻本中国科学院图书馆
及北京图书馆、北京大学、清华大学、南京图书馆等均有之。道光间有重
刻本,民国间上海进步书局《笔记小说大观》石印本流传更广。

　　今就科学院藏崇祯本对读,可知《昨非庵日纂》初集二十篇篇名及内
容与《福寿全书》全同。卷首许豸序实为《昨非庵日纂》作,《福寿全书》
全袭之,仅将题目改为《福寿全书序》,序中称"郑汉奉"、称"《昨非庵日
纂》"等,均照用不改。因此序为行书上版,《福寿全书》照翻,仍为行书。
《福寿全书》卷首顾锡畴序也应是《昨非庵日纂》顾序之改写。《昨非庵日
纂二集》有顾锡畴序云"郑汉奉《昨非庵前集》余既序之行世",可证前集
确有顾序,科学院本无,当是缺佚。《福寿全书》顾序所谓"视事南庚"、
"壮猷伊始"等等,均与郑瑄合。作伪者仅改"郑子"为"陈子"而已。不
知郑瑄、陈继儒年辈既殊,出处迥异,事迹根本不符。

　　《福寿全书》的伪造者把《昨非庵日纂》二十篇的次序完全打乱。同
时又将二十篇编为六卷,《昨非庵日纂》本来是篇为一卷,共二十卷。二
书篇卷次第开列如下:

　　《昨非庵日纂》初集:宦泽一、冰操二、种德三、敦本四、诒谋五、坦游
六、颐真七、静观八、惜福九、汪度十、广慈十一、口德十二、内省十三、守雌

十四、解纷十五、悔过十六、方便十七、径地十八、韬颖十九、冥果二十。

《福寿全书》：一卷惜福、内省、宦泽、解纷；二卷敦本、冰操、守雌；三卷静观、口德、径地；四卷广慈、悔过、汪度；五卷种德、颐真、坦游；六卷韬颖、诒谋、方便、冥果。其中"韬颖"误作"绍颖"。

篇次分卷打乱之后，各篇第一行原题"昨非庵日纂宦泽卷之一"之类标题和卷次就相应取消，改为"福寿全书"四字标题，不再标卷次和篇名，篇名仅在版心显示。二十篇均有"福寿全书"标题，而且二十篇页码完全沿用《昨非庵日纂》之旧，因此六卷之分从正文中并未显示出来，只是卷首增编一个总目录标识一下而已。

《昨非庵日纂》原二十篇均有小序，序末标明"纂《宦泽》第一"之类篇次，颇仿《太史公自序》。《福寿全书》既已打乱次序，不得不将表示篇次一句删去。但删削不净，留下马脚。"《内省》第十三"、"纂《敦本》第四"、"纂《静观》第八"三处即属漏删，其篇次自然均与《福寿全书》新改篇次不符。

《昨非庵日纂》二十篇均有小序，而《福寿全书》之《颐真》、《坦游》、《方便》三篇皆无。细核两书，可知这三篇均缺第一第二两页，作伪者改第三页为第一页，并删去前几行文字，加上"福寿全书"、"云间陈眉公辑"、"鹿城顾锡畴定"、"诸子同阅"、"织帘居梓"等几行文字。第四页版心页码则改为"二至四"，以与第五页接。给人以不缺页的感觉。其余缺页同样用改页码的方式加以掩盖。如《冥果》缺十一、十二两页，于是第十页页码改为"十至十二"，事实上内容根本不能衔接。

《昨非庵日纂》各篇小序末原有落款"昨非庵居士郑瑄识"。《福寿全书》则改为"云间陈继儒识"。卷首《凡例》末原有"古闽郑瑄汉奉甫谨识"一行，《福寿全书》删去。题目《日纂凡例》则改为《福寿凡例》。

从以上种种痕迹看，是《福寿全书》剽袭《昨非庵日纂》初集无疑，作伪完全出于有意，作伪手段拙劣，作伪者当是书坊"织帘居"。陈继儒自是作伪者所假托。《福寿全书》属于伪书当无疑义。以上两书同时入《四库全书总目》子部杂家类存目，前后相隔仅五种书，馆臣竟未察觉《福寿全书》与《昨非庵日纂》雷同，盖提要不出一手，故偶失照应。

（原载《文献》1996 年第 3 期）

第九章　类书与丛书

一、类　书

（一）何谓类书

类书是抄集群书词、句、段、篇，分类排纂，以供检查的工具书。

类书与丛书的不同，在于丛书是整部书整部书地排列在一起，分类也罢，不分类也罢，原书完好，不予分割。类书则要摘取各书的词句或段落，按类别编排。其相似之处，在于对原文一般不作改动。

类书与百科全书的相同之处，在于：（1）包罗百科。（2）分门别类。其重大不同，则在于百科全书不是抄集，而是综合归纳，写成词条。类书属于编辑，百科全书属于著述。

类书与辞书的不同，在于辞书的任务要归纳出词义、义项，这是用力较深之处。辞书要引例句，是为了印证词义，因而引文一般限于句子，而且例句一般不多，例句以时代较早者为佳。类书则不要求归纳词义、义项，即使要释义，一般也只引古代字书、辞书、韵书如《说文》、《尔雅》、《广韵》而已，不作新的归纳工夫。而其抄集文句则追求丰富广泛。辞书的重心在释义。类书的重心在摘取文句。另外，在分类上，类书也有依韵编排的，如《永乐大典》、《佩文韵府》，看似字书，有人就把《佩文韵府》当作字书。其实《佩文韵府》的编辑目的不是释义，而是汇集古今群书中的词藻，重心完全在摘句，仍属于类书。

好的类书要求分类体系严密，资料网罗宏富，摘引词句篇段应严格依原文，各条引文应明确出自何书何卷何篇。

（二）类书的起源

宋王应麟《玉海》卷五十四："类事之书,始于《皇览》。"类事,是早期对类书的称呼,《旧唐书·经籍志》有"类事类",著录类书二十二部。《新唐书·艺文志》改为"类书类",相沿至今。王应麟认为《皇览》是第一部类书。

《四库提要》卷一百二十三《古今说海》提要："考割裂古书,分隶门目者,始魏缪袭、王象之《皇览》。"又卷一百三十五《事类赋》提要："类书始于《皇览》。"这一说法沿用至今。

《三国志·魏书·文帝纪》："帝好文学,以著述为务,自所勒成,垂百篇。又使诸儒撰集经传,随类相从,凡千余篇,号曰《皇览》。"

《三国志·魏书·杨俊传》裴注引《魏略》曰："王象为常侍,受诏撰《皇览》,使象领秘书监。象从延康元年始撰集,数岁成,藏于秘府,合四十余部,部有数十篇,通合八百余万字。"

与王象同修者有刘劭(见《三国志·魏书·刘劭传》)、桓范(见《三国志·魏书·曹爽传》注引《魏略》)、缪袭(见《史记·五帝本纪》索隐)、韦诞(见《太平御览·文部·著书》引《三国典略》)等。

《隋书·经籍志》："《皇览》一百二十卷,缪卜[袭]等撰。"注："梁六百八十卷。梁又有《皇览》一百二十三卷,何承天合。《皇览》五十卷,徐爰合。《皇览目》四卷。又有《皇览抄》二十卷,梁特进萧琛抄。亡。"

可见《皇览》因篇幅太大,传写不易,在南北朝时已有缩编本、摘抄本数种,而原书则亡佚。两《唐志》仅著录何承天、徐爰抄合本,《宋志》则并抄合本亦无著录,盖唐末五代间尽佚。

梁刘孝标博闻强识,尝撰《类苑》一百二十卷。《隋志》子部杂家、《旧唐志》类事家、《新唐志》类书类著录。

《南史·刘怀珍传》附《刘孝标传》："初梁武帝招文学之士,有高才者多被引进,擢以不次。峻率性而动,不能随众沉浮。武帝每集文士策经史事,时范云、沈约之徒皆引短推长,帝乃悦,加其赏赉。会策锦被事,咸言已罄。帝试呼问峻。峻时贫悴冗散,忽请纸笔,疏十余事。坐客皆惊,帝不觉失色,自是恶之,不复引见。及峻《类苑》成,凡一百二十卷,帝即命诸学士撰《华林遍略》以高之。竟不见用,乃著《辩命论》以寄其怀。"

唐杜宝《大业杂记》："秘书监柳顾言曰:梁主以隐士刘孝标撰《类苑》

一百二十卷,自言天下之事毕尽此书,无一物遗漏。梁武心不伏,即敕华林园学士七百余人,人撰一卷,其事类数倍多于《类苑》。"

这个故事充分说明当时编类书的重要目的之一是炫博。朝野均以博闻强识为上,而记忆有限,则不得不以类辑群书以济其穷,类书早期称为"类事",即类辑故事之谓。凡一事一物,古今记载,网罗齐备,以备问对。

这种风气与文学创作上的讲究用事与辞藻密不可分。

《三国志·魏书·国渊传》:"《二京赋》博物之书也,世人忽略,少有其师,可求能读者从受之。"

袁枚《历代赋话序》:"古无志书,又无类书,是以《三都》、《两京》欲叙风土物产之美,山则某某,水则某某,草木鸟兽虫鱼则某某,必加穷搜博访,精心致思之功。是以三年乃成,十年乃成。而一成之后,传播远迩,至于纸贵洛阳。盖不徒震其才藻之华,且藏之中笥,作志书、类书读故也。"

范晔《后汉书》:张衡"乃拟班固《两都》作《二京赋》,因以讽谏,十年乃成。"

《文选》注引臧荣绪《晋书》:左思"少博览史记,欲作《三都赋》,乃诣著作郎访岷邛之事,遂构思十稔,门庭藩溷,皆著纸笔,遇得一句即疏之。"

司马相如说:"赋家之心,苞括宇宙,总览人物。"(《西京杂记》卷二)

由于需要博物、辞藻,所以在大赋中,奇山异水、草木鸟兽虫鱼以及各种珍宝都要尽可能罗列,生僻之字充斥其间,所以赋家往往又要精通文字之学,扬雄有《训纂篇》,又有《方言》,司马相如有《凡将篇》,班固有《续训纂篇》。

六朝的骈文辞赋在用事和辞藻方面更为讲究。

黄侃《文心雕龙札记》:"汉魏以下文士撰述,必本旧言,始则资于训诂,继则引录成言,终则综辑故事。"

在这种背景下,类书的产生带有必然性。

张涤华《类书流别》:"其或强记不足,诵览未周者,则乞灵抄撮,效用谀闻,期以平时搜辑之勤,借祛临文翻检之剧。故网罗欲富,组织欲工,类书之体,循流遂作。"

(三)类书的功用

1. 查找史料

类书包罗万象,而又以摘录古书原文见长,并以类编排,这就为我们查找各方面史料,诸如历史、地理、典制、民俗、文艺、人物等,带来极大方便。

例如唐欧阳询等《艺文类聚》卷二十一《人部》五"交友"(摘录):

《周易》曰:二人同心,其义断金。同心之言,其臭如兰。

又曰:上交不谄,下交不渎。

《毛诗》曰:《伐木》,燕朋友故旧也。自天子至于庶人,未有不须友以
　　　　成者也。

又曰:虽有兄弟,不如友生。

又曰:伐木丁丁,鸟鸣嘤嘤,出自幽谷,移于乔木。

又曰:嘤其鸣矣,求其友声。

又曰:朋友攸摄,摄以威仪。

《礼记》曰:君子之交淡如水,小人之交甘如醴。君子淡以成,小人甘
　　　　以坏。

《孝经》曰:士有争友,则身不离于令名。

《论语》曰:与朋友交,言而有信,虽曰未学,吾必谓之学矣。

又曰:益者三友,损者三友。友直,友谅,友多闻,益矣。友便僻,
　　　　友善柔,友便佞,损矣。

又曰:君子以文会友,以友辅仁。

《家语》曰:行循而名不彰,友之罪也。故君子入则笃行,出则友贤。

《列子》曰:管夷吾、鲍叔牙二人相友。管仲曰:吾与鲍叔贾,分财多
　　　　自与,鲍叔不以我为贪,知吾有亲也。吾尝为鲍叔谋事,
　　　　大穷困,鲍叔不以我为愚,知时有不利也。吾尝三仕三见
　　　　逐,鲍叔不以我为不肖,知不遭时也。知我者鲍叔,生我
　　　　者父母。

[诗]魏陈王曹植《离友诗》:(略)

晋郭璞《赠温峤诗》:(略)

齐谢朓《赠友人诗》:(略)

梁陆倕《赠京邑僚友诗》:(略)

[赋]梁丘迟《思贤赋》:(略)

[赞]晋夏侯湛《管仲像赞》:(略)　又《鲍叔像赞》:(略)

[箴]宋周祗《执友箴》:(略)

《艺文类聚》"交友"这一类,为我们提供了唐朝以前十九部书中三十六条

关于交友的材料，另有四首诗、一篇赋、两篇赞、一篇箴。

如果我们查更大的类书，如《太平御览》卷四百一十《人事部》五十一《交友》，则会发现关于交友的材料竟达二百六十三条之多。其中既有交友的理论，又有交友的故事，还有诗文。《礼记》曰："独学而无友，则孤陋而寡闻。"《孝经》曰："士有争友，则身不离于令名。"可知古人十分重视交友，交友之道是很值得研究的。而搜集材料不易，类书应是有很大帮助的工具书。当然这些材料往往是不完整的片断，有时还有删节或脱误，因此，应根据类书所指的出处尽可能找到原书，逐条分析，再分门别类，归纳总结，写出自己的《交友论》。

2. 查找辞藻

写诗要对偶，又要用典，有出处。《初学记》卷三《秋》在"叙事"之后有"事对"，罗列对偶词语：火流——土王，露下——风高，木落——草衰，露叶——霜条，日凄凄——风冽冽等二十六对，而且一一注明出典。例如"木落——草衰"下注："魏文帝《燕歌行》曰：秋风萧瑟天气凉，草木零落露为霜。李陵《答苏武书》曰：凉秋九月，塞外草衰。"如果写关于秋天的诗，可以利用这些词藻。当然，我们今天为古诗作注，也应从这里受到启发，应注意使用类书，找出古诗的出典。《文选》李善注的最大优越处即在于注出典。

再如《佩文韵府》卷二十六《尤部》"秋"字条，罗列"春秋"、"三秋"、"仲秋"、"孟秋"、"季秋"、"麦秋"、"长秋"等二百四十个以"秋"为词尾的词语（包括二字词组、三字词组）。在《韵府拾遗》卷二十六《尤》韵又增补三十八个词语。合计二百七十八个词语。每个词语都罗列出典。如"三秋"下注："《诗》：一日不见，如三秋兮。梁元帝《纂要》：秋曰三秋。曹植《朔风诗》：别如俯仰，脱若三秋。王融《策秀才文》：幸四境无虞，三秋式稔。梁昭明太子《细言诗》：越咫尺而三秋，度毫厘而九息。虞世南《秋赋》：观四时之代序，对三秋之爽节。杜审言诗：旅客三秋至，层城四望开。李峤《云诗》：烟煜万年树，掩映三秋月。薛能《秋夜旅舍诗》：三秋木落半年客，满地月明何处砧。杜荀鹤诗：三秋客路湖光外，万里乡关楚邑东。"共十条。

以"秋"字结尾的词语，很容易就得到二百七十八个，而每个词语又都罗列众多的用例，假如在诗词创作中选用以"秋"字结尾的词藻，就左右逢源了。当然要注释古诗词，同样也容易查到这些词藻的出处。这是字书、辞书所不能比拟的。

从上面举的例子，还可以看出《佩文韵府》的重要用途，那就是查寻诗句的著者和诗题。例如"野旷天低树，江清月近人"，要知道这两句诗是何人所作，全诗是什么，可查"野旷"，在《佩文韵府》卷八十二《漾韵》"旷"字下有"野旷"一条，下有"孟浩然诗：野旷天低树，江清月近人"。查《全唐诗》卷一百六十孟浩然诗有《宿建德江》："移舟泊烟渚，日暮客愁新。野旷天低树，江清月近人。"古人引诗有时不点明何人何诗，用这种办法可查得原诗及作者。

3. 校勘、考订古书

《四库提要》卷六十九《水经注》提要："是书自明以来，绝无善本。惟朱谋㙔所校盛行于世，而舛谬亦复相仍。今以《永乐大典》所引，各案水名，逐条参校，非惟字句之讹层出叠见，其中脱简错简，有自数十字至四百余字者。其道元自序一篇，诸本皆佚，亦惟《永乐大典》仅存。盖当时所据犹属宋椠善本也。谨排比原文，与近代本钩稽校勘，凡补其缺漏者二千一百二十八字，删其妄增者一千四百四十八字，正其臆改者三千七百一十五字，神明焕然，顿还旧观。"按《水经注》由戴震据《永乐大典》本校订，收入《四库全书》，系当时最善之本。

《赵守俨文存·校史浅谈》："唐宋类书如《北堂书钞》、《艺文类聚》、《初学记》、《太平御览》、《册府元龟》、《玉海》等，都是我们校勘古书的重要凭借。""如《魏书·乐志》有脱页，清代卢文弨据《通典》补了几十个字，后来陈垣先生又据《册府元龟》卷五六七把它补全（点校本2832页及2845页校勘记〔11〕），当时就引起史学界注意。然而此书《礼志》四（点校本2801页）及《刑罚志》（点校本2881页）也有脱页，因为文字似乎衔接，长期没有被发现。十几年前唐长孺先生整理《魏书》时发现了这一问题，并在《册府元龟》卷五八一和六一五中找到了所缺文字，把脱页补上。"作为著名类书的《册府元龟》，其校勘价值由此可见一斑。

4. 辑佚

类书因为是大量摘引古书而成，所以是辑佚书的重要来源。《太平广记》所引古小说约五百种，原书已有大半失传，可从《太平广记》中辑出这些古小说的佚文。《二十四史》中的《旧五代史》在明清之际亡佚，现在的本子是邵晋涵在四库馆时从《永乐大典》、《册府元龟》等类书中逐条辑出，排纂而成。《太平御览》引书一千六百八十九种，十之七八都已不传，因而大量佚书赖《太平御览》保存了若干佚文,《太平御览》也就成为辑佚的宝库。

(四)类书举要

1.《北堂书钞》一百六十卷,唐虞世南撰

此书系虞世南任隋秘书郎时所编。"北堂"是隋秘书省后堂。《四库提要》引刘禹锡《嘉话录》曰:"虞公之为秘书,于省后堂集群书中事可为文用者,号为《北堂书钞》。"此书宋元以来流传未广,且有残缺,直到明万历二十八年才有陈禹谟刻本。陈氏有所增删,破坏了原书面貌,不是善本。清嘉庆间孙星衍得元末明初陶宗仪的钞本,称为影宋钞本,约请严可均、王石华、洪颐煊、王引之、钱东垣、顾广圻等校订,差数十卷未完成。后归何元锡,又归闽人陈征芝。同治四年周星诒以重金购得,为镇库之宝,颜藏书处曰"书钞阁"。后星诒亏公帑无以偿,蒋凤藻资助三千金,乃以藏书归蒋氏,遂为秦汉十印斋所有。蒋氏之后又归常熟翁斌孙,建国后翁氏后人翁之熹以藏书捐献国家,今藏国图。当此书在周星诒书钞阁时,光绪七年南海孔广陶尝借去二百日,鸠工影钞,并分辨诸家校语,以五色笔分别录之。又与三个儿子以及林国赓、傅以礼等续加校订,至光绪十四年刻成,名《影宋北堂书钞》一百六十卷。这是迄今最完善的刻本。其五色影钞本现存广东省中山图书馆。

《北堂书钞》据《郡斋读书志》有一百七十三卷,分八十部八百零一类。但孔刻本仅十九部,可见多有散佚。

《北堂书钞》每部之中各分子目,每一目先摘群书字句,用大字排列,再用双行小字注书名或列出原文。例如《北堂书钞》卷一百四十《车部》中《指南车》五:

> "周公所作,马钧遗法。"下注:"崔豹《古今舆服注》云:大驾指南车,旧说周公所作。周公致治太平,越裳氏重译来贡,使者迷其归路。周公锡以软车五乘,皆为司南之制,载之以南,期年而得反其国。使大夫娄将送至国而还,亦乘司南而背所指,亦期年而还。至始以属巾车氏,收而载之,常为前导。车法具在尚方故事。汉末丧乱,其法中绝。马钧悟而作焉。今指南车,马先生之遗法也。"

"周公所作,马钧遗法"二语是从这段《古今舆服注》的故事中概括出来的,而《古今舆服注》则作为注。其编辑目的是显而易见的,即《嘉话

录》所说"集群书中事可为文用者",是为了写文章遣词用事而备检的工具书。

《北堂书钞》引书八百余种,诗文集尚不在内,其十之八九已亡佚,而且都是隋以前的古书,因此在辑佚方面用途很大,在校勘现存古书方面也极有用,另外其中还保存大量史料,因而是一部重要类书。

2.《艺文类聚》一百卷,唐欧阳询等编

此系唐高祖李渊武德五年命欧阳询、令狐德棻等十余人编集,历三年完成,至今保存完整。宋叶大庆《考古质疑》称是书引及苏味道、李峤、沈佺期、宋之问诗,皆在欧阳询后,知传写又有增加(详《四库提要》)。

是书分四十六部七百二十七小类。

欧阳询序云:"九流百氏,为说不同。延阁石渠,架藏繁积。周流极源,颇难寻究。披条索贯,日用弘多。卒欲摘其菁华,采其指要,事同游海,义等观天。"又云:"《流别》、《文选》,专取其文,《皇览》、《遍略》,直书其事。文义既殊,寻检难一,爰诏撰其事且文,弃其浮杂,删其冗长。……故事居其前,文列于后,俾夫览者易为功,作者资其用。"

由此可见,《艺文类聚》对类书进行了改造。前代类书专门类事,即只列故事,不列文章。《艺文类聚》则于类事之后又列诗文。如卷四十三《乐部》三《舞》,先列《尔雅》、《尚书》至《吴书》关于舞的材料二十五条。然后列[诗]十三首、[赋]三篇(后汉傅毅《舞赋》、张衡《舞赋》、梁简文帝《舞赋》)。这些诗赋属于同一题材,我们从事创作固然要向前人学习,或者模仿前人,或者采用这方面的词藻、典故。我们要从事古典文学鉴赏,同一题材的作品前后比较是重要方法之一,我想《艺文类聚》可以提供帮助。至于校勘和辑佚书、辑诗文,更是不言而喻的重要源泉。《四库提要》云:"隋以前遗文秘籍迄今十九不存,得此一书,尚略资考证。宋周必大校《文苑英华》多引是集。而近代冯惟讷《诗纪》、梅鼎祚《文纪》、张溥《百三家集》从此采出者尤多。亦所谓残膏剩馥,沾溉百代者矣。"

打开严可均《全上古三代秦汉三国六朝文》、逯钦立《先秦汉魏晋南北朝诗》,每一篇都注有出处。其中出自《艺文类聚》者比比皆是。逯书收潘岳诗二十三首,有七首出自《艺文类聚》。晋傅咸诗十九首,有十一首最早见于《艺文类聚》。其他可以想见。因此这部书是研究唐以前文史必备的工具书。

该书主要版本:A. 1959 年中华书局影印宋绍兴刻本。B. 1965 年中华书局排印汪绍楹校勘本。C. 1982 年上海古籍出版社重印汪本,附《书名篇名索引》、《人名索引》,极便使用。

3.《初学记》三十卷,唐徐坚等编

《四库提要》引《南部新书》载:"开元十三年五月集贤学士徐坚等纂经史文章之要,以类相从,上制曰《初学记》。"

《大唐新语》卷九:"玄宗谓张说曰:'儿子等欲学缀文,须检事及看文体。《御览》之辈,部帙既大,寻讨稍难。卿与诸学士撰集要事并要文,以类相从,务取省便,令儿子等易见成就也。'说与徐坚、韦述等编此进上,以《初学记》为名。"

可见这部书是唐玄宗为方便儿子学习而命张说、徐坚等编辑的类书。

书凡二十三部三百一十三子目,每子目又分叙事、事对、诗文三部分。

其叙事部分经过精心编排,把类事连缀起来,成为一篇说明文章。这与以往类书不同。其"事对",前文已列举卷三《秋》,此不再举。其诗文部分则类似《艺文类聚》。

此书是以知识为重点的类书。《四库提要》称:"其所采摭皆隋以前古书,而去取谨严,多可应用,在唐人类书中,博不及《艺文类聚》,而精则胜之。若《北堂书钞》及《六帖》,则出此书下远矣。"

此书的作用仍不过查找史料及词藻、校勘古书、辑佚书等方面。

此书主要版本:A. 宋绍兴十七年东阳崇川余四十三郎刊本,作《新雕初学记》三十卷,日本宫内省书陵部藏。B. 明嘉靖十年安国桂坡馆刻本。C. 明嘉靖十三年晋府虚益堂刻本。D. 清乾隆内府刊《古香斋袖珍十种》本。E. 1962 年中华书局排印司义祖点校本,用古香斋本为底本,校以桂坡馆本以及严可均、陆心源校,制成《校勘表》附各卷后。1979 年重印。许逸民有《初学记索引》与此书配套。

4.《太平广记》五百卷,宋李昉等编

书凡九十二类一百五十多细目。宋太宗命李昉等编,太平兴国三年成书。六年正月敕雕版印行。《四库提要》称:"所采书三百四十五种,古来轶闻琐事、僻笈遗文,咸在焉。卷帙轻者,往往全部收入,盖小说家之渊海也。"

此书于每细目下罗列故事,各条故事都有小标题,末尾注出处。所采系汉晋至北宋初的小说、笔记、野史等书的故事,所以《四库全书》入之于小说家。说它是"小说家之渊海"。这部书保存了近七千则故事,其中主

要是小说,这些小说如果没有《太平广记》收录保存,恐怕大半已亡佚了,研究小说史恐怕完全会处于另一种条件之下。所以这部书的第一大用途是提供小说史料。第二大用途是用于小说辑佚。据邓嗣禹统计,所引之书四百七十五种,存者二百三十五种,佚者二百四十种(《太平广记引得序》)。鲁迅《古小说钩沉》、《唐宋传奇集》都大量取资于《太平广记》。

除小说外,本书还有大量历史人物事迹、典章制度、名物、地理、风俗、中外关系、科学技术方面的史料。

《太平广记》对宋元明清文学都有很大影响。最早保存在《太平广记》中的唐元稹《莺莺传》,是《西厢记》的创作依据。最早存于《太平广记》的唐李朝威的传奇小说《柳毅传》,在元代被尚仲贤改编成《洞庭湖柳毅传书杂剧》(《元曲选》本)。宋元话本、明清拟话本及宋元明清小说以《太平广记》中的故事为蓝本的也屡见不鲜。

现存主要版本:A.明嘉靖四十五年谈恺刻本。B.明许自昌刻本。C.明活字印本(北京大学、黄永年先生各藏一部)。D.《四库全书》本。E.民国进步书局石印《笔记小说大观》本。F. 1961 年中华书局排印汪绍楹整理本,以谈刻为底本,校以明沈氏野竹斋抄本、清陈鳣校宋本,参校明许自昌本、清黄晟刻本。1986 年再版。

索引:A.哈佛燕京学社《太平广记引得》(邓嗣禹编,1933 年)。B.王秀梅、王泓冰主编《太平广记索引》(1996 年中华书局)。

5.《太平御览》一千卷,宋李昉等编

是书北宋太宗太平兴国二年命李昉等修,八年书成。《玉海》卷五十四引《太宗实录》:

> 太平兴国二年三月戊寅诏翰林学士李昉、扈蒙、左补阙知制诰李穆、太子少詹事汤悦、太子率更令徐铉、太子中允张洎、左补阙李克勤、右拾遗宋白、太子中允陈鄂、光禄寺丞徐用宾、太府寺丞吴淑、国子寺丞舒雅、少府监丞吕文仲、阮思道等,同以前代《修文御览》、《艺文类聚》、《文思博要》及诸书,分门编为一千卷。

又曰:

> 八年十一月庚辰诏:史馆所修《太平总类》一千卷,宜令日进三卷,朕当亲览焉。自十二月一日为始。……十二月庚子书成。诏曰:史馆新纂《太平总类》一千卷,包括群书,指掌千古,颇资乙夜之览,何止名山之藏?用锡佳称,以传来裔。可改名《太平御览》。

　　宋敏求《春明退朝录》卷三:"《太平总类》成,帝日览三卷,一年而读周,赐名《太平御览》。"

　　《太平御览》共分五十五部,每部又分若干类,共计五千四百二十六类(据张忱石《永乐大典史话》),每类之下罗列群书关于此类的记载,依经史子集顺序罗列。每条引文以书名冠首。如《太平御览》卷九百二十五《羽族部》十二《鸳鸯》:

　　《归藏》曰:有凫鸳鸯,有雁鹈鹕。

　　《诗》曰:《鸳鸯》,刺幽王也。思古明王,交于万物有道,自奉养有节焉。鸳鸯于飞,毕之罗之。君子万年,福禄宜之。鸳鸯在梁,戢其左翼。君子万年,宜其遐福。

　　《西京杂记》曰:赵飞燕为皇后,其女弟昭仪在昭阳殿,遗飞燕书曰:今日嘉辰,贵姊懋膺洪册,上襚三十五条,以陈踊跃。内有鸳鸯襦、鸳鸯被。(泽逊按:内有云云,系《御览》编者节引之语,此二件乃三十五条中之二件。三十五条文繁,此未全引。类书引文有改写,此其例。)

　　《魏志》曰:文帝问占梦周宣曰:"吾梦殿屋两瓦堕,化为双鸳鸯,此何为也?"宣对曰:"后宫当有暴死者。"上曰:"吾诈卿耳。"宣曰:"夫梦,意也,苟以形言,便占吉凶。"言未卒,黄门令奏:宫人相杀。

　　干宝《搜神记》曰:大夫韩凭,其妻美,宋康王夺之。凭怨,王囚之。凭遂自杀。妻乃阴腐其衣,王与之登台,自投台下。左右投衣,衣不胜手。遗书于带曰:愿以尸还韩氏而合葬。王怒,令埋之。二冢相对。经宿,忽有梓木,生二冢之上,根交于枝,下连其上,有鸟如鸳鸯,雌雄各一,恒栖其树,朝暮悲鸣,音声感人。

　　《古今注》曰:鸳鸯,水鸟,凫类,雌雄未尝相离,人得其一,则一者相思死,故谓之匹鸟。

　　《楚辞》曰:鸳鸯兮嗈嗈。

　　《古诗》曰:客从远方来,遗我一端绮,文彩双鸳鸯,裁为合欢被。

　　又曰:入门时左顾,但见双鸳鸯,鸳鸯七十二,罗列自成行。

　　郑氏《婚礼谒文赞》曰:鸳鸯雌雄相类,飞止相匹。

《太平御览》前面有《太平御览经史图书纲目》,即引用书目,共列一千六百九十种,诗赋不在内。据聂崇岐研究,这个书目非但不全,而且内部重复颇多。据近人核实,实际引书多达二千五百七十九种。这些古书十之七八已亡佚,因而它是辑集佚书的重要来源。

余嘉锡《四库提要辨证》卷八《荆楚岁时记》条:"《艺文类聚》、《初学记》岁时部引此书,皆正文与注相连,不加分别。惟《太平御览》时序部引用尤多,于正文作大字,注文则作双行小字,附于本句之下,极为明晰。"

《四库提要》卷一百三十五《太平御览》条:"世所传宋以前书,可考见古籍佚文者,仅六七种:曰裴松之《三国志注》,曰郦道元《水经注》,曰刘孝标《世说新语注》,曰李善《文选注》,曰欧阳询《艺文类聚》,曰徐坚《初学记》,其一即此书也。残碑断碣,剥蚀不完,欧阳、赵、洪(欧阳修《集古录》、赵明诚《金石录》、洪适《隶释》、《隶续》)诸家尚藉之以订史传,况四库菁华,汇于巨帙,猎山渔海,采撼靡穷,又乌可以难读废哉?"

这部书在校订古书、辑佚书方面的功用历来很受重视。但是,我们应当明白,《太平御览》所引古书虽然很富,但这些书并非北宋初太平兴国年间都存于世,《太平御览》编者并未完全见到这些原书。根据《玉海》引《太宗实录》,此书乃是据《修文殿御览》、《艺文类聚》、《文思博要》等前代类书编成。《修文殿御览》三百六十卷,是北齐后主高纬听从祖珽建议敕修的,其蓝本是梁武帝萧衍敕修的《华林遍略》七百卷,而补其未备。《文思博要》一千二百卷则是唐太宗贞观十年命高士廉、魏徵、房玄龄等十六人编修。这些类书卷帙浩繁,后来都失传了,但北宋初年这些大书还在,《太平御览》利用这些类书作基础,取材比较方便。因此,材料并非全从原书来,有相当多是从旧类书转引来,这就使得引文脱误增加,可靠性降低。《四库提要》说他"难读",原因之一是讹脱太多,由于原书大都失传,又无以校正,故而难读。前面我们举的《鸳鸯》条,引《搜神记》,与传世的《搜神记》核对,发现文字颇有出入,其中"王囚之"下传世《搜神记》有"论为城旦。妻密遗凭书,缪其辞曰:'其雨淫淫,河大水深,日出当心。'既而王得其书,以示左右。左右莫解其意。臣苏贺对曰:'其雨淫淫,言愁且思也。河大水深,不得往来也。日出当心,心有死志也。俄而"七十五字,《太平御览》无。又"左右投衣,衣不胜手",传本作"左右揽之,衣不中手,而死",可知"投"字恐是"揽"字之误,"而死"二字似亦不可省。又"根交于枝,下连其上",传本作"根交于下,枝错于上",知"枝下"二字误倒,原当作"根交于下,枝连其上"。其他文字差异尚有若干。可见,利用《太平御览》及其他类书校订古书,应慎重,否则会犯不知妄改之病。

利用类书辑佚也要注意，一般佚文可能见于多处，应互相参考，校讹补脱。例如关于刘向校雠的一段佚文：

《文选·魏都赋》李善注："《风俗通》曰：案刘向《别录》，雠校，一人读书，校其上下，得缪误，为校。一人持本，一人读书，若怨家相对。"

《太平御览》卷六百十八《学部》十二《正谬误》："刘向《别传》曰：雠校者，一人持本，一人读析，若怨家相对，故曰雠也。"

清严可均《全上古三代秦汉三国六朝文》把这段佚文同时置于西汉刘向《别录》、东汉应劭《风俗通义》之内。其《别录》据《文选》李注，但"若怨家相对"下补上"故曰雠也"四字，则系据《太平御览》引文。其《风俗通义》则仅据《文选》注引，而未参用《太平御览》。但因《文选》注引文未完，严氏于"若怨家相对"后补上"为雠"二字，是臆补。据《太平御览》应作"故曰雠也"四字。《太平御览》引文有这样一些缺点：一是脱漏真正出处《风俗通》，二是把《别录》误为《别传》，三是脱漏"一人读书，校其上下，得缪误，为校"一段，四是"一人读书"误为"一人读析"。短短一段文字竟有如此多脱误，没有《文选》李善注引文，就无法读通了。尽管如此，却还有其长处：《文选》注引文不完，这里却补上"故曰雠也"四字，使其成为完整的一条。另外，这段文字究竟该放在刘向名下，还是应劭名下，也应慎重考虑。根据《文选注》，这段文字出自《风俗通》，《风俗通》又称引《别录》。在刘向《别录》中"校雠"是常用词，所以这段应是《风俗通》解释《别录》中"校雠"一词的话，应标点为：《风俗通》曰："案刘向《别录》'雠校'，一人读书，校其上下，得缪误，为校。一人持本，一人读书，若怨家相对，故曰雠也。"如果这样理解，那这一段只能属于《风俗通》而不属于《别录》。由此可见，辑佚不但要钩稽佚文，而且要下一番校勘、考订工夫，对于类书的引文不能盲从，更不能轻易据类书改古书。要经过认真鉴别考订，才能看到其本色，发现其价值。

《太平御览》的版本主要有：A. 南宋庆元五年成都路转运司刻本，日本宫内厅书陵部、京都东福寺藏，均不全，计存目录十五卷，正文九百四十五卷。B. 南宋中期刊本，存三百六十六卷七十六册，明文渊阁故物，清末归陆心源皕宋楼，陆书售日本，现藏东京静嘉堂文库。C. 日本安政二年（1855）至文久元年（1861）江都喜多邨氏学训堂活字印本。此据影宋钞本排印，版心刻工亦照排，源出宋蜀刻本。D. 1935 年商务印书馆据宋蜀刻本影印,其中卷四十二至六十一、一百十七至一百二十五共二十九卷配静嘉堂宋本。又卷二十一、六百五十六至六百六十五、七百二十四至七百三十八共二十六卷及他卷缺页二十六页均用喜多邨氏活字本配齐。1960年中华书局又据商务本影印为四大册,为现今最善之本。商务本有张元济跋,中华本又增聂崇岐序,均精到。E.明万历元年倪炳刻本。F.明万历二年周堂铜活字印本。G.清乾隆《四库全书》本。H.清嘉庆九年至十四年张海鹏从善堂刻本。I.清嘉庆十二年至十七年鲍崇城刻本。

索引:《太平御览引得》,聂崇岐等编。1934年哈佛燕京学社排印,1990年上海古籍出版社影印。分《篇目引得》、《书名引得》,后者最有用。聂崇岐序考证详尽,值得一读。

6.《册府元龟》一千卷,宋王钦若等编

是书宋真宗景德二年敕修,以王钦若提总,与修者杨亿、钱惟演、夏竦等十五人。大中祥符六年成书,前后九年。此书与其他类书不同,专门辑录历代君臣事迹,起上古止五代。所采以正史(十七史)为主,间及经、子,不取杂书、小说。全书分三十一部一千一百零四门。每部有总序。每门又有小序。大小序都能辨明源流,贯穿古今,颇为精彩。小序后即罗列历代人物事迹,各门材料按时代先后排列,但材料不注出处。这部书因取材以十七史为主,所以给人的感觉是常见材料较多。材料又不注出处,所以用来校订史文,辑集佚书,颇有不便。

其实《册府元龟》用途也很大。这部书卷数与《太平御览》同,但篇幅却超过《太平御览》一倍。而且所采以史书为主,这就使得其中史料的丰富密集程度都大大超过《太平御览》。其中所引十七史都是北宋时期的本子,可以校补十七史的讹脱。又,唐五代实录当时还大量存世,多被采入,因而保存唐五代史料十分丰富,超出正史内容。所以应当把《册府元龟》与正史对读,凡正史不载者,可作为史料补正史之不足,凡正史载者,则可作校雠之资。

例如《旧唐书》卷一百八十五下《良吏》下《李惠登传》:"惠登朴素不知学,居官无拔萃,率心为政,皆与理顺。利人者因行之,病人者因去之,二十年间,田畴辟,户口加。""拔萃"二字不通,各本同,《册府元龟》卷六百七十七《牧守部·能政》载此段文正相同,知即录自《旧唐书》此传,唯"拔萃"作"枝叶",极是。中华书局点校本据《册府元龟》改正。

又《旧唐书》卷一百八十七下《忠义》下《袁光庭传》:"袁光庭者,河

西戍将,天宝末为伊州刺史。禄山之乱,西北边戍兵入赴难,河陇郡邑皆为吐蕃所拔。""戍兵"各本同,《太平御览》卷二百五十五《职官部》五十三《刺史》下引《唐书》此条,《册府元龟》卷六百八十六《牧守部·忠二》载此段,"戍兵"均作"戍兵",与上文"戍将"相承,极是。中华书局点校本据以改正。

又如《魏书·乐志》刘芳上言"汤武所以"以下缺页,严可均《全魏文》于此下注"原有缺页"。卢文弨《群书拾补》仅据《通典》补得十六字。陈垣先生发现《册府元龟》卷五百六十七载有全文,补二百八十九字,恰为宋版一页。此页宋版亦缺。1944 年商务印书馆重印《百衲本二十四史》据以补上一页,即卷一百九第十二页。

又《魏书》卷一百八之四《乐志》四之四第十三"清河王怿所生母罗太妃薨"一段,"传曰:何以不在五服中也?君之"下脱三百二十五字,各本均脱,恰当《百衲本二十四史》影宋本之一页,唯百衲本亦无此页,而页码相连,且文字亦似相连。《册府元龟》卷五百八十一载有此段,唐长孺先生因用《册府元龟》校《魏书》而发现,并据以补入,即今通行中华书局标点本。

又《魏书》卷一百十一《刑罚志》永平三年"回转卖之日应有迟疑,而"下脱三百十七字,《百衲本二十四史》影宋本为本卷第十五页,亦缺,唯十四页与十六页之文骤读之似连贯,故百衲本于第十六页边栏注:"此与十五合页。"意谓虽缺页码,文字不缺。宋以下各本均径以十四页与十六页文字相接,不复以为文字有缺。唐长孺先生以《册府元龟》校此,发现脱文,同时还从《通典》卷一百六十七杂议下找到相同内容,更据《通典》校《册府元龟》讹文三、脱文一,从而正确地补足了这一相沿已久的脱页。可见《册府元龟》在校史方面为用之大。

至于辑佚,《旧五代史》主要是利用《永乐大典》和《册府元龟》辑成的。邵晋涵原辑本均注有出处,但武英殿刊行时均删去出处。民国间刘承干据卢址抱经楼藏传抄原本刻印,商务印书馆《百衲本二十四史》又据刘本影印,各条均注出处,以《永乐大典》最多,其次《册府元龟》。实则见于《永乐大典》者亦多见《册府元龟》,唯馆臣以《永乐大典》罕秘,故标举《永乐大典》,《永乐大典》不足始以《册府元龟》补之。

主要版本:A. 宋刻本,中华书局影印,不全。B. 明崇祯十五年黄国琦刻本。1960 年中华书局影印黄国琦刻本。C.《四库全书》本。

7.《永乐大典》二万二千八百七十七卷,明解缙等编

关于《永乐大典》,张忱石先生撰有《永乐大典史话》,这里参考张书介绍其梗概。

是书凡二万二千八百七十七卷,目录六十卷,共一万零九十五册,约三亿七千万字。永乐元年七月诏解缙、胡广、胡俨、杨士奇等修大型类书,"凡书契以来经史子集百家之书,至于天文地志、阴阳医卜、僧道技艺之言,修辑一书,毋厌浩繁"。永乐二年十一月告成,名《文献大成》。与修者一百四十七人。永乐帝认为"尚多未备",永乐三年再命姚广孝、郑赐、刘季篪、解缙等重修,并召集朝臣文士、四方宿学达二千一百六十九人担任编校绘图等工作。永乐五年定稿,姚广孝表上,永乐帝亲撰序,认为"上自古初,迄于当世,旁搜博采,汇聚群书,著为奥典",定名为《永乐大典》。于是向全国征集善书人清抄,次年冬完成。

《永乐大典》的体例是依照《洪武正韵》的韵目,"用韵以统字,用字以系事"。各韵分列单字,先注音读,再录字书、韵书的解释,再列该字的篆、隶、楷、草各种书体,然后再汇集与该字有关的天文、地理、人事、名物,以及诗文、词曲等。辑入的图书多达七八千种。有关资料整段、整篇,甚至整部地抄入。凡引用书名及圈点用朱色,检查醒目。对名物器什、山川地形,皆绘有精致的插图。抄写全用工楷,极为端正。白绵纸,红格,包背装,十分精美。

《永乐大典》在南京修成,存放文渊阁中。当时曾有刊刻之议,因工费浩繁,不果。永乐十九年迁都北京,文渊阁藏书每种选一部运北京存左顺门北廊下,正统六年移入新建的文渊阁。《永乐大典》则存入文楼。嘉靖三十六年宫中大火,三殿悉焚,文楼在附近,急救得免。嘉靖四十一年命高拱、瞿景淳、张居正等负责,物色善书人一百零九人,另从内府拨画匠、纸匠等,重抄《永乐大典》一份,规定每人每天抄三页,历时六年,到隆庆元年抄成,完全仿正本装订,精美不在正本之下。正本存文楼或文渊阁,副本则存放新建的皇史宬。正本下落不明,考《日下旧闻考》卷六十二《官署》:"旧文渊阁在内阁旁,当文华殿之前,明时已毁于火。"《大典》正本可能在明清交替之际被毁。藏在皇史宬的副本清康熙间徐乾学、高士奇在皇史宬发现。雍正间移贮翰林院,李绂、全祖望见过,并从中辑出佚书王安石《周官新义》、高氏《春秋义宗》、《唐说斋文钞》等十种。乾隆间修《四库全书》发现《永乐大典》已缺一千多册。当时从中辑出佚书三

百八十五种,收入《全书》,另有一百二十七种入《存目》。嘉庆间修《全唐文》,道光时重修《大清一统志》,都利用过《永乐大典》。当时徐松与修《全唐文》,利用机会从《永乐大典》辑出《宋会要》五百卷、《宋中兴礼书》三百卷、《中兴礼书续编》八十卷。他的办法是碰到以上佚文章节,就粘上《全唐文》的签,让誊抄人抄出,然后由他自己汇总。如不是利用这种机会,辑这么大的书是办不到的。

其后,《永乐大典》在翰林院被束之高阁,尘封蛛网,无人问津。一些翰林院官员懂得其价值,便设法盗取。据缪荃孙《永乐大典考》记载,早上翰林入院携带棉袍一件,叠成《永乐大典》大小,包在包袱里,约当两册《永乐大典》厚。晚上出院,将棉袍穿在身上,包袱中包两册《永乐大典》,看守人员以为仍是早晨带入的棉袍,不加怀疑,《永乐大典》就这样被偷走了。文廷式一人就盗走一百多本。光绪元年重修翰林院衙门时清点《永乐大典》仅剩下不到五千册,光绪二十六年翁同龢到翰林院检查,只存八百册了。

光绪二十六年庚子事变,翰林院一处主建筑被清军放火。英国使馆的外国官兵拆毁了其他藏有《永乐大典》和四库进呈本的房子,书籍被堆在院内以及荷花池中,又用垃圾和泥土掩埋,使得数以万计的珍贵典籍化为粪土。部分《永乐大典》被使馆人员趁乱劫走,流落海外(详见美国斯特林·西格雷夫的《龙夫人:慈禧故事》)。

现存《永乐大典》残卷,中华书局影印本收入七百九十七卷,2003 年上海辞书出版社影印海外所藏《永乐大典》十七卷(其中一卷中华书局影印本已收,但有缺页,此为全帙)。合计八百一十三卷。

《永乐大典》主要的用途仍是辑佚与校勘。明嘉靖末年张四维参与重抄《永乐大典》,从中抄出《名公书判清明集》、《折狱龟鉴》,当是利用《永乐大典》辑佚书之始。现在虽然只存残卷,仍不断有人从中辑出佚书。张忱石先生说:"现存《大典》中尚存方志约七百余种,较为完整的有《湖州府志》、《杭州府志》、《绍兴府志》、《苏州府志》、《太原府志》、《汀州府志》、《辽州志》等十多种。"另外科技、医学、文学书籍亦很可观。《永乐大典》卷一一一二七至一一一三九、一一一四一等卷,几乎保存了一部完整的《水经注》,这部《水经注》来自宋版。明清流传的《水经注》错误较多,尤其经文与注文混淆。戴震在四库馆利用《永乐大典》本重校《水经注》,基本恢复了其本来面貌,成为善本。近人王国维亦尝用《永乐大典》本《水经注》与通行本相校。商务印书馆把《永乐大典》本《水经注》影印出版,可供参考。

8.《古今图书集成》一万卷,清陈梦雷等编

本书约一亿六千万字,仅次于《永乐大典》,是现存最大的类书。康熙四十年十月到四十五年四月由康熙帝第三子诚亲王胤祉的门客陈梦雷主持修成,名《古今图书汇编》。书成,诚亲王进呈目录凡例一册,康熙帝赐名《古今图书集成》。在陈梦雷修订过程中,雍正即位,陈梦雷被流放东北,时七十二岁。雍正命蒋廷锡等重新编校,于雍正四年排成铜活字本,共印六十四部。正文一万卷,目录四十卷,装成五千零二十册五百二十三函。这部书雍正三年由蒋廷锡表进,却没列修书人名,陈梦雷的功绩被一笔勾销。

该书分六汇编:历象汇编、方舆汇编、明伦汇编、博物汇编、理学汇编、经济汇编。六汇编下各分若干典,共三十二典。典下又分部,共六千一百零九部。每部分汇考、总论、图、表、列传、艺文、选句、纪事、杂录、外编等。外编收无关轻重或荒唐无稽的材料。

陈梦雷自称读书五十载,涉猎万余卷,就其所藏以及诚亲王协一堂藏书约计一万五千卷辑为是编,其在十三经、二十一史者只字不遗,其在稗史子集者十亦只删一二,堪称资料浩瀚,巨细不遗。所录资料皆不加删改,原原本本,比较可靠。而且分类系统较严密,查找比较方便。

由于这部书把重要的古代文献几乎都涵盖在内,实际上相当于"二十一史主题分类汇编"、"十三经主题分类汇编"等,所以在查找资料方面能够做到相对完备。例如李广射虎石这件事,可从五个角度查找:(1)官常典·将帅部。(2)氏族典·李姓。(3)禽虫典·虎部。(4)戎政典·射部。(5)学行典·勇力部。其方便可以想见。再如查关于连体婴儿的记载,查《庶征典·人异部》,可查出历代关于连体婴儿的记载,可以发现一千三百多年前我国就做过连体婴儿分离手术(以上二例见咸志芬《中国的类书、政书和丛书》)。再如研究古代礼制风俗,要查历代元旦如何度过,可查《岁功典·元旦部》。由于这部书网罗资料宏富,而且材料都不加删改,所以许多人靠它查资料从事研究。英国学者李约瑟撰写《中国科学技术史》时说:"我们经常查阅的最大百科全书是《图书集成》。"

由于时代较近,所以辑佚和校勘人员还没有太重视它。

主要版本:A.雍正四年武英殿铜活字印本。B.光绪十年上海图书集成局铅字排印本,扁体字。C.光绪十六年总理各国事务衙门委托上海同文书局照原书大小影印本,共一百部。后附《考证》二十四卷,为殿本所无。这个影印本的底本经过仔细描修,与铜活字原印本当有一定距离。D.1934年上海中华书局据康有为原藏铜活字本影印本,缺卷及《考证》用浙江图书馆本配齐。这个影印本是缩小影印的,分装八百册,较为通行。1985年中华书局与巴蜀书社再次影印中华本,改为精装本,并加《简明索引》一册。

9.《佩文韵府》四百四十四卷《韵府拾遗》一百十二卷,清张玉书等奉康熙帝之命编纂

原均不分卷,依韵作一百零六卷,乾隆修《四库全书》始为分卷如上。正集康熙四十三年始,五十年成书。以元代阴时夫《韵府群玉》、明代凌稚隆《五车韵瑞》为基础,进行大幅度增补而成。康熙帝在北京西郊畅春园有书房曰"佩文斋",即命此书为《佩文韵府》。

本书按平水韵一百零六韵编排,以韵系字,每字之下采词藻典故,按词条末字入韵。先排二字词藻,再排三字、四字词藻。字数相同的词藻则依经、史、子、集顺序排列。每一词藻之下列举出处。

例:"石"字下,先列反切:"常只切。"次列:"《释名》:山体为石。又姓。又量名。"然后先列《韵府群玉》、《五车韵瑞》已收词藻,总称为"韵藻"。第一个词是"介石",下双行注出处:"《易》:介于石,不终日,贞吉。《宋书·谢灵运传》:时来之机,悟先于介石。纳隍之诚,一援于生民。苏轼《别子由诗》:寡辞真吉人,介石乃机警。"下一个词是"击石",下注《书》"夔曰:予击石拊石,百兽率舞"等出处。列完"韵藻",再列康熙时增补的材料,标一"增"字以示区别。第一个词藻是"匪石",下注出处:"《诗》:我心匪石,不可转也。《汉官仪》:……"等。《韵府拾遗》体例同,每字之下分"补藻"、"补注"两部分。"补藻"指新增补的词藻。"补注"指正编已收词藻,但出处有增补。

这部书原是供诗词创作时查词藻用的,所以每词按末字入韵。但现在主要不是用这部书查词藻写诗,而是从中查找词语、典故的出处。是书正集收字达一万九千余个,词藻达一百四十万条(咸志芬《中国的类书、政书和丛书》),列举出处相当丰富,这就为我们提供了词语的用例,因而编写辞书时特别有用。同时,我们注释古代诗词以及其他古书,有些词藻、典故需要查出处,也有赖此书。比如上面说的"介石",最早见于

《易·豫卦》,《宋书·谢灵运传》也是较早出处。查一查《佩文韵府》就知道了,而且后来历代用例也一并罗列,源流并重,古今兼收,范围较宽。

由于这部书按平水韵编,现在一般人不懂平水韵,加上各词语按下一字相同者排在一起,与一般字书韵书相反,所以查找不方便。

这部书尽管网罗词藻较富,但所注出处仍不够广,用例搜集仍不够全。该书注出处不够细,如"介石"出《易》,没说哪一卦。注诗的出处,经常说"杜诗",不说杜甫哪一首诗,太粗略,也使人们查找多有不便。该书不少用例转抄自其他类书,错误较多,使用时应核对原始出处。

版本:A.清康熙内府刻本,正集康熙五十一年至五十二年刊,拾遗五十九年刊,均不分卷。初刻名贵。乾隆修《四库全书》时曾用初印本赏献书之多者。B.《四库全书》本,析正编为四百四十四卷,拾遗一百一十二卷。此系《四库全书》中第一大书。C.道光间南海潘仕成海山仙馆刻本。D.光绪十二年上海同文书局影印本。E.日本明治四十一年(1908)东京吉川弘文馆影印本,附索引。F.民国二十六年商务印书馆影印本,《万有文库》二集之一,附索引,精装本,共七册。索引按头一字排,方便查。G.1983年上海书店影印《万有文库》本,订四大册。

10.《骈字类编》二百四十卷,清张廷玉等奉敕编

是书康熙五十八年至雍正四年编辑。分十三门,每门下标"子目",即单字,共一千六百零四字。每字下依第一字相同罗列"骈字",即双音词或双音词组。下注出处。例如第一门"天地门",第一子目"天",下列天地、天日、天目、天风、天云等近千条以"天"打头的双音词和词组。每个双音词下注出处,如第一个"骈字"是"天地",下注出处:"《易·乾》:夫大人者,与天地合其德。又《坤》:天地变化,草木蕃。天地闭,贤人隐。……刘因《饮闻鸡台诗》:苍茫天地有如此,磊落古今何独君。"共一百零四条用例。

这部书与《佩文韵府》是姊妹篇,主要表现在《佩文韵府》把末一字相同的词藻排在一起,而此书把首一字相同的词藻排在一起。不同之处,一是《佩文韵府》按韵统字,此书按类统字。二是《佩文韵府》收词藻有二字、三字、四字者,范围宽。此书则限于二字者,即"骈字",而且以实词为主,所以收词范围小于《佩文韵府》。二书用途大抵相同,不过《佩文韵府》使用机会更多一些。但《骈字类编》有个优点,出处较详,一般注书名、篇名,便于找到原始出处。

版本：A.雍正六年内府刻本。B.光绪十三年同文书局影印本。C.1963年台湾学生书局影印本。D.1984年北京中国书店影印本。

索引：A.庄为斯《骈字类编引得》，1966年台北四库书局出版。B.何冠义、朱宪、孙兰风《骈字类编索引》，1988年12月中国书店出版。

现存类书还有唐白居易《白氏六帖事类集》三十卷（又名《白氏六帖》。北宋晁仲衍将出处一一考证注出，称《白氏六帖事类添注出经》。南宋孔传仿白书作《六帖新书》，又称《孔氏六帖》。南宋时二书合刻，称《白孔六帖》）、宋晏殊《类要》（仅存残本）、吴淑《事类赋》、王应麟《玉海》、章如愚《山堂考索》、陈景沂《全芳备祖》、高承《事物纪原》、陈元靓《事林广记》等。明代俞安期《唐类函》、陈耀文《天中记》、王圻《三才图会》、章潢《图书编》等。清代张英、王士禛等《渊鉴类函》、陈元龙《格致镜原》、王初桐《奁史》等。

利用类书最重要的一点是要核对原书，不可直接使用。校勘时，也要慎重，不可轻信类书。

二、丛　书

（一）什么叫丛书

丛是丛聚之义，丛书指把多种不同的书编在一起，冠以一个总名。其收录标准和排列顺序根据编者的宗旨各不相同，不像类书那么讲究。比较严谨的体大思精的丛书是《四库全书》，其次还有《大藏经》、《道藏》等。但大部分综合性丛书都是随刻随印，并无严格次序。

（二）丛书的起源与功用

"丛书"之名起于唐陆龟蒙《笠泽丛书》，但那是文集，不是丛书。一般认为丛书起于南宋俞鼎孙、俞经《儒学警悟》，成于南宋嘉泰二年，罕传，到1922年陶湘刊印，才为世人所知。这部丛书收入六部宋人著作：汪应辰《石林燕语辨》十卷、程大昌《演繁露》六卷、马永卿《懒真子录》五卷、程大昌《考古编》十卷、陈善《扪虱新话》八卷、俞成《萤雪丛说》二卷。

其次是南宋左圭《百川学海》，有南宋咸淳刻本、明刻本、民国十六年陶湘影宋咸淳刻本。这部丛书收入唐宋人著作一百种一百七十九卷。到明代,丛书已较多,清代丛书更是为数众多,举不胜举,一直沿至当代。

我国先秦至宋元时期的图书,到明清时期绝大部分都被收入丛书,目前流传的版本也以丛书本居多。明清两代的图书虽然单刻本数目巨大,但丛书本也十分丰富。因此,丛书是我们查找图书资料时必须熟知的文献群体。丛书在保存一些篇幅较小的图书方面,有着很大贡献,如不收入丛书,许多小书都早已失传了。在这方面最成功的是佛教经籍大丛书《大藏经》和道教经籍大丛书《道藏》,清代周永年《儒藏说》主要就是以二藏为榜样,希望编集儒家经籍为《儒藏》,以便保存与利用。

丛书可分为综合性丛书和专科性丛书。上面讲到丛书起源,一般指综合性丛书而言,因为综合性丛书更具典型性。专科性丛书则起源很早,最早的丛书恐怕要推"六经",在先秦时即已形成。后来《乐经》失传,仅存五经,即《周易》、《尚书》、《毛诗》、《仪礼》、《春秋》。再后来增加《周礼》、《礼记》,《春秋》分《春秋左氏传》、《春秋公羊传》、《春秋穀梁传》,就成为九经。加上《论语》、《尔雅》、《孝经》形成十二经。加上《孟子》形成十三经。唐代开成石经就不包括《孟子》,只有十二经。《孟子》在北宋晚期才列入经书。历史上曾多次刊刻石经,有东汉熹平石经、三国魏三体石经,唐开成石经、五代蜀石经、北宋二体石经、南宋御书石经、清石经等。五代还把九经刊刻木版印刷成套书。这些都完全具备了后来"丛书"的特征,因此,丛书由来甚久。

史书,在三国时即以《史记》、《汉书》、《东观汉记》称"三史"。后《东观汉记》失传,又把《史记》、《汉书》、《后汉书》称"三史"。唐代科举考试设有"三史科",可知这已成为一组文献。唐初修"五代史",指《梁书》、《陈书》、《北齐书》、《周书》、《隋书》。结果五代史的"志"最后成,都放到《隋书》中。其他四史没有志。宋代形成十七史(《史记》、《汉书》、《后汉书》、《三国志》、《晋书》、《宋书》、《南齐书》、《梁书》、《陈书》、《魏书》、《北齐书》、《周书》、《隋书》、《南史》、《北史》、《新唐书》、《新五代史》),当时四川眉山尝刻南北朝七史,称"眉山七史",也是一组正史。到元代,曾有十路儒学合刻十七史,实际仅刻十史,眉山七史仍用宋版修补。明代南京国子监有二十一史,初用宋、元、明初旧版修补,万历间又大量重刻,至清初犹补版刷印,世称"南监本"。北京国子监又重刻二十一史,称"北监本"。明末毛氏汲古阁重刻十七史。清乾隆武英殿重刻二十一史,加上《旧唐书》、《旧五代史》、《明史》为二十四史。民国间开明书店加上柯劭恣《新元史》成二十五史,近又有以二十四史加上《清史稿》而成二十五史者。或有以开明书店二十五史加上《清史稿》成二十六史者。可见丛书不始于南宋,其来源甚早,《儒学警悟》仅仅是综合性丛书之起源而已。

(三)丛书举要

我国明清及近代丛书数量极大,《中国丛书综录》著录古籍丛书二千七百九十七种(其中像《江南制造局译书汇刻》这样的西学丛书没有收录)。作为《中国丛书综录》续编的《中国丛书广录》,著录丛书三千二百七十九种。合计六千零七十六种。这都限于古籍丛书。近代现代的丛书,则有上海图书馆编《中国近代现代丛书目录》,仅上海一馆丛书即有五千五百四十九种。与前项古籍丛书合计已有一万一千六百二十五种。近二十年来,又出现许多丛书,如《四库全书存目丛书》收古籍四千五百零八种,《续修四库全书》收古籍五千一百二十三种,《民国丛书》部头也很大。这些大部头丛书都没统计在上面的数据内。我们对这一万多种丛书,要有个大概了解,当需要时,可利用上面三部丛书目录及其他工具书去查找,从而获得自己需要的学术信息。这里列举若干较常用较重要的丛书,并视其必要,略加说明。

1.《说郛》一百卷,元陶宗仪辑。书成于元末。杨维桢序云:"天台陶君九成取经史传记,下逮百氏杂说之书千余家,纂成一百卷,凡数万条。剪扬子语,名之曰《说郛》。"宋濂序陶宗仪《书史会要》云:"九成尝览杂传记一千余家,多士林所未见者,因仿曾慥《类说》,作《说郛》若干卷。"可知《说郛》原包括一千多种书。各书大都不全录,仅摘取一部分,但其中多罕见之书。明成化间郁文博获得其稿,已佚去后三十卷,郁氏以《百川学海》等书补足百卷,今存有明抄本数种。近人张宗祥先生据明抄数本校定,民国十六年由商务印书馆排印行世,计存一百卷七百二十五家,虽非陶宗仪原书,但大体保存了原貌,尤其前七十卷,接近原貌。

在张宗祥校本问世前,通行于世的是顺治三年两浙督学李际期宛委山堂刻《说郛》一百二十卷,世称"宛委山堂本"。同时刻印的还有陶珽辑《说郛续》四十六卷。

宛委山堂本实为明万历末至天启间刻版,其后书版分散,何允中、吴永等各以所得之版益以新刻,印为《广汉魏丛书》、《续百川学海》、《广百川学海》等丛书。崇祯间其版由分复合,挖削增补,重编印行。第一次印本为《说郛》一百二十卷,收书一千三百六十种,内注阙者一百二十四种,又《续说郛》四十四卷,收书五百四十四种,内注阙者六种,中法汉学研究所藏一帙。第二次印本《说郛》一百二十卷,收书一千三百六十四种,内注阙者一百一十三种,《续说郛》四十六卷,收书五百四十二种,内注阙者八种,京都大学、台湾"中央图书馆"有藏。第三次印本即入清顺治三年两浙督学李际期宛委山堂本,为《说郛》一百二十卷,收书一千二百八十七种,内注阙者七十五种,有录无书者七十三种。《续说郛》四十六卷,收书五百二十五种,有录无书者二十。康熙中其版合而复分,《五朝小说》、《唐宋丛书》、《别本百川学海》、《合刻三志》皆以此版之一部印行者,已多漫漶(详昌彼得先生《说郛考》,1979 年台北文史哲出版社)。

就《说郛》版本而言,似以张宗祥校定百卷本为善。例如《事始》(唐刘存撰)、《续事始》(伪蜀冯鉴撰),张宗祥本《事始》三百二十三条,《续事始》三百六十二条,合得六百八十五条。而宛委山堂本仅二十一条,且全抄自宋人《绀珠集》,题《刘冯事始》,正续合而为一。我们使用《说郛》时,最好两个本子核对一下,有时书名、卷数同而内容文字有出入。另外,《说郛》于每书除书名、著者外,还记有原书卷数,可供参考。

2.《阳山顾氏文房小说》四十种五十八卷,明顾元庆编。明正德嘉靖间顾元庆刻本。收唐宋说部书。

3.《顾氏明朝四十家小说》四十种四十三卷,明顾元庆编。明嘉靖十八年至二十年顾氏大石山房刻本。收宋人说部三种,余均明人说部书。

4.《金声玉振集》五十一种六十二卷,明袁褧编。明嘉靖二十九年至三十年吴郡袁氏嘉趣堂刻本。杂史小品居多。

5.《古今说海》一百三十五种一百四十二卷,明陆楫等编。明嘉靖二十三年陆楫俨山书院云山书院刻本。收杂史、杂传、小说。

6.《百陵学山》一百种一百一十九卷,明王完编。明万历刻本。所收以明人杂著为主。

7.《今献汇言》三十九种三十九卷,明高鸣凤编。明刻本。收明人杂著。

8.《两京遗编》十二种七十三卷,明胡维新编。明万历十年原一魁刻本。收汉陆贾《新语》至荀悦《申鉴》两汉子书十一种。又《文心雕龙》。

9.《纪录汇编》一百二十三种二百二十四卷,明沈节甫编。明万历四十五年陈于廷刻本。收明代杂史。与明朱当㴌《国朝典故》相近。

10.《历代小史》一百零六种一百零六卷,明李栻编。明刻本。收历代杂史、笔记居多。

11.《夷门广牍》一百零七种一百六十五卷,明周履靖编。明万历二十五年金陵荆山书林刻本。收汉晋唐宋元明篇幅较小之书,分艺苑、博雅、尊生、书法、画薮、食品、娱志、杂占、禽兽、草木、招隐、闲适、觞咏十三类。

12.《稗海》四十六种二百八十五卷《续稗海》二十四种一百四十一卷,明商濬编。明万历商氏半埜堂刻本。《汉书·艺文志》:"小说家者流,盖出于稗官,街谈巷语,道听途说者之所造也。"后用"稗官小说"来指古代杂史、笔记小说。《稗海》所收大抵属于此类。

13.《汉魏丛书》三十八种二百五十一卷,明程荣辑。明万历二十年程荣刻本。收汉魏晋南北朝经籍十一种、史籍四种、子籍二十三种。清人校汉魏六朝古书,往往取此本作底本,以旧刻旧抄本校其讹误,世称"程荣刻本"。明何允中编刻有《广汉魏丛书》七十六种四百三十九卷,清乾隆五十六年王谟辑刻有《增订汉魏丛书》八十六种。

14.《古今逸史》四十二种一百六十三卷,明吴琯编。明吴琯刻本。收汉魏至宋元小学、地理、杂史、笔记、小说等。又有《增定古今逸史》五十五种二百二十三卷,明吴琯刻本。清康熙七年汪士汉编《秘书二十一种》,即用吴琯刊版编印。

15.《秘册汇函》二十四种一百四十三卷,明沈士龙、胡震亨编。明万历刻本。主要收先秦至唐宋经、史、子书。未刊竟而遭火,残版归毛晋汲古阁,毛氏收入《津逮秘书》。

16.《格致丛书》存一百九十八种六百零四卷,明胡文焕编。明万历胡氏文会堂刻本。凡经史子集释道书均有收辑,随刻随印,诸家藏本一般仅数十种。一百九十八种系《中国古籍善本书目》综括诸家藏本之总数。《格致丛书》所收各书均冠"新刻"二字,如《新刻诗人玉屑》二十二卷,宋魏庆之撰。版心下一般有"文会堂"三字。又有《百名家书》百余种,亦胡文焕辑刻,胡氏文会堂刻本,版式同上,亦不知总有多少。以上两丛书所收颇有不经见之书。

17.《宝颜堂秘笈》二百三十四种四百七十五卷,明陈继儒编。此丛书分以下各部分,各自独立:

(1)《尚白斋镌陈眉公订正秘笈》二十一种四十九卷,明万历三十四年沈氏尚白斋刻本。

（2）《宝颜堂续秘笈》五十种一百卷，明万历刻本。

（3）《亦政堂镌陈眉公家藏广秘笈》五十四种一百零三卷，明万历刻本。

（4）《亦政堂镌陈眉公普秘笈》五十种八十八卷，明刻本。

（5）《宝颜堂汇秘笈》四十二种八十六卷，明刻本。

（6）《尚白斋镌陈眉公宝颜堂秘笈》十七种四十九卷，明万历沈氏尚白斋刻本。

各家往往藏其若干集，各集俱全者仅中国国家图书馆、中国科学院图书馆、复旦大学、山西祁县图书馆等数家而已。前五集皆收历代著作。末集为陈继儒个人著述。民国十一年上海文明书局石印本流传稍广。

18.《津逮秘书》十五集一百四十一种七百四十八卷，明毛晋编。明崇祯毛氏汲古阁刻本。收汉魏至宋元四部书籍，影响较大。内有胡震亨刻《秘册汇函》版。《四库提要》云："凡版心书名在鱼尾下，用宋本旧式者，皆震亨之旧。书名在鱼尾上，而下刻'汲古阁'字者，皆晋所增也。"

19.《学海类编》四百三十种八百十四卷，清曹溶编，陶越增订。清道光十一年六安晁氏活字印本。曹溶，字洁躬，又字秋岳，号倦圃，清初浙江嘉兴人，家有静惕堂，藏书极富。陶越，溶门人。是书收唐宋至清初人著述，多篇幅较小者，《四库全书》往往入存目，且谓多伪书。但罕见之作亦往往而在。

20.《昭代丛书》一百五十种一百五十卷，清张潮编。清康熙三十六年至四十二年诒清堂刻本。分甲乙丙三集，各五十种。收清初人著述，书各一卷。

清道光沈氏世楷堂刻《昭代丛书》五百六十一种，系乾隆中杨复吉、道光中沈楙德前后增辑者，分十集。

21.《檀几丛书》一百五十七种一百零三卷，清王晫、张潮编。清康熙三十四年、三十六年新安张氏霞举堂刻本。收明清笔记杂著。第一集五帙、第二集五帙，共一百种一百卷。余集分卷上、卷下，共四十七种。附政一卷，共十种。

22.《钦定古香斋袖珍十种》九百零五卷，清乾隆御定。清乾隆内府刻本。计收《五经》八卷，《四书》十九卷，《史记》一百三十卷，《资治通鉴纲目三编》二十卷（张廷玉），《御纂朱子全书》六十六卷，《春明梦余录》七十卷(孙承泽),《初学记》三十卷,《渊鉴类函》四百五十卷,《御选古文渊鉴》六十四卷(徐乾学等辑注),《施注苏诗》四十二卷《目录》二卷(施元之注)附《王注正讹》(清邵长蘅)、《续补遗》二卷(清冯景)、《年谱》(宋王宗稷)。

23.《武英殿聚珍版书》一百三十八种二千四百十六卷,清乾隆敕编。清乾隆武英殿木活字印本(其中《易纬》、《汉官旧仪》、《魏郑公谏续录》、《帝范注》系武英殿刻本)。多系从《永乐大典》辑出之书。清代浙江、江西、福建、广东均有重刻本。

24.《四库全书》,清乾隆敕编,清乾隆内府抄本。

文渊阁本三千四百六十一部七万九千三百零九卷。先藏清宫,后移台北故宫博物院。

文溯阁本三千五百九十种七万九千八百九十七卷。先藏沈阳故宫,后移甘肃。

文津阁本三千五百零三种七万九千三百三十七卷。先藏避暑山庄,后移北图。

文澜阁本三千四百五十种七万二千七百八十卷。在杭州西湖圣因寺。

文源阁本,在圆明园,清咸丰十年英法联军毁。

文汇阁本,在扬州大观堂,太平军毁。

文宗阁本,在镇江金山寺,太平军毁。

现通行者为台湾商务印书馆影印文渊阁本。上海古籍出版社又据商务本缩印。

25.《雅雨堂丛书》十三种一百三十五卷,清卢见曾编。清乾隆二十一年至二十五年卢氏雅雨堂扬州使署刻本。计收《易传》十七卷(唐李鼎祚集解)、《郑氏周易》三卷《图》一卷(汉郑玄注、宋王应麟辑、清惠栋补辑)、《周易音义》(唐陆德明)、《尚书大传》四卷《补遗》一卷(汉郑玄注)、《周易乾凿度》二卷(汉郑玄注)、《大戴礼记》十三卷、《战国策》三十三卷、《匡谬正俗》八卷、《封氏闻见记》十卷、《唐摭言》十五卷、《北梦琐言》二十卷、《文昌杂录》六卷、《郑司农集》一卷。多要籍,惠栋等为之校刊,以精善著称。写刻亦工致。

26.《抱经堂丛书》十八种二百七十五卷,清卢文弨编。清乾隆四十九年至嘉庆元年抱经堂自刻本。收《经典释文》三十卷《考证》三十卷(卢

文弨考证)、《仪礼注疏详校》十七卷(卢文弨撰)、《群书拾补》三十九卷
(卢文弨著)、《抱经堂文集》三十四卷(卢文弨著)等。皆卢文弨校本,以
精博著称,对后世影响较大。其中《群书拾补》是对周秦汉魏唐宋三十九
种古书的校勘记及补阙,包括了卢氏校书的精华,尤为世重。

27.《奇晋斋丛书》十六种十九卷,清陆烜编。清乾隆三十四年陆烜
奇晋斋刻本。

28.《微波榭丛书》十五种附二种一百四十五卷,清孔继涵编。清乾
隆曲阜孔继涵刻本。其中《戴氏遗书》又包括十二种、《算经十书》又包括
十一种,均戴震撰校之书。戴震卒后遗稿多藏孔继涵家,继涵为次第校
刊,未竟而殁。

29.《知不足斋丛书》二百七种七百八十一卷,清鲍廷博编。清乾隆
至道光鲍氏知不足斋刻本。共三十集。末三集其子士恭续辑。这部大丛
书所据底本多旧抄旧刻及名家校本,久为世重。

30.《经训堂丛书》二十二种一百六十八卷,清毕沅编。清乾隆自刻
本。多毕氏精校精注及自撰之书。洪亮吉、孙星衍、汪中等助其校刊,久
为世重。

31.《拜经楼丛书》,清吴骞编。是书清乾隆嘉庆间吴氏自刊,随刻随
印,初无定数。民国十一年上海柳蓉邨博古斋收集吴氏原刊本影印。
《中国丛书综录》共列三十一种一百零三卷。

32.《函海》四十函一百六十三种八百五十二卷,清李调元编。清乾
隆绵州李氏万卷楼刻嘉庆十四年李鼎元重校印本。道光五年李朝夔补刻
印本。鼎元其弟,朝夔其子,先后修补始完。第一至十函为汉魏至唐宋著
述。第十一至十八函为杨慎著作。第十九至四十函多调元撰述,而有若
干清人著述杂出其中。

33.《贷园丛书初集》十二种四十七卷,清周永年编。清乾隆李文藻
广东刻本。文藻殁后,周永年将书版借来,汇印为此书。贷园为周永年堂
号。所收多惠栋、江永、钱大昕诸大儒之作。

34.《岱南阁丛书》二十三种一百七十三卷,清孙星衍编。清嘉庆自
刻本。

35.《平津馆丛书》四十三种二百五十四卷,清孙星衍辑。清嘉庆自
刻本。

以上二丛书所收多孙星衍精校精注及辑佚自著之书,又有影刻宋元

本书,在丛书中一向称为善本。

36.《问经堂丛书》十八种三十一卷,清孙冯翼编。清嘉庆刻本。多收清人辑佚书。《丛书百部提要》云"实则成于星衍之手","所收各书卓然可传"。

37.《读画斋丛书》四十八种一百九十九卷,清顾修编。清嘉庆四年顾修刻本。分"甲"至"辛"八集。校勘颇精。

38.《文选楼丛书》三十四种四百七十八卷,清阮亨编。清嘉庆道光间阮亨刻本。多收阮元著述并及焦循、孔广森、钱大昕等著述,另有稀见之书,如日本山井鼎《七经孟子考文》及日本物观《补遗》共二百卷,影宋刻《列女传》,皆富学术价值。

39.《士礼居丛书》十九种一百九十四卷,清黄丕烈编。清嘉庆黄丕烈刻本。黄氏藏书丰富,且多宋元本,此丛书取为底本者往往罕秘,如宋本郑氏注《周礼》、《仪礼》,天圣明道本《国语》,剡川姚氏本《国策》,均有名。所附校刊札记,多出顾广圻手,极为世重。

40.《宛委别藏》存一百六十种一千七百一十六卷(内三种各二册不分卷未计)七百八十册又目录二册,清阮元编。原稿本,现藏台北故宫博物院。1981年台湾商务印书馆据以影印。其中宋元刻本各一种,又有少数明刻本及日本《佚存丛书》本,余多影宋元钞,皆《四库全书》未收之书,或《四库全书》虽收而卷帙不完者,实即《四库全书》之续编。嘉庆时进呈皇宫,赐名《宛委别藏》。现存种数卷数与《揅经室外集》有出入,详参吴哲夫《宛委别藏简介》(收入王国良、王秋桂辑《中国图书文献学论集》)。

41.《学津讨原》一百九十二种一千零四十八卷,清张海鹏编。清嘉庆十年虞山张氏照旷阁刻本。取毛氏《津逮秘书》而损益之,多《四库全书》著录有关经史实学及朝章典故、遗闻佚事等书。

42.《墨海金壶》一百一十五种七百二十七卷,清张海鹏编。清嘉庆张海鹏刻本。多《四库全书》著录之书,以宋刻旧抄为底本者什二三,余多以文澜阁《四库全书》为依据。而首取传本稀少,或从《永乐大典》辑出者。

43.《借月山房汇钞》一百三十五种二百八十三卷,清张海鹏编。清嘉庆张氏刻本。专收明清著述,与前二书收历代者范围不同。《墨海金壶》、《借月山房汇钞》均传本无多,民国九年、十年上海博古斋尝影印二种。又道光间陈璜《泽古斋重钞》系用《借月山房汇钞》旧版补刻而成,共一百一十种二百三十九卷。

44.《艺海珠尘》二百一十七种三百七十五卷,清吴省兰编。清嘉庆南汇吴氏听彝堂刻本,仅甲、乙、丙、丁、戊、己、庚、辛八集。版归金山钱氏,道光三十年钱熙辅为补刻壬、癸二集。

45.《守山阁丛书》一百一十二种六百六十五卷,清钱熙祚编。清道光中钱氏得《墨海金壶》残版,补订增刻而成,采择校雠精审,为世所重。

46.《珠丛别录》二十八种八十二卷,清钱熙祚编。清道光金山钱氏刻本。《守山阁丛书》刊成后之续辑。

47.《指海》一百四十种附四种共四百四十一卷,清钱熙祚等编。清道光中,《借月山房汇钞》版先归陈璜,又归金山钱氏,乃重加校补,取其五十五种,增刻以成《指海》。道光二十三年刊成十二集九十种二百三十六卷。次年熙祚卒,其子培杰遵命续刊至二十集。这部丛书绝大部分是金山钱氏所刊,各书有道光间刻书年月。钱氏又有《式古居汇钞》,系道光二十六年据《借月山房汇钞》刊版重编印本。

48.《别下斋丛书》二十七种九十一卷,清蒋光煦编。清道光海昌蒋氏刊咸丰六年续刊本。

49.《涉闻梓旧》二十五种一百一十四卷,清蒋光煦编。清咸丰元年海昌蒋氏宜年堂刊六年重编本。

以上二种所收大都罕见本,包括蒋光煦个人著作《斠补隅录》。

50.《海山仙馆丛书》五十九种四百八十五卷,清潘仕成编。清道光咸丰间番禺潘氏刻光绪补刻本。收各类图书之罕传者,务存原文,不加删节。内有译书若干。

51.《粤雅堂丛书》二百零八种一千二百八十九卷,清伍崇曜编。清道光至光绪南海伍氏刻本。收唐宋元明清历朝著述,清人学术著作颇多。伍崇曜为商人,此书为谭莹(玉生)代辑,故各书卷末刻"谭莹玉生覆校"。传说伍崇曜祖父伍敦元是陷害林则徐之奸商,崇曜为掩其恶名,刻此丛书。清末南皮张祖继(张之洞族人)《飓民诗钞》有《读〈粤雅堂丛书〉书愤》一首,序云:"辑刊此书者乃戕害林文忠之奸商伍敦元之孙崇曜也。奸种焉知书?乃其乡人举人中书谭某怂恿而成者也。某怵之曰:'汝祖负误国罪,不为名教言,肯损重资刻前人遗书,一盖往愆,可以抗礼士林矣。'崇曜愿从其教。凡例序跋皆谭代作。谭并经理校雠刊版事,干没极多。伍不敢校。天乎,伍姓一门,罪不容诛,何待言。谭名列士林,见利忘义,教贼竖以欺世盗名之术,真小人之尤者矣。"诗曰:"乌香毒中花,充贡始明季。林公挽狂澜,烈火扫腥秽。通夷伍敦元,罪恶塞天地。嗾人误忠良,吠狗贪小利(伍本欲以十万金买人劾林公,不意言者数千金即动)。中外判消长,黑白顿倒置。自从公荷戈,天下遂多事。细民生祸心,蓄发窥神器。镇粤起旧师,群奸皆恐悸。庖人持铜科,巧设灭代计。要之潮行馆,毒香烂肠胃。公死未入广,赭寇始放姿。窃笑秦无人,金陵僭王位。流血遍九州,都由人殄瘁。奸商独扬扬,白日晦无光。奈何天无耳,沉醉天茫茫。……崇曜拥横财,不辨獐与璋。酣豢一无知,冥然为赘郎。欲干蛊父恶,须缩文人光。刊书百余种,冠以《粤雅堂》。问君教者谁,谭某伍狎友。甘为钱奴奴,舐痔不知丑。床头有捉刀,久假忘非有。铜山化群玉,墨林变利薮。……"(转引自周贞亮《目录学讲义》)

林则徐1840年10月受投降派诬害被革职,1841年派赴浙江筹划海防,旋流放伊犁,1845年再起为陕甘总督,1850年受命为钦差大臣赴广西镇压农民起义,病死于广东潮州普宁县。张祖继谓林则徐被奸人毒死,未知果否。唯张之洞《劝刻书说》已云"歙之鲍、吴之黄、南海之伍、金山之钱,可决其五百年中必不泯灭",知《粤雅堂丛书》为士林所重由来已久。崇曜并非陷害林则徐者,其以刻书矫其祖父之恶名,孝子贤孙,用心亦可谓良苦。书林遗闻,存此备考。

52.《琳琅秘室丛书》三十种九十四卷,清胡珽编。清咸丰三年仁和胡氏木活字印本。中经兵燹,印本罕传。光绪十三年会稽董金鉴云瑞楼又以活字重排印行。各书有胡珽校勘记,又有董金鉴补校记,可见其郑重不苟。书分四集,所收涉及经史子集各部,皆以家藏善本校订付刊。

53.《滂喜斋丛书》五十四种九十五卷,清潘祖荫编。清同治光绪间潘氏京师刻本。收清代经师著述及师友诗文。又有《功顺堂丛书》十八种七十五卷,光绪中潘祖荫辑刊,收清人治经、史之书及笔记、诗文集。

54.《式训堂丛书》二十六种九十五卷,清章寿康编。光绪会稽章氏刻本。收毕沅、徐松、庄述祖、梁玉绳、桂馥、卢文弨、孙星衍等清代名家著述。

55.《十万卷楼丛书》五十种三百八十五卷,清陆心源编。清光绪归安陆氏刻本。所据多宋元刊本。分初、二、三编。

56.《咫进斋丛书》三十八种九十三卷,清姚觐元编。清光绪归安姚氏刻本。收小学书居多,又收《清代禁毁书目》四种,影响颇大。

57.《古逸丛书》二十六种一百八十六卷,清黎庶昌编。清光绪遵义黎氏日本使署刻本。黎庶昌光绪七年使日本,其后在日本收得我国久佚之书或罕传版本,次第影刻,经办者为杨守敬。其中《尔雅》用宋蜀大字本,《春秋穀梁传》用宋绍熙本,《荀子》用宋台州本,《南华真经注疏》用宋本,《尚书释音》用潘氏影钞宋大字本,《广韵》用宋本,《姓解》用宋本,《史略》用宋本,《杜工部草堂诗笺》用宋本,《太平寰宇记》用宋残本,《周易》程注用元至正本,《楚辞集注》用元本,《广韵》用元泰定本,《论语》用日本正平本,《韵镜》用日本永禄刻本,其余《孝经》用日本旧抄卷子本,《老子道德经》用集唐字本,《玉篇》用日本旧抄卷子本,《玉烛宝典》用日本旧抄卷子本,《文馆词林》用日本旧抄卷子本,《雕玉集》用日本旧抄卷子本,《日本国见在书目录》用日本旧抄卷子本,《汉书食货志》用日本藏唐写本,《急就篇》用日本小岛知足仿唐石经体写本,《碣石调幽兰》用日本旧抄卷子本,《天台山记》据日本旧抄卷子本。计宋刻本十种,元刻本三种,日本刻本二种,唐写本一种,日本写本十种。此书日本美浓纸初印颇为珍贵,版归江苏书局后所印次之。

58.《续古逸丛书》四十七种三百三十二卷(内一种不分卷未计),张元济编。1922 年至 1957 年商务印书馆影印本。其中《孔氏祖庭广记》据蒙古本影印,《水经注》据《永乐大典》本影印,其余四十五种全据宋本影印。纸墨精良,开本阔大,精美几出宋本之上。

59.《古逸丛书三编》四十三种,中华书局编。1983 年至 1999 年中华书局影印。是书由赵守俨、傅熹年主持编选,原定五十六种,仅印四十三种。其中《南丰曾子固先生集》用金刻本,《梅花字字香》用元至大本,《梅花百咏》用元至正本,《石田先生文集》用元至元本,其余四十种均用宋刻本影印。以上三编共一百十六种,宋本之精者大都网罗在内,足为校雠、赏鉴之资。

60.《碧琳琅馆丛书》四十五种二百八十六卷(内一种不分卷未计),清方功惠编。清光绪间巴陵方氏广东刻宣统元年印本。分甲、乙、丙、丁四部,约当经、史、子、集。收宋元明清人著作。

61.《木犀轩丛书》三十三种一百七十五卷(内一种不分卷未计),李盛铎编。清光绪自刻本。收清代学者庄述祖、凌曙、钱坫、焦循、徐养原、严可均、翟灏、臧庸、孙星衍、洪颐煊、刘喜海、汪中、丁晏、朱骏声、赵一清等人著作。

62.《佚存丛书》十七种一百一十一卷,日本林衡编。日本宽政至文化间(清嘉庆间)活字印本。复旦大学有足本。传入我国后,阮元所进列入《宛委别藏》者十种。光绪八年沪上黄氏活字重印。民国十三年商务印书馆用日本活字本影印。此书所收为我国不存之书。取欧阳修《日本刀歌》"徐福行时经未焚,佚书百篇今尚存",名《佚存丛书》。

63.《申报馆丛书》二百零三种二千九百八十六卷(内五种不分卷未计),正集六十种,题尊闻阁主辑,即《申报》创办人英商美查。续集一百四十三种,题缕馨仙史辑,即蔡尔康。全书在清同治末至光绪前期排印出版。美查于1872年(同治十一年)4月30日在上海创办《申报》,1909年售席裕福,1913年转售史量才,1949年5月28日停刊,是旧中国历史最久的报纸。美查创刊之初即登《搜书附启》,广罗奇书秘本,以铅字排印。所收笔记杂史小说为多,不乏罕传之书。

64.《崇文书局汇刻书》三十一种二百八十三卷,清湖北崇文书局编。清光绪刻本。多四部常用要籍。

65.《云自在龛丛书》十九种(其中第四集《名家词》包括十八种,合计之则三十六种)一百一十九卷,缪荃孙编。清光绪缪氏刻本。又《藕香零拾》三十九种,清光绪宣统间刻本。《烟画东堂小品》二十四种,民国九年缪氏刻本。《对雨楼丛书》五种,清光绪缪氏刻本(据抄本影刻,极精)。皆缪荃孙辑刻。多篇幅短小,流传稀罕之书。

66.《槐庐丛书》四十七种二百三十六卷,清朱记荣编。清光绪吴县朱氏槐庐刻本。以清人著作为主。朱氏又有《校经山房丛书》二十七种,乃据毕沅《经训堂丛书》版重编印本。

67.《广雅书局丛书》一百六十一种二千三百四十三卷,清广雅书局编。清光绪广雅书局刻民国九年徐绍棨汇印本。所收以清人治群经、小学、史学著述为主。

68.《灵鹣阁丛书》五十七种九十九卷,清江标编。清光绪中元和江氏湖南使院刻本。多金石、书目及清人经学、小说著述,叶昌炽《藏书纪事诗》六卷初刻本即在其中。另有西学书籍如李凤苞《使德日记》、徐建寅译《德国议院章程》、李钟珏《新加坡风土记》、吴宗濂、赵元益译《澳大利亚洲新志》等约十种。江标任湖南学政,积极参加戊戌变法,故亦刊新政书籍。

69.《观古堂汇刻书》十三种五十卷,叶德辉编。清光绪长沙叶氏刻

本。叶德辉刻书颇多,又有:

《观古堂所刊书》十八种四十七卷,清光绪长沙叶氏刻本。

《双楳景闇丛书》十七种二十六卷,清光绪至宣统叶氏刻本。

《丽廙丛书》九种二十四卷,清光绪至宣统叶氏刻本。

《观古堂书目丛刊》十五种四十七卷(内二种不分卷未计),清光绪至民国叶氏刻本。

《观古堂所著书》二十种五十三卷,清光绪长沙叶氏刊民国八年印本。

《郋园先生全书》一百三十一种四百六十二卷(内二种不分卷未计),叶启倬编。民国二十四年长沙中国古书刊印社汇印本。

前六种丛书均叶德辉辑刻,互有重复者。《郋园先生全书》则用前各丛书版汇印。亦偶有未收入者,如《双楳景闇丛书》中《素女经》等五种即未收入《郋园先生全书》。又有不在前刻丛书内者,如《佛说十八泥犁经》等佛书即不见前刻各丛书。

70.《积学斋丛书》二十种六十三卷,徐乃昌编。清光绪徐氏刻本。收清人考订、校释著作。徐乃昌所刻丛书又有:

《鄦斋丛书》二十一种四十六卷(内一种不分卷未计),清光绪二十六年徐氏刻本。收书特点同前种。

《怀豳杂俎》十二种十七卷,清光绪宣统间徐氏刻本。多清人诗词小集。

《随庵徐氏丛书》二十种九十三卷,清光绪至民国刻本。多影宋元刻。

《小檀栾室汇刻闺秀词》一百种一百一十二卷附徐乃昌《闺秀词钞》十六卷《补遗》一卷,清光绪至宣统刻本。

徐乃昌积学斋藏书甚富,刻书亦夥,尝影刻明崇祯赵均刻《玉台新咏》,赵刻固仿宋精刊,或有去其序跋牌记以充宋本者(详《藏园订补郘亭知见传本书目》),徐氏此刻更以赵氏原书上版,覆刻极精,末附校记,故又有以徐刻充赵刻甚至充宋本者。

71.《古学汇刊》六十二种一百一十六卷,邓实编。民国元年上海国粹学报社排印本。分二集,每集又分经学、史学、舆地、掌故、目录、金石、杂记、诗文八类。所收多清人著述,缪荃孙著作《蜀石经校记》、《国史儒林传》、《士礼居藏书题跋再续记》(辑)、《清学部图书馆善本书目》、《方志目》、《云自在龛笔记》等均在其中。邓实又辑《风雨楼丛书》二十三种，清宣统中排印本。又辑《风雨楼秘笈留真》十种，则据旧抄本影印者。皆以清人著述为主。

72.《诵芬室丛刊》二十二种二百九十卷（内《元典章》所附《至治条例》不分卷未计），董康编。光绪至民国间董康刻本。其中《读曲丛刊》（民国六年刊）又包括七种，《盛明杂剧》（民国七年刊）又包括三十种，《盛明杂剧二集》（民国十四年刊）又包括三十种，《石巢传奇》（阮大铖撰，民国八年刊）又包括四种，《梅村先生乐府》（民国五年刊）又包括三种。合计则有九十一种。除《中吴纪闻》、《新雕皇朝类苑》、《大元圣政国朝典章》外，余多诗、词、曲、小说。刻印精雅。

73.《敦煌石室遗书》十三种二十二卷，罗振玉等辑。清宣统元年诵芬室排印本。罗氏辑印丛书甚多，计有：

《鸣沙石室佚书》二十三种三十一卷，民国二年、六年上虞罗氏据唐写本影印本。包括《尚书》、《春秋穀梁传》、《论语郑注》等残卷。其中《大云无想经》卷九系姚秦写本，当即罗氏"大云书库"命名之由。

《鸣沙石室古籍丛残》三十种三十七卷（其中有一书分为数种残卷者，均分别计之），民国六年上虞罗氏影印本。其中六朝写本五种、隋写本一种，余均唐写本。包括《易》、《书》、《诗》、《礼》、《春秋》、《论语》、《汉书》、《庄子》、《文选》、《玉台新咏》等。

《贞松堂藏西陲秘籍丛残》三十五种，民国上虞罗氏影印本。其中魏晋间写本二种、六朝写本五种、后秦写本一种、五代写本三种，余均唐写本。溥仪曾颁赐罗氏"贞心古松"四字匾，因号"贞松堂"，晚号"贞松老人"。

《六经堪丛书》十三种（其中《敦煌零拾》一种又包括七种，合计十九种）一百七十七卷，民国东方学会排印本。其中《国史列传》八十卷、《国朝宫史》三十六卷，篇幅较大。

《东方学会丛书初集》十三种（其中《敦煌石室碎金》一种又包括十七种，合计二十九种）四十八卷，民国十三年东方学会排印本。收敦煌秘籍、史料、金石书画目等。

《玉简斋丛书》二十二种七十二卷，清宣统二年上虞罗氏刻本。本丛书第二集八种均明清藏书目录之罕传者。

《宸翰楼丛书》八种三十五卷，清宣统三年上虞罗氏刻本（五种），民国三年上虞罗氏刊重编本。多据唐宋元版影刊。

《永慕园丛书》六种十七卷,民国三年上虞罗氏影印本。包括《流沙坠简》及罗、王《考释》,《秦金石刻辞》,《秦汉瓦当文字》,《权衡度量实验考》(吴大澂),《蒿里遗珍》及《考释》,《四朝钞币图录》及《考释》。其中五种系罗振玉辑撰。

《云窗丛刻》十种十四卷,民国三年上虞罗氏日本京都东山侨舍影印本。所据抄本四种,稿本一种,元刻一种。陈介祺《簠斋金石文考释》一卷、王国维《简牍检署考》一卷,均在其中。

《雪堂丛刻》五十三种一百一十九卷,民国四年上虞罗氏排印本。多收清人学术著作。其中王国维著作十三种,罗振玉著作十三种。王念孙、钮树玉、丁晏诗文集共四种。日本藤田丰八、橘瑞超著作各一种。

《吉石盦丛书》二十七种五十八卷,民国三年至六年上虞罗氏影印本。取为底本者有宋刊本、《大典》本、敦煌写本、日本旧写本、石经拓本,皆罕秘。

《嘉草轩丛书》十一种二十九卷(内一种不分卷未计),民国七年上虞罗氏日本影印本。其中《文选集注》日本藏唐写本残卷十六卷、王念孙《群经字类》稿本二卷、王昶《金石萃编未刊稿》稿本三卷、查容《浣花词》稿本一卷均罕秘。

《殷礼在斯堂丛书》二十种五十九卷,民国十七年东方学会排印本。收宋金明人著作七种,日本一种,余均清人著作。首二种系石印王念孙《广雅疏证补正》、《尔雅郝注刊误》。

《百爵斋丛刊》十四种二十八卷,民国二十三年上虞罗氏石印本。

《史料丛刊初编》二十二种三十四卷,民国十三年东方学会排印本。皆清代档案史料。

《史料丛编》二十一种二十六卷,伪满康德二年(1935)石印本。皆清代档案史料。

《国学丛刊》十种二十一卷,宣统三年石印本。内缪荃孙一种、王国维二种,余均罗氏辑著,《殷墟书契前编》三卷在其中。

《明季辽事丛刊》四种十四卷,民国二十五年伪满日文化协会石印本。收《陶元晖中丞遗集》、《毕少保公传》、《海运摘钞》、《东江遗事》四种。

《元人选元诗》五种二十五卷,民国四年连平范氏双鱼室刻本。计收

《河汾诸老诗集》八卷(影元刊)、《国朝风雅》七卷《杂编》三卷(影元刊)、《大雅集》八卷(影明洪武刊)、《敦交集》一卷(影旧抄刊)、《伟观集》一卷(影旧抄刊)。

《明季三孝廉集》五种四十二卷,民国八年上虞罗氏排印本。三家为万寿祺、李确、徐枋。

以上二十一种丛书为罗氏辑刊(或为罗氏辑他人刊)。又有罗氏自著诸丛书:

《永丰乡人稿》四种八卷,民国上虞罗氏贻安堂凝清室刻本。

《永丰乡人杂著》八种十三卷,民国十一年刻本。

《永丰乡人杂著续编》六种附一种共十二卷,民国十二年刻本。

《松翁居辽后所著书》三种(其中《居辽杂著》九种,合计十一种)二十卷,民国十八年至二十年石印本。

《辽居杂著乙编》十种十一卷,民国二十二年上虞罗氏辽东石印本。

《辽居杂著丙编》四种五卷,民国二十三年上虞罗氏七经堪石印本。

《七经堪丛刊》七种十七卷,民国二十六年罗氏石印本。

《贞松老人遗稿》十四种三十二卷,民国三十年至三十六年罗氏排印本。

以上自著丛书八种。

《罗雪堂先生全集》,1969年至1976年台湾文华出版公司、大通图书公司影印本。共七编一百四十册,收书五百四十六种(去复仍有五百余种)一千二百余卷。尚有十余种未收入。罗振玉一生收集、整理、刊布、研究文献,成就辉煌,近世罕有其匹,此《全集》基本网罗在内。

74.《适园丛书》七十八种七百十一卷,张钧衡编。民国初年乌程张氏刻本。分十二集。收宋元明清人著述,多罕传之书,如《百宋一廛书录》、《千顷堂书目》、《文馆词林》、《唐大诏令集》等。先是有《张氏适园丛书初集》七种,清宣统三年上海国学扶轮社排印,亦钧衡辑。

75.《择是居丛书初集》十九种一百六十四卷,张钧衡编。民国张氏刻本。此系影刻善本丛书,所据底本计宋本六、元本二、影宋钞本七、旧抄本四。其中五种为缪荃孙光绪中刊《对雨楼丛书》版。

76.《龙溪精舍丛书》六十种四百四十三卷,郑国勋编。民国六年潮阳郑氏刻本。分经、史、子、集四部,多先秦汉魏六朝古书之清人精校本。末有唐晏《两汉三国学案》十一卷。

77.《嘉业堂丛书》六十二种七百六十二卷,刘承干编。民国二年至十九年刘氏刻本。分经、史、子、集四部,多收罕传之本。缪荃孙助刻,多附校勘记,校雠不苟,故为世重。刘承干刻丛书甚多,计有:

《留余草堂丛书》十一种六十四卷,民国刘氏刻本。多先儒性理之书。

《求恕斋丛书》三十五种二百三十三卷,民国刘氏刻本。多清末民初人著述。

《吴兴丛书》六十六种八百四十九卷,民国刘氏刻本。收吴兴地方文献。

《四史》四种四百十五卷,民国刘氏影刻本。《史记》,宋蜀大字本。《汉书》,宋嘉定十七年白鹭洲书院刻本。《后汉书》,宋嘉定元年一经堂刻本。《三国志》,实元大德九路刻本,仅《吴志》卷十二至十五为宋衢州刻本。

《辽东三家诗钞》三种十五卷,民国七年至九年刻本。收李锴《睫巢集》、长海《雷溪草堂诗》、梦麟《太谷山堂集》。

《嘉业堂金石丛书》五种五十卷,民国刘氏刻本。

吴格先生云刘氏“所刻书数逾三千卷,版式精雅,校雠审慎,世多称誉。所刻各书,俱有序跋,提要钩玄,穷委竟原,实有裨于学术”(《嘉业堂藏书志前言》)。刘氏单刻之书尚有吴士鉴《晋书斠注》、邵晋涵辑《旧五代史》稿本等。所藏大部头抄本徐松《宋会要辑本》、清抄本查继佐《罪惟录》等则先后交北平图书馆、商务印书馆影印。刘氏嘉业堂抄《清国史》近年亦由中华书局影印出版。

78.《松邻丛书》二十种三十五卷,吴昌绶编。民国七年吴氏双照楼刻本。多收文献书目。吴氏又辑《景刊宋金元明本词四十种》,清宣统三年至民国六年吴氏双照楼刊民国六年至十二年陶氏涉园续刊本。所据底本计宋本十九、金本一、元本十四、明本四、明高丽本一、元抄本一、汲古阁抄本一、小草斋抄本一。

79.《天禄琳琅丛书》第一集十五种一百十七卷,故宫博物院编。民国二十一年故宫博物院影印本。宋本五、汲古阁影宋钞本七、元本三。

80.《聚学轩丛书》六十一种二百六十四卷,刘世珩编。清光绪贵池刘氏刻本。收清代学术著作。刘氏又辑刻有:

《玉海堂景宋元本丛书》十五种四百三十卷,清宣统三年至民国二年贵池刘氏刻本。其中《五代史记》称宋本,实元大德九路刻本。《梦溪笔谈》称宋乾道本,疑亦明翻宋乾道本。

《暖红室汇刻传奇》(一名《汇刻传剧》)三十七种,民国八年贵池刘氏暖红室刻本。

《贵池先哲遗书》三十四种二百二十九卷,民国九年贵池刘氏唐石簃刻本。

81.《四部丛刊》三百五十种《续编》八十一种《三编》七十三种,张元济编。商务印书馆影印。1919年《四部丛刊》出版。1929年重印,抽换二十一种版本。1934年《续编》出版。1935年至1936年《三编》出版。汇集四部要籍宋元明刊善本及旧抄名校本影印,为影印善本丛书之最富盛名者。

82.《丛书集成初编》四千一百七种四千册,王云五主编。1935年至1937年商务印书馆排印、影印本。该丛书系择宋代至清代重要丛书一百部,去其重复,重新分类编排而成。已出三千四百六十七册。未出者五百三十三册。1985年起中华书局用商务本影印,未出者亦补齐,共四千册。此系特大丛书,较常用。唯断句、排校不无讹误。近又有上海书店编《丛书集成续编》影印本。

83.《万有文库》一千七百二十一种,王云五主编。1929年至1937年商务印书馆排印、影印本。第一集收十三种丛书:《国学基本丛书初集》一百种、《汉译世界名著初集》一百种、《百科小丛书》三百种、《新时代史地丛书》八十种、《工学小丛书》六十五种、《学生国学丛书》六十种、《国学小丛书》六十种、《师范小丛书》六十种、《农学小丛书》五十种、《商学小丛书》五十种、《算学小丛书》三十种、《医学小丛书》三十种、《体育小丛书》十五种,计一千种二千册。附大本参考书十种十二册。第二集收四种丛书:《国学基本丛书二集》三百种、《汉译世界名著二集》一百五十种、《自然科学小丛书初集》二百种、《现代问题丛书初集》五十种,计七百种二千册。附大本参考书《十通》、《佩文韵府》共十一种二十八册。包括古今中外各门学科。

84.《四部备要》三百三十六种一万一千九百八十三卷,中华书局编。1920年至1936年中华书局排印本。收实用四部要籍,多清人精校精注本。线装二千五百册,精装一百册。唯排印不无讹误。

85.《玄览堂丛书》共三集七十一种五百零二卷(内四种不分卷未

计），郑振铎编。1941 年至 1948 年影印本。主要收明代罕传史料。底本主要是明刻、明抄及清初抄本。

86.《近代中国史料丛刊》正、续、三编，沈云龙主编。1966 年至 1987 年台北文海出版社影印本。正编一百辑一千二百八十一册。续编一百辑一千零七十九册。三编三十三辑三百三十九册。合计二千六百九十九册。收集清代及近代人物奏疏、政书、年谱、笔记、日记、诗文集、传记等，极为丰富。

87.《北京图书馆古籍珍本丛刊》四百七十三种，北京图书馆编。1989 年至 1998 年书目文献出版社（后更名北京图书馆出版社）影印本。近八千卷，影印精装一百二十册。包括宋金元明清刻本、抄本、稿本。凡《四部丛刊》、《天一阁藏明代方志选刊》已收之版本均不再重收。

88.《清代稿本百种汇刊》一百三种。1970 年台北文海出版社影印本，共一百八十册。收孙奇逢、朱彝尊、翁方纲、法式善、阮元、焦循、吴骞、刘宝楠、何绍基、文廷式等人稿本。

89.《四库全书存目丛书》四千五百零八种，四库全书存目丛书编委会编，季羡林主编。1995 年至 1997 年齐鲁书社、台湾庄严文化事业有限公司分别影印大陆版和大陆外版。均一千二百册。收四库存目书之现存者，选其善本影印。其底本包括宋刻本十五种、宋写本一种、元刻本二十一种、明刻本二千一百五十二种、明抄本一百二十七种、清刻本一千六百三十四种、清抄本三百三十种、稿本二十二种。大部分是善本古籍。这些底本来自一百一十六个收藏单位。正编未收者另辑《补编》二百二十二种影印行世。合计四千七百三十种。按：余于 1992 年底应邀参加编委会，实傅璇琮先生之荐。1994 年 7 月至 1997 年 11 月应邀到北京大学参加编辑工作，任工委会委员、编委会常务编委、总编室主任。

90.《续修四库全书》五千一百二十三种，续修四库全书编委会编，顾廷龙主编。全书一千八百册。上海古籍出版社 1995 年至 2002 年影印本。收乾隆以来至辛亥革命间著述，上接《四库全书》。乾隆以前《四库全书》未收之书包括戏曲、小说及禁书亦广为收罗。按：五千之数由余提出。1994 年 3 月 11 日，余应傅璇琮先生之邀到北京王府井大街中华书局内之国务院古籍整理出版规划小组办公室，时傅先生正参加政协会，从会中请假，命余拟定《四库全书续编》及《三编》计划。《续编》即《存目丛书》，《三编》即后来之《续修四库全书》。余为拟定计划书，提出《三编》

收书五千种。是时余已参加《四库全书存目丛书》工委会,故不复参加《续修四库全书》编委会。

91.《中华再造善本》,中华再造善本编纂出版委员会编,2002年北京图书馆出版社开始影印出版。计划收唐宋元明清善本一千三百余种。宣纸彩印或套印,线装或蝶装、折装。现已出版唐宋金元部分七百五十八种。该丛书为影印善本丛书空前巨观。

92.《畿辅丛书》一百七十三种一千五百二十三卷,清王灏编。清光绪间定州王氏谦德堂刻本。

按:自此以下十三种为地方丛书。

93.《常州先哲遗书》七十六种七百四十三卷,清盛宣怀编。清光绪武进盛氏刻本。

94.《安徽丛书》六十种三百五十卷,安徽丛书编审会编。民国二十一年至二十五年影印本。所据系刻本、抄本。

95.《武林掌故丛编》二百八种六百二十五卷(内一种不分卷未计),清丁丙编。清光绪丁氏嘉惠堂刻本。

96.《武林往哲遗著》六十六种四百四十八卷,清丁丙编。清光绪丁氏嘉惠堂刻本。

97.《盐邑志林》四十一种七十二卷,明樊维城编。明天启三年自刻本。

98.《四明丛书》一百七十二种一千一百八十九卷,张寿镛编。民国二十一年至三十七年张氏约园刻本。

99.《金华丛书》七十种七百三十一卷,清胡凤丹编。清同治光绪间永康胡氏退补斋刻本。民国补刻本。

又《续金华丛书》六十一种,民国胡宗懋编。民国十三年永康胡氏梦选楼刻本。

100.《湖北先正遗书》七十三种七百二十七卷,卢靖编。民国十二年沔阳卢氏慎始基斋影印本。底本系旧刻、旧抄本及文津阁《四库全书》本。

101.《豫章丛书》一百一十一种七百六十九卷,胡思敬编。民国南昌豫章丛书编刻局刻本。

另有陶福履辑《豫章丛书》二十六种,清光绪新建陶氏刻本。

102.《岭南遗书》六十一种三百四十八卷,清伍元薇、伍崇曜编。清道光同治间南海伍氏刻本。

103.《黔南丛书》六十六种二百一十六卷,任何澄等编。民国贵阳文通书局排印本。

104.《云南丛书》一百九十六种一千一百三十五卷(内二种不分卷未计),赵藩、陈荣昌等编。民国云南丛书处刻本。

105.《山东文献集成》第一辑一百七十九种,山东文献集成编纂委员会编,2006 年 12 月山东大学出版社影印本。该丛书收山东先贤遗著,以稿本、抄本及刻本之罕传而又较重要者为主,计划收一千种,分四辑出版,精装二百册。

106.《桐城方氏七代遗书》二十种二十六卷,清方昌翰编。清光绪十四年刻本。

按:自此以下三种为氏族类丛书。

107.《德州田氏丛书》十三种一百一十一卷,清康熙乾隆间刻汇印本。收田雯、田需、田霡、田肇丽、田同之五人书。

108.《重印江都汪氏丛书》十四种四十七卷,秦更年等编。民国十四年上海中国书店影印本。收汪中、汪喜孙父子书。

109.《王渔洋遗书》三十八种二百七十三卷,清王士禛编著。清康熙刻本。内有王象晋《剪桐载笔》等犹是明代旧版。

按:自此以下五种为自著丛书。

110.《崔东壁遗书》十九种七十三卷,崔述撰,顾颉刚编订。民国二十五年上海亚东图书馆排印本。崔氏遗书外,还收有崔述家人著作及评论、索引、校记等。

111.《郝氏遗书》三十三种二百二十八卷(内一种不分卷未计),清郝懿行撰。清嘉庆至光绪刻本。收郝懿行及夫人王照圆著述。

112.《海宁王静安先生遗书》四十五种一百零四卷,王国维撰,赵万里编。民国二十九年商务印书馆长沙石印本。先此,有民国十六年海宁王氏排印、石印《海宁王忠悫公遗书》。后此有 1976 年台湾大通书局有限公司影印《王国维先生全集》二十五册,增《大唐六典》、《世界图书馆小史》、《戬寿堂所藏殷墟书契文字》、《戬寿堂所藏殷墟书契考释》、《唐五代二十一家词辑》、《传书堂藏善本书志》、《观堂授书记》并附传记及悼念文字十四种。

113.《章氏丛书》十四种四十八卷,章炳麟撰。民国六年至八年浙江图书馆刻本。《章氏丛书续编》七种十七卷,章炳麟撰。民国二十二年北平刻本。《章氏丛书三编》二种,民国二十七年章氏国学讲习会铅印本,收《太炎文录续编》七卷、《太炎先生自定年谱》不分卷。《章太炎全集》,上海人民出版社 1982 年开始排印出版,现已至第八册。

114.《十三经注疏》三百三十五卷。元刻明修本(世称宋刻宋元明递修本,南昌府学本所从出)。明嘉靖李元阳福建刻本。明万历北京国子监刻本。明崇祯毛氏汲古阁刻本。清乾隆四年武英殿刻本(附《考证》)。清嘉庆二十年南昌府学刻本(作《重刊宋本十三经注疏》附《校勘记》)。按:元刻明修本即"南监本",李本从南监出,北监从李本出,汲古从北监出,殿本亦出北监而加考证。详屈万里《十三经注疏板刻述略》一文。

按:自此以下为专科丛书。

115.《通志堂经解》一百四十种一千八百六十卷,清徐乾学编。康熙十九年通志堂刻本。同治十二年粤东书局刻本。"通志堂"为纳兰性德堂号。此书实成于其师徐乾学之手。乾学家有传是楼,多宋元秘本。此书网罗唐宋元明经解而成,以宋元两代为主。所用底本除徐氏家藏外,还有朱彝尊曝书亭等藏本。初刻工致,为清初写刻本代表之一。张金吾有《诒经堂续经解》,续补此书,稿本毁于上海"一·二八"日本飞机轰炸。

116.《皇清经解》一百七十三种一千四百卷,清阮元编。清道光九年广东学海堂刻本。又名《学海堂经解》。收清儒七十四人经解。咸丰七年兵燹版毁什之六,十一年补刻,增至一百八十种一千四百零八卷。

117.《皇清经解续编》二百七种一千四百三十卷,清王先谦编。清光绪十四年南菁书院刻本。

118.《古经解汇函》三十七种二百八十三卷,清卢谦钧等编。清同治十二年粤东书局刻本。其中后十四种为《小学汇函》。经解皆汉唐人作,清儒精校本。

119.《音韵学丛书》三十二种一百三十一卷,严式诲编。民国间渭南严氏成都刊 1957 年四川人民出版社汇印本。收宋司马光《切韵指掌图》、吴棫《韵补》、明陈第《毛诗古音考》,以及清人顾炎武、江永、戴震、段玉裁、王念孙、孔广森、江有诰、夏炘、严可均、陈澧等音韵学专著。关于上古韵、中古韵研究的重要著作多在其中。

120.《二十四史》三千二百五十卷(据殿本统计)。清乾隆四年武英殿刻本(《旧五代史》乾隆四十九年刊)。清同治光绪间五省官书局合刻光绪五年湖北书局汇印本。民国间上海商务印书馆集各史旧刻本影印本（名《百衲本二十四史》。影印时文字有改订）。1959 年至 1978 年中华书局排印点校本。《二十四史》以前有明南京国子监本《二十一史》、北京国子监本《二十一史》、明末毛氏汲古阁本《十七史》。

121.《二十五史补编》二百四十五种七百五十六卷，民国二十五年至二十六年开明书店排印本。开明书店曾于民国二十四年影印《二十五史》，其中《二十四史》据殿本，《新元史》据 1922 年徐世昌退耕堂刻本，均缩小影印。此《二十五史补编》与之配套。主要收《二十五史》表、志之补、注、考、校，极有价值。近有张舜徽主编《二十五史三编》，接续前书。

122.《十通》二千七百二十一卷，民国二十四年至二十六年商务印书馆拼版影印乾隆官刻本（《皇朝续文献通考》排印）。唐杜佑《通典》二百卷、宋郑樵《通志》二百卷、元马端临《文献通考》三百四十八卷，合称"三通"。清乾隆官修《续通典》一百五十卷、《皇朝通典》一百卷、《续通志》六百四十卷、《皇朝通志》一百二十六卷、《续文献通考》二百五十卷、《皇朝文献通考》三百卷，与"三通"合称"九通"。清末民国初，刘锦藻修《皇朝续文献通考》四百卷，遂有"十通"。商务印书馆汇为一编，收入《万有文库》，订二十册，另附《十通索引》一册。《十通》属于政书，是研究我国封建社会政治、经济、军事、文化、外交等的大型工具书。

123.《二十二子》三百三十八卷，清浙江书局编。清光绪浙江书局刻本。所收子书二十二种，多清人精注精校本。校刻不苟，为子书汇刻之佳者。

124.《诸子集成》二十八种三百九十卷，国学整理社编。民国二十四年世界书局排印本。收清人及近人集解本、精校本。附梁启超《管子评传》、麦梦华《商君评传》、陈千钧《韩非新传》、《韩非子书考》。排校不够精严。中华书局 1954 年、1956 年、1959 年曾重印，删去梁、麦、陈四篇文字，并校正若干错误。

125.《新编诸子集成》第一辑四十三种，中华书局编。收子书之精注精校本，尤重集解本，以清人及近人注本为主，反映最新成果。标点校勘亦较世界书局本为精。目前尚有《吕氏春秋》、《管子》等少数几种未出。

126.《汉魏六朝百三名家集》一百一十八卷，明张溥编。明崇祯娄东张氏刻本。各集有题辞，殷孟伦先生有《汉魏六朝百三名家集题辞注》。

127.《唐人五十家小集》七十三卷，清江标编。光绪二十一年元和江氏灵鹣阁湖南经院刻本,系据南宋陈道人本影刻。

128.《宋人集》六十种三百四十六卷,李之鼎编。民国南城李氏宜秋馆刻本。

129.《汲古阁景钞南宋六十家小集》六十种九十六卷,宋陈起编。民国十年上海古书流通处据明汲古阁影钞宋本影印。附有《知不足斋辑录宋集补遗》十一种十一卷、《南宋八家集》八种十六卷,均用知不足斋抄本影印。合计得七十九种一百二十三卷。

130.《南宋群贤小集》七十四种一百三十卷,宋陈起编,清顾修重编。又清鲍廷博辑《群贤小集补遗》十五种十五卷,附陈起辑《江湖后集》二十四卷。合计九十种一百六十九卷。清嘉庆六年石门顾氏读画斋刻本。

131.《石莲阁汇刻九金人集》一百五十九卷,清吴重熹编。清光绪十二年至三十二年海丰吴氏刻本。

132.《历代诗话》二十八种五十八卷,清何文焕编。清乾隆三十五年序刻本。1981年中华书局点校排印本(附人名索引)。

续辑者有:

《历代诗话续编》二十九种七十八卷,丁福保编。民国五年无锡丁氏排印本。1983年中华书局点校排印本(附人名索引)。

《清诗话》四十二种五十二卷,丁福保编。民国十六年无锡丁氏排印本。1963年中华书局排印本(删去《挥麈诗话》)。

《清诗话续编》三十四种,郭绍虞编,富寿孙校点。1983年上海古籍出版社排印本。

133.《彊村丛书》一百七十九种二百六十卷,朱祖谋辑校。收唐宋金元词总集五种、别集一百七十二人一百七十四种。网罗稀见善本,各附校记。校刊精审。凡有较善之本行世者不复收。民国十一年归安朱氏刻本。1980年广陵古籍刻印社影印本。

134.《宋名家词》六十一种九十一卷,明毛晋编。明末毛氏汲古阁刻本。民国上海博古斋影印汲古阁本。

135.《惜阴堂丛书》一百八十七种,赵尊岳编。民国赵氏刻本。皆明人词集。

136.《清名家词》一百三十四种一百三十四卷,陈乃乾编。附卢前《饮虹簃论清词百家》一卷。民国二十六年开明书店排印本。

137.《词话丛编》六十种一百九十二卷,唐圭璋编。民国二十三年排印本。1987 年中华书局新校本收八十五种。

138.《古本戏曲丛刊》,郑振铎等编。1954 年商务印书馆影印《初集》一百种。1954 年至 1955 年商务印书馆影印《二集》一百种。1957 年文学古籍刊行社影印《三集》一百种。1958 年商务印书馆影印《四集》三百七十六种。1964 年中华书局上海编辑所影印《九集》清宫大戏十种。1985 年至 1986 年上海古籍出版社影印《五集》八十五种。《丛刊》计划出十集,六、七、八、十集待出。一至三集收元明清角戏、传奇及少量杂剧。四集收元明杂剧。五集收明清传奇。皆据善本影印。著名的《脉望馆钞校本古今杂剧》二百四十二种即在第四集内。由于 1958 年郑振铎出访时飞机失事身亡,此书改由吴晓铃主编。吴先生 1995 年去世。未知现在进展情况如何。

139.《元曲选》十集一百种,明臧懋循编。明万历刻本。民国二十五年世界书局排印本。《元曲选外编》六十二种,隋树森编。1959 年中华书局排印本。

140.《六十种曲》,明毛晋编。明崇祯汲古阁刻本。1935 年开明书店排印本。1955 年文学古籍刊行社重印开明本,有校订。是戏曲史上最早、篇幅最大的传奇剧本集。其中高明《琵琶记》、施惠《幽闺记》、王德信《西厢记》三种为元人作。其余皆明人作。

141.《盛明杂剧》三十种三十卷《二集》三十种三十卷,明沈泰编。明崇祯刻本。民国七年、十四年董康刻本,极工雅。民国十四年上海中国书店影印董氏本。1958 年中国戏剧出版社影印董氏本。

142.《清人杂剧初集》四十种《二集》三十七种,郑振铎编。民国二十年、二十三年长乐郑氏影印本。

143.《明清善本小说丛刊初编》二百一十一种,台湾政治大学古典小说研究中心编。1985 年天一出版社影印本。精装八百六十二册。线装一千三百六十四册。其中底本为明刻本的一百二十种,其余为清刻本。

144.《中国稀见地方志汇刊》一百九十五种,中国科学院图书馆编。中国书店影印本。五十册。

145.《中国方志丛书》约二千种。1970 年台北成文出版社影印本。网罗甚富,极便查检。

第十章　地方志与家谱

一、地　方　志

中国的纪传体史书,正史、别史以国家为范围。国家之下又划分若干行政区,从秦代实行郡县制以来,沿用至今,虽有分并,但区划制度没有根本变化。地方行政区的历史,就是地方志。宋元以来一般地方志都是史、地结合,即地方史与地理结合。各种地方志门类不尽相同,大体包括舆图、疆域、山川、名胜、建置、职官、学校、赋税、物产、乡里、风俗、人物、艺文、金石、灾异等项内容。与正史传、志、表的内容基本呼应,但分类及内容加详加细,而且大都属于贯穿古今的地方通史,因此,总体容量大大超过正史,是我们研究历史、地理、物产、风俗等极重要的资料,有着无可替代的作用,我们必须学会利用地方志。

(一)地方志的产生

《周礼》外史"掌四方之志",小史"掌邦国之志",对于周王朝来说,邦国之志、四方之志可视为地方史,可见早在周代就有地方史。鲁之春秋、晋之乘、楚之梼杌,都是周朝诸侯国的国史,事实上也属于地方史。

秦统一天下,实行郡县制,强化了中央集权,中央、郡、县上下级关系明确,这种格局使中央要了解各地情况,容易命令各地方行政长官整理上报,为地方志的产生和发展奠定了客观基础。

东汉班固《汉书·地理志》按西汉行政区划记述各地区户口、山脉、河流、关塞、祠庙、物产等。虽然记载范围限于地理,较少涉及人文(人文部分在《汉书》的纪、传、表、志中分别叙述,不可能在《地理志》中叙述),但对后来地方志中地理部分的编写有很大影响。东汉应劭《十三州记》、北魏阚骃《十三州志》、梁顾野王《舆地志》等，也是全国性地理总志，不过分别记录各地区地理情况，其影响于地方志者亦不小。晋代挚虞的《畿服志》据《隋书·经籍志》记载有一百七十卷，除记载地理外，还记"先贤旧好"，被认为是地理书兼记人文的开创者。

专记一地地理的书籍东汉有王褒《云阳记》（今陕西三原）、李尤《蜀记》、陈术《益州记》（四川）。《三辅黄图》记东汉长安附近京兆、左冯翊、右扶风三个政区（今西安、咸阳一带）的沿革、城池、苑囿、台榭、太学、祠庙、街市、楼观、官署、桥梁、陵墓、风俗等，也是早期专记一地的地理书。

专记一地地理的还有图文结合的"图经"。例如东汉桓帝时巴郡太守但望上疏，开头即云："谨按《巴郡图经》，境界南北四千，东西五千，周万余里。属县十四，盐铁五官，各有丞史。户四十六万四千七百八十，口百八十八万五千五百三十五。远县去郡千二百至千五百里，乡亭去县或三四百，或及千里。"（严可均《全后汉文》卷六十六）这部《巴郡图经》应是早期地方志，惜已亡佚。

隋唐时期各地都有"图经"。敦煌石窟发现过《沙州都督府图经》卷三，被伯希和劫去，现藏法国国家图书馆。又发现《沙州图经》卷一，被斯坦因劫去，现藏英国不列颠博物馆。都是卷子本。日本藤原佐世在891年左右（唐昭宗时期）编的《日本国见在书目录》著录有《扬州图经》、《濮阳县图经》、《越州都督府图经》、《海州图经》等地志。唐代李吉甫编《元和郡县图志》正是利用各地图经编成的，叙述各州县境界、人数、乡数、地理、贡赋等。这部书的图失传了，所以又叫《元和郡县志》。

专记一地人物的如东汉刘秀下令编的《南阳风俗传》，东汉又有《陈留耆旧传》、《巴蜀耆旧传》，三国时有《汝南先贤传》、《会稽先贤传》、《吴先贤传》等。

专记一地历史的，有《越绝书》、《吴越春秋》、东晋常璩的《华阳国志》，后者尤富影响。

《华阳国志》十二卷，前四卷分别叙述巴、蜀、汉中、南中四个地区以及所属郡县的政区沿革、山川、道路、物产、人口、风俗民情，卷五至卷九叙述历代政权兴替，最后三卷记人物，使地理、编年史、人物传相结合，被认为是现存最早的地方志。

唐宋时期图经很普遍，这是中央了解各地情况的重要依据。郑樵《通志·艺文略》记有北宋一府十八路的全部图经一千四百三十三卷。

北宋初太平兴国年间乐史的《太平寰宇记》二百卷,是全国地理总志,但增设姓氏、人物、风俗等类,并且由人物扩充到官爵、诗词、杂事,确立了地理、历史、人物、艺文相结合的体例,《四库提要》认为"后来方志必列入人物、艺文者,其体皆始于乐史"。

北宋地方图经现存有元丰七年朱长文修的《吴郡图经续记》,分封域、城邑、户口、坊市、物产、风俗、门名、学校、州宅、南园、仓务、海道、亭馆、牧守、人物、桥梁、祠庙、宫观、寺院、山、水、治水、往迹、园第、冢墓、碑碣、事志、杂录共二十八门。可见已不限于地理,而包括人物、历史等,与后来的地方志接轨。《四库提要》云:"征引博而叙述简,文章尔雅,犹有古人之风。"又云:"州郡志书五代以前无闻,北宋以来未有古于《长安志》及是记者矣。"

北宋宋敏求《长安志》、《河南志》,受到司马光赞扬:"凡其废兴迁徙,及宫室城郭,坊市第舍,县镇乡里,山川津梁,亭驿庙市,陵墓之名数,与古先之遗迹,人物之俊秀,守令之良能,花卉之殊尤,无不备载。"(《河南志序》)

南宋著名的"临安三志"——《乾道临安志》、《淳祐临安志》、《咸淳临安志》,是宋代地方志中的佼佼者。《乾道临安志》十五卷,宋周淙修,今存前三卷。《淳祐临安志》,宋陈仁玉修,残存卷五至卷十共六卷。《咸淳临安志》一百卷,现存九十五卷,宋潜说友修。清乾隆中吴骞得《咸淳临安志》九十五卷(内宋刻二十卷、影宋钞七十五卷)、《乾道临安志》三卷(抄本)、《淳祐临安志》六卷(抄本),刻一印曰"临安志百卷人家",可知其为世所重。

宋代地方志《四库全书》著录者尚有十二种:梁克家《淳熙三山志》四十三卷,罗愿《新安志》十卷,范成大《吴郡志》五十卷,高似孙《剡录》十卷,施宿《嘉泰会稽志》十二卷,张淏《宝庆续会稽志》八卷,陈耆卿《嘉定赤城志》四十卷,罗濬《宝庆四明志》二十一卷,刘锡《开庆续四明志》十二卷,常棠《澉水志》八卷,周应合《景定建康志》五十卷,郑瑶、方仁荣《景定严州续志》十卷。地方志在宋代走向成熟。明清时期,地方志数量极大,是我国古代方志的全盛期。

(二)历代地方志的数量

宋代是"图经"向"志"过渡的阶段,有些"图经"与"志"已无差别,但因这些"图经"基本上亡佚了，不易考其体例。以"志"名书者，北宋二十余种，南宋则二百余种。宋代方志现存二十余种。

元代方志可考者二百余种。存者仅十余种。其中徐硕《至元嘉禾志》（嘉兴）三十二卷，碑碣一门占八卷，三国至南宋嘉兴石刻文字几乎网罗无遗，《四库提要》云"殊足为考献征文之助"。袁桷《延祐四明志》十七卷，凡十二考，《四库提要》称其"条例简明，最有体要"。于钦《齐乘》六卷，分八类：沿革、分野、山川、郡邑、古迹、亭馆、风土、人物。是山东第一部省志。《四库提要》谓《齐乘》"叙述简核而淹贯，在元代地志之中最有古法"。其余有冯福京等《大德昌国州图志》七卷，张铉《至大金陵新志》十五卷，骆天骧《类编长安志》十卷，杨谦《至正昆山郡志》六卷，脱因、俞希鲁《至顺镇江志》二十一卷，王元恭、王厚孙等《至正四明续志》十二卷，陈大震《大德南海志》二十卷（存卷六至卷十）等。

宋元方志有中华书局1990年影印《宋元方志丛刊》可以查阅。

明代方志据统计多达三千余种，现存一千余种，可谓盛况空前。明永乐十年颁布《纂修志书凡例》十七条。永乐十六年修订为二十一条，规定志书应包括二十一项内容，举凡建置沿革、疆域、城池、山川、坊郭、镇市、物产、贡献、风俗、户口、学校、军卫、寺观、古迹、人物、诗文等，无不在内。各项应如何编写，包括什么内容，都有规定。户口、贡赋、税粮都要求详其数目。这是文献可考的第一次由政府颁布修志条例。到明中叶，达到"天下藩郡州邑莫不有志"的局面（沈庠《正德上元县志序》）。许多省府州县都多次修志。

清朝地方志是我国地方志发展的一次高峰。清顺治十八年河南巡抚贾汉复主修《河南通志》五十卷，而且率领河南八郡二州九十五县陆续修志。康熙元年贾汉复调陕西巡抚，又主修《陕西通志》三十二卷。康熙十一年清政府拟修《大清一统志》，命令各省纂修通志，并将贾汉复《河南通志》、《陕西通志》颁发全国，作为示范。经康、雍、乾三朝努力，各省普遍修了通志，为《一统志》打下基础。雍正间还规定方志六十年一修。据统计现存清代方志多达五千余种。

清代有不少著名学者主持或参与修志。顾炎武从江南来到山东，即曾在山东通志局预修通志，当时发现张尔岐《仪礼句读》，手抄一部，并作序。清代著名学者所修方志有戴震《乾隆汾州府志》，钱大昕《乾隆鄞县志》，邢澍、钱大昕等《嘉庆长兴县志》，章学诚《乾隆永清县志》，洪亮吉

《乾隆淳化县志》、《嘉庆泾县志》,谢启昆、胡虔《嘉庆广西通志》,阮元《道光广东通志》,缪荃孙《光绪顺天府志》等。所以清代方志不仅数量大而且质量高。

民国处于动荡时期,修方志亦有一千五百余种,而且也有不少知名人士修志。黄炎培主修《川沙县志》(上海川沙)、柳诒徵、王焕镳修《首都志》(南京),李泰棻修《阳原县志》(河北),黎锦熙主纂陕西城固、洛川、宜川、同官、黄陵诸县志,张其昀修《遵义新志》。

建国后,1956 年国务院科学规划委员会将编写新方志列为《二十年哲学社会科学规划方案》中二十个重点项目之一,成立国家地方志小组。到 1960 年,二十多个省区五百多个县开展修志。后因"文革"中断。1977 年山西寿阳县率先成立县志编委会。1981 年中国地方史志协会成立。1983 年中国地方志指导小组恢复。1985 年公布《新编地方志工作暂行规定》。1994 年统计,仅省、市、县三级修志机构就有专职和兼职修志人员十一万人以上。到 1992 年底出版新修方志即达八千余种。这个数目已与《中国地方志联合目录》所著录的我国旧方志八千余种相当。

(三)地方志的种类

地方志包括以下几类:

1. 总志

以全国为著录对象,如《元和郡县图志》、《太平寰宇记》、《元丰九域志》、《大元一统志》、《大明一统志》、《大清一统志》等。《大清一统志》乾隆八年修成,三百四十二卷。乾隆四十九年续修成五百卷。道光二十二年第三次修成五百六十卷。《四库提要》云:"每省皆先立统部。冠以图表。首分野、次建置沿革、次形势、次职官、次户口、次田赋、次名宦,皆统括一省者也。其诸府及直隶州又各立一表,所属诸县系焉。皆首分野、次建置沿革、次形势、次风俗、次城池、次学校、次户口、次田赋、次山川、次古迹、次关隘、次津梁、次堤堰、次陵墓、次寺观、次名宦、次人物、次流寓、次列女、次仙释、次土产,各分二十一门。要了解各地古今情况,查这部《一统志》就可得到大概。《嘉庆重修一统志》收入商务印书馆《四部丛刊续编》,附有索引,使用方便。总志实际上是各地方志的统编。

2. 省志

《齐乘》就是山东省第一部省志。明清以来各省修有通志。这里以清雍正修《浙江通志》为例。这部通志二百八十卷,又卷首三卷。雍正九年至十三年纂修。前有《纂修职名》,列总裁六人,参订二人,提调四人,监修三人,督修七人,分理十一人,协理四人,总修三人(沈翼机、傅王露、陆奎勋),分修二十八人,分校二人,督梓二人。"分修"中有许多著名学者:方楘如、诸锦、厉鹗、杭世骏、沈德潜、吴焯、赵昱、朱稻孙等。下面列其总目,以见其体系:

> 诏谕、圣制(卷首 1—3)、图说(卷 1)、星野(卷 2)、疆域(卷 3)、建置(卷 4—8)、山川(卷 9—21)、形胜(卷 22)、城池(卷 23—24)、学校书院附(卷 25—29)、公署(卷 30—32)、关梁(卷 33—38)、古迹(卷 39—51)、水利(卷 52—61)、海塘(卷 62—66)、田赋(卷 67—70)、户口(卷 71—74)、蠲恤(卷 75—76)、积贮(卷 77—79)、漕运(卷 80—82)、盐法(卷 83—85)、榷税(卷 86)、钱法(卷 87)、驿传(卷 88—89)、兵制(卷 90—94)、海防(卷 95—98)、风俗(卷 99—100)、物产(卷 101—107)、祥异(卷 108—109)、封爵(卷 110)、职官(卷 111—122)、选举(卷 123—145)、名宦(卷 146—157)、人物一名臣(卷 158—162)、人物二忠臣(卷 163—166)、人物三循吏(卷 167—170)、人物四武功(卷 171—174)、人物五儒林(卷 175—177)、人物六文苑(卷 178—182)、人物七孝友(卷 183—186)、人物八义行(卷 187—189)、人物九介节(卷 190—191)、人物十隐逸(卷 192—193)、寓贤(卷 194—195)、方技(卷 196—197)、仙释(卷 198—201)、列女(卷 202—216)、祠祀(卷 217—225)、寺观(卷 226—234)、陵墓(卷 235—240)、经籍(卷 241—254)、碑碣(卷 255—258)、艺文(卷 259—278)、杂记(卷 279—280)

《凡例》云"总为五十四门"。这是浙江省上古至清代雍正时期的通史,举凡山川形势、天文地理、文物古迹、文化教育、财政金融、政治军事、物产风俗、人物历史、宗教迷信、科学技术、自然灾害,无所不包。这部省志的重要特点是绝大部分资料都有出处,遇有旧史料不尽可信之处,附有按语考订。可见其严谨不苟。

清末由著名学者孙葆田等纂修的《山东通志》较《浙江通志》更为详密。舆图之后设《通纪》九卷,用编年体载大事。《学校志》之后设《典礼志》四卷,主要记泰山封禅、曲阜祭孔重大典礼。《艺文志》分经籍、金石两部。经籍记山东省著述,大都有提要。《浙江通志·经籍志》记浙人著述则无提要。金石除罗列目录或注撰人年月等外,重要碑文全收,亦较《浙江通志》为详。

3. 府志

明清时期府隶属于省。一府之志为府志,如明于慎行《兖州府志》,清曹秉仁等《宁波府志》即是。

4. 州志

州有直隶州,直属省。另有散州,属府管。例如济宁州清代为直属山东省的直隶州,徐宗干有《济宁直隶州志》。高唐州,明清时期为隶属于山东东昌府的散州,明金江有《高唐州志》。

5. 厅志

清代边远地区设厅,直隶厅属省,散厅属府。如景东厅清代直属云南省,罗含章有《景东直隶厅志》。孝义厅,清代属陕西西安府,常毓坤有《孝义厅志》。

6. 县志

自秦实行郡县制以来,地方行政机构以县历时最久而变化最小。现存方志中70%为县志,是方志中较为常用、较为详细的部分。下面列江阴县志及续志纲目,以见其梗概。

《[光绪]江阴县志》三十卷,清卢思诚等修,季念贻等纂。

分目:卷一建置(沿革、城池、官署、仓库、刑狱、官宇公所附、义局);卷二疆域(星野、道里、坊乡、镇保市街巷附、邮铺、桥梁、坊表);卷三山川(山、江、湖、河港、闸堰湖汐附);卷四民赋(户口保甲附、田壤圩坍附、沙田、赋额、蠲复、积贮、关榷、盐策、徭役);卷五学校(庙制、学制、书院社学义学附);卷六武备(军制、城守、水师、防汛、马路、关塞、形势、江防、训练、军装);卷七秩祀(坊壝、庙、祠);卷八祥异;卷九风俗(四民、妇女、通尚、岁时、农占、谚语、方言);卷十物产;卷十一、十二职官;卷十三、十四选举(封赠袭荫附);卷十五名宦;卷十六人物(乡贤、忠义、孝弟);卷十七人物(儒林、文苑、政绩);卷十八人物(行谊、隐逸、耆旧、艺术、侨寓);卷十九列女(节妇);卷二十列女(节妇、贞女、孝妇孝女、烈妇烈女、贞寿);卷二十一方外(释、道);卷二十二古迹(园野附);卷二十三冢墓(义冢附);卷二十四寺观(寺、庵、观、院、殿、阁);卷二十五至二十八艺文(收诗文);卷二十九忠义总纲(寇变纪略附);卷三十识余。

《[民国]江阴县续志》二十八卷,陈恩主修,缪荃孙总纂。民国十年刻本。

目录:卷一沿革(沿革表、大事表、沿革图);卷二天文;卷三建置(官署、仓库、官宇、官局、商局、会所、公所、义局);卷四山川(山、江、湖、河港、桥梁附);卷五民赋(户口、沙田、赋额、免征、盐策);卷六学校(庙制、书院、文社、义塾、宾兴、城校、乡校);卷七武备(城守、水师、屯军、炮台);卷八秩祀(庙、祠);卷九风俗(通尚、岁时、农占、谚语、方言);卷十氏族;卷十一物产(实业附);卷十二职官;卷十三选举(封赠袭荫附);卷十四官师(名宦);卷十五人物(乡贤、忠义、孝弟、儒林、文苑);卷十六人物(政绩、行谊、隐逸、耆旧、艺术、侨寓);卷十七列女(节妇、贞女、孝妇孝女、烈妇烈女、贞寿、贤妇);卷十八寺观(寺、庵、观、殿、阁、堂、冢墓、义冢附);卷十九、二十艺文(宋代至清末江阴人著述目录,凡佚者注其依据,存者注"存",并录版本序跋,间有考证。在地方志艺文志中属上乘之作);卷二十一至二十三石刻记;卷二十四前志原委;卷二十五、二十六杂识;卷二十七前志证误;卷二十八叙录。

可以发现民国志较光绪志更详密,《艺文》、《石刻》均具特色。

7. 乡镇志

乡镇志数量不多。如郎遂《[康熙]杏花村志》,陆立《[乾隆]真如里志》,纪磊、沈眉寿《[道光]震泽镇志》。

8. 都邑志

以一个城市为内容的志书。如柳诒徵、王焕镳《[民国]首都志》。

9. 卫所志

明代军事编制单位有"卫"(五千六百人)、卫下有千户所(一千二百人)、百户所(一百二十人)。如明代张奎、夏有文《金山卫志》,即是卫一级志书。又如青海省乐都县,明代为碾伯千户所,清康熙间李天祥有《碾伯所志》。

10. 边关志

如詹荣《[嘉靖]山海关志》。

11. 土司志

明清时期在西北、西南少数民族地区,设置由当地头人世袭的土知州、土知县等管辖当地,叫作土司。土司有志书,如王言纪、朱锦纂修《[道光]白山司志》十八卷即是。

12. 盐井志

元代始设官管盐井,明清时兼管地方行政。云南有白盐井、黑盐井、琅盐井。有沈懋价等《[康熙]黑盐井志》、沈鼐等《[康熙]琅盐井志》、郭存庄等《[乾隆]白盐井志》。

13. 专志

专门性地方志书。如明郭子章《明州阿育王山志》、清傅王露《西湖志》、明陈镐《阙里志》、明周永年《邓尉圣恩寺志》、清阮元《山左金石志》、民国徐世昌《大清畿辅书征》等。或为特殊区域志书,或为某一门类志书,皆为地方志的分支或变种。

(四)地方志的用途

1. 政治作用。从治理国家的角度来说,地方志是了解各地情况的重要依据。宋代罗濬《四明志序》云:"欲知政化之先后,必观学校之废兴。欲知用度之赢缩,必观财货之源流。观风俗之盛衰,则思谨身率先。观山川之流峙,则思为民兴利。事事观之,事事有益。所谓不出户而知天下者也。"帝王要治理天下,就要了解各地的经济物产、文化教育、风俗习惯、山川形胜,了解这些情况有多种途径,地方志是其中较系统较重要的途径。对一个地方采取军事行动,也要先了解地形险要、风俗人情、资源物产。《续资治通鉴长编》卷十四载:北宋开宝六年四月"遣卢多逊为江南生辰国信使,多逊至江南,得其臣主欢心。及还,舣舟宣化口,使人白国主曰:'朝廷重修天下图经,史馆独阙江东诸州,愿各求一本以归。'国主亟命缮写,令中书舍人徐锴等通夕雠对,送与之。多逊乃发。于是江南十九州之形势,屯戍远近,户口多寡,多逊尽得之矣。归即言江南衰弱可取状。上嘉其谋。"至开宝八年南唐即为宋灭。日本帝国主义对我国的侵略蓄谋已久,他们大量搜集我国各省、府、县志。因为地方志都在开头讲疆域沿革,绘刻有详细地图,村庄、道路、关隘、资源均详细标出。他们利用这些方志绘出我国最详细的地图。据专家研究,他们对许多地区的了解比我国当地官员还要细致。这从一个角度证明地方志具有政治作用。以上是从全局角度讲。至于从地方角度讲,更是治理一方的最好的参考手册。明时偕行《嘉定县志序》把这种作用归纳为"守土者依以镜治"。即把地方志看作治理一方的镜子。过去到一个地方就任地方官,一般都要先看看这个地方的志书,目的是了解这个地方的过去和现在,地方志里有赋税、物产等经济情况,也有学校、书院、科举等教育情况,又有自然灾害等不利情况,都是治理一方的重要参考。政治作用,对于早期方志,也许比其他方面的作用更大。国家统一,天下大治,往往要修一统志。修一统志就要各地方上报地方志,县志报到府,成为修府志的基础,府志报到省,成为修省志的基础,省志报到朝廷,成为修一统志的基础。这本身就是中央政令行之有效的一种标志。所以,方志的政治作用不可低估。

2. **考察地理沿革的第一手资料**。我国是历史悠久的古老国家,从国家的疆域到地方区域,都有很大的变化。这是研究历史地理的极重要的任务。而各级地方志基本上都首标疆域,并绘地图,另外对于山川、道路、关隘、桥梁、文物古迹、城市村庄、学校书院等,也都一一标明。对于疆域的古今变迁,省、府、州、县治所的废置,也都有所考证。如果我们要绘制历史地图,对于有方志流传下来的宋元,尤其是明清时期来说,是必须参考方志的。

3. **文学创作与研究的资料**。关于文学创作上的作用,在过去是许多人都十分明白的。唐代诗人韩愈被贬潮州,途经韶州,曾作一首《将至韶州先寄张端公使君借图经诗》:

> 曲江山水闻来久,恐不知名访倍难。
>
> 愿借图经将入界,每逢佳处便开看。

韩愈借《韶州图经》的目的是作导游,这是过去文人骚客的习惯,每到一处必访名山大川,登高赋诗,留作纪念,所以写山川名胜及怀古咏史之作极为丰富。北宋初年,诗人李度奉太宗之命使交州,途中"每至州府,即借图经,观其胜迹,皆形篇诗"(《宋史·李度传》)。这与韩愈的做法是一致的。另外,在地方做官,免不了有人求书作序,如不熟知地方掌故,将无以措词。明代时偕行《嘉定县志序》所谓"右文者据以修辞",当即指此而言。

由于名山大川、名胜古迹屡屡有人赋诗作文,加以歌咏赞叹,这就产生了不少与地方文化密切相关的文学作品。这些文学作品甚至被刻在石碑或崖壁上,成为后人游览的风景。地方志或名胜古迹志又往往把这些诗文网罗在内。因此,地方志又是我们搜集文学作品,研究文学史的重要资料,许多诗文不见于作家别集,却保存在地方志中。编集宋元明清历朝诗、文总集,地方志是不可或缺的重要来源。

4. **历史资料的渊薮**。国家的历史是国史,地方的历史是地方志。所以明代顾清《松江府志序》说:"郡之志犹国之史也。"又说:"务欲博综一郡之始终,使百世而下,征文献、观理道者有要约焉。"明宋濂《苏州府志序》也说:"数百里之内,二千载之间,其事可按书而得矣。"由于地方志无所不记,举凡政治经济、文化教育、风俗习惯、方言土语、民族宗教、矿山水利、自然灾害等,均可在方志中找到历史资料。至于人物传记、科举名录、职官任免,更是格外详细。所以,地方志是不折不扣的史料渊薮。其中有些罕见史料是别处找不到的。例如北京宣武区牛街是北京最大的回民聚居区,清康熙间产生了一部《冈志》(又名《冈上志》),记载牛街及附近三十五条胡同的情况。这是一部罕见的街道志,是地方志的一种,记载了回民生活风俗习惯,有几十位回民事迹,还有伊斯兰教史料,多不见于他书记载。其中记有三种伊斯兰教汉文译著,有两种不见他书记载。1991年北京出版社排印出版,在此之前几乎失传。

《元史》中屡见"也里可温"一词,五六百年间无人知道其含义。清光绪间刘文淇在元至顺《镇江志》中找到答案。《镇江志》说"也里可温"是一种宗教,从中原西北十余万里的地方传来,以礼拜东方为主,敬奉十字架。刘文淇据此认为"也里可温"是天主教。《镇江志》还记载了信教人数、户数,以及若干"也里可温人"传记。可见《至顺镇江志》保存了极可贵的宗教史料。陈垣《元也里可温考》即在此基础上进一步考证而成。

在《四库全书总目》中记载有一部《周易订疑》,题董养性撰,四库馆臣弄不清他是什么时代的人,因为元代有个董养性,馆臣就怀疑是元朝人。我有机会见到这部罕见的书,书上题的是"乐陵董养性迈公辑著",我去查乾隆《乐陵县志》,在卷八找到张璇《毓初董先生传》、施闰章《宁国府通判董公墓志铭》,又在卷六找到《董养性传》,知道这位学者名养性,字迈公,号毓初,拔贡生,任宁国府通判,摄南陵、太平两县,康熙十一年卒于官,年五十八岁,《四书》、《周易》、《春秋》、《书经》、《诗经》、《礼经》都作有"订疑",当时刊行的只有《四书订疑》、《易经订疑》及《易学启蒙订疑》,《春秋订疑》仅刻一部分即去世。这就纠正了四库馆臣的错误推断,补充了《四库提要》对作者事迹的缺略。非但如此,施闰章是清初著名文学家,与北方山东莱阳人宋琬合称"南施北宋",施的集子《施愚山集》没有收入这篇墓志铭,这篇文字借助《乐陵县志》得以保存。近出雒竹筠撰、李新乾编补《元史艺文志辑本》仍录董养性《周易订疑》、《易学启蒙订疑》、《周易本义原本》,亦沿《四库全书总目》之讹,当据《乐陵县志》删去。

清华大学藏有一部《救荒活民补遗书》三卷,题"江阴文林朱维吉补遗重编,河间府知府榆社常在重刊",《中国古籍善本书目》著录为"明常在刻本",这没错,但太宽泛。找来明嘉靖《河间府志》,卷十七载历任河间知府,有常在,但无任职年月。常在后一任是张羽。再翻卷四有云"正德辛未知府张羽履任",辛未为正德六年,张羽接替常在任知府,可见常在任河间知府应在正德初年,这部书既是常在任河间知府时所刻,则可确定为"明正德初年河间知府常在刻本",这比"明常在刻本"要具体多了。

地方志可以提供多方面的资料,日本学者波多野太郎曾辑录中国地方志中方言资料成《中国方志所录方言汇编》。赵景深、张增元辑有《方志著录元明清曲家传略》,其中一百二十四人不见他书记载,赖方志存其史料。地理学家陈正祥在《中国方志的地理价值》一文中介绍了一个实例:国际学术界几个专门委员会,如农业气象委员会、粮食和农业组织、土地利用委员会等,要求他提供中国蝗虫灾害分布图。他用了八个月翻阅三千多种地方志,统计志书所载祭祀蝗虫的八蜡庙和祭祀驱蝗神的刘猛将军庙,将它们一一标在地图上,作成《中国蝗神庙之分布图》,再结合志书中关于蝗灾的记载,于是基本弄清了中国蝗灾分布状况。他还利用雹神庙研究冰雹分布规律。

至于人口、赋税、邮驿、盐铁、漕运、河流、山川、物产(尤其是矿物)都可利用方志进行开发。

旅游资源更是大量存于地方志中,贵州省根据《道光大定府志》(贵州大方)记载"黄坪十里杜鹃",在大方、黔西两县境内丛山之中发现一条宽五里长一百多里的杜鹃林带,有十多个杜鹃品种,是罕见的天然杜鹃林带,还有不少珍稀动物,已开辟为自然保护区,"百里杜鹃"成为游览名胜。

浙江省建德县"灵栖洞天"由互相连接的五个石灰岩溶洞组成,其中灵栖洞、清风洞、霭云洞虽古已有之,但已淤没六百多年。通过查志书,找到其位置,深挖,又找到另一处溶洞和地下暗河,洞中有唐宋元明历朝题咏数十处,发现了久已淤没的灵栖洞,成为一处旅游胜景。

地方志是地方性百科全书,无所不包,中国科学院北京天文台根据几种方志及其他史书辑成《中国古代天象记录总集》、《中国天文史料汇编》,对太阳黑子、极光、陨石、日食、月食、彗星、流星等资料进行的系统收集,取得了极重要的天文史料(以上三段参周迅《中国的地方志》)。

关于地震的史料,方志中就更多了。《中国地震资料汇编》一书征引文献八千余种,其中方志占五千六百种。宁夏《隆德县志》总结地震先兆为六条:一、井水倏忽浑如墨汁,泥渣上浮。二、池沼无端泡沫上腾,如沸煎茶。三、海面无风起浪,汹涌异常。四、夜间忽然光明照耀。五、晴天忽见黑云,如长蛇横空,久而不散。六、酷夏忽觉清冷,寒气袭人,如受冰雪。遇有以上异常,是地震的先兆(参刘纬毅《中国方志史初探》)。这是我国地震学史上的重要理论总结,至今仍有科学价值。

关于旱涝灾害研究,中国科学技术大学张秉伦、方兆本主编的《淮河和长江中下游旱涝灾害年表与旱涝规律研究》一书,主要资料取自地方志。

目前,查阅地方志较方便的工具书是《中国地方志联合目录》。

二、家　谱

(一)家谱的起源与发展

"家谱"又叫"族谱"、"宗谱"、"世谱"、"家乘"、"家牒",或单称"谱"。皇帝家谱叫"玉牒"。

家谱的中心内容是记世系,以男子为主干,按照血缘关系,先父后子,先兄后弟,依次排列。妇女附于男子,女儿附于父亲,妻子附于丈夫。一般只记男子的名字,妇女不记名。

家谱应当起源于父系社会,尤其是帝位禅让制度被世袭制度代替之后,世系就十分重要。所以夏商周时期都应当有帝王世系,从甲骨文看,祭祀先公先王的内容占很大比例,先公先王的次序就要有历史记载才行。司马迁作《史记·三代世表》就说:"三代尚矣,年纪不可考,盖取之谱牒旧闻。"(《太史公自序》)《汉书·艺文志》有《世本》十五篇,注云:"古史官记黄帝以来讫春秋时诸侯大夫。"《史记集解序》司马贞索隐:"刘向云:《世本》,古史官明于古事者之所记也,录黄帝以来帝王诸侯及卿大夫系谥名号,凡十五篇也。"可见《世本》是黄帝以下至春秋时期帝王、诸侯、卿大夫的世系谱,记载世系、谥号、名、号。这就是早期的族谱。

早期族谱都由国家修纂,因为关系到国家大事。帝王之一系,是世袭王位的,叫大宗,从兄弟关系看是兄,而弟就要受兄的领导,分封到各地作诸侯,弟就是小宗。大宗分给小宗土地财产,小宗受大宗领导,这是社会的主要结构,就是说家和国是一致的,也就是"国家"这一概念的由来。所以宗族和宗族制是君主专治制度的基础和支柱。当然作为宗族关系的记录——族谱也就与政治关系极为密切。为了保证宗族的纯洁与宗族关系的准确性和严肃性,宗谱必然要由官方来修,而不可能让他人插手。早期的家谱主要是帝王诸侯世谱,目的在保证帝王、诸侯、卿大夫社会地位的传承。整个汉魏六朝时期,谱牒都由官方修纂,因为与当时的选官制度有关。政府以族望取人,"上品无寒门,下品无势族",每个人的政治前途都与家庭出身有密切关系。这时期主要修"通谱"。西晋贾弼之奉晋武帝之命修《百家谱》、《姓氏簿状》。梁王僧孺奉梁武帝之命改定《百家谱》而成《十八州谱》七百一十卷、《百家谱集钞》十五卷、《东南谱集抄》十卷(《南史》本传)。这些通谱都是官方选官时备查考出身的。

由于族谱与选官及社会地位有关,通婚必然也要看出身,这就直接影响到婚姻。

家谱还有个用途,可以了解许多人的父讳、祖讳,在社会交往中避免犯讳,以表示对对方的尊重。南朝时太保王弘每天接待许多客人,交谈中不犯对方的父讳、祖讳,这就是熟读家谱的结果。

这一时期也有私人家谱。《世说新语》刘孝标注就引用了许多家传,但家传的作用不像官修通谱那么大,占不了主导地位。

隋文帝废九品中正制,改为科举取仕,从此以后选官制发生了很大变化。唐朝建立以后,仍隋制,科举取仕。经过社会变革,旧世族普遍衰落下去。但在隋唐时期旧观念和习惯仍然存在,而且皇族内部仍然靠血缘关系维持其地位,因而出身仍有一定重要性,一些新贵仍以与旧世族通婚为荣。李渊、李世民门望不高,就通过修谱来提高声望,吏部尚书高士廉等奉命修谱,将二百九十三姓一千六百五十一家区分为九等,仍以山东旧世族崔氏为第一。唐太宗不满意,命他"止取今日官爵高下作等级"。于是改皇族为第一等,崔氏降为第三等,编成《氏族志》(《旧唐书·高士廉传》)。高宗时因谱中无武则天家,侍中许敬宗提出重修,宰相李义府也因谱中无本宗而附议,于是命孔志约等重修,改名《姓氏录》,共二百三十五姓二千二百八十七家,以四后姓、三公三师、宰相为第一等,文武二品及知政事三品为第二等,共为九等,凡"得五品官者,皆升士流",因军功升五品的都入谱。这与旧世族标准完全不同,当时称为"勋格"。中宗时又重修,到玄宗时修成,定名《姓族系录》二百卷(《旧唐书·柳冲传》)。唐朝官修谱是为提高新贵的社会地位,以政治为标准,不以出身为标准,更多地是为家族荣耀,而不是为选官,其政治作用相对降低,伦理教育作用则相对提高。对于婚姻仍有一定影响力。由于谱牒功能的改变,唐代已开始有私家族谱,见于《新唐书·艺文志·谱牒类》。

经过五代社会动荡,许多旧家族沦为下层,出身在决定个人前途方面已失去意义。郑樵指出:"自五季以来取仕不问家世,婚姻不问阀阅,故其书散佚,而其学不传。"(《通志·氏族略·氏族序》)所以宋代家谱由官修为主变为私修为主,除皇族玉牒外,天下通谱不再由官方来专门纂修。私家家谱也就自然成为谱牒的主流。

宋代对谱牒学有贡献的是欧阳修和苏洵。

欧阳修《欧阳氏谱图》,包括谱图序、谱图、传记、谱例。以图的形式列出始祖至当世的世系,每五世一图,第一世至五世为第一图,第五世至九世为第二图,第九世至十三世为第三图,第十三世至十七世为第四图,代代下衍,直到修谱时已出生的人为止。所谓图,就是表格,自上而下分五横格,第一格记"一代",第二格记"二代",以下"三代"、"四代"、"五代"各占一横格。后世沿用此式甚多,内容详略不同。详的第一格记第一代祖的名,大字书写。名下小字注其字、号、别名,生某年月日时,卒某年月日时,葬某处。娶某地某氏女(有记名,有不记名),生某年月日时,卒某年月日时,合葬(不合葬者书葬某处)。继娶某氏女,生某年月日时,卒某年月日时。生育几子、几女,婚姻情况,出嗣情况,嫡庶情况,均一一记载。

第二格记第二代。先记长子,内容同上。再记次子、三子,从右到左,均排在第二横格内。

第三代至五代亦同。越往下人越多。就要分房派,每房派一册,但代数仍从始祖排下来。

欧阳修的家谱只收九代,往上不收,因为弄不清楚。

苏洵的《苏氏族谱》与欧阳修的《欧阳氏谱图》同时修,并且参考过《欧阳氏谱图》。但格式不同。苏谱是世系表,在某人之下书其子、孙、曾孙、玄孙,一代代注明。然后在表中人名下注其仕宦、配偶、生卒等。

明清时期私修家谱已很普遍,数量繁多,每家家谱一般定期重修。其格式一般用欧阳修格式,从上到下分五格,记一至五代,五代记完了,再记

五至九代,依次往下记。例如乾隆四十五年修《新安吴氏家谱》①:

一代	二代	三代	四代	五代
泰伯 考世家,伯生商高宗武丁十年四月初四日,葬于常熟梅平墟。 **仲雍** 武丁二十二年生,共和二年卒,享年八十有一。葬海虞山东括。据史葬常熟。生子季简。 **季历** 武丁四十一年丁酉生,帝乙元年庚午年为侯伯,丙子薨,享年百有一岁。文王之父,武王之王父,实始肇基周室。	**季简** 生子叔逵。	**叔逵** 生子周章、虞仲。	**周章** 按史记武王元年己卯四月罢兵西归,求泰伯、仲雍之后,得周章于吴而封之,世袭其爵,遂以国为氏。生子熊遂。 **虞仲** 武王元年封为西吴,今虞姓始此。	**熊遂** 袭爵十七年。生子柯相。

据此谱,第十八代为寿梦,生子四:诸樊、余祭、余昧、季札。第十九代为诸樊,生子二:阖庐、夫概。第二十代为阖庐,生子二:终累、夫差。到修

① 乾隆木活字本,正文九卷首一卷末一卷,残存卷首、卷一、卷四、卷八,共三册,余藏。

谱时已传至百余代。清代及民国一般家谱都是这种格式。

　　清宣统元年编刻民国四年增刻的《朱氏重修迁浙支谱》十卷(余藏一部),则是另一种格式。从第一代开始,每人立一条,记其生卒、婚姻、生育等情况。先父后子,先兄后弟,一代一代罗列,直到修谱时出生者为止。很像家族中男子的小传,按辈分长幼先后排列而已。在迁浙以前只记本支,一条线下来。不记旁支。旁支中重要的附案语说明。自迁浙开始,每支都记。每一代开始时都标明第几代。

　　建国以后家谱就很少再修,旧家谱也多遭毁坏。"文化大革命"以后,又有修谱的。随着海外来大陆寻根热的出现,家谱又逐渐为世人重视,一些收藏单位开始清理馆藏家谱。不少家庭也开始寻访自家家谱。已故的中华书局副总编辑赵守俨先生曾四处访求"文革"中失去的家谱,终于在中国书店找到买回去了。家谱,这一特殊的文献又重新受到重视。

(二)家谱的内容

　　1. **世系**。又称世系表,实际是血缘关系图。

　　2. **世系录**。是对世系表中每个人简历的记录,不单独列出,而是与世系融为一体。一般包括所出(谁的儿子)及排行(第几子)、字、号、科第、官历、封赏、生卒年月日时。娶某官某地某人女,生卒年月日时,继娶、侧室、妾。葬所。子几人,女几人,娶嫁情况。凡未成立而死者记某子殇。凡妻妾多人者,子女要记明谁氏出。凡订婚未娶者曰聘某氏女。凡订婚未嫁者曰字某氏子。过去订婚早,父母包办,未及嫁娶而夭折者往往而有。更有未嫁夫亡而为之守节之贞女,列女传中屡见不鲜。

　　世系及世系录是家谱的主体部分,上面举了《新安吴氏家谱》的实例。这里再举《朱氏重修迁浙支谱》一例:

　　　　三十二世[朱]之榛,山泉公(朱善张)次子,字仲蕃,号竹石,恩荫知州,江苏苏州府总捕同知,遇缺题奏道,赏戴花翎二品顶戴,历署江苏督粮道,按察使,布政使,特赏头品顶戴,江南淮扬海兵备道,诰授光禄大夫。生道光二十年庚子七月二十二日巳时,卒宣统元年己酉三月十四日巳时。著有《常慊慊斋文集》两卷、《志慕斋诗集》两卷、《陈言》、《刍言》、《蠡说》各一卷。娶同邑布政使理问干讳鸿次女,生道光十七年丁酉八月初五日子时,卒光绪十六年庚寅九月二十五日午时。继娶秀水国子监典籍沈讳文钰女,生咸丰四年甲寅八月初一日子时,卒甲寅年十月初一日巳时。副室崔氏,生咸丰四年甲寅四月初六日□时,卒光绪十六年庚寅十一月初四日巳时。合葬东门外徐埭坊躬字圩。子景行、景迈。景迈崔氏出。女,长字兵部主事嘉兴钱发荣子附生镐龄,次字江苏候补知府归安沈凤韶子候选府经历祖侃,三适安徽庐江县原任四川总督刘讳秉璋三子直隶候补道体信。余殇。均崔氏出。

泽逊按:景行,此未云谁出,查上文知朱之楠子,侧室张氏出,嗣之榛为长子。长女字钱发荣子镐龄,曰"字",系未嫁而卒。另以朱之模长女适钱镐龄。又据谱,朱之懋次女适钱发荣子镶麟。

3. **谱序**。有旧序、新序、跋,能帮助我们了解家谱历次修纂情况及此次修谱经过,刊刻情况。还可从中了解有关家谱的理论。

4. **恩荣录**。或叫丝纶录,记历代皇帝对家族或某成员的褒奖。主要是诰命、敕书、御制碑文、匾额等。多在卷首。

5. **谱例**。修谱凡例。谱例末有派语,即排行字。《新安吴氏家谱》所载《行第诗》云:"遇际昌明日,彦士喜逢良,欣荣肇俊秀,德泽远承祥。"子孙命名以此为辈。

6. **像赞**。始祖及显达者有像及赞,在卷首。

7. **图**。祖庙、祖茔、祠堂、住宅等绘有图。

8. **传志**。家族中重要人物有专门的传、墓志、墓表等。

9. **诵芬录**。外人为家族中人物题诗、作词、赠文、通信,这一部分往往保存重要文献。

10. **懿行录**。妇女中有嘉言懿行者之传记、寿序及外人投赠诗、词等。

11. **宗规家训**。宗规是宗族内带有法律色彩的条规。家训则是教育族内子弟的训词。

12. **文献**。本族著述、诗文、目录等。《朱氏重修迁浙支谱》还有书画墨迹目录。

13. **志**。科名、节孝、仁宦、宗行、宗寿、宗才、封赠、祖屋、祖茔、祖产等的专门记载。

14. **修谱人员**。指参与修谱者名单。

15. **陈设图**。祀祖所用。许多家谱末都附有这种祭祀时陈设祭品的位次图,可供研究礼制风俗用。

16. **领谱字号**。家谱是分房领收的,都有编号,以一个字代替,谓之字号。如《新安吴氏家谱》载《领谱字号诗》:"采美撷芳,裾今袖古。千年乔木,共擢珠珂;五色甘瓜,兢绵丹瓞。人传击毂,俱为平子名家;族并虞珠,咸云柏松如裔。"各房领谱以此为代号。

由此可见,家谱的内容非常丰富。

(三)家谱的价值和存佚情况

1. 家谱的价值

（1）人物传记资料

国史、方志有传记者,往往不如家谱详细,尤其是有关祖上的情况、生卒年月日时、字号、婚姻情况、子女情况、葬所,都比较详细。国史、方志无传者,只能求之于家谱。家谱在考世系、考生卒等问题上,比较可靠,用途很大。

例如袁行云撰《许瀚年谱》于道光十八年载许瀚《攀古小庐金文集释》附朱善旂手札一通,知许瀚与朱善旂有交谊。于是引张廷济《桂馨堂集·感逝诗》注:"朱弟椒堂……子建卿,名善旂,道光戊子顺天举人。"又据《新安先集》、《平湖县志》谓为道光辛卯举人,官国子助教。中举年份有出入,袁行云未置可否。今检《朱氏重修迁浙支谱》:朱善旂字大章,号建卿,朱为干之子,嗣为朱为弼长子,附监生,道光辛卯恩科顺天举人,癸巳考授国子监学正学录,升助教并署博士监丞,俸满记名六部主事,武英殿校理。生嘉庆五年六月十三日,卒咸丰五年六月初十日。可证中举为道光十一年辛卯,张廷济《感逝诗》所注有误。《许瀚年谱》又在咸丰六年书"朱善旂卒",亦误。据《支谱》在咸丰五年六月初十日。《年谱》又注"年未详",据《支谱》可知享年五十五岁。

再如曹雪芹原来许多人认为是河北丰润人(杨向奎《清儒学案新编》即主此说),但据《五庆堂重修辽东曹氏宗谱》可知曹雪芹祖籍辽阳,后迁沈阳。先人系明军官,降满,隶汉军,改满洲正白旗。这就解决了一个公案。

（2）诗文资料

传志录、诵芬录、丝纶录,都有不少出自文人学者手笔,由于这些原始资料保存在私人家中,外间不易流传,收在家谱中,反而借以保存下来。

例如《朱氏重修迁浙支谱》,我作了一个初步统计,保存有诗、词、文四百七十多篇,其中许多作者是著名人物,如吴之振、沈德潜、王昶、赵怀玉、金农、杭世骏、程晋芳、焦循、杨以增、叶志诜、阮元、林则徐、高均儒、梅曾亮、顾文彬、黄文旸、郭麐、张廷济、宋翔凤、沈涛、吴荣光、黄彭年、俞樾、潘世恩、顾莼、何绍基、唐翰题、孔宪彝、罗以智、汤金钊、许瀚、龙启瑞、刘履芬、薛福成、丁晏、吴重憙、王闿运、叶昌炽、梁鼎芬、郑孝胥、刘世珩、郑文焯、沈曾桐、金兆蕃、吴棠、英和等数十人。其作品大量不见于各人别集,独见于此。

如阮元致朱为弼信一封、诗五组二十七首、跋二篇,见于《揅经室集》者仅《月潭八景》诗八首、《秋斋摹篆图》诗绝句十六首、《题西泠话别图》一首,其余书信、跋、诗共五篇,不见别集。

再如焦循《蜀道归装图书后》、《致椒堂兵部书》、《与朱椒堂月下联句诗》、《题慈竹居图诗并序》,仅《题慈竹居图诗》收入《雕菰楼集》。其余文二篇、诗一首均未收。《致椒堂兵部书》述焦氏《雕菰楼易学》宗旨,颇具学术价值。

有些诗文虽另见他书,但仍有校勘价值。如林则徐致朱为弼信一封,论漕运事颇详,时朱为弼任漕运总督,林则徐任江苏巡抚。杨国桢辑《林则徐书简》已据朱为弼《茮声馆文集》收入,唯以《茮声馆文集》校此谱,异文多至十余处,互有得失。其中"欲得首进总运一员,先行到淮",《茮声》本脱"先行到淮"四字。"闻近年添至四闸十三坝之数,未知尚可减少否"下有双行小注"漴流以北各闸并不在内"十字,《茮声》误作正文。均可正《茮声》本之误。又信末"至恳至恳,灯下草淴,不恭为罪"十二字,《茮声》本作"幸甚"二字,显以此谱为原貌。知此谱非但多存遗文佚篇,且颇足订传世诸家别集之误。

(3)人口学的重要资料

家谱中记生育特详,其中夭折亦有详细记录,对研究生育状况、成活率是一手资料。家谱中对生卒年月日时有准确记录,可用来统计男子、女子平均寿命,也属于一手资料。例如根据清代玉牒统计,清代皇子平均寿命三十二岁,皇女二十六岁。根据生育数量也可以统计人口增长率。家谱中对婚姻情况有详细记录,可供研究婚姻史。

(4)移民史资料

家谱对迁徙记载非常重视,记载迁徙时间、地点、原因。如对大批家谱中迁移情况作综合分析,可以找出移民流向,分析出移民原因。同时对移民生活亦可获得详细了解。

(5)研究宗族制度的史料

修家谱的目的在宋元以来主要是睦族收亲、团结家族成员,尊祖敬宗,教育家族成员提高道德伦理水平。

家谱中对宗族的构成有详细记录。另外,家族的活动与管理场所是祠堂,祠堂有管理人员,有组织,有财产,是祭祀祖宗的地方,重要事务均在这里处理。家谱中还有家训、家规。家训是教育家族成员的训词。家规则规定允许做什么和不允许做什么,以及犯家规的惩处办法。《澄江袁氏宗谱》祠规不许族人作奴仆。益阳《熊氏续修族谱》规约禁止作巫师、胥吏。《毗陵修善里胡氏宗谱》家诫要求不得"唱曲吹弹"、"勿阅淫邪小说"、"勿笼禽鸟、养蟋蟀、放风鸢"、"勿学拳棒"(参《中国家谱综合目录》冯尔康序)。对于不守规者,轻则打板、罚米,重则"出谱"。出谱是重大惩罚。光绪间何乘势等修《方何宗谱》规定九种人削名不书:男子为乐艺、僧、道、义男、奸盗、过恶、犯祖茔、盗卖坟地、嫁娶不计良贱。另有大恶六种,犯一即出谱:一是弃祖。忤逆不孝,殴打兄弟致残、族人致死、嫖妓生子,均是。二是叛党。参加叛乱,欺君害民,连累宗族者,均是。三是犯刑。犯法受刑,杀人逃跑者,均是。四是败伦。乱伦、同姓通婚等。五是背义。与娼、优、隶、卒通婚,丢失家谱,修谱不出钱等。六是杂贱。为人奴,从事娼、优、隶、卒等职业,自甘下贱者皆是。

族长是有权处置族内成员的。

宗族有的有义庄,即公共田产,用来救助孤儿寡妇。宗族有的有义学,鼓励族人读书进学,对学习优秀者奖给饭银,资助购买文具或外出应考盘费等。可见宗族制度对稳定社会有一定作用。

家谱还可供我们研究地方史、伦理学史、教育史、风俗史、慈善事业史、经济史、宗教史等,其资料相当丰富。一些望族与中国社会史有密切关系,又是研究社会史的重要资料。

2. 家谱的存佚情况

在封建社会,家谱编号发放,分房收存,定期查验,不许外传,所以收集家谱不容易。民国以来有所变化,有些家谱还请外人作序。1949年后历次政治运动,都把家谱作为封建宗法制度的产物予以禁毁,不准修谱、不准收藏。大量家谱化为灰烬或纸浆。已故上海图书馆馆长顾廷龙先生曾率十多人在上海、江苏、浙江、安徽、江西抢救家谱,从化浆池边抢出五千八百余种四万七千多册。现上海图书馆收藏家谱最多,约一万一千七百种,近十万册,这是了不起的文化资源。该馆编有《上海图书馆藏家谱提要》一大册。中国国家图书馆藏有家谱约三千种。梁洪生《江西公藏谱牒目录提要》著录江西公藏谱牒七百二十七种。据该书所附"江西各市县编修《地名志》过程中所见私藏谱牒简表",江西民间藏旧家谱有一万二千零八十部,这个统计当然不全。骆伟《岭南族谱撷录》著录各地藏原广东籍谱牒二千三百三十二种。《浙江家谱总目提要》著录各地公私收藏浙江籍家谱一万三千余种。1997年中华书局出版的《中国家谱综合目录》,著录1949年以前出版的现藏海内外的家谱一万四千七百一十九条,这个数目很不全。目前全国家谱目录还没出版,这些数据可供参考。

台湾很重视收藏家谱,而且新修较多,1987年出版《台湾区族谱目录》,收一万零六百多部,多新修者。台湾《联合报》文化基金会下设国学文献馆,成立于1981年,重视收藏家谱。

日本二战前即重视收中国家谱,东洋文库有八百多种,日本国会图书馆有四百多种,东京大学东洋文化研究所有三百多种。加上其他单位,总计约一千七百种。

美国哥伦比亚大学收藏家谱近千种。国会图书馆、哈佛大学、加州大学、芝加哥大学也有收藏。最有名的是犹他家谱学会,总部在犹他州盐湖城东北庙街,收有中国家谱胶卷一万七千余种(参骆伟《岭南族谱撷录·前言》、徐建华《中国的年谱与家谱·家谱》、《中国家谱综合目录》卷首冯尔康《宗族制度、谱牒学和家谱的学术价值》、王鹤鸣《上海图书馆藏家谱提要·前言》)。

今后对于家谱的研究与利用会进一步受到重视,这个巨大的文献宝库将为学术研究提供取之不尽的重要资料。

第十一章　总集与别集

一、总　集

总集，指多位作家诗文词曲之汇集。其单收一人之作者为别集。总集可单收一种文体，如《历代赋汇》、《全宋词》。亦可兼收多种文体，如《昭明文选》。可以一朝一代之作为限，如《金文最》。亦可兼收历代，如《全上古三代秦汉三国六朝文》。或以一地、一家为准，如《昆山杂咏》、《窦氏联珠集》。或以某一流派为界，如《瀛奎律髓》。其文人雅集唱和之作，如《西昆酬唱集》，书画古迹题咏之辞，如康熙敕辑《历代题画诗类》，亦在此列。自编辑方法而论，则可分选集、全集两大类。

总集之存于今者以《诗经》为最早，再下《楚辞》，再下《昭明文选》、《玉台新咏》。唐宋以下存者渐多，至今层出不穷。今举其要者，略作介绍。

（一）选集举要

选集出现的原因是别集太多，读者难以遍读，而且难以抓住要领。梁元帝萧绎《金楼子·立言》："诸子兴于战国，文集盛于二汉，至家家有制，人人有集。其美者足以叙情志、敦风俗。其弊者只以烦简牍、疲后生。往者既积，来者未已，翘足志学，白首不遍。或昔之所重今反轻，今之所重古之所贱。嗟我后生，博达之士，有能品藻异同，删整芜秽，使卷无瑕玷，览无遗功，可谓学矣。"晋挚虞撰《文章流别集》四十一卷，《隋书·经籍志》总集类小序云："总集者，以建安之后，辞赋转繁，众家之集，日以滋广，晋代挚虞，苦览者之劳倦，于是采摘孔翠，芟剪繁芜，自诗赋以下各为条贯，合而编之，谓为《流别》。"《四库提要》集部总集类序把这种选集的功用概括为："删汰繁芜,使菁稗咸除,菁华毕出。"

1.《文选》三十卷,梁昭明太子萧统编。

又名《昭明文选》。唐李善注本每卷析为二,共六十卷,相沿至今。这部选集共选录东周至梁八百年间一百三十位知名作者(另有少数佚名者)的诗文七百五十二篇。其中诗歌四百三十四篇,辞赋九十九篇,杂文二百一十九篇。因此所谓"文"指广义的文学作品,包括诗在内。全书分三十八类:赋、诗、骚、七、诏、册、令、教、文、表、上书、启、弹事、笺、奏记、书、移、檄、对问、设论、辞、序、颂、赞、符命、史论、史述赞、论、连珠、箴、铭、诔、哀、碑文、墓志、行状、吊文、祭文。

这部总集的选录标准,萧统在序中归纳为"事出于沉思,义归乎翰藻"。这句话前人有不同解释,大义是说文章立意谋篇要出于精心思考,思想内容要用富有文采的语言表达出来。要求文质并重,内容与形式俱佳。在这种标准下,本书选入时代较近的作品为多,就作者来看,周代四家、两汉十八家、晋代四十五家。选入篇数较多的为陆机一百一十三篇,其余谢灵运四十一篇、江淹三十八篇、曹植三十二篇。在这部书中辞藻华丽、声律和谐的楚辞、汉赋、六朝骈文辞赋都受到高度重视。这是当时的文学风尚,不仅仅是萧统个人的主张。

这部选集代表了当时众多文人的文学主张,编选精严,大大方便读者阅读学习,因而受到广泛重视。隋萧该撰《文选音义》,曹宪亦撰《文选音义》,且以传授《文选》著名,于是逐步形成专门学问"文选学"。唐杜甫在《宗武生日》诗中告诫其长子杜宗武"熟精《文选》理"。宋陆游《老学庵笔记》卷八载有宋人谚语:"《文选》烂,秀才半。"明清以来久盛不衰。

此书除作为文学读本以外,从文献角度看,对保存汉魏至齐梁文学作品起到重大作用。入选的一百三十位作家,别集绝大多数失传了,其作品靠《文选》得以保存。无名氏的《古诗十九首》亦首见于此书,是保存无几的东汉文人诗的精品。

唐朝李善《文选注》最受重视,引书一千六百八十九种,另引用旧注二十九种,除对《文选》的阅读理解起到很大作用外,也保存了大量古代文献资料。唐代另有吕延济、刘良、张铣、吕向、李周翰五人注,称"五臣注"。宋人"五臣注"与李善注合刻,成为"六臣注"本。

2.《玉台新咏》十卷,陈徐陵编。

徐陵是梁陈间著名文学家,诗文绮丽,与庾信齐名,世称"徐庾"。唐刘肃《大唐新语》卷三："梁简文帝(萧纲)为太子,好作艳诗,境内化之,浸以成俗,谓之宫体。晚年改作,追之不及,乃令徐陵撰《玉台集》以大其体。"可知这部总集是梁朝萧纲命徐陵编纂的,又名《玉台集》,所收为历代言情之作,包括宫体诗。目的是扩大宫体诗范围,为宫体诗找历史渊源。所谓宫体是梁太子萧纲提倡的一种诗体,"宫"指东宫,萧纲为东宫太子。徐陵及其父徐摛,庾信及其父肩吾,都是重要作家。主要内容是写闺情,所以又称"艳诗"、"艳歌"。萧纲一人之作即收入一百零九首。《隋书·文学传》说宫体诗是"亡国之音"。

这部总集卷一至八是汉至梁五言诗,卷九为歌行,卷十为五言二韵诗,即古绝句。传世之本收诗数量不尽一致。清吴兆宜笺注本收诗八百六十九首,比较通行。

这部书是《诗经》、《楚辞》以后传世最早的诗歌总集,保存了汉魏六朝相当多的优秀诗歌,其中不少作品最早见于本书,如《古诗为焦仲卿妻作》(即《孔雀东南飞》)即首见于此。曹植的《弃妇》诗、庾信的《七夕》诗等,本集未收,亦赖此保存。

有些诗与《文选》同,但互有出入。例如《饮马长城窟行》,《文选》作无名氏,《玉台新咏》作蔡邕,可资考证。

3.《古文苑》,不著编者。

据南宋陈振孙《直斋书录解题》,称是书系孙洙于佛寺经龛中得之,唐人所藏。录诗赋杂文,自东周至南齐,共二百六十余首,皆史传《文选》所不载。但所录汉魏诗文多从《艺文类聚》、《初学记》删节之本,盖唐人所辑,以补《文选》所未及者。唯先秦汉魏六朝遗文佚诗往往赖以保存。如严可均《全上古三代秦汉三国六朝文》所收宋玉《大言赋》、《小言赋》、《讽赋》、《钓赋》皆出《古文苑》,所以研究文史者仍予重视。南宋淳熙间韩元吉次为九卷。绍定间章樵为之注释,谓首尾残缺者姑存旧编,复取史册所遗,以补其数,厘为二十卷。又有杂赋十四首,颂三首,以其文多不全,别为一卷,共为二十一卷。故世传有九卷无注本,有二十一卷章樵注本。

4.《文苑英华》一千卷,宋太平兴国七年李昉等奉敕编。

雍熙四年书成。为宋四大书之一。《昭明文选》止于梁初,此集则起于梁末,是接续《文选》之作,但唐人诗文占十分之九。其中诗一百八十卷为杨徽之编。

　　是集分为五十五类,较《文选》三十八类更细。全书录梁末至晚唐五代二千二百余家诗文近二万篇,其重要价值在于保存唐人诗文数量宏富。《四库提要》云:"唐代诗集已渐减于旧,文集则《宋志》所录者殆十不存一。即如李商隐《樊南甲乙集》久已散佚,今所存本乃全自是书录出。又如《张说集》,虽有传本,而以此书所载互校,尚遗漏杂文六十一篇。则考唐文者惟赖此书之存,实为著作之渊海。"是书传本有二:一南宋周必大刻本,残存一百四十卷。二明嘉靖隆庆间胡维新、戚继光刻本。中华书局影印本系用宋刻本一百四十卷,配以明刻本。明刻本颇多错讹。

　　5.《唐文粹》一百卷,宋姚铉编。

　　此书旧说系就《文苑英华》删存十分之一而成,但亦有出于《文苑英华》外者,可见是以《文苑英华》为主要参考而又广事采获精选而成。共收诗文一千九百八十篇。原名《文粹》,南宋重刻时始名《唐文粹》。《四库提要》云:"是编文赋惟取古体,而四六之文不录。诗歌亦惟取古体,而五七言近体不录。……于欧、梅未出以前,毅然矫五代之弊,与穆修、柳开相应者,实自铉始。"书分十六类,亦沿《文选》分体之例。此书一向被认为是唐文选本中的善本,原因是姚铉鉴裁精当,去取谨严,在浩瀚的唐代诗文中选出分量适中的精品,适合读者诵习。他的主张是:"止以古雅为命,不以雕篆为工,故侈言蔓辞,卒皆不取。"(《自序》)所以选入韩、柳文特多。这部书对宋代古文创作有重要推动作用。

　　6.《宋文鉴》一百五十卷,南宋吕祖谦奉敕编。

　　原名《皇朝文鉴》,明人重刻改称《宋朝文鉴》、《大宋文鉴》、《宋文鉴》。收北宋诗文,分六十一类。"陈振孙《直斋书录解题》载朱子晚年语学者曰:此书编次篇篇有意,其所载奏议亦系当时政治大节,祖宗二百年规模与后来中变之意,尽在其间。"(《四库提要》)此系宋人选宋人诗文,北宋人别集亡者甚多,遗文佚诗往往赖此而存。

　　7.《乐府诗集》一百卷,宋郭茂倩编。

　　是集收汉魏至隋唐乐府诗,兼及先秦至唐末歌谣,分十二大类,各类又分若干小类。"其解题征引浩博,援据精审,宋以来考乐府者无能出其范围。"(《四库提要》)这部书是研究汉魏六朝隋唐乐府文学的最基本的文献,不仅保存了极为丰富的诗作,而且保存了大量乐府史料,所以《四库提要》称该书为"乐府中第一善本",又称该书为"大厦之材"。萧涤非《汉魏六朝乐府文学史》称该书"提挈纲领,网罗百代","可谓集乐府之大成"。王运熙《乐府诗述论》称:"此书为研究乐府最重要之书籍。""苟欲详考乐府流变,固当以此书为渊薮。"

8.《宋诗钞》,清吴之振、吕留良、吴自牧编,管庭芬、蒋光煦补。

此书收宋诗一百家二千七百八十首。每家冠小传,评论考证颇详。原拟收一百家,康熙十年刊刻时尚缺十家,有目无书。为避文字狱,刻本多残缺,且不署吕留良名。1914 年商务印书馆影印此本时由李宣龚校补七百二十八字。1915 年李氏又从刘承干嘉业堂找到别下斋旧藏《宋诗钞补》,系管庭芬、蒋光煦编,所缺十家补全,其余各家亦有增益,由商务印书馆排印出版。1986 年中华书局将二种汇为一编,校勘标点排印,为目前通行本。

清曹庭栋在《宋诗钞》刊刻后,又搜采遗佚,得一百家,刊为《宋百家诗存》二十八卷。《四库提要》称:"庭栋裒辑成编,以补吴之振书之缺。宋诗大略已几备于此二集矣。"

9.《中州集》十卷附《中州乐府》一卷,金元好问编。

此集录金代诗,作者二百四十九人,各系小传,详记事迹,兼评诗作,旨在借诗以存史。"其选录诸诗,颇极精审。"(《四库提要》)研究金代文学及历史,此系要籍。按:此虽总集,实亦金代文学史。以今日通行之文学史形式,固不能一一加以评论,而总集则可以济其穷。钱谦益《列朝诗集》、朱彝尊《明诗综》,下至徐世昌《晚晴簃诗汇》,皆循其辙而各有所长,足垂不朽。

10.《元文类》七十卷,元苏天爵编。

此集录元初至延祐间诗三百余首、文五百三十余篇,作者一百六十二人,分四十三类。《四库提要》云:"去取精严,具有体要,自元兴以逮中叶,英华采撷,略备于斯。注者谓与姚铉《唐文粹》、吕祖谦《宋文鉴》鼎立而三。"非但可作研习元代文学读本,而且元人专集不存者往往赖此存其零篇。

11.《元诗选》,清顾嗣立编。

是书分初、二、三集,每集分甲、乙、丙、丁、戊、己、庚、辛、壬、癸十集。其中甲至辛八集皆录有专集可据者;壬集录方外、闺秀;癸集则收无专集,仅赖诸家选本或山经地志、稗官野史而传其零篇者。初、二、三集均无癸集,癸集单独成帙。三集各收一百家,另附录若干家,总计三百四十家。各家均存原集之名,人系小传。三集依次刊于康熙三十三年、四十一年、五十九年。癸集刊刻未竟,顾氏故去。过了十年,由门人席守朴编成并补刊未刻部分。经乱版失,守朴子世臣复从嗣立曾孙果庭处得已刻之版及未刻之稿,终于在嘉庆三年刊成。世臣本亦不存。今存者系世臣曾孙席威据残存旧印本及扫叶山房藏版于光绪十年重刊印者(参中华书局排印本前言)。癸集所收多达二千三百余人。顾嗣立认为宋以后因刻版盛行,易于流布,所以诗集流传甚多,"连篇累牍,工拙并陈,其势必出于选而后可传"(《凡例》)。但顾氏对于选采取较宽的态度,仅"稍汰繁芜",其目的更在于存。顾氏前三集有三百四十家,而乾隆中修《四库全书》,别集类著录与存目一共才一百四十五家,可见大量元人诗集是靠顾氏此选得以保存下来的,而癸集二千三百余家辑自群书者尤为难得。所以这部总集是研究元代诗歌以及元代历史的重要资料。《四库总目》谓"有元一代之诗,要以此本为巨观",并非过誉。是书康熙顾氏秀野草堂本为初刻,乾隆中有《四库全书》抄本,均无癸集。1987年中华书局出版标点本初、二、三集,2001年又出版标点本癸集,始有通行易得之足本。

12.《元曲选》,明臧懋循编。

此集共收元杂剧十集一百种,前五集刻于明万历四十三年,后五集刻于万历四十四年。各剧多经臧氏加工,并附音释。此集在保存元杂剧方面有重大贡献。

13.《元曲选外编》,隋树森编。

近代发现不少元杂剧,其中明代赵琦美《脉望馆钞校古今杂剧》尤为著名,隋氏此集收《元曲选》未收杂剧六十二种,并作校订。元杂剧之存于今者略备于臧、隋二书。

14.《明文海》四百八十二卷,清黄宗羲编。

此集原六百卷,《四库全书》收录时删去晚明一百十八卷,又卷四百八十一及四百八十二卷内文十二篇《提要》云有录无书,则库本亦不足四百八十二卷。《提要》云"分体二十有八,每体之中又各为子目",主要据徐氏传是楼藏明人文集编成,"搜罗极富,所阅明人集,几至二千余家……可谓一代文章之渊薮。考明人著作者,当必以是编为极备矣"。库本之外有抄本传世。清末江苏书局尝谋开雕,以误字过多,所录之文不经见者亦大半,因而中止(见胡玉缙《四库全书总目提要补正》)。1987年中华书局据涵芬楼旧藏抄本影印,分五册。黄氏编此书,不仅在于存一代文章,更在于存一代典章人物,所以其中史料亦极为丰富,研究明代文学历史均当取资于此。

15.《列朝诗集》八十一卷,清钱谦益编。

此仿金元好问《中州集》而作,收明人诗集二千余家,分甲、乙、丙、丁四集。另,帝王诗集冠前为乾集,僧道妇女及域外诗列后为闰集,元末明初诗列甲集前,为甲集前编。以人系诗,各加小传。非但保存了丰富的明代诗作,而且保存了大量明代史料,所评各家诗作亦多精辟。书编于明末清初,顺治六年成书,毛氏汲古阁刊版。康熙三十七年钱谦益族孙钱陆灿将各家小传别录为《列朝诗集小传》单行。

16.《明诗综》一百卷,清朱彝尊编。

此集录存明代三千四百余人诗作,每人略叙始末,并系各家评论,彝尊自评附后。卷一为明代帝王诗,卷二至八十二按时代先后收诸家诗作。明末忠烈及入清不仕者尤加重视,唯含而不露者居多。卷八十三至九十九录宫掖、宗室、闺门、僧道、土司、属国、鬼神等诗。末录民间歌谣一百五十五首。此书所录诗人较《列朝诗集》为多,盖为纠钱氏之偏颇而作。论者以为评品持平。有康熙四十四年刊本、乾隆刊本等。其评论后经姚祖恩辑为《静志居诗话》二十四卷单行。

17.《词综》三十六卷,清朱彝尊、汪森编。

此集收唐宋金元作者六百五十九人,词二千二百五十二首,为规模较大较有影响的词选集。前二十六卷朱氏选,后十卷汪森补。全书按作家先后排列,各系小传及评语。康熙三十年汪森裘杼楼刊。

18.《晚晴簃诗汇》二百卷,民国徐世昌辑。

此集收清诗六千一百余家二万七千余首。《凡例》云:"选诗义例本诸竹垞《明诗综》,参以渔洋《感旧》、归愚《别裁》,不分同异,荟萃众长,旨尚神思,务屏伪体,自名大家外,要皆因诗存人,因人存诗,二例并用,而搜逸阐幽尤所加意。"每人先小传,次采辑诸家评语,次缀编者所作"诗话",次列诗作。治清诗者,当以是编为渊薮。

19.《全清词钞》四十卷,叶恭绰编。

此集收三千一百九十六人词作八千二百六十余首,各系小传,用意亦与元好问《中州集》、钱谦益《列朝诗集》、徐世昌《晚晴簃诗汇》同,不无以词存人之意,故所收词人特多,为研究清代词史的重要资料书。1929年始编,1952年完稿。1975年中华书局香港分局出版。1982年北京中华书局再版。

20.《古文辞类纂》七十五卷,清姚鼐编。

此集录战国至清初文章七百篇,分十三类:论辨、序跋、奏议、书说、赠序、诏令、传状、碑志、杂记、箴铭、颂赞、辞赋、哀祭。各类前有论说,探讨文体流变,评论得失。七百篇中作者有主名的六十人,其中八大家文多达三百七十三篇,韩愈一人一百三十四篇。桐城派古文主张由八大家入手,上溯先秦两汉,这本选集体现了桐城派古文主张。姚鼐精于鉴别,能采撷精华,所以这部古文选集有很大影响。

(二)全集举要

总集中之全集,旨在网罗一代诗文之全,零句残篇,搜剔不遗余力,其可贵在于全。此等总集并非供一般读者阅读学习之用,而是供学者研究查检之用。

1.《全上古三代秦汉三国六朝文》七百四十六卷,清严可均编。

此集收上古至隋朝文三千四百多家,依时代分为十五集,作者依时代先后排列,各系小传,所有文章均注出处,间有考证校订按语。

自序云:"嘉庆十三年开全唐文馆,不才越在草茅,无能为役,慨然曰:唐之文盛矣哉,唐以前要当有总集,斯事体大,是不才之责也。其秋始草创之,广搜三分书,与夫收藏家秘笈,金石文字,远而九译,旁及释道鬼神。起上古迄隋,鸿裁巨制,片语单辞,罔弗综录。省并复叠,联类畸零,作者三千四百九十七人,分代编次为十五集,合七百四十六卷。肆力九年,草创粗定。又肆力十八年,拾遗补阙,抽换之,整齐之,画一之,已,于事而竣。揪五厄之散亡,扬万古之天声,唐以前文,咸萃于此,可缮写。乌程严可均。"

《凡例》第二条云:"是编创始于嘉庆十三年,时初开全唐文馆,馆臣以唐碑或有王侍郎昶《金石萃编》未载者,属为广辑。既录本呈馆,遂并录唐以前文,肆力七八年,积草稿等身者再,省并复重,得厚一寸者百余册。一手校雠,不假众力。无因袭,无重出。各篇之末皆注明见某书某卷,或再见、数十见,亦备细注明,以待覆检。"

第六条云:"今此纂录得三千六百二十五家。"

第七条云:"录佚经,而佚诗属诗,石鼓文亦属诗,不录。"又云:"录佚史之论赞,而佚史之纪传不录。方志不录。子书见存者不录,录佚文及佚子书。屈骚见存不录,录宋玉贾谊以下之拟骚。"

据严氏《自序》、《凡例》，此书系严氏一人之力，历时二十七年辑成，而其动机则因未得参加《全唐文》，转而私辑唐前之文，欲以压倒唐文馆。

叶景葵《卷庵书跋·全上古三代秦汉三国六朝文》："顷阅袁太常《安般簃集·题江子屏小像诗》自注云'曾宾谷开校刻全唐文馆，吴山尊荐江先生(泽逊按：指江藩)入馆……卒不见收录。时严铁桥亦以不得入馆负气去，撰《全上古三代汉魏六朝文钞目录》，搜罗极富，欲以压倒唐文馆。其兀傲之气，不可及也'等语。证以严氏《自序》所云'越在草茅，无能为役'二语，其说可信。"

同时彭兆荪(甘亭)亦辑《全上古三代文》八卷《先秦文》一卷《南北朝文钞》二卷。

叶景葵《卷庵书跋》又云："思简楼文氏遗书，有独山莫氏旧藏抄本《全上古三代文》八卷附《先秦文》一卷，封面有彭甘亭印，初以为传抄严本，阅其凡例，与严不同，携归细读，知非严辑，又检对甘亭字迹，知系彭氏手稿。……甘亭曾辑《南北朝文钞》，吴江徐山民刻之。《先秦文》以后或尚有《汉晋文》之辑，其作始当在《全唐文》开馆之初，动机与严相同。……其博辑群籍，订正异同，不如严之精密。"

蒋彤又称李兆洛尝为鲍氏辑《八代全文》。

蒋彤《李申耆年谱》："道光二年壬午先生五十有四，在扬州，馆鲍氏，颇有园亭之胜，为搜辑八代文，上自汉魏，下迄于隋。当嘉庆甲戌、乙亥间，扬州盐政阿公校刊《全唐文》，孙观察星衍预其事。观察旋与弟星衡、严孝廉可均撰集是书而未竟业。鲍氏意欲缮完进呈，故以属诸先生。""纂集《八代全文》成，凡二部，其一以时代前后相次，一则以类相从，分数十门。心该屡书来，为鲍氏致拳拳，然鲍氏不亲取，竟不致也。"

王德福续辑《孙渊如先生年谱》亦云："嘉庆二十一年丙子，君六十四岁，主讲钟山书院。二月，与严孝廉及弟星衡撰集《全上古三代秦汉三国六朝文》。"

据蒋氏言，则创意于孙星衍，而孙星衡、严可均同辑，未竟，鲍氏复请李兆洛辑成之，唯但成《八代全文》耳。《孙谱》所言亦略合。

俞正燮《癸巳存稿》卷十二《全三古至隋文目录不全本识语》："此嘉庆乙亥(二十年)以前《全三古周秦八代文目录》也，实阳湖孙渊如观察之力，时歙鲍氏欲为刊于扬州而不果。此所收者《史记》至《隋书》及史注、《文选》、《古文苑》、《文纪》、《百三家集》及《世说注》、《意林》、《北堂书钞》、《艺文类聚》、《初学记》、《太平御览》及《开元占经》、两《高僧传》、两《宏明集》、《云笈七签》及《金石萃编》，归安严铁桥广文同人签写裁贴成之。丙子（嘉庆二十一年）及戊寅两晤铁桥于上元皇甫巷，相与检文及目，因言文已大备。……丙子后，铁桥复搜校古书及金石、稗官，其文真实可据者，乃能补至十分之一，又皆记其文所从得者于目录下，可云宝书矣。又为作者撰小传，冠于其文之首。道光甲午（十四年）春夏间，两次见其本于严州铁桥官舍，叹服其用心。日照许印林州同出所携金石打本，彼此相勘，或改补一两字，相视大乐。……己亥（道光十九年）春，于江阴李申耆山长处见此目录，为乙亥以前目，又无三古及秦目。……因录存此，既可自成一书。他日携此过湖州城东骥村谒铁桥，乞其书以补此目，尤易为力。……己亥二月十三日。"

光绪间严氏手稿为方功惠所得，光绪十九年王毓藻出资刻于广东。方功惠主其事。毓藻序称"点窜涂乙，丹墨纷如，皆广文手笔。因忆俞氏《癸巳存稿》有《目录识语》，叙述甚悉。惟谓此'实阳湖孙渊如观察之力'，而'铁桥广文签写裁贴成之'，盖未审也。"

叶景葵《卷庵札记》云："彭辑《上古三代文》不及严辑完密。疑此意本创于孙渊如，且有集合众手以成一书之意，如修《全唐文》然。故严、彭皆致力于此。嗣以合作为难，各行其是。故严辑凡例有'不假众力'之语。而传者因此议发起于孙，遂有严攘孙稿之谣。严书具在，所谓不假众力，并非虚言。今又有彭辑出现，更可为严辩诬矣。"

泽逊按：《李申耆年谱》、《癸巳存稿》及严可均自序所言年月大抵符合，固非无据之语。依诸家所记，知嘉庆二十年至二十一年为是书纂辑过程中之一重要关节。《全唐文》开馆于嘉庆十三年，严可均是年秋始草创《全上古三代秦汉三国六朝文》，肆力九年，草创粗定，首尾计之，是嘉庆二十一年。是年据俞正燮说，严氏"复搜校古书及金石、稗官，其文真实可据者，乃能补至十分之一。又皆记其文所从得者于目录下"，"又为作者撰小传"。严氏所谓"粗定"，当即指经此"复搜校"工夫之后所成之稿。而既云"复搜校"，则前此尝作搜校工作无疑。据《孙渊如先生年谱》，正是嘉庆二十一年二月，孙星衍、孙星衡、严可均同辑《全上古三代秦汉三国六朝文》。可知严氏"复搜校"当在是年二月之后。由此推知，严氏独立从事搜辑，即从嘉庆二十一年开始，其先，与孙星衍、孙星衡等有过合作。孙、严曾屡有合作。因严氏地位低，往往是孙氏谋划，而严氏操作。

此《全上古三代秦汉三国六朝文》亦当如是,其具体编辑者为严可均。故俞正燮从李兆洛处所见《目录》是"归安严铁桥广文同人签写裁贴成之"。到嘉庆十九年《全唐文》完成,二十年盖已刊刻略毕,鲍氏欲以淮盐余力刊刻《全上古三代秦汉三国六朝文》,"未果"。未果的原因却未说明。余谓原因在于当时参与其事者系若干人,而严氏出力最多,以严氏之地位,恐列名不能居前,各方未能达成妥协,因而作罢。故嘉庆二十年至二十一年为是书纂辑过程中之重要关节。俞正燮《癸巳存稿》尝谓:"倘乙亥时鲍氏以淮盐余力刊之,汉及隋文亦止于此。"乙亥即嘉庆二十年。唯据俞氏所见严可均裁贴之目录,仅有汉至隋,"无三古及秦目"。《李兆洛年谱》亦称"上自汉魏,下迄于隋","纂集《八代全文》成"。知当嘉庆二十年时,严氏所辑仅汉至隋文。其上古及秦文,余谓当即彭兆荪所辑者。彭辑《全上古三代文》八卷,附《先秦文》一卷,疑即受孙星衍之托而辑。嘉庆二十年欲刊未果,故彭氏稿、严氏稿各自携归。鲍氏所存者仅严氏裁贴八代文之目录。嗣后诸人各行其是。彭氏稿后为叶景葵所得。鲍氏欲成此不朽之业,故请李兆洛就严氏裁贴八代文目录续辑补缀,至道光二年编成,其稿下落不明。而严氏于嘉庆二十一年亦就原稿广为补辑,八代文外,更补上古三代及秦文,各篇注明出处,并补作者小传。其先秦部分体例与彭辑不同,如屈原作品严氏以有成书未收,而彭辑照收(参《卷庵题跋》)。严氏所谓"又肆力十八年,拾遗补阙,抽换之,整齐之,画一之,已,于事而竣",指的即是嘉庆二十一年以后的十八年。俞正燮说道光十四年甲午两次从严可均处见到书稿,叹服其用心,从嘉庆二十二年到道光十四年,首尾正是十八年,这时俞正燮所见应是严氏的定稿,只是仍偶作校订,俞氏见许瀚出拓本与严氏校改字句,正是此时情景。

李兆洛和彭甘亭的成果,严氏应当未有利用。孙星衍与严氏虽有过合作,但孙氏实际操作工夫必然不大,他们的合作仍以严氏为主要操作者,因为俞正燮从李兆洛处所见目录出自严氏之手。但如果说孙星衍与这部书无关,恐怕难以交待。《癸巳存稿》、《李申耆年谱》、《孙渊如先生年谱》的记录不应出于向壁虚造。不过就纂辑过程来看,全书基本出于严可均一人之手应当是无疑问的。俞正燮说"实阳湖孙渊如观察之力",与事实亦不符,应是夸大了孙星衍的作用。

王毓藻刻本虽经校正,仍不免讹误,中华书局影印时又校出许多错误,校记标于书眉。中华书局另编一册《篇名目录及作者索引》,颇便使用。

2.《先秦汉魏晋南北朝诗》一百三十五卷,逯钦立辑。

本集收入上古至隋朝的歌诗谣谚,每人系小传,每诗注出处,并校出异文,考订真伪,是迄今为止最完备的唐以前诗歌总集。在逯氏以前,明代冯惟讷辑有《诗纪》,网罗虽富,而鉴别未精。近人丁福保辑《全汉三国晋南北朝诗》不收先秦歌谣,而且各诗不注出处,仍非完备之作。逯钦立先生从 1940 年到 1964 年历时二十四年在《诗纪》基础上重编成《先秦汉魏晋南北朝诗》。引书近三百种,超出《诗纪》近三分之一,足见取材甚广。每诗注明出处,可知其资料翔实。各诗异文不厌其详予以校出,可见其校订之细。诗歌真伪及前人误合、误分、遗漏者大都考订纠正,可见考证颇精。当然书中仍偶有遗漏讹误现象。1982 年中华书局据作者遗稿整理排印行世,这时逯氏已去世十年。

3.《全唐诗》九百卷,清康熙敕编。

此集据季振宜《全唐诗》、胡震亨《唐音统签》重编增辑而成,所以仅用一年半即刻成。康熙四十四年在扬州天宁寺设全唐诗局,由曹寅任校阅刊刻官,彭定求等十人任校对,四十五年秋刊成。全书收唐五代诗人二千二百余人,诗作四万八千九百多首,附有唐五代词。每人有小传,但诗作不注出处。

《全唐诗》仍有遗漏、误收、重出、注释错误、小传错误等不足之处。清乾隆中日本学者上毛河世宁辑《全唐诗逸》三卷,补一百二十多家诗。近人王重民有《补全唐诗》、孙望有《全唐诗补逸》、童养年有《全唐诗续补遗》,共得诗近二千首,中华书局于 1982 年编为《全唐诗外编》二册出版。后陈尚君又对《外编》进行校订,并续辑《全唐诗续拾》六十卷,得诗四千三百余首。于是合《外编》、《续拾》为《全唐诗补编》,1992 年由中华书局出版。

4.《全唐文》一千卷,清董诰等奉敕编。

嘉庆十三年至十九年编成。收唐五代文,共三千零四十二人一万八千四百八十八篇,由两淮盐政刊刻。体例悉依《全唐诗》,人系小传。据法式善《陶庐杂录》卷一及《全唐文》嘉庆御制序,此书系在海宁陈氏辑《唐文》一百六十册的基础上增订而成。

补遗之作有清陆心源《唐文拾遗》七十二卷,收文三千篇。《唐文续拾》十六卷,收文三百一十篇。周绍良主编《唐代墓志汇编》及《续集》亦可视为《全唐文》补编。陈尚君辑《全唐文补编》,在陆心源之后又辑得二千六百余位唐五代作家的单篇文章约七千篇,裒然巨编,尤足称道。

考证之作有清劳格《读全唐文札记》、《札记续补》共一百三十条。近人岑仲勉《读全唐文札记》三百一十条。

5.《全宋文》,四川大学古籍整理研究所编。曾枣庄、刘琳主编,先由巴蜀书社排印北宋部分五十册。2006年上海辞书出版社、安徽教育出版社联合重新全部出版,共三百六十册。收入宋代作者九千余人的文章十万余篇。

6.《全宋诗》,北京大学古文献研究所编。傅璇琮、孙钦善、倪其心、陈新、许逸民主编。1998年北京大学出版社出版。全书七十二册,初步统计收作者九千七十九人,诗二十四万七千一百八十三首,残诗五千九百八十三句(联),存目三百二十三首(句)。是集之成,前辈陈新先生出力甚多。

7.《全宋词》,唐圭璋编。

1940年商务印书馆出版线装本三百卷附二卷。建国后中华书局再版时,由王仲闻(学初)重行校订增补,抽换大量底本,并增补词人二百四十余家,词一千四百余首。全书共收词人一千三百三十家,词作约二万首。王氏还重考词人行实,改写小传,引书达三百五十余种。后又续有修订补正,写成《订补附记》。第一次修订本1965年出版。1979年重印时附上唐圭璋《订补续记》。王仲闻系王国维之子,家学渊源,谙于宋代文史,宋人笔记了如指掌。因民国时作邮监,建国后定为"特务",在中华书局作"临时工"。《全宋词》校补毕,唐圭璋曾建议改题"唐圭璋、王仲闻辑",因王氏身份问题未得实施。是书前言署"徐调孚",实出沈玉成手。

8.《全辽文》十三卷,陈述撰。

1982年中华书局出版,收辽文八百余篇。

9.《金文最》一百二十卷,清张金吾编。

本书收有金一代作家四百五十八人,文一千八百余篇。书成于道光二年,分体编次,凡四十二类一百二十卷。清光绪八年粤雅堂初刻。1990年中华书局据以校点排印,附作者篇目索引。

10.《全金诗》七十四卷,清郭元釪编。

是集收三百五十八人五千五百四十四首诗。此据元好问《中州集》增订而成,作者视旧两倍,诗作视旧三倍。

11.《全元文》,李修生主编。1997年江苏古籍出版社开始排印出版,2005年凤凰出版社出齐。收作家三千余人,文三万余篇。

12.《全元散曲》,隋树森编。

收二百十三家,小令三千八百五十三首,套数四百五十七套。1964年中华书局排印本。

13.《全元戏曲》,王季思主编。

收元代杂剧及南戏。作者有小传,剧目有说明,各剧有校勘记。1999年人民文学出版社排印本。

14.《全金元词》,唐圭璋辑。

收金元词二百八十二家七千二百九十三首。其中金词七十家三千五百七十二首,元词二百一十二家三千七百二十一首。引书二百余种。1979年中华书局排印本。

15.《全明词》,饶宗颐初纂,张璋总纂。2004年中华书局出版。收明代词人一千三百九十六人的词作约二万篇。

16.《全明散曲》,谢伯阳编。

共收明代四百零六家,小令一万零六百零六首,套数二千零六十四篇。1994年齐鲁书社排印本。

17.《全清词》(顺康卷),南京大学中文系全清词编纂研究室编,2002年中华书局出版,收入清代词人二千一百零五人的词作五万三千四百余篇。

18.《全清散曲》,凌景埏、谢伯阳编。

本书是翁婿相继,历时五十年搜集而成,共得作者三百四十二家,小令三千二百一十四首,套数一千一百六十六篇。1985年齐鲁书社排印本。

二、别　集

(一)别集的起源

别集指个人的诗文汇编。先秦时无别集,但诸子论文结为一集,号称《荀子》、《庄子》、《墨子》之类,与后代文集亦相类。到汉代文学创作发展,西汉刘向《七略》有"诗赋略",著录《屈原赋》二十五篇、《唐勒赋》四篇、《宋玉赋》十六篇至《左冯翊路恭赋》八篇，共六十六家，皆以作家为单位，汇集赋作，实为后代目录家别集类之始。东汉末建安二十三年曹丕《与吴质书》云："昔年疾疫，亲故多离其灾。徐、陈、应、刘，一时俱逝，痛何可言耶？……顷撰其遗文，都为一集。"可知曹丕曾为徐干、陈琳、应瑒、应场、刘桢等编辑文集汇为一书。合观之为总集，分观之则为诸人别集。其后别集渐繁，汉魏六朝别集见于《隋书·经籍志》者竟至八百八十六部。以后历代相沿不替，清人文集可考者多达三万余家，文人学者几乎人人有集。

（二）别集的内容

别集，是四部分类法中"集部"的主干部分，集部与经部、史部、子部在内容上有着明确的区别。《隋书·经籍志》别集类序云："别集之名，盖汉东京之所创也。自灵均已降，属文之士众矣，然其志尚不同，风流殊别。后之君子，欲观其体势，而见其心灵，故别聚焉，名之为集。辞人景慕，并自记载，以成书部。"由此可见，别集是"属文之士"作品的各自汇集，开始是后人为前人编集，后来是"辞人"自己为自己编集。早期认为别集收的是文学作品，这是与经、史、子三部的区别。

早期文学作品主要是诗、文。今天所说的古小说，在四部分类系统中属于子部小说家。因此，别集即诗文集。

诗，是独特的文体，容易与其他体裁区分。后来，由诗发展出词，发展出曲，诗这一部分就扩充为诗、词、曲。曲，主要是小令和套数。戏剧则独立成书，一般不入别集。

文，包括辞赋这类有韵的文章，其余则文体众多，历来分法不一。以清代钱大昕《潜研堂文集》为例，则包括赋、颂、奏折、论、说、答问、辨、考、箴、铭、赞、杂著、记、纪事、序、题跋、书、传、碑、墓志铭、墓表、墓碣、家传、行述、祭文共二十五类。朱彝尊《曝书亭集》则于诗、词、散曲之外，另有赋、书、序、跋、考、辨、原、论、议、释、说、策问、颂、赞、箴、铭、辞、零丁、答问、募疏、传记、题名、碑、墓表、墓志铭、行状、诔、哀辞、祭文共三十类。我们不难发现，文这一部分中既有文学性的作品，也有应用性的作品，更有学术性的论说、考辨、题跋等文章。即以《潜研堂文集》中的"答问"来说，这一部分有十二卷之多，内容包括六经、小学、史学、算术等多方面，这就与经、史、子三部有交叉了。事实上，早在王粲的别集中就有经说的内容。《颜氏家训·勉学》："吾初入邺,与博陵崔文彦交游,尝说《王粲集》中难郑玄《尚书》事。崔转为诸儒道之,始将发口,悬见排蹙,云:'文集只有诗赋铭诔,岂当论经书事乎? 且先儒之中,未闻有王粲也。'崔笑而退,竟不以《粲集》示之。"可见,当时文集虽以诗赋铭诔为主体,但也不排斥说经之文。宋元明清以来,别集中有关经说、史论及诸子方面的内容普遍存在,而且视作者情况,比重不同。清代学者如卢文弨《抱经堂文集》、顾千里《思适斋集》等,基本上以学术性书跋为主体。可见,别集所收的作品,实际上只是形式上单篇文章和诗、词、曲的汇集,内容上则涉及经、史、子、集各个方面,越往后这种特征越明显,绝不限于文学作品。

别集的编集是有诸多讲究的。作者生前所定,基本上属于选集,就是说基本上要删汰一些作品。而后人所编,则大都属于全集,片语只字也不遗漏,这是因为编者往往是作者的子孙或学生,或者是乡后辈,或者是作者的研究者、爱好者。

别集当中的诗,一般采取分体排列和编年排列两种办法。例如清朱彝尊《曝书亭集》、清阮元《揅经室集》中的诗,都是编年排列的。清周亮工《赖古堂集》中的诗则依古乐府、五言古、七言古、五言律、七言律、五言绝、七言绝分体编排。纳兰性德《通志堂集》中的诗则依五言古诗、七言古诗、五言律诗、七言律诗、五言排律、五言绝句、七言绝句分体编排。词一般排在诗后。文排在词后。散曲则往往附于文后。《曝书亭集》把散曲《叶儿乐府》作为附录,不在正集八十卷之列,可见一般认为散曲是没有地位的。

文的编排也多有讲究。赋,歌功颂德的居多,而且多应制之作。所以,一般把赋列为文的第一卷。或者赋进一步列为全书第一卷,然后是诗,然后是文。越往后这种现象越普遍。例如宋刻《李太白文集》先诗后文,文的开头为赋。宋刻《昌黎先生集考异》,则先赋,再诗,再文。《曝书亭集》、《通志堂集》亦均先赋,后诗、词,再后文。

其他文体排列则讲究不尽同。阮元《揅经室集自序》云:"自取旧帙授儿子辈重编写之,分为四集。其一则说经之作,拟于贾、邢义疏,已云僭矣,十四卷。其二则近于史之作,八卷。其三则近于子之作,五卷。凡出于《四库书》史、子两途者皆属之,言之无文,惟纪其事、达其意而已。其四则御试之赋及骈体有韵之作,或有近于古人所谓文者乎,然其格亦卑矣,凡二卷。又诗十一卷。共四十卷。统名曰集者,非一类也。"阮元是按经、史、子、集顺序编排《揅经室集》的，所以赋不在全书之首，但仍冠集类之首。

清咸丰间戴钧衡刻方苞《望溪先生文集》十八卷，《目录》末有戴钧衡序，言编排顺序甚详：

> 唐宋八家说经之文，少者类入论辨杂著，多者别为卷。欧集经旨、大苏集经义是也。虞山钱氏编《震川集》，次经解为卷首。先生湛深于经，为之又多，故程氏（按：指程鉴，方苞门人）首区为册，今从焉，为第一卷。大苏评史之文凡数十首，此外文家未有及先生多者，其题为书后，可区为类，程氏并读子为一册，今亦从焉，为第二卷。读经、读子史皆论议文，故以论说次焉，《原人》、《原过》等文亦论说也，为第三卷。古人作书，自叙大旨，曰序。后世乃倩人为之。然大抵发明书义，体近论说，姚郎中《古文类纂》以序跋次论辨，今仿焉，为第四卷。书后、题跋体一也，略与序同，序以加于书之成册者，发挥全旨，书后、题跋则随举一事一文而论之，次序后为第五卷。陈义晰理，指事述情，书之所有事也，以承序跋，以启赠序，为第六卷。赠序始于唐，昌黎最工，自后作者皆有，寿序亦赠送之类，先生不多作，附赠序，为第七卷。传者，传也，传其人之行实也。文人不为达官立传，所传者穷贱独行之士、妇人方外之流耳。纪事，传之别体，当依类而分编之，为第八卷、第九卷。志铭碑碣，金石之文，体异传而叙事同，应后传与纪事。埋石圹中曰志，立石墓上曰表、曰碑、曰碣。铭者志之辞也，碑碣亦可用之，表则无铭。先生为之多，不能总为一，分埋铭为第十卷、十一卷，表与碑碣为十二、十三卷。记亦碑文之属，有纪事不以刻石者，其体自存也，次碑碣为第十四卷。勒颂于石，镂铭于器，二者亦古金石文也，《喜雨说》意主于颂，兼有箴铭意焉，编为第十五卷。哀祭源出三百篇，其体屈大夫开之，昌黎《祭十二郎文》散行不以韵，后人遂两承之，然而韵其正也，次颂铭为第十六卷。示道希四书，程氏编入书类，鄙意随事指示，与家训同，先生笃于伦理，家传、志铭、哀辞至性发露，自来文人莫有及者，故程氏别分为册，《七思》亦哀辞也，义宜入，合为第十七卷。文以类聚，有文少不能成卷，而与诸类未合者，则以杂文统之，订为十八卷，终焉。

这篇序隐仿《周易·序卦传》，述本书各体文排列顺序及其内在原因，足以说明，文集本身在先后排列上是多有讲究的。

有的别集单收诗，称为诗集。有的单收文，称为文集。兼收诗文的也往往称为文集。

正集之外，有时还有"外集"。阮元《揅经室集》后面附有《揅经室外集》五卷，即《四库未收书提要》。这些提要是阮元与鲍廷博、何元锡等共同撰定的，由于"半不出于己笔"，所以题曰《外集》。

由于不少别集出于作者生前所定，有些作品被删除了，原因或出于年少之作不成熟，或于政治或人事有妨碍，不便发表，或一时手头无存稿，暂时无法收入。后人重刻别集时，又不便破坏作者自订面目，于是将正集未收诗文编为"集外文"、"集外诗"或"补遗"等，附正集而行。例如戴钧衡刻《望溪先生文集》十八卷，为方苞生前选定，《望溪先生集外文》十卷《集外文补遗》二卷，则是正集未收之文。著名的《狱中杂记》即在《集外文》卷六，大概是因为有所顾忌，未被方苞收入正集。

别集往往有附件。首先是他人所撰序跋，有当代人作的，也有后人编集或重刻时加的，有的序文甚多，连篇累牍。另一种附件是作者的传、墓碑、墓志铭、年谱，都是作者的传记资料。

别集中有收入独立著作者，如宋周必大编《欧阳文忠公全集》一百五十三卷，内有《易童子问》三卷、《集古录跋尾》十卷。明毛氏汲古阁刻《陆放翁全集》一百五十七卷，包括《渭南文集》五十卷、《剑南诗稿》八十五卷、《放翁逸稿》二卷、《南唐书》十八卷、《家世旧闻》一卷、《斋居纪事》一卷。清严可均辑《蔡中郎集》十九卷，内有《独断》、《琴操》、《月令章句》。清末姚大荣《惜道味斋集》收有《王子安年谱》。这些都不是别集正体。其中《陆放翁全集》实系丛书，而非别集。《王渔洋遗书》多至数十种，究其内容，与《陆放翁全集》无别。唯欧、蔡、姚诸集仍属别集，可视为诗文集之变格。

又有名为别集，而实为一人资料之汇编者。如明徐阶辑《岳集》五卷，嘉靖十五年宛陵焦煜刻本，卷一传，卷二制，卷三议序记，卷四辞乐府诗，卷五岳武穆遗文。前四卷皆属岳飞传记资料，非岳飞所作，仅第五卷为岳飞遗文。又明周与爵辑《宋濂溪周元公集》十卷，明万历四十二年刻本，卷一图像、卷二世系年谱、卷三遗书、卷四杂著、卷五诸儒议论、卷六事状、卷七褒崇优恤、卷八祠墓诸记、卷九卷十附录后人诗文。《四库提要》云："虽以集为名，实则周子手著仅五之一。"对于这类所谓"集"，《四库提要》收入史部传记类，是基本合理的。不过，应当看到，这种"集"实际已收入了作者的全部诗文,只是外围资料远远超过诗文,末大于本,仍与别集有直接关系。

(三)别集的文献价值

从上面对别集内容的介绍,可以对别集的文献价值有粗略的了解。

别集的文献价值首先是文学文献价值。别集集中保存某一作家的诗、词、曲、散文作品,这是认识和研究这位作家文学成就的主要材料,一部中国文学史,实际是作家作品及文学流派史,作家是因其作品而传的,文学流派也同样靠同一风格或创作倾向的作品得以成立,所以别集保存作品,这是首要的文献价值。

诗的排列,有不少属于编年体,这就可以把这些诗视为史料,作者一生文学、思想活动的轨迹可赖以把握。朱彝尊诗作甚富,《曝书亭集》诗歌按年编排,对我们研究朱彝尊诗歌创作的发展变化就很方便。假如要编撰作家年谱,这无疑是一个大纲。同时,作者与他人的交游、唱和,也同时保存于诗及其序中,对研究相关作家,尤其是为相关作家的作品系年方面,有莫大帮助。

"诗言志"是我国诗歌创作的传统,如果作者是位学者,就免不了以学问入诗,这种诗一般认为文学价值不高,但同行读来,却往往击节叹赏,得到莫大的享受。例如清代乾嘉道时期学坛主将阮元,精研金石之学,著《积古斋钟鼎彝器款识》十卷行世。他曾作十六首绝句论钟鼎文,此举三首:

第一首

　　山斋竹树起秋阴,多少铭文写吉金。

　　说与时人浑不解,四千年上古人心。

第二首

　　商盘周诰古文词,宋椠经书已足奇。

　　谁识斋中钟鼎字,铸当周孔未生时。

第五首

　　德功册赏与勋声,国邑王年氏族名。

　　半订残讹半补逸,聚来能敌左丘明。

其中第五首"半订残讹半补逸"句,道出金文的学术价值在校订、补逸两个方面。所谓"订残讹"当然是针对传世文献来说,也就是纠传世文献之讹误,补传世文献之残缺。所谓"补逸",即传世文献中不存在的历史资料。这两大功能不单在金文方面适用,而且在一切出土文献领域都适用。即使在今天,许多研究出土文献的学者走的仍是这条道路。这足以说明,别集中的诗歌,也具有学术价值。至于翁方纲以学问入诗,更是久为人知,兹不详举。

诗往往有小序,小序作为散体文,更容易记事说理,其史料价值、学术价值亦不容忽视。例如《陈寅恪诗集》中著名的《王观堂先生挽词》,这首长诗本身叙述晚清至民初社会剧变和文化学术走向,其影响极大,自不必说。诗的前面有篇长序,谈观堂先生之死因,以及我国文化之定义,也是极具学术价值的名篇。

别集当中另有三类诗向来受学界重视:一是咏史诗,二是题画诗,三是论诗绝句。咏史诗是借诗论史,题画诗是诗体画评,论诗绝句则是以诗体论诗,都曾被专门汇辑成书,被视为史论、画论、诗论的重要组成部分。

至于文,学术价值、文献价值就更大。朱彝尊作为一流的文学家,在诗、词创作方面久富盛名,其《曝书亭集》八十卷,文占五十卷,其中书二卷,序八卷,跋十四卷,考、辨、原、论、议、释、说共五卷,传三卷,记三卷,碑三卷,墓表二卷,墓志铭六卷,行状、诔、哀辞、祭文共一卷,与其说是古文,不如说是学术文集,《四库提要》称"其题跋诸作,订讹辨异,本本元元,实跨黄伯思、楼钥之上"。至于戴震《戴东原集》、卢文弨《抱经堂文集》、段玉裁《经韵楼集》、钱大昕《潜研堂文集》、严可均《铁桥漫稿》、顾广圻《思适斋集》等学者文集,都约等于今天的学术论文集。张舜徽先生《清人文集别录》著录清人文集六百余家,主要是讨论这些文集的学术价值、文献价值,而不以文学特色为重点,读了张氏这部书,就能充分了解文集的学术价值绝不在文学价值之下。

前面提到别集往往有他人序跋,还附有他人为作者所作年谱、墓表、墓志铭、行状等传记资料,我们正是通过这些附件来了解作者生平及别集编刻情况的,因此是研究作家作品必不可少的向导。同时,既是他人之作,也就为相关人物保存了作品,有些作品不见于他本人的集子,还有些人根本没有集子传世,都赖此别集得以保存。杨殿珣《中国历代年谱总录》、谢巍《中国历代人物年谱考录》,著录年谱甚富,仔细翻阅,不难发现,大部分年谱都附别集而行,可见许多年谱都是依赖别集得以保存的,这也是别集在文献学上的价值之一。

别集本是一位作家的专集，但在集内有时也附有他人诗文。我们在前面谈家谱时，曾举到林则徐致朱为弼的一封信，这封信最早刊行是附在朱为弼的《茮声馆文集》中。朱为弼在自己的集子中收了致林则徐的信，为了让读者了解始末，所以附载林则徐致朱为弼的这封信，信中谈漕运事甚详，是有价值的史料。

朱彝尊《曝书亭集》八十卷之后，附有《叶儿乐府》一卷，是散曲作品。其中《送融谷宰来宾》二首之后附有洪昇、徐善、龚翔麟同题小令各一首，检凌景埏、谢伯阳《全清散曲》，洪昇、徐善、龚翔麟名下均已收入《送融谷宰来宾》一首，而其出处均为朱彝尊《叶儿乐府》，可知三首小令是依赖朱彝尊《曝书亭集》得以保存的。更值得注意的是，徐、龚二人在《全清散曲》中均仅此一首，他们二人得以跻身清代散曲作家之林，应感谢朱彝尊在自己的集子中附载了他们的作品。

同样的情况，清代海盐女作家虞兆淑，有《玉映楼词集》，胡文楷《历代妇女著作考》著录，但所据系《嘉兴府志》、《小黛轩论诗诗》，其集则云"未见"。检朱彝尊《曝书亭集》卷二十六《词》三，有《点绛唇·题虞夫人〈玉映楼词集〉》一首，后附虞兆淑原词云："梅绽芳菲，垂杨烟外低金缕。韶华小住，生怕廉纤雨。　　绣户凄凉，蝴蝶双飞去。愁如许，梦魂无据，还在秋千路。"这条材料可以补充《历代妇女著作考》，其文献价值也是显而易见的。

从以上这些例子，不难看出，别集中蕴蓄着大量的文献史料，而我国历代保存下来的别集有数万种之多，确是值得开发的宝藏。

第十二章　出土文献概述（上）

出土文物，指从地下出来的有历史文化价值的物品，有人工开掘出来的，也有被水冲出来的。人工开掘有因施工、种地无意挖出的，有盗掘出来的，有科学考古挖出的。出土文献则主要指出土文物中的文字资料，有人把纹饰图案也作为艺术史文献资料，亦无不可。我们这里主要介绍出土的文字资料。从载体这一角度，出土文献主要以甲骨文、金文、简牍、帛书、石刻为大宗，其余有陶文、盟书、瓦当文字、砖文、玺印、纸质文献等。

一、甲骨文文献

（一）甲骨文的发现

甲骨文是 1899 年（光绪二十五年己亥）由国子监祭酒山东福山人王懿荣首先发现并开始购藏的。有关原始记载较重要的有以下数条：

1903 年（光绪二十九年癸卯）刘鹗《铁云藏龟》自序："龟版己亥岁出土在河南汤阴县属之古牖里城。……既出土后，为山左贾人所得，咸宝藏之，冀获善价。庚子岁，有范姓客挟百余片走京师，福山王文敏公懿荣见之狂喜，以厚值留之。后有潍县赵君执斋得数百片，亦售归文敏。"

1910 年（宣统二年庚戌）罗振玉《殷商贞卜文字考》自序："光绪己亥，予闻河南之汤阴发现古龟甲兽骨，其上皆有刻辞，为福山王文敏公所得，恨不得遽见也。"

1911 年（宣统三年辛亥）罗振常《洹洛访古游记》："此地埋藏龟骨，前三十余年已发现，不自今日始也。谓某年某姓犁田，忽有数骨片随土翻起,视之上有刻画,且有作殷色者,不知为何物。北方土中埋藏物多,每耕耘或见稍奇之物,随即处掘之,往往得铜器、古泉、古镜等,得善价。是人得骨以为异,乃更深掘,又得多数,姑取藏之,然无过问者。其极大胛骨,近代无此兽类,土人因目之为龙骨,携以视药铺。药物中固有龙骨、龙齿,今世无龙,每以古骨充之,不论人畜。且古骨研末,可愈刀创,故药铺购之,一斤才得数钱。骨之坚者,或又购以刻物。乡人农暇,随地发掘,所得甚夥,检大者售之。购者或不取刻文,则以铲削之而售。其小块及字多不易去者,悉以填枯井。"

1925年王国维《最近二三十年中中国新发现之学问》:"殷虚甲骨文字,此殷代卜时命龟之辞,刊于龟甲及牛骨上。光绪戊戌、己亥间始出于河南彰德府西北五里之小屯。其地在洹水之南,水三面环之,《史记·项羽本纪》所谓洹水南殷虚上者也。初出土后,潍县贾人得其数片以售之福山王文敏懿荣,文敏命秘其事,一时所出先后皆归之。"(《静安文集续编》)

1933年王襄《题所录贞卜文册》:"前清光绪己亥年,河南安阳县出土贞卜文。是年秋,潍贾始携来乡求售,巨大之骨,计字之价,字偿一金,一骨之值动即十数金。乡人病其值昂,兼之骨朽脆薄,不易收藏,皆置而不顾。惟孟定老世叔及予知为古人之契刻也,可以墨迹视之,奔走相告,竭力购之。惜皆寒素,力有不逮,仅于所见十百数中获得一二,意谓不负所见,借资考古而已。后闻人云,吾侪未购及未见之品,尽数售诸福山王文敏矣。"(《河北博物院半月刊》)

1935年王襄《题易稊园殷契拓册》:"当发现之时,村农收落花生果,偶于土中捡之,不知其贵也。潍贾范寿轩辈见而未收,亦不知其贵也。范贾售古器物来余斋,座上谂言所见。乡人孟定生世叔闻之,意谓古简,促其诣车访求,时则清光绪戊戌冬十月也。翌年秋,携来求售,名之曰龟版。人世知有殷契自此始。甲骨之大者,字酬一金。孟氏与余皆困于力,未能博收。有全甲之上半,珍贵逾他品,闻售诸福山王文敏公。"(《河北博物院半月刊》)

1933年齐鲁大学教授加拿大人明义士《甲骨研究》:"在1899年以前,小屯的人用甲骨当药材,名为龙骨。最初发现的甲骨都经过潍县范氏的手。范氏知道最详。先时,范氏不肯告人正处,如告刘铁云汤阴牖里。余既找到正处,又屡次向范氏和小屯人打听,又得以下的小史,今按事实略说一下:龙骨,前清光绪二十五年(1899)以前,小屯有剃头商名李成,常用龙骨面作刀尖药。北地久出龙骨,小屯居民不以为奇。乃以兽骨片、龟甲板、鹿角等物,或有字或无字,都为龙骨。当时小屯人以为字不是刻上的,是天然长成的,并说有字的不好卖,刮去字迹,药店才要。李成收集龙骨,卖与药店,每斤制钱六文。按范氏1914年所言:1899(己亥,光绪二十五年),有学者王懿荣(字廉生,谥文敏公)到北京某药店买龙骨,得了一块有字的龟板,见字和金文相似,就问来源,并许再得了有字的龙骨,他要,价每字银一两。回家研究所得。王廉生是研究甲骨的第一人。当年秋,潍县范氏又卖与王氏甲骨十二块,每块银二两,盖范氏在北京听说王氏之事,便到彰德得了十二块,回北京,卖与王氏。1900(庚子,光绪二十六年)春,范氏又得了八百块,亦卖与王氏。其中有全龟甲一壳,文五十二字。"

根据以上这些早期当事人的记载,我们可以弄明发现甲骨文的史实:早在1899年(光绪二十五年,己亥)以前,已有甲骨出土,地点在河南安阳小屯村,当地人只是视为医治刀伤的药材"龙骨",每斤才值制钱六文。1899年在北京做官的山东福山人王懿荣,在药店买龙骨,发现了带字龟版。由于王氏是当时第一流的金石学家,所以能够意识到这是与金文类似的上古文字。于是重金收购,每字一两白银。潍县范寿轩是首先把作为文物的甲骨文贩到京津的人,王襄在1899年秋购买范寿轩的甲骨时,范寿轩要价很高,"字偿一金",这显然发生在王懿荣出高价收购甲骨文"每字银一两"之后。最初购买甲骨文仅在一个极小的范围内,北京的学者只了解王懿荣购买甲骨文,天津的王襄购买甲骨文之事似乎北京的学者不了解,而王襄知道王懿荣购买,也是从范寿轩听说。同时了解京、津人士购买甲骨文的当事人是范寿轩。明义士亲自到安阳调查并购买、研究甲骨文,又多次向范寿轩了解情况,因此明义士《甲骨研究》中记述及转述范寿轩回忆关于甲骨文发现及最早购藏情况的史料是可信的。王懿荣是发现、购藏、研究甲骨文的第一人。时间在清光绪二十五年己亥即公元1899年。

(二)甲骨文的发掘及出土数量

甲骨文发掘主要分两个时期,即早期乱掘时期和1928年以后的科学发掘时期。

1. 乱掘时期

出土甲骨文的地点在今河南省安阳市西北郊洹河两岸,面积约二十四平方公里。甲骨文出土时,这一带是农田。1910 年罗振玉"于刻辞中得殷帝王名谥十余,乃恍然悟此卜辞者,实为殷室王朝之遗物"(罗振玉《殷商贞卜文字考·自序》)。从而确定出土甲骨的小屯村一带为商代后期武乙、文丁、帝乙都城。经学者进一步研究,证明这里是盘庚迁殷至纣王灭亡共八代十二王的国都。

《史记·殷本纪》张守节正义:"《竹书纪年》:自盘庚徙殷,至纣之灭,二百五十三年,更不徙都。纣时稍大其邑,南距朝歌,北据邯郸及沙丘,皆为离宫别馆。"

《史记·项羽本纪》:"章邯使人见项羽,欲约。项羽召军吏谋曰:'粮少,欲听其约。'军吏皆曰:'善。'项羽乃与期洹水南殷虚上。"集解引应劭曰:"殷墟,故殷都也。"从出土甲骨文印证,正相符合。

纣王败于牧野之战,自焚于鹿台,商为周所灭。《史记·殷本纪》:"周武王遂斩纣头,县之白旗……封纣子武庚禄父,以续殷祀,令修行盘庚之政。殷民大说。"又《周本纪》:"封商纣子禄父殷之余民。武王为殷初定未集,乃使其弟管叔鲜、蔡叔度相禄父,治殷。"又《殷本纪》:"周武王崩,武庚与管叔、蔡叔作乱,成王命周公诛之,而立微子于宋,以续殷后焉。"据这些记载,周初封武庚于殷,殷都仍未废弃,至武庚叛乱,周公诛灭之,殷都始渐衰落。

周初,纣王的亲戚箕子被封于朝鲜。《史记·宋微子世家》:"于是武王乃封箕子于朝鲜而不臣也。其后,箕子朝周,过故殷虚,感宫室毁坏,生禾黍。箕子伤之,欲哭则不可,欲泣为其近妇人,乃作《麦秀之诗》以歌咏之。其诗曰:'麦秀渐渐兮,禾黍油油。彼狡童兮,不与我好兮。'所谓狡童者,纣也。殷民闻之,皆为流涕。"箕子朝周,作《麦秀之诗》当在成王时周公平定武庚叛乱之后。

唐杜佑《通典》、宋罗泌《路史》、宋吕大临《考古图》、元纳新《河朔访古记》等都把殷墟误认为河亶甲城。甲骨文出土,才纠正了唐以来的误说,确定了小屯一带为殷之故都"殷墟"。

光绪二十五年(1899)甲骨文被认识之后,价钱很高,农民为了利益,开始大规模挖掘。

董作宾、胡厚宣《甲骨年表》光绪三十年:"冬,小屯村地主朱坤,率领农佃,大举挖掘甲骨文字于村北洹河南岸朱氏田中。搭席棚,起炉灶,工作甚久。所得甲骨盈数车。村人贾文元、刘金声等与朱姓争挖掘之地,械斗成讼。从此县官禁止,不许挖掘。"

又宣统元年:"春,小屯村前张学献地,因挖掘山药沟,发现甲骨文字。村人相约发掘,得'马蹄儿'及'骨条'(村人呼牛胛骨端曰"马蹄儿",胛骨之边破裂成条者曰"骨条",皆甲骨刻辞较多之处)甚多。又此次挖掘,未得地主允许,学献母大骂村人,因被殴打,头破血出。经人调解,未致成讼。"

罗振常《洹洛访古游记》宣统三年二月十八日:"土人售此,绝少大宗。缘村人数十家,各售所掘。甚至一家之兄弟妇稚,亦不相通假,人持自有之骨。故来必数人,或十数人,筐笪相属,论价极喧扰。间有大宗,则数人合掘一坎,以所得藏于一家,封志之,不得独发,既售,乃分其资。有一家藏骨甚多者,必以良窳相错,均配为若干份,陆续售之。恐一次售出,不得善价也。每有童子持骨来售,虽甚少,且破碎,亦有佳者。盖掘者于土中捡之未尽,儿童乃拾取之。"

又二月二十三日:"出骨之地,多非土人所自有,而别有田主。其出骨最多之十余亩为朱姓。初掘时,田主不过问。近知有利,乃令就所得价中,抽若干为税金。土人不允,遂禁发掘,而雇人掘之。土人又于夜间盗掘。主人觉,使人监守。客冬,掘者与监者互殴,破二人之颅,乃兴讼,今尚未结。田主因不明方位,某处已掘,某处未掘,漫掘之,往往无所得。"

明义士《甲骨研究》:"1924(甲子,民国十三年)余有疾一月,才好了。小屯人打墙,发现一坑甲骨,为余所得。其中有大的。1927、1928(丁卯、戊辰,民国十六、十七年)二年间拓本成,即《殷虚卜辞后编》。"

从以上这些记载,可以想见早期乱掘甲骨文的情形。这种状态从1899年到1928年共持续三十年之久,出土的甲骨文数量庞大,据胡厚宣《殷墟发掘》统计有十万余片,董作宾《甲骨学六十年》统计则约六万片(参王宇信《甲骨学通论》第四章第二节。王宇信、杨升南主编《甲骨学一百年》第14页、第42页)。这些甲骨文散藏各处,并无出土记录及次序可言,而且破碎严重。由于有利可图,这时期出现的伪刻也为数不少。

2. 科学发掘时期

1928年8月董作宾受中央研究院历史语言研究所筹备处代所长傅斯年派遣到河南安阳实地调查。董作宾经过周密调查后,确认甲骨文尚未挖尽,认为"由国家学术机关以科学方法发掘之,实为刻不容缓之图"
(《民国十七年十月试掘安阳小屯报告书》)。傅斯年当即决定发掘,与中
研院磋商,得到院长蔡元培支持,拨一千银元经费。董作宾因而组成六人
考古工作团,于当年 10 月进行了第一次科学发掘,得有字甲骨八百五十
四片。12 月,经傅斯年推荐,中研院聘李济为史语所考古组主任。李济
到开封与董作宾协商,达成协议:董作宾研究甲骨文资料,李济研究其他
古物。次年 1 月李济正式上任,3 月 7 日至 5 月 10 日主持第二次发掘,出
土有字甲骨七百四十片。10 月 17 日至 20 日、11 月 15 日至 12 月 12 日
进行第三次发掘,得有字甲骨三千零十二片。1931 年 3 月 21 日至 5 月
11 日进行第四次发掘,得有字甲骨七百八十二片。1931 年 11 月 7 日至
12 月 19 日进行第五次发掘(董作宾主持),得有字甲骨二百八十一片。
1932 年 4 月 1 日至 5 月 31 日进行第六次发掘,得有字骨一片。1932 年
10 月 19 日至 12 月 15 日进行第七次发掘(董作宾主持),得有字甲骨二
十九片。1933 年 10 月 20 日至 12 月 25 日进行第八次发掘(郭宝钧主
持),得有字甲骨二百五十七片。1934 年 3 月 9 日至 5 月 31 日进行第九
次发掘,得有字甲骨四百五十七片。第十次至十二次未出甲骨文。1936
年 3 月 18 日至 6 月 24 日进行第十三次发掘(石璋如、郭宝钧主持),得有
字甲骨一万七千八百零四片。1936 年 9 月 20 日至 12 月 31 日进行第十
四次发掘(石璋如、梁思永主持),得有字甲骨二片。1937 年 3 月 16 日至
6 月 19 日进行第十五次发掘(石璋如主持),得有字甲骨五百九十九片。
以上共得有字甲骨二万四千九百一十八片。

　　1929 年至 1930 年河南省政府也派何日章组织一支发掘队到小屯发
掘两次,得有字甲骨三千六百五十六片。

　　由于日本侵华,科学发掘工作中断。

　　抗日战争期间,日本人曾屡次来安阳盗掘。据胡厚宣调查,1938 年
春日本庆应义塾大学文学部北支学术调查团由大山柏率领来安阳考古。
同年秋,日本东方文化研究所水野清一、岩间德也等人来安阳考察发掘。
1940 年至 1941 年日本东京帝国大学考古学教室来安阳发掘。1942 年至
1943 年驻河南日军曾利用奸匪大肆盗掘。所出文物运往日本(参吴浩
坤、潘悠《中国甲骨学史》)。从抗战爆发到 1949 年十余年间,当地村民
盗掘活动也时有发生,究竟掘出多少甲骨,无法统计。

　　1950 年政府在小屯村设立"殷墟遗址保管所"。1950 年 4 月殷墟科

学发掘恢复,到 6 月结束第一次发掘。以后陆续不断地有发掘活动。其中 1973 年 3 月至 8 月、10 月至 12 月两次在小屯南地发掘,发掘出灰坑一百二十个,其中五十八个出土甲骨,H24 坑出土卜骨一千三百一十五片。总共出土甲骨万余片,有字者四千五百八十九片。后继续清理,又有收获。总计小屯南地所得有字甲骨五千三百三十五片。1989 年考古所在小屯村发掘出有字甲骨二百九十四片。1991 年考古所在安阳花园庄东发掘出有字甲骨五百七十九片。总计 1950 年至 1991 年出土有字甲骨六千二百四十三片(参《甲骨学一百年》第 45 页、第 46 页、第 50 页)。

从甲骨文发现至今,出土的有字甲骨尚无确切统计数字,约略说有十万至十五万片。

(三)甲骨文资料的结集与考释

甲骨文被发现以后,很快引起部分学者的重视,他们根据自己的能力购藏并结集公布这些新史料,供大家研究,从而形成一门新学问“甲骨学”。在进入科学发掘之后,获得的资料更为系统,更为可靠,进一步使这门学问科学化。据王宇信《甲骨学通论》附《甲骨文著录目》,1899 年至 1999 年出版的有关甲骨文结集的专书(包括单行本与非单行本)有一百三十九种之多。这里择要介绍二十余种。

1.《铁云藏龟》

清刘鹗(1857—1909)辑。这是第一部汇集甲骨文材料的专书。刘鹗是著名的文物收藏家和金石学家,除本书外还有《铁云藏陶》、《铁云藏封泥》、《铁云藏货》等专书行世。王懿荣殉国以后,其子王翰甫将王氏藏甲骨的大部分售给刘鹗。刘氏自己又购得四千余片,合计达五千余片。本书从藏品中选取拓本一千五十八片,内有重出三片,伪刻四片,实有一千零五十一片。光绪二十九年(1903)刘氏抱残守缺斋石印本六册,有罗振玉、吴昌绶、刘鹗序。刘鹗序中对干支、数字共四十余字作了论述,其中三十四字无误。宣统三年刘鹗流死新疆,甲骨文四散。罗振玉辑有《铁云藏龟之余》(1915 年《眢古丛编》影印本)、叶玉森辑有《铁云藏龟拾遗》(1925 年影印本)、李旦丘(亚农)辑有《铁云藏龟零拾》(1939 年上海中法出版委员会印本)。1931 年上海蟫隐庐重印《铁云藏龟》,附罗氏《铁云藏龟之余》,拓片旁附鲍鼎释文(此释文专家评价不高)。1959 年台湾艺文印书馆严一萍重印本则于拓片旁附摹本。1975 年严一萍又对本书重加分类断代整理,由艺文印书馆出版《铁云藏龟新编》,收甲骨一千零四十三片。

2.《契文举例》

清孙诒让(1848—1908)撰。是第一部考释甲骨文的专著。光绪二十九年《铁云藏龟》出版,光绪三十年孙诒让即撰成此书,书前有光绪甲辰(三十年)十一月孙氏自序云:"迩年河南汤阴古羑里城(泽逊按:此地址系古董商谎称,刘鹗《铁云藏龟自序》言之)掊土得古龟甲甚夥,率有文字。丹徒刘君铁云集得五千版,甄其略明晰者千版,依西法拓印,始传于世。刘君定为殷人刀笔书。"又云:"不意衰年睹兹奇迹,爱玩不已,辄穷两月力校读之,以前后复缠者参互审绎,乃略通其文字,大致与金文相近,篆画尤简淆,形声多不具。又象形字颇多,不能尽识。……今就所通者略事甄述,用补有商一代书名(泽逊按:书名,指文字)之佚,兼以寻究仓后籀前文字流变之迹。"全书分十类:日月第一,贞卜第二,卜事第三,鬼神第四,卜人第五,官氏第六,方国第七,典礼第八,文字第九,杂例第十。陈梦家认为孙氏"所认的对的以及和罗氏水平相等的共一百八十五字,虽然大部分也见于罗氏《殷虚书契考释》书中,并且多半是从和单个金文的比较中得出来的,但这些字毕竟是最基本的常用字。因此我们认为在甲骨文字考释上,孙氏还是有他开山之功的。他是初步的较有系统的认识甲骨文字的第一人"(《殷墟卜辞综述》)。此书孙氏生前未刊,王国维在上海得到稿本寄罗振玉,1917年印于《吉石庵丛书》中,始得问世。孙氏生前另有修订稿本,1993年齐鲁书社楼学礼点校本即从修订稿本出。

3.《殷虚书契》

罗振玉(1866—1940)辑。罗氏从1906年开始搜集甲骨,计得近二万片,为早期收藏最多者。1902年罗氏在刘鹗家获见甲骨,为之墨拓,怂恿刘氏印行为《铁云藏龟》。其后即留心研究甲骨文,1909年撰成《殷商贞卜文字考》一卷,次年石印行世。1911年派其弟罗振常到安阳收购甲骨文,所获甚丰。是年冬赴日本,王国维同行。1913年在日本编印出《殷虚书契》八卷,收录甲骨拓片二千二百二十一片。1914年罗氏又编印《殷虚书契菁华》,收录甲骨文照片六十八版。1915年为纪念刘鹗,罗氏辑印《铁云藏龟之余》,收拓片四十片。1916年罗氏编印《殷虚书契后编》二卷,收录拓片一千一百零四片。同年出版的《殷虚古器物图录》收录甲骨拓片四片。以上各书,共收录三千四百三十七片,已将罗氏所藏精品大都包括在内。其后罗氏又搜集甲骨拓本三千纸,择其二千零一十六片辑为《殷虚书契续编》,于1933年印行。唯此书所收与前此所出诸书多有重复,仅有四百七十八片为新公布者。与前相加,罗氏所公布已近四千片。罗氏在甲骨文资料的搜集、流布方面所作的贡献,就私人来说,是无与伦比的。

4.《殷虚书契考释》

罗振玉撰。民国三年十二月由王国维手写石印行世。共八篇:都邑、帝王、人名、地名、文字、卜辞、礼制、卜法。共释字四百八十五个。民国十六年(1927)二月又出版《增订殷墟书契考释》三卷,增加王国维序。增订本释字五百六十一个。罗氏提出"由许书以上溯古金文,由金文以上窥卜辞"的研究方法,并主张释字应注意辞句通读和分类。郭沫若《中国古代社会研究》说:"甲骨自出土后,其收集、保存、传播之功,罗氏当居第一,而考释之功亦深赖罗氏。罗氏于1910年有《殷商贞卜文字考》一卷,此书仅属椎轮。1915年有《殷虚书契考释》一卷(后增订本改为三卷),则使甲骨文字之学蔚然成一巨观。谈甲骨者固不能不权舆于此,即谈中国古学者亦不能不权舆于此。"

5.《殷虚卜辞》

加拿大明义士(James Mellon Menzies,1885—1957)辑。明义士1905年毕业于加拿大多伦多大学,获土木工程学士学位。后来学习神学,获学士学位,1910年接受加拿大长老会委任的牧师职务,被派往中国传教。先在一位老先生指导下学汉语三年,读四书五经等经书,然后被派往豫北传教,驻理彰德府(今安阳市)。1914年春在传教途中发现"殷墟"。明义士在安阳,由于地利,购买了大量甲骨、青铜器、陶器,并进行研究,在甲骨文发现史、甲骨文流散、甲骨文真伪、甲骨文缀合、商代帝王世系等方面均达到较高水平,并且多有发明。1932年至1937年明义士应聘为齐鲁大学文学院考古学教授,讲授《考古学通论》、《甲骨研究》等课,1937年回国,到1957年病故,终身研究中国文化。明义士于1917年3月辑《殷虚卜辞》一册,其《甲骨研究》中说此书系"自摹所藏甲骨,自在开封石印摹写片,由上海别发洋行印序出版。共收甲骨二千三百六十九片。甲十之六七,骨十之三四,小片十之八九,大片十之一二,只有一块假的即明七五八"。1933年他在齐鲁大学又印行了专著《甲骨研究》,至今为人称道。1927年至1928年明义士又辑有《殷虚卜辞后编》。明义士《甲骨研究》

云：“1924（甲子，民国十三年）余有疾一月，才好了。小屯人打墙，发现一坑甲骨，为余所得。其中有大的。1927、1928（丁卯、戊辰，民国十六、十七年）二年间拓本成，即《殷虚卜辞后编》。”又云：“《殷虚卜辞后编》（1927，丁卯，民国十六年拓出），约二千七百片。”但这部书当时未印行，曾将部分拓片分送马衡、容庚、于省吾、商承祚等专家。最全的一份拓本在明义士去世后归加拿大安大略博物馆，共九册，前六册为龟甲，后三册为兽骨，共二千八百一十九片。经台湾学者许进雄整理，1972 年由台湾艺文印书馆出版（二册），其中七片已经缀合，二片原册被撕去，二片伪刻，三片不清晰，实收二千八百零五片。明义士收藏的甲骨原件大部分还在中国，《殷虚卜辞》部分在南京博物院，共三千三百七十片，《后编》部分现在北京故宫博物院。另有八千余片埋于齐鲁大学校园，1952 年挖出，现藏山东博物馆。明义士带回加拿大的部分后归多伦多皇家安大略博物馆，有四千七百片，其中三千一百七十六片被许进雄编成《明义士收藏甲骨》（上册图版，1972 年安大略博物馆影印；下册释文，1977 年出版）。明义士还曾编有《柏根氏旧藏广智院陈列河南殷墟出土甲骨写本》（载 1935年《齐大季刊》第六十七期，又单行本一册），明义士《甲骨研究》说：“第一批中，驻潍县柏尔根牧师（Rev. Paul Bergen）得七十余片，赠济南广智院，至今仍陈列。”该书收录的即这批甲骨文，计七十一片。柏根所藏共一百二十二片，后归山东博物馆。

6.《戬寿堂所藏殷虚文字》及《考释》

王国维（1877—1927）辑著。民国五年（1916）春王国维从日本回上海，在英商哈同创办的仓圣明智大学编辑《艺术丛编》。仓圣明智大学由姬佛佗（字觉弥）为总管。是年冬，哈同在上海购得刘鹗旧藏甲骨千片，次年闰二月王国维获见其拓片八百纸，为选六百五十五片，辑为《戬寿堂所藏殷虚文字》，民国六年（1917）五月收入《艺术丛编》第三集石印行世。题姬佛佗辑，前有哈同夫人罗诗氏（罗迦陵）叙，实皆出王氏。民国六年王国维《殷卜辞中所见先公先王续考》云：“丁巳二月余作《殷卜辞中所见先公先王考》……逾月得见英伦哈同氏戬寿堂所藏殷虚文字拓本凡八百纸。”又致罗振玉函云：“《戬寿堂所藏殷虚文字》已于昨日编竣，序文亦已作就。”（《王国维全集·书信》，1984 年中华书局排印本，第 195 页）此书又有单行本，与王国维《戬寿堂所藏殷虚文字考释》合订二册。王国维《殷卜辞中所见先公先王续考》主要依据哈同所藏这批甲骨文资料写成。

7.《龟甲兽骨文字》

日本林泰辅(1854—1922)辑。林泰辅购藏甲骨文是通过东京文求堂主人田中庆太郎。1917 年林泰辅辑为是书一册。1918 年日本东西书房影印。后增补为二卷二册,1921 年日本商周遗文会影印。后有附录二卷,自序谓"抄释其字体明白无误者",大体相当于释文。本书所收一千零二十三片,并非林泰辅独家所藏,包括商周遗文会、榷不斋、听冰阁、继述堂等藏品。是日本学者所编第一部甲骨文汇编。林泰辅早在 1909 年10 月即发表《清国河南汤阴发现之龟甲兽骨》一文(日本《史学杂志》第20 卷第 8—10 期),并将该文寄罗振玉。罗振玉受林泰辅启示,撰《殷商贞卜文字考》一卷(1910 年石印本)。

8.《簠室殷契征文》

王襄(1876—1965)撰。王襄是早期购藏甲骨文者之一,收藏甲骨文三千余片。此书选收拓片一千一百二十五片,1925 年由天津博物院石印,与《考释》合四册。本书依贞卜事项分十二类:天象、地望、帝系、人名、岁时、干支、贞类、征伐、游田、杂事、文字。有时为迁就内容而将一拓裁成数片,又影印时曾经描摹,不无失真之处。郭沫若曾疑此书为伪品,后知其不伪,仍认定本书"自为一可贵之研究资源,中多足以证佐余说者,亦有仅见之例为它书所未有者"(《郭沫若全集·卜辞通纂》第 29页)。王襄藏品后归天津历史博物馆。

9.《殷虚文字存真》

关百益(1882—1956)辑。当中研院史语所对安阳进行科学发掘时,河南省亦派何日章于 1929 年 12 月、1930 年 2 月主持两次发掘,获有字甲骨三千六百五十六片。1931 年河南省博物馆关百益拓辑为本书,共八集八册,每册一百片。其后孙海波又辑《甲骨文录》,收甲骨九百三十片,1938 年河南通志馆出版,与《考释》共二册。河南省发掘的三千六百五十六片甲骨现藏台湾历史博物馆。

10.《卜辞通纂》

郭沫若(1892—1978)撰。1933 年日本东京文求堂石印本。分正编和别录。"正编"选录甲骨文八百片,分八类:干支、数字、世系、天象、食货、征伐、田游、杂纂。逐片考释,每项之后有小结。"别录"收录在日本征集到的一百二十九片,包括中研院藏大龟四版。1933 年 1 月自序云:"本书之目的,在选辑传世卜辞之菁粹者,依余所怀抱之系统而排比之,并一一加以考释,以便观览。所据资料多采自刘、罗、王、林诸氏之书,然亦有未经著录者,如马叔平氏之《凡将斋藏甲骨文字》拓本(计一百一十八片,未印行),何叙甫氏所藏品之拓墨(计七十一片,闻其原骨已悉交北平图书馆云)及余于此间所得公私家藏品之拓墨或照片,均选尤择异而著录之。"本书考释多所发明,又缀合三十五片,且有合三四片而成整片者。对卜法、文例、书写等也有深入研究。建国后,作者曾对原书增加校语和注释,在文字考释方面吸收了于省吾等专家的意见。1983 年科学出版社出版的《郭沫若全集》本即保存了作者的校语注释。

11.《殷契粹编》

郭沫若撰。1937 年日本东京文求堂石印本。本书从刘体智旧藏二万八千余片甲骨中择取一千五百九十五片,大体依《卜辞通纂》例编排、考释。与《卜辞通纂》同为郭氏甲骨学代表作。

12.《殷契佚存》

商承祚(1902—1991)撰。1933 年金陵大学中国文化研究所影印,与《考释》共二册。收甲骨一千片。1926 年商承祚与友人合购刘鹗旧藏甲骨约二千五百片,商氏选拓约六百片收入此书。其余约四百片为孙壮、何遂、王富晋、陈邦怀、于省吾、黄濬、美国人施密士等人藏品。有董作宾、唐兰、商承祚三序。商氏还辑有《福氏所藏甲骨文字》,1933 年金陵大学中国文化研究所影印,与《考释》合一册,收美国人福开森藏甲骨文三十七片。

13.《库方二氏藏甲骨卜辞》

美国方法敛(F. H. Chalfant, 又译作查尔凡、查尔芳)摹,白瑞华校。1935 年商务印书馆石印摹本一册。收甲骨一千六百八十七片。方法敛是美国长老会驻潍县宣教士,1904 年(光绪三十年)他和英国浸礼会驻青州宣教士库寿龄(Samuel Couling, 又译作考龄、库林)在山东潍县古董商手中购买部分甲骨,以后又陆续购买若干批,都转售各大博物馆。方法敛 1914 年 1 月去世,其甲骨考释手稿藏于美国芝加哥斐德博物馆(Field Museum, Chicago)。本集所收一千六百八十七片原甲骨现藏英国苏格兰皇家博物馆、伦敦博物馆、美国匹兹堡卡内基博物馆、芝加哥斐德博物馆。方法敛又摹辑《甲骨卜辞七集》,1938 年美国纽约影印本,收甲骨五百二十七片。为下列七家藏品:天津新学书院二十五片、上海皇家亚细亚学会博物馆一百九十五片、柏根氏旧藏七十九片、美国普林斯顿大学一百一十九片、德国卫礼贤旧藏七十二片、临淄孙文澜藏三十一片、伦敦皇家亚细亚学会六片。方法敛还摹辑《金璋所藏甲骨卜辞》,1939 年美国纽约影印摹本一册,收英国人金璋(L. C. Hopkins,又译作赫布金)所藏甲骨四百八十四片,这些甲骨现藏英国剑桥大学。以上这些甲骨中有伪刻。

14.《殷墟文字甲编》

董作宾(1895—1963)编。本书收中研院史语所第一次至第九次殷墟考古发掘所得甲骨三千九百四十二号。1936 年交商务印书馆出版,由于日本侵略,历经曲折,1948 年才得以面世。全书依出土次序排列,目的是显示为科学发掘所得。有董作宾序和李济《跋彦堂自序》。1961 年台湾"中央研究院"历史语言研究所出版的屈万里撰《殷墟文字甲编考释》,除考释外还缀合二百一十一版,可与《甲编》配合使用。

15.《殷墟文字乙编》

董作宾编。书分上中下三辑。上辑 1948 年商务印书馆出版,中辑1949 年商务印书馆出版,下辑 1953 年台湾"中央研究院"历史语言研究所出版(1956 年北京科学出版社重印)。本书从第十三、十四、十五次发掘出的一万八千四百零五片甲骨选取九千一百零五片,仍依《甲编》体例,按出土先后排序。张秉权对《乙编》作了缀合工作,共缀合六百三十二版,并加考释,成《殷墟文字丙编》三辑六册,1957 年至 1972 年陆续由台湾"中央研究院"历史语言研究所出版。

16.《战后京津新获甲骨集》等四种

胡厚宣(1911—1995)辑。1945 年抗日战争胜利后,胡氏很快飞往北平、天津,调查抗战爆发以后出土的甲骨文字,不久返回后方成都,1946年 5 月、7 月成都齐鲁大学出版了他的摹录本《战后平津新获甲骨集》,与《释文》共二册,此书开创了先分期、后分类的著录方法。1946 年秋胡氏随齐鲁大学内迁,经南京、上海,又停留一个时期,探访抗战爆发以后出土甲骨情形。建国后,胡氏把京、津、宁、沪调查所得,辑为《战后宁沪新获甲骨集》三卷(摹本,1951 年 4 月北京来薰阁书店出版,二册,收甲骨一千一百四十三片)、《战后南北所见甲骨录》五卷(摹本,1951 年北京来薰阁书店出版,三册,收甲骨三千二百七十六片)、《战后京津新获甲骨集》(1954 年 3 月上海群联出版社影印,四册,收甲骨五千六百四十二片,自序云"实物三之一,拓本三之二")。其编排方法为先分期,再分类。建国后,胡氏任职复旦大学,利用假日继续调查各地博物馆及研究机构收藏甲骨情况,1955 年 12 月上海群联出版社出版的《甲骨续存》上下编(上编二册拓本,下编一册摹本),共收录甲骨三千七百五十三片,即是这一阶段的收获。合计以上建国以后出版四书,共收录甲骨一万三千八百一十四片。另外,在主持《甲骨文合集》编纂工作中,又收集甲骨资料,辑为《甲骨续存补编》上中下三辑(1996 年 6 月天津古籍出版社出版),收录甲骨一万八千八百三十六片(大都收入《甲骨文合集》)。对国外甲骨文资料的搜集研究则辑为《苏德美日所见甲骨集》(1988 年 3 月四川辞书出版社出版),收苏联、德国、美国、日本所藏甲骨共五百八十二片,皆摹本。胡厚宣在收集整理刊布甲骨文资料方面有卓越贡献。

17.《山东省博物馆珍藏甲骨墨拓集》

刘敬亭编著,1998 年齐鲁书社出版。胡厚宣序,刘敬亭后记。胡序云:“谈到国内的甲骨收藏,当以北京图书馆为最,计三万余片,多为刘体智旧藏,刘氏则得自罗振玉及孟定生。故宫博物院次之,得自明义士等,明氏所藏,即《殷墟卜辞后编》原物,有两万余片。再下来就属山东博物馆了。”据刘氏后记,山东博物馆藏甲骨有两大来源。一是罗振玉旧藏。1945 年日本投降后,山东省胶东行政公署派干部到东北地区巩固地方政权,接收敌产。高兢生等同志在大连远东炼油厂发现铁皮箱一个,内装木制小抽屉七十三个,布制小盒十一个,共嵌装甲骨一千二百一十九片。后奉命运往胶东,1951 年移交山东省文管会,1955 年移交山东博物馆。胡序云:“他(罗振玉)装的盒子最多的、好的材料都在这里。”二是明义士旧藏。1937 年明义士回国,埋在齐鲁大学校园内八千余片,绘图为记,交英国人林仰山保管。1952 年林仰山回国,将图交给山东省文管会。其余来源有:齐鲁大学旧藏六十五片,柏根旧藏一百二十二片,山东省图书馆旧藏九片,黄县王惠堂捐六十九片,山东省文管会收购一百九十片。合计已有近万片。胡厚宣主编《甲骨文合集》,选收该馆一千零二十六片。此集则选收一千九百七十片。每幅拓片都附有释文。

18.《京都大学人文科学研究所藏甲骨文字》

日本贝塚茂树辑。1959 年日本京都大学人文科学研究所出版图版篇二册,共收三千二百四十六片。先分期,后分类。1960 年出版本文篇一册,包括论述和释文两部分。1968 年又出版《本文篇索引》。京大人文所是日本藏甲骨最多的单位。

19.《东京大学东洋文化研究所藏甲骨文字》

日本松丸道雄辑。1983 年东京大学出版会出版。收甲骨一千三百一十五片。先依藏家划分，如一至九七二号为河井荃庐氏旧藏，九七三至一〇一三号为田中救堂氏旧藏。各家先断代，后分类。各片均有照片和拓片，可对照使用。

20.《美国所藏甲骨录》

周鸿翔辑。1976年美国加州大学出版。选收卡内基博物馆、哈佛大学皮巴地博物馆、哥伦比亚大学图书馆、圣路易斯城市艺术博物馆、华盛顿弗里尔美术馆等十一处藏品七百片。

21.《英国所藏甲骨集》

李学勤、齐文心、英国艾兰辑。中华书局1985年9月出版上编图版二册，1992年6月出版下编释文及附录二册。该书著录英国十一个公私藏家所藏甲骨二千六百四十七片，其中一千零二十五片为首次发表。这些甲骨有不少是方法敛、库寿龄、金璋早年的藏品，其中已发表的部分也大都只是摹本，不无失真讹误，所以此书以拓本形式出版，且附考释，对某些伪片进行了辨识，某些断片进行了缀合，使英藏甲骨文得以集中准确地发表，大大方便了使用。

22.《甲骨文合集》及《补编》

《甲骨文合集》，郭沫若主编、胡厚宣总编辑。1978年10月至1982年12月中华书局出版，共十三册，选收甲骨四万一千九百五十六号。首先把甲骨分为五期，然后每期再分四大类二十二小类。二十二小类：1.奴隶和平民，2.奴隶主贵族，3.官吏，4.军队、刑罚，5.战争，6.方域，7.贡纳，8.农业，9.渔猎、畜牧，10.手工业，11.商业、交通，12.天文、历法，13.气象，14.建筑，15.疾病，16.生育，17.鬼神崇拜，18.祭祀，19.吉凶梦幻，20.卜法，21.文字，22.其他。本书在收集、精选、缀合、辨伪、分期、分类等方面都称得上是集大成的巨编，是研究甲骨文与殷商史的头等重要的工具书。本书的《释文》已于1999年8月由中国社会科学出版社出版，《释文》后附有《合集》材料来源表。《甲骨文合集补编》，彭邦炯、谢济、马季凡编，收甲骨一万三千四百五十号，1999年8月语文出版社出版。1985年台湾艺文印书馆出版严一萍辑《商周甲骨文总集》十六巨册，系以《甲骨文合集》为基础编成。

23.《小屯南地甲骨》及《考释》

中国社会科学院考古研究所编著。上册共两分册，为图版，1980年中华书局出版。下册共三分册，为释文、索引、摹本、钻凿图版等，1983年中华书局出版。本书共收录甲骨四千六百一十二片。图版、释文、摹本、索引相配合,体例完备。钻凿图版及专论《小屯南地甲骨钻凿形态》,是利用钻凿形态对甲骨进行断代研究的范例。图版部分按出版单位(灰坑、房基、墓葬、探方等)编排,便于与同时出土其他遗物联系研究,是值得肯定的。1985 年中华书局出版姚孝遂、肖丁撰《小屯南地甲骨考释》,可与《小屯南地甲骨》上下册配合使用。

以上介绍的是甲骨文资料汇编的部分要籍,可供我们查阅原始资料,其中不少汇编附有释文或考释,利用更为方便。

除以上这些原始文献的汇集之外,还有对甲骨刻辞的分类重纂。日本岛邦男《殷墟卜辞综类》(1967 年出版),将 1967 年以前问世的甲骨文汇辑书籍六十三种所提供的刻辞予以分解,以一百六十四个部首统摄三千三百二十二个甲骨文单字,以三千三百二十二个单字统摄卜辞正文,为研究者检索甲骨辞例提供了莫大方便。1989 年姚孝遂、肖丁主编的《殷墟甲骨刻辞类纂》是与岛邦男《综类》同一性质的专书,但资料大大丰富,该书以一百四十九个部首统摄四千六百一十五个单字,以四千六百一十五个单字统摄二十余万条甲骨刻辞,集九十年出土甲骨材料大成,是目前检索甲骨文辞例的较完备的工具书。

在释字方面,以《甲骨文编》、《古文字类编》、《甲骨文字集释》、《甲骨文字字释综览》、《甲骨文字诂林》较为重要。《甲骨文编》初编本 1934年哈佛燕京学社出版,孙海波编著,收可识之字一千零六个,合文一百五十六组,附不可识字一千一百一十个。1964 年中国科学院考古研究所邀请唐兰、商承祚、于省吾、张政烺、陈梦家、孙海波等共同商讨改编体例,仍由孙海波编纂为改订本,内容大大增益。1965 年中华书局出版。本书依《说文解字》分别部居,《说文》所无者附于各部之后,正编收已识之字一千七百二十三字,未识字或已经考释而未被公认之字二千九百四十九字列为附录,合计四千六百七十二字。甲骨文中所见之字大体齐备。各字之下汇同文异体之字,一一注其出处。对于不同解释,兼存异说。有关考证的卜辞辞例,酌予摘引。对形体、义项、用法及《说文》误说间附案语说明。为较常用的甲骨文字字典。高明《古文字类编》1980 年由中华书局出版,该书以甲骨文、商周金文、战国文字、秦篆列为上下四栏,相互对照,收单字三千零五十六个,合文三百零四条,徽号文字五百九十八个。每种字形注明出处。对研究文字形体演变颇为方便。徐中舒主编的《甲骨文字典》(1989年四川辞书出版社出版),李学勤认为"广博精审"(《甲骨学一百年的回顾与前瞻》)。李孝定《甲骨文字集释》(1965年出版),日本松丸道雄、高岛谦一《甲骨文字字释综览》(1994年出版),于省吾主编《甲骨文字诂林》(1996年出版),都是汇集考释甲骨文字资料的大型工具书,尤其《诂林》,是集大成之作,对研究文字学极为方便。

甲骨文论著目录有宋镇豪、常耀华《百年甲骨学论著目》较完备。该书著录国内外甲骨学论著一万余种。1999年语文出版社出版。

(四)甲骨文的文献价值

甲骨文的主要价值有两方面,一是语言文字学价值,二是殷商史研究价值。

1. **语言文字价值**。在甲骨文发现以前,研究古文字主要依赖东汉许慎《说文解字》,《说文解字》提供的是秦统一中国后实行的小篆字体。许慎对文字形体构造的解说也只能以小篆为依据,自然会有错误。甲骨文的发现,由于提供的文字材料极其丰富(比金文材料多而且时代清楚),使我们能看到比小篆早一千数百年的系统的汉字字形四千多个,借助《说文》小篆、两周金文以及卜辞辞例,可以认识甲骨文字约三分之一,其中见于《说文》的千余个。《说文》所无之字,大大丰富了古文字的数量。《说文》已有之字,则可加以对照研究,纠正许慎解说的错误。例如"十"字,《说文》云:"数之具也。一为东西,丨为南北,则四方中央备矣。"但是甲骨文"十"字作"丨",说明十字的早期字形不作"十",许慎的解释不可信。胡厚宣《五十年甲骨文发现的总结》一书中说:"由于甲骨文的发现和研究,使我们晓得,《说文解字》一书,至少有十分之二三,应该加以订正。"甲骨文的发现,为世人提供了距今三千多年的象形文字汉字系统,在整个人类文字史上,其意义都是伟大的。

2. **殷商史研究价值**。在甲骨文发现以前,关于商代历史,我们主要靠《史记·殷本纪》来了解。但《殷本纪》是否可信,一直是个问题。甲骨文发现以后,王国维首先利用甲骨文资料系统考证殷商史,从考证帝王统系入手,写出划时代的《殷卜辞中所见先公先王考》和《殷卜辞中所见先公先王续考》,证明《史记·殷本纪》所记商代帝王世系与甲骨文的记载基本吻合,从而确认《史记·殷本纪》是"实录"。王氏在《古史新证》中也说:"《史记》所述商一代世系,以卜辞证之,虽不免小有舛驳,而大致不误。"李学勤《甲骨学一百年的回顾与前瞻》(载《文物》1998 年第 1 期)说:"这一重大发现以不容辩驳的证据填补了古史的空白。对于我国绵延久远的历史,曾有种种怀疑否定的论点,例如 19 世纪晚年,有名考古学者德摩根在其《史前人类》中,便断言中国文明只能上溯到公元前 7、8 世纪,与其后国内提出的'东周以上无史'论相合。甲骨的发现和殷墟发掘,一下子恢复了一大段古史。"从大的方面说,甲骨文证明《史记·殷本纪》为信史,但王国维同时也说《殷本纪》"不免小有舛驳",可知甲骨文又可纠正传世文献的错误。这里我们举王国维《殷卜辞中所见先公先王考》"王亥"一节以示例:

卜辞多记祭王亥事,《殷虚书契前编》有二事:曰"贞奠于王亥"(卷一第四十九叶),曰"贞之于王亥卌牛辛亥用"(卷四第八叶)。《后编》中又有七事:曰"贞于王亥求年"(卷上第一叶),曰"乙巳卜□贞之于王亥十"(下阙,同上第十二叶),曰"贞奠于王亥"(同上第十九叶),曰"奠于王亥"(同上第十三叶),曰"癸卯□贞□□高祖王亥□□□"(同上第二十一叶),曰"甲辰卜□贞来辛亥奠于王亥卌牛十二月"(同上第二十三叶),曰"贞登王亥羊"(同上第二十六叶),曰"贞之于王亥□三百牛"(同上第二十八叶)。《龟甲兽骨文字》有一事:曰"贞奠于王亥五年"(卷一第九叶)。观其祭日用辛亥,其牲用五牛、三十牛、四十牛乃至三百牛,乃祭礼之最隆者,必为商之先王先公无疑。案《史记》《殷本纪》及《三代世表》商先祖中无王亥,惟云:"冥卒,子振立。振卒,子微立。"《索隐》:"振,《系本》作核。"《汉书·古今人表》作核。然则《史记》之振当为核或垓字之讹也。《大荒东经》曰:"有困民国,句姓而食。有人曰王亥,两手操鸟,方食其头。王亥托于有易、河伯仆牛。有易杀王亥,取仆牛。"郭璞注引《竹书》曰:"殷王子亥宾于有易而淫焉,有易之君绵臣杀而放之。是故殷主甲微假师于河伯以伐有易,克之,遂杀其君绵臣也。"(此《竹书纪年》真本,郭氏隐括之如此)今本《竹书纪年》:帝泄十二年,殷侯子亥宾于有易,有易杀而放之。十六年,殷侯微以河伯之师伐有易,杀其君绵臣。是《山海经》之王亥,古本《纪年》作殷王子亥,今本作殷侯子亥。又前于上甲微者一世,则为殷之先祖冥之子、微之父无疑。卜辞作王亥,正与《山海经》同。又祭王亥皆以亥日,则亥乃其正字。《世本》作核,《古今人表》作垓,皆其通假字。《史记》作振,则因与核或垓二字形近而讹。夫《山海经》一书,其文不雅驯,其中人物世亦以子虚乌有视之。《纪年》一书亦非可尽信者。而王亥之名竟于卜辞见之,其事虽未必尽然,而其人则确非虚构可知。古代传说存于周秦之间者,非绝无根据也。

王国维根据卜辞中祭祀王亥之礼特别隆重,判定为殷之先公先王。王氏又据《山海经》郭璞注引古本《竹书纪年》证明殷王子亥比上甲微高一世,应即《史记·殷本纪》"振卒,子微立"之振。又据唐司马贞《索隐》"振,《系本》作垓"、东汉班固《汉书·古今人表》振作垓,证明作亥、核、垓是,而作振是形近之误。又据祭礼用亥日,证明作亥是正字,而核、垓为同音假借。除以上考证之外,王氏还进一步认为:"《楚辞·天问》'该秉季德,厥父是臧,胡终弊于有扈,牧夫牛羊',又曰'恒秉季德,焉得夫朴牛',该即胲,有扈即有易,朴牛亦即服牛。"王氏主张《天问》中的该即卜辞与《山海经》中的王亥,牧牛、朴牛,即《山海经》之仆牛。盖谓驯服牛,使为人用。假如没有卜辞关于王亥的确切记载,我们要拿《山海经》及郭璞引《竹书纪年》关于王亥、殷王子亥、殷主甲微的记载去纠正《史记·殷本纪》"振"的讹误,是缺乏说服力的,因为确如王国维所言,《山海经》是"文不雅驯"的神话传说。有了卜辞作支撑,《山海经》及郭璞引《竹书纪年》有关资料才可与史联系起来,而《纪年》中有王亥与上甲微的关系,可帮助确认王亥即上甲微之父振,这样才可确认《系本》、《古今人表》提供"振"的异文核、垓与亥音同,然后才能确认振是核或垓的形误。可见,卜辞中关于王亥的记载是解决问题的关键。这不仅是考证商代历史的范例,也是校勘古籍的范例。

王氏还根据卜辞证明《史记·殷本纪》"微卒,子报丁立。报丁卒,子报乙立。报乙卒,子报丙立。报丙卒,子主壬立。主壬卒,子主癸立"一段,报丁、报乙、报丙的世次应作报乙、报丙、报丁。主壬、主癸本作示壬、示癸。又《殷本纪》以太戊为中宗,王氏据卜辞"中宗祖乙牛吉"六字残片证明《太平御览》卷八十三引《竹书纪年》"祖乙胜即位,是为中宗"的记载是正确的,中宗当为祖乙,而《史记·殷本纪》以太戊为中宗的记载是错误的,古今《尚书》家以太戊为中宗的说法也是错误的。又《史记》以祖乙为河亶甲子,王氏据卜辞证明祖乙为中丁子,非河亶甲子。这些都说明,卜辞不仅可以补史书之空白,证史书某一部分之可信,而且还可以纠史书之误讹,其在殷商史研究中的价值显而易见。

王国维的方法,他自己作了归纳:"吾辈生于今日,幸于纸上之材料外,更得地下之新材料,由此种材料,我辈固得据以补正纸上之材料,亦得证明古书之某部分全为实录,即百家不雅驯之言,亦不无表示一面之事实。此二重证据法,惟在今日始得为之。"(《古史新证》)这就是著名的"二重证据法"。陈寅恪《王静安先生遗书序》更简要地归纳为"取地下之实物与纸上之遗文互相释证"。这种方法在王国维以前的金石学领域已经存在,但系统自觉地运用乃自王国维始。这种方法至今仍为学术界行用。王氏自觉总结这种方法,直接源于甲骨文的发现。所以甲骨文的发现,不仅为考史提供了新材料,而且引起治学方法上的进步,其意义与影响是极其深远的。

二、金文文献

(一)金文的出土

金文主要指镂刻或熔铸在青铜器上的文字。以使用青铜器为标志的时代被称为青铜时代,全世界大都经历了青铜时代,青铜时代上继铜石并用时代,下接铁器时代。大约在公元前4000年初,伊朗南部、土耳其、美索不达米亚一带就开始使用青铜器。

我国公元前21世纪开始使用青铜器,到公元前5世纪止,相当于夏、商、周三代。商代中期开始有铭文,大都较短。西周时期有铭文者多而且铭文长,著名的《毛公鼎》腹内有铭文三十二行四百七十九字,又重文九,合文九,总计四百九十七字(参王世民、陈公柔、张长寿《西周青铜器分期断代研究》,1999年文物出版社排印本,第47页),是现存铭文最长的一件青铜器。东周时期有铭文者减少,铭文变短,战国晚期铭文多为物勒工名,字数更少,这时冶铁技术已产生并普及,青铜时代最终被早期铁器时代所取代。

中国青铜器的重要特点在于大量的青铜礼器、乐器,这些青铜礼器、乐器主要用于贵族的祭祀、朝聘、宴飨、丧葬等礼仪活动,是权力与地位的象征,极为重要。《左传·宣公三年》:"楚子伐陆浑之戎,遂至于洛,观兵于周疆。定王使王孙满劳楚子。楚子问鼎之大小轻重焉。对曰:在德不在鼎。昔夏之方有德也,远方图物,贡金九牧,铸鼎象物,百物而为之备,

使民知神奸,故民入川泽山林,不逢不若,螭魅罔两,莫能逢之,用能协于
上下,以承天休。桀有昏德,鼎迁于商,载祀六百。商纣暴虐,鼎迁于周。
德之休明,虽小,重也。其奸回昏乱,虽大,轻也。天祚明德,有所底止,成
王定鼎于郏鄏,卜世三十,卜年七百,天所命也。周德虽衰,天命未改,鼎
之轻重,未可问也。"传说夏禹铸九鼎,《史记·武帝本纪》:"禹收九牧之
金,铸九鼎,象九州。"因此九鼎是国家权力的象征。失去鼎也就意味着
失去国家最高权力,楚庄王问鼎的"大小轻重",用心是极为明白的,所以
王孙满理直气壮地予以驳斥:"周德虽衰,天命未改,鼎之轻重,未可问
也。"九鼎的分量也就不同寻常,它早已超过了自身的重量,成了一种至
高无上的力量。"定鼎"、"问鼎"这两个常见的词也就来源于《左传》的
这则故事。由于礼器如此重要,所以贵族往往用来随葬,以便到来世继续
掌握原来的大权,拥有生前的地位。而当受到外来突然侵略,来不及转移
礼器时,往往挖地窖把礼器集中隐藏起来。所以在商的统治中心河南安
阳殷墟,周的统治中心陕西周原遗址和丰镐遗址,出土青铜器特别集中,
数量远较其他地区丰富,层次也远较其他地区高。例如周原遗址(位于
陕西扶风、岐山两县的北部)从1890年到1981年发现窖藏青铜器近三十
起计铜器千余件。制作时代为西周中晚期,专家推测是平王东迁时埋
藏的。

　　由于青铜器埋于地下,水冲、施工或农耕都有可能露出来,至少从汉
代已有青铜器出土。《史记·武帝本纪》:"其夏六月中,汾阴巫锦为民祠
魏脽后土营旁,见地如钩状,掊视得鼎。鼎大异于众鼎,文镂毋款识,怪
之,言吏。吏告河东太守胜,胜以闻。天子使使验问巫锦得鼎无奸诈,乃
以礼祠,迎鼎至甘泉。"《汉书·武帝纪》元鼎四年"六月,得宝鼎后土祠
旁。秋,马生渥洼水中。作《宝鼎》、《天马》之歌"。汉武帝的年号"元
鼎"即因得宝鼎于汾阴而改(详参《资治通鉴》卷二十《汉纪》十二"元鼎
元年"下《考异》)。这次所得宝鼎没有款识(唐颜师古曰:"款,刻也。
识,记也。"款识即铭文)。汉宣帝时美阳(故城在今陕西武功城西南)得
鼎,有铭文。《汉书·郊祀志》:"是时,美阳得鼎,献之。下有司议,多以
为宜荐见宗庙,如元鼎时故事。张敞好古文字,案鼎铭勒而上议曰:'臣
闻周祖始乎后稷,后稷封于斄,公刘发迹于豳,大王建国于郊梁,文武兴于
丰镐。由此言之,则郊梁丰镐之间周旧居也,固宜有宗庙坛场祭祀之臧。
今鼎出于郊东,中有刻书曰:"王命尸臣:官此栒邑,赐尔旂鸾黼黻雕戈。

尸臣拜手稽首曰：敢对扬天子丕显休命。'臣愚不足以迹古文，窃以传记言之，此鼎殆周之所以褒赐大臣，大臣子孙刻铭其先功，藏之于宫庙也。'"张敞根据出土地点和铭文断定这是周代之物。东汉许慎《说文解字序》："郡国亦往往于山川得鼎彝，其铭即前代之古文。"北宋初，欧阳修搜集金石拓本，装裱成轴，多至千卷，一一亲题某碑卷几，总名《集古录》。其中加有跋尾四百余篇（内铜器二十件，余为碑拓），辑为《集古录跋尾》（又名《集古录》，系省称）十卷，告其子欧阳棐曰："吾集录前世埋没缺落之文，独取世人无用之物而藏之者，岂徒出于嗜好之癖，而以为耳目之玩哉？其为所得亦已多矣。故尝序其说而刻之。又跋于诸卷之尾者二百九十六篇，序所谓可与史传正其阙缪者，已粗备矣。"（欧阳棐《集古录目记》）北宋刘敞知永兴军时，得先秦古器十一件，请人绘其图像，摹其铭文，刻成石碑，名《先秦古器图》（已佚），并在《先秦古器记》中提出"礼家明其制度，小学正其文字，谱牒正其世谥"的古器研究方向。欧、刘对于金文研究均具开辟之功。北宋李公麟博物精鉴，得一器捐千金不少靳，取平生所得及其闻睹者作为图状，名之曰《考古图》。宋徽宗喜书画古器，大观初，仿李公麟《考古图》作《宣和博古图》，凡所藏者为大小礼器，已五百有余。政和间内府所储多至六千数百余器（参宋蔡絛《铁围山丛谈》）。宋代又有吕大临《考古图》（成书于北宋元祐七年），著录官府及私人藏器二百三十四件，凡私人藏家三十八家，可知一时收藏风气颇盛。在这种风气下，古器物价格日升，凡颓堤废墓所出，纷纷云集公私藏家，而鉴赏研究亦渐成专门之学。元明两代金文研究消沉，至清代复大兴。乾隆间敕编《西清古鉴》、《西清续鉴甲编》、《西清续鉴乙编》、《宁寿鉴古》共著录内廷藏器四千余件。清中叶以来，私家藏青铜器及拓本者众多，研究成果大增，名家辈出。近世考古学从西方传入，安阳殷墟科学发掘以来，所出青铜器数量激增，各种考古发掘报告著录图影、款识指不胜屈。

　　青铜器之形制、纹饰均有时代风尚，并代表一定观念，可供历史研究者参证，但仍以有铭文者价值更大。金文文献伴随青铜器而出土，所以，专门汇集铭文者固为金文文献之正体，而诸家古器物图谱、图录亦同样保存金文资料，同样应视为金文文献。铭文不可以孤立研究，必须与铜器形制、纹饰互相参证，与出土地域、地层及同时出土遗物互相参证，方可得出正确的年代，而正确的年代才是探究铭文史料价值和文字价值的先决条件，这是必须注意的。到20世纪90年代初，出土的有铭文商周铜器已多达一万二千件以上,《殷周金文集成》收有铭铜器(包括少量金银铁器)一万一千九百八十三件,是迄今最丰富的金文总集。

(二)金文文献的汇集及考释

宋以来研究青铜器及石刻并旁及货币、玺印、玉器、简策等古代遗物的专门学问叫金石学,宋曾巩尝拟作《金石录》而未成,欧阳修《集古录》、赵明诚《金石录》下及清王昶《金石萃编》等均金石并载,不过大都以石刻文献所占比例较重,今但就专门汇集金文者择要介绍三十种,以备查检,并初见源流。欧、赵诸书则于石刻文献类另行介绍。

1.《考古图》十卷

宋吕大临撰。成书于宋元祐七年(1092)。收录当时官私藏器二百三十四器,皆依器形分类编排,摹绘图形、铭文,记其尺寸、重量、容量、收藏者、出土地等,并有一定考证。卷一至六收商周礼器一百四十三件,卷七收乐器十五件,卷八收玉器九件,卷九至十收秦汉器六十七件,这是明清以来通行本的数量。清钱曾《读书敏求记》谓尝从无锡顾氏得宋刻本,为季振宜借去未还,后归徐乾学,钱曾复从徐氏假归影钞一部。钱曾影钞本后归清内府,见《天禄琳琅书目》卷四。《四库提要》谓钱曾影钞本与通行本颇多出入,而以钱本为优。今宋本、钱曾影钞本不知何往,《四库全书》本当据钱钞本著录,宜珍视之。书中考释多引《李氏录》,即《铁围山丛谈》所述李公麟《考古图》。李氏博物好古,《宣和博古图》即仿李书而成,则吕大临此书多受李氏启发,当为事实。另有《续考古图》五卷,著录古器百件,不题撰人,《四库提要》考为南宋人续吕大临书。又《释文》一卷,系取铭文古字按《广韵》四声编次而成,其有异同,各为训释考证,所举古器皆在正编中,当亦吕大临所撰。吕氏《考古图》体例谨严,分类与考证多有可取,保存了宋代存世的许多青铜器图形、铭文、收藏、出土等资料,因此深为金石考古界所重。

2.《宣和博古图》三十卷

宋徽宗命王黼编撰。创始于大观初年,成书于宣和年间。收宋宫中宣和殿所藏商代至唐代铜器八百三十九件,依器分类,每类有总说,每器绘摹图形、铭文,附释文,记尺寸、重量与容量,间附出土地点、收藏家,对器名、铭文有简略考证说明。卷一至五为鼎、鼐,卷六至七为尊罍,卷八为彝舟,卷九至十一为卣,卷十二至十四为瓶、壶、爵,卷十五至十七为斝、觚、斗、卮、觯、角、敦,卷十八为簠、毁、豆,卷十九为鬲、镔,卷二十至二十一为盉、镶斗、冰鉴等,卷二十二至二十五为钟,卷二十六为磬,卷二十七为弩机、辕、辂等兵器、车具,卷二十八至三十为鉴。该书集中了宋代藏青铜器的精华,绘图精致,规模较大,保存了大量北宋末年存世的铜器器形、铭文等资料,所定器名如鼎、尊、罍、爵等多沿用下来,考证虽不无疏漏,但也多有可取,所以该书一向被认为是青铜器研究的重要著述。传世版本以元刻《至大重修宣和博古图录》三十卷为最早(天津图书馆、上海博物馆有藏),嘉靖七年蒋旸重刻本亦为世重。

3.《啸堂集古录》二卷

宋王俅撰。约成书于《宣和博古图》之后。上卷载鼎、尊、彝、卣、壶、爵、斝、觚、卮、觯,下卷载角、敦、簠、毁、印、镜、洗等,共三百四十五器,各器只收铭文摹本,并附释文。无图像及考证。铭文、释文常有删节。但摹刻较精,保存了不少宋代传世的金文资料。传本以 1922 年商务印书馆涵芬楼《续古逸丛书》影印宋淳熙刻本为佳。

4.《历代钟鼎彝器款识法帖》二十卷

宋薛尚功撰。成书于宋绍兴十四年(1144)。摹录铭文五百一十一器,除石鼓、秦玺、石磬、玉琥共十五件外,其余绝大部分为商周青铜器铭文。《四库提要》云:"所录篆文,虽大抵以《考古》、《博古》二图为本,而搜辑较广,实多出于两书之外。"又云:"至其笺释名义,考据尤精。……盖尚功嗜古好奇,又深通篆籀之学,能集诸家所长而比其同异,颇有订讹刊误之功,非抄撮蹈袭者比也。"传本以宋刻石本为最早且精,惜拓本罕见,现存宋拓残卷残叶分散于上海图书馆、社科院考古所、台湾中研院史语所等处。刻本则以明崇祯六年朱谋垔刻本为佳,朱氏序称:"《款识》则尚功手书,为山阴钱德平秘藏。神物流传,不专一氏,庚午夏月,客有持以示余。余喜出殊异,不惜重赀购之,而不欲私为己宝也,爰授梓人,公诸同好。"唯以石本相校,篆法仍不无失真之处。《四库全书》即据朱刻入录。至万历十六年万岳山人刻朱印本,则"讹舛最多,跋语亦删节不全"(阮元语)。嘉庆二年阮元据袁廷梼影钞旧本、自藏抄本与宋代石本、文澜阁写本互校重刊,亦为世重。

5.《宋王复斋钟鼎款识》一卷

宋王厚之撰。嘉庆七年扬州阮元积古斋刻本。版心上刻"宋王复斋钟鼎款识",下刻"积古斋藏宋拓摹刊"。阮元序云:"此册款识五十九种,为王顺伯复斋所辑……装成册而释之者也。……嘉庆七年,予得此册于吴门陆氏,加以考释,摹刻成书,更因诸跋所未及者略识之。"此册款识摹刻及释文均精。

6.《西清古鉴》四十卷《西清续鉴甲编》二十卷《西清续鉴乙编》二十卷《宁寿鉴古》十六卷

清乾隆敕撰。《西清古鉴》,梁诗正等编撰,创始于乾隆十四年,成书于十六年,二十年内府刊版,刻印极佳,后收入《四库全书》。是书收清宫藏商周至唐代铜器一千五百二十九件,仿宋《宣和博古图》,每卷首列器目,每器摹绘图像,次图说,注其方圆围径、高广轻重,模写铭文并附考释。书后另附钱录十六卷。本书所收不无伪器,容庚撰有《西清真伪存疑表》可资参考。又绘图、模篆均不无失真之处。乾隆五十八年王杰等又奉敕编成《西清续鉴甲编》二十卷《西清续鉴乙编》二十卷。《西清续鉴甲编》收清宫藏商周至唐铜器九百四十四件,又唐宋以后铜器、玺印等三十一件,共计九百七十五件。《西清续鉴乙编》收盛京(沈阳)清宫所藏商周至唐代铜器九百件。乾隆时期还敕编《宁寿鉴古》十六卷,收宁寿宫藏商周至唐代铜器七百零一件。此三种均未刊。《西清续鉴甲编》1910 年商务印书馆据清内府写本缩小影印。《宁寿鉴古》1913 年商务印书馆据清内府写本缩小影印。《西清续鉴乙编》1931 年北京古物陈列所据清内府写本缩小影印。以上四种合称《西清四鉴》,共著录铜器四千余件,这样庞大的青铜器图录无疑为研究我国古代青铜器提供了极为丰富的资料。原器除部分佚失外,现分藏台北故宫博物院、台北"中央博物院"、北京故宫博物院。

7.《十六长乐堂古器款识考》四卷

清钱坫撰。收商器七件,周器二十二件,秦器一件,汉器十五件,魏器一件,隋器一件,唐器二件,共四十九件。铭文均钩摹原文,较为逼真,考释精到。虽所收数量不大,但选择颇精,久为世重。传本以嘉庆元年九月自刻本为佳。

8.《积古斋钟鼎彝器款识》十卷

清阮元撰。收阮元积古斋自藏及友人孙星衍等所藏青铜器铭文拓片五百五十件(自序谓五百六十器),计商器一百七十三件、周器二百七十三件、秦器五件、汉晋器九十九件。每件据拓本或摹本刊版,附释文,并结合史事加以考证。阮氏此书是续宋薛尚功《历代钟鼎彝器款识法帖》而作,在清代收录考释青铜器铭文诸书中成书较早,水平亦较高。附有阮元《商周铜器说》上下两篇,论述铭文的史料价值及历代出土情况等,又《商周兵器说》一篇。此书由阮氏幕友朱为弼助编。有嘉庆九年阮元序,又有朱为弼序。传本以嘉庆九年阮氏刻本为佳。

9.《金石索》十二卷

清冯云鹏、冯云鹓兄弟撰。成书于嘉庆末。分《金索》六卷、《石索》六卷。所收金石图谱、文字除自藏外,还有友人黄易、叶志诜、桂馥等藏品,亦有取自前人著作者。每件器物大多摹有器形图像和铭文拓本,加有释文和考证,记器之来历及考释文字。《金索》卷一钟鼎之属(商至元),卷二戈戟之属(商至后梁)、量度之属(秦至元),卷三杂器之属(汉至元),卷四泉刀之属(三皇至元、外国),卷五玺印之属(秦至元),卷六镜鉴之属(汉至元、日本)。《石索》卷一至五碑碣之属(三代至元),卷六瓦砖之属(周至唐)。此书汇刻铜器、石刻及其他器物于一编,内容丰富,取材较为严格,在清代金石学著述中成书较早,颇为世重。有道光元年自写刻本。

10.《怀米山房吉金图》一卷

清曹载奎撰。收商周青铜器五十四件,秦汉铜器六件,共六十件。每器绘其图像,摹写铭文,各记器名、尺度、重量、铭文位置,并加释文。道光二十年刻石,钩摹甚精。咸丰中为太平军所毁,拓本传世稀少。近人陈乃乾尝据石本影印。

11.《筠清馆金文》五卷

清吴荣光撰。收商周铜器铭文二百三十九件、秦汉唐铜器铭文二十八件,共计二百六十七件。各附考释。欲以补正《积古斋钟鼎彝器款识》。初由龚自珍、陈庆镛助编。复经作者与瞿树振核订。释字训读,时有精义,唯过求新异,误释颇多。孙诒让《古籀拾遗》三卷即校正薛尚功、阮元、吴荣光三书者。杨树达《积微居小学述林》内有《谈筠清馆金文》一篇,评论此书优劣,足资参考。本书传本以道光二十二年自刻本为佳,书名《筠清馆金石文字》,唯石文未刊,杨守敬重刊时改为《筠清馆金文》。

12.《长安获古编》二卷

清刘喜海撰。刘氏收藏金石拓本五千余种,辑《金石苑》一百二十一卷(稿本六十三册,藏北京图书馆),为清中叶著名金石学家。道光十八年辑刻《清爱堂家藏钟鼎彝器款识法帖》一卷,仿薛尚功例,收铜器铭文三十五件。此《长安获古编》收商周青铜器四十三件，秦汉及唐器三十六件，杂器四十二件，共一百二十一件，各记器名，绘刻图像，摹录铭文，无释文考证及重量尺寸。刘氏生前刊刻未成，至光绪三十一年始由刘鹗补刻成书。

13.《从古堂款识学》十六卷

清徐同柏撰。收各家藏铜器款识三百六十五件，以藏家为次序，其中有重出，实三百五十一器。每器摹铭文，附考释。刘节云："嘉道之间考订金文有心得者，学者皆推徐同柏，其所为《从古堂款识学》，全书虽刊行甚晚，而其说先已为吴氏《攈古录金文》所采择。"（《中国金石学·绪言》，载《图书季刊》民国二十三年第一卷第二期）有光绪十二年石印本。

14.《攈古录金文》三卷九册

清吴式芬撰。收商周铜器铭文一千三百三十四器，各附释文，间附考释并采徐同柏、陈介祺、朱善旂、许瀚等人之说。全书依器分类，每类依铭文多少排列先后，属于创例，为后来许多汇集金文者所仿效。吴式芬卒于咸丰六年，书未撰定，由其子重熹于光绪七年付刊。书中铭文由其孙吴嶟手摹上版，十分逼真。此书网罗金文丰富，在阮元、吴荣光二家之后，新出金文大都收入，且作者为金石学大家，长于文字训诂，故考释亦精。吴氏又有《攈古录》二十卷，著录商代至元代器物一万八千余种，并注明藏家，为清代金石目录书中网罗最富者。《攈古录金文》所录各器之来源即见《攈古录》中。孙诒让《古籀余论》对此书有校订。

15.《簠斋吉金录》八卷

清陈介祺藏，民国邓实、褚德彝辑。陈介祺是清代著名金石学家，古器物收藏之富，一时无匹。所藏铜器以毛公鼎为最富盛名。陈氏又善墨拓，传世精拓墨本颇多。此书系近人邓实得陈氏墨本汇印而成，共收陈氏所藏商周秦汉铜器及钱范、造像等三百八十九器，仅是陈氏藏器之一部。刘节谓较江标刻《簠斋藏器目》则增出一百二十六器（《中国金石学·绪言》）。有民国七年邓氏风雨楼影印本。

16.《两罍轩彝器图释》十二卷

清吴云撰。咸丰间吴氏尝集家藏石刻彝器四十四件刻《二百兰亭斋金石记》四卷。此书则删去石刻五种，增入新获铜器，共得商器十九件、周器四十件、秦器一件、汉器四十二件、魏晋以下器八件，计一百一十件。每器绘其图像，摹其铭文，并记大小重量，考释文字。图像改双钩为实笔，更逼真。同治十一年自刻本,摹刻颇精。

17.《攀古楼彝器款识》二卷

清潘祖荫撰。同治中潘氏官京师,每得古器,与王懿荣、张之洞、吴大澂等相互商榷。此书收诸氏藏商周青铜器五十件,吴大澂绘图,王懿荣楷书,周悦让、张之洞、王懿荣、吴大澂、潘祖荫考释。数量不多,而精到过人。潘氏藏青铜器甚富,此书仅取十之一二。同治十一年潘氏刻本。

18.《恒轩所见所藏吉金录》二册

吴大澂撰。此书仿《长安获古编》,收吴氏自藏及当时藏家潘祖荫等所藏青铜器一百三十三件,计商周器九十五件、兵器二件、秦汉以后器三十六件。吴氏手自摹录文字、绘其图像。无考释及尺寸重量等项,唯《盂鼎》有释文。书辑于同治十一年。光绪十一年始刊行。

19.《愙斋集古录》二十六册

清吴大澂撰。此本收金文拓本一千一百四十四器,其中商周器一千零四十八件、秦器十九件、汉器七十六件、晋器一件。陈公柔说:"有的器、盖分列为二,又有重出和漏目者,实收数约为一千零二十六器。拓本的数量可与《捃古录金文》相比,而墨拓之精良和甄选考释之确当则又超过。"(《中国大百科全书·考古学卷》"吴大澂"条)因吴氏患病,全书未能完稿,考释或有或无。后由其门人王同愈整理成书,于民国七年由商务印书馆涵芬楼影印行世。其考释金文遗稿,被辑为《愙斋集古录释文剩稿》二卷,民国十年涵芬楼重印《愙斋集古录》时附印于后,共二十八册。

20.《缀遗斋彝器款识考释》三十卷

清方浚益撰。是书创始于同治八年,至光绪十七年重订目录,光绪二十年编录清稿,二十五年浚益去世,书尚未成。1928年经其孙方燕年整理,1935年由商务印书馆涵芬楼影印出版。全书收商周金文及陶文拓本一千三百八十二件,皆据原拓钩摹,各附释文、考证。摹文精确,考释翔实,于人物、职官、地理及文字通借尤征引详博,于前人著述如阮氏《积古斋钟鼎彝器款识》等亦有订正。前有《彝器说》三卷,上篇考器,中篇考文,下篇考藏,通辨源流正变。此书印行后,容庚曾以马衡藏是书草稿(现藏北京大学)校对印本,发现缺佚,嗣与方燕年同校,计增出三百五十一器,但未印行。合已印部分,总计收一千七百三十三器。此书历时三十余年,网罗青铜器铭文之富,在吴式芬《捃古录金文》、吴大澂《愙斋集古录》之上,在清人汇辑考释金文诸书中实属难得。

21.《匋斋吉金录》八卷《续录》二卷附《补遗》

清端方撰。端方在清末为一大收藏家，图书金石陶器甲骨无所不藏。此书正编收商周至六朝隋唐时期的青铜礼器、兵器、权、量、造像等三百五十九件，续录收八十件，补遗收八件。每器绘图，附铭文拓本，并记大小尺寸。原有释文四卷，已佚。刘节说："端氏所藏金石器物之属足与潍县陈氏媲美，《匋斋吉金录》辑于光绪戊申，图绘之精，内府诸书所不及也。"（《中国金石学·绪言》）正录光绪三十四年石印本八册，续录宣统元年石印本二册。

22.《三代吉金文存》二十卷

罗振玉编。此书由其子罗福颐助编。收家藏商周金文拓本四千八百三十一种，依器形分类，每类依铭文字数多少排列。1937 年依原拓本影印，印刷甚精。此系青铜器铭文集大成之作。无释文，无器形图像，使用有所不便。日本林巳奈夫编有《三代吉金文存器影对照目录》（1967 年东京出版），把《三代吉金文存》所收各拓本的原器图像资料出处注记于目录内，便于查考图像。罗振玉在《三代吉金文存》以前还辑有《贞松堂集古遗文》十六卷（1930 年石印）、《补遗》三卷（1931 年石印）、《续编》三卷（1934 年石印），三种共收二千二百三十器（其中四百二十种为秦汉以后器铭），皆摹写石印，附有考释。正编所收系《捃古录金文》、《愙斋集古录》等前人著录书中未收者。可与《三代吉金文存》合观。

23.《两周金文辞大系图录考释》

郭沫若撰。本书出版过程据作者 1956 年增订序记云："《两周金文辞大系》初版以 1932 年 1 月印行于日本。其后二年，1934 年秋，汇集铭文拓本、摹本或刻本，并尽可能附入器形照片或图绘，而成《两周金文辞大系图录》。又其后一年，别成《两周金文辞大系考释》，于文辞说解加详，于是初版遂作废。"1956 年作者对此书进行了修订，自云："拓本多经选择更易，务求鲜明。摹本刻本凡能觅得拓本者均已改换。器形图照亦略有增补，而于著录书目则增补尤详。"这个增订本 1957 年列入《考古学专刊》甲种第三号由科学出版社出版，作者定名为《两周金文辞大系图录考释》。是书收西周青铜器二百五十件，按王世排列；东周青铜器二百六十一件，按国别排列，共三十二国。全书分图编、录编、释编，依次为器形图片、铭文拓本、铭文考释。作者首先选定从铭文可确知其年代的青铜器，作为标准器，然后以标准器铭文的人名事迹、文辞体裁、文字风格和标准器的形制花纹为依据,去系联那些不能从铭文断代的青铜器,从而为更多的青铜器断代创立了标准器比较法,为科学地利用青铜器铭文考史创造了先决条件,这是金文研究史上的重大突破。

24.《善斋吉金录》二十八册

刘体智撰。收刘氏所藏古器五千七百二十八件,分为十录,计乐器四十一、礼器五百九十一、古兵一百二十、度量衡五十五、符牌六十五、玺印一千五百八十七、泉布二千七百二十二、泉范七十三、镜三百一十八、梵像七十、任器八十六。各器摹绘图像及铭文拓本,记录尺寸,间有考证。1934 年石印本。容庚从中选出一百七十五器(商周青铜器一百六十八件、秦汉以后器七件)辑为《善斋彝器图录》三册,收图像、铭文,附释文、尺寸,略有诠释。1936 年影印出版。

25.《小校经阁金文拓本》十八卷

刘体智撰。收刘氏藏金文拓本六千四百五十六器,计乐器一百三十五、烹饪器七百三十九、酒器一千四百一十二、食器七百九十七、水器一百五十一、兵器三百一十四、其他杂器二千九百零八。每器附有释文。网罗甚富,唯鉴别不精。1935 年以拓本影印。

26.《商周金文录遗》

于省吾撰。收其前未经著录的商周铜器铭文拓本六百一十六种,旨在补罗振玉《三代吉金文存》。无考释。1957 年科学出版社出版。

27.《美帝国主义劫掠的我国殷周青铜器集录》

陈梦家撰。陈氏游美期间于各博物馆、大学、古物商店所见中国青铜器,均拍照图像,记其尺寸,附其铭文,并考其来源,汇成此书。共收商周青铜礼器八百四十五件,对同类礼器作分型编排,是第一部对青铜礼器分型研究的专书。1963 年科学出版社出版,未署撰人。

28.《商周金文集成》

邱德修撰。收商周金文拓本、影印本、摹本八千九百七十四件,按器形分五十六类,每类按铭文字数多少排列先后。部分铭文附有原器器形或花纹。末附引得。1983 年台湾五南图书出版公司出版,共十册,第十册为引得。严一萍《金文总集》后记中指出本书有误二器为一器者,有非商周两代之器而收入者,有非金文之玉刻、石刻而收入者。邱氏又撰《商周金文总目》二册、《商周金文新收编》三册、《商周金文集成释文稿》五册,均由台湾五南图书出版公司印行。

29.《金文总集》

严一萍撰。收金文拓本及摹本八千余器,所收资料止于1983年。依器形分五十六类,铭文之外尽可能收有原器图像及纹饰。每器之下注明见于何书或杂志,颇便查核。1983年12月台湾艺文印书馆出版,共十册。浙江古籍出版社有翻印本。

30.《殷周金文集成》

中国社会科学院考古研究所编著,编辑组由王世民主持,陈公柔负责全书学术审定。该书编辑组成立于1979年,历十年才完成主体部分铭文集录,1994年由中华书局出齐,共十八册。另有释文、索引、图像部分尚未出版。铭文部分共收殷周金文一万一千九百八十三件(兼有少量铅器、金银器、铁器铭文)。其中二千一百零九件未见著录。全书采用原拓制版者八千六百零三件。各册有铭文说明,记字数、时代、著录情况、出土地、现藏单位、拓片来源等,又有引用书目。该书著录之富、鉴别之精、采用原拓制版之多、铭文说明之具体可靠,都是无与伦比的,是迄今最好的金文汇集,无愧"集成"之名。

以上介绍的三十种要籍都是汇集或收录金文文献的,我们要查找铭文及铭文考释以及器形、纹饰等,主要应依赖这些书籍。

至于金文字典,则以容庚《金文编》最有影响。该书是受清代吴大澂《说文古籀补》的影响而撰写的,初版于1925年,1938年补订重版,1959年由科学出版社出版校补本,晚年在马国权、张振林协助下继续增订,1983年容庚去世,书由张振林完成,新版1985年由中华书局出版。最后定本正文收可识之字二千四百二十字,附录收尚不能确认之字一千三百五十二字。金文依《说文》部首排列,《说文》所无附列各部之末。每字之下列出各种金文字形,并一一注明出处。该书采用的铭文有三千九百零二件,皆据拓片或照片审文识字,间采众说。《说文》之误,随时纠正。周法高主编的《金文诂林》(1974年香港中文大学出版)则主要依据《金文编》,仿丁福保《说文解字诂林》,于各金文字形下附加铭文文句,汇集诸家考释而成,也是一部较实用的金文字典。就日常查找金文字形来说,高明《古文字类编》和徐中舒主编《汉语大字典》亦较为方便。

关于金文著录、考释、研究资料的目录、索引,以孙稚雏《金文著录简目》、《青铜器论文索引》(分别于1981年、1986年由中华书局出版)为较方便。《简目》以有铭文的青铜器为主条目,分五十六类,每类依铭文字数多少排序,每器下注出资料出处。这些出处主要是专书。如鼎类,最后一条是字数最多的"毛公鼎"条,下注:四百九十七字。又注:《从古》十六·八、《据古》三之三·五十一、《愙斋》四·二等三十二条出处。《从古》十六·八即《从古堂款识学》卷十六第八页。《据古》三之三·五十一即《据古录金文》卷三之三第五十一页。《愙斋》四·二即《愙斋集古录》卷四第二页。《索引》则是依青铜器及铭文研究的内容分类编排,分概述、报导、文字、考释、器物、玺印、货币、其他、述评、后叙十部分。其中报导按省市自治区分。考释铭文,商及西周依时代先后,东周依地区国别。都可看出与《简目》的互补关系。而《索引》注重报刊杂志发表的论著,尤为《简目》所不及。所以《简目》、《索引》配合利用,颇为方便。

(三)金文文献的学术价值

我们这里所说的金文文献限于青铜器铭文。其他金属上的铭文暂不涉及。金文文献的学术价值主要有三个方面:

1. **语言文字资料**。金文出现约在商代中期,郑州市白家庄出土饕餮纹罍上及北京市平谷县刘家河出土鼎和爵上皆有"龟"字,年代都早于殷墟甲骨文。金文下限则断自秦灭六国,与秦统一中国时所用小篆相接。其间约历一千二百多年(参《中国大百科全书·语言文字卷》张政烺"金文"条)。商周时期的金文数量,容庚《金文编》增订四版正文收可识之字二千四百二十字,附录收待确定之字一千三百五十二字,共计三千七百七十二字,这个数目接近商周金文总数。商代文字仍以甲骨文为代表(其数目有四千余字,可识者约三分之一),但商代中后期的金文与甲骨文是相通的,殷墟五号墓出土器物上的"妇好"即见于甲骨文。只是青铜器当中商器的确认有一定难度,这方面的成果还不够多。至于周代汉字,无疑以金文为代表,尤其是西周至春秋的文字。战国文字材料除列国金文外,又有钱币文字、玺印文字、封泥文字、陶文、石刻文字、战国简帛等,比较复杂。李学勤先生说:"指出一个古文字相当后世某字,应当尽可能说明其间的联系,也就是该字自古至今形体演变的脉络,这种演变次第的阐明,可以揭示文字结构发展的规律,对文字学有重要意义。"(《古文字学初阶》第 69 页)因此,金文在研究汉字发展脉络和规律中的举足轻重的作用,是显而易见的。过去研究古文字是以《说文解字》为经典的,这部书博大精深,至今仍是研究文字学的出发点。杨树达《积微居金文说》指出："从来考释彝铭者,莫不根据许氏《说文》以探索古文。余今所业,除少数文字根据甲文铭文外,大抵皆据《说文》也。"但是,甲骨文、金文等古文字资料大量出土后,《说文》的某些误说也就显露出来,毕竟许慎据以立说的是小篆,而甲骨文、金文、战国文字都比小篆早,探究汉字的造字之本,自当以原始字形为依据,字形越早,所存汉字的原始结体形态也就越多,所以前人早已注意到根据金文可以纠正补充《说文》,清代吴大澂《说文古籀补》凡例指出："古器所见之字有与许书字体小异者……可见古圣造字之意,可正小篆传写之讹。"光绪十年陈介祺为此书作序亦指出："今世无许书,无识字者矣,非古圣之字,虽识犹不识矣。今世无钟鼎字,无通许书字、正许书字、补许书字者矣。"陈介祺的观点尤为通达平允。《说文古籀补》以《说文》小篆为顺序,小篆下罗列金文,注出何器,并加解说。石鼓、古币、古玺、古陶文一并入录。容庚《金文编》实仿此书,唯仅收商周金文而已。由此可见,三千七百七十二个金文,加上二万零四百八十九个重文(均依《金文编》增订四版),是古汉字的庞大字库,是文字学的宝贵财富,对我们认识古汉字的面貌、研究汉字的演变发展、探究古字古义,有着无可估量的价值。

　　另外,青铜器铭文有些是押韵的,韵文是研究音韵学的重要材料,王国维曾据以作《周代金石文韵读》,自序云："古韵之学自昆山顾氏而婺源江氏、而休宁戴氏、而金坛段氏、而曲阜孔氏、而高邮王氏、而歙县江氏,作者不过七人,然古音廿二部之目遂令后世无所增损。……原斯学所以能完密至此者,以其材料不过群经诸子及汉魏有韵之文,其方法则皆因乎古人用韵之自然,而不容以后说私意参乎其间。其道至简,而其事有涯。……惟昔人于有周一代韵文,除群经、诸子、《楚辞》外,所见无多。余更搜其见金石刻者,得四十余篇。其时代则自宗周以讫战国之初,其国别如杞、鄫、邾娄、徐、许等,并出国风十五之外,然求其用韵,与三百篇无乎不合。故即王江二家部目谱而读之,非徒补诸家古韵书之所未详,亦以证国朝古韵之学之精确无以易也。"(《观堂集林》卷八)(泽逊按:此较原书卷前序有润色。又鄫字《集林》作鄬,今依原序)《诗经》等韵文在历经无数次传写刊刻之后,难免讹舛,而出土青铜器则保留了当日原貌,从这个意义上讲,青铜器铭文中的韵文资料对研究古韵来说更为可靠。这方面似乎还有进一步加强的余地。至于青铜器铭文作为商周时期的文章,多至万余条,每条有长至四百九十余字者(如《毛公鼎》、《叔弓镈》),对我们研究商周时期的文法也是了不起的原汁原味的材料。管燮初撰《西周金文语法研究》就是这方面的成果。

2. 释读及考订传世文献的佐证。金文资料有助于我们正确释读纸面文献(如《尚书》、《诗经》等),这种例子也屡见前人撰述。例如《尚书·洛诰》说:"王命作册逸祝册。"又说:"王命周公后,作册逸诰。"伪孔安国传解释后一句云:"王为册书,使史逸诰伯禽封命之书。"唐孔颖达疏解释前一句云:"王命有司作策书,乃使史官名逸者祝读此策。"又解后一句云:"王为策书,亦命有司为之也。上云作策,作告神之策。此言作策,诰伯禽之策。"总之,以"作册"为制作策书,即起草诰命。但金文中"作册"常见,实为官名。如《暌卣》:"公锡作册暌鬯贝,暌扬公休,用作父乙宝尊彝。"《作册卣》:"作册□作父辛尊。"《詈卣》:"王姜命作册詈安夷伯,夷伯宾詈贝布。"(于省吾曰:宾犹今言馈敬。)《丰鼎》:"王商作册丰贝。"(商,读为赏)(以上四例均采自《双剑誃吉金文选》)在这些铭文中,"作册"后面的一个字显是人名,作册是官名,二者只能连读。《洛诰》的"王命作册逸祝册"和《詈卣》的"王姜命作册詈安夷伯"句式完全相同。因此,把"作册"释为"为册书"、"作策书",视为一般语词,而不作为专有名词,并在"作册"后断句,是错误的。孙诒让已发现这个问题,见他的《古籀拾遗》(下七页)、《周礼正义·春官·内史》。王国维又作《〈书〉作册〈诗〉尹氏说》一篇(收入《观堂别集》)进一步论证。裘锡圭先生在《谈谈地下材料在先秦秦汉古籍整理工作中的作用》一文中曾举出此例。裘先生在该文中还举出一例:"《诗经》里有'以介眉寿'(《豳风·七月》)、'以介景福'(《小雅·楚茨》)、'以介我稷黍'(《小雅·甫田》)等语。旧时于'介'字不得其解。林义光受到铜器铭文中屡见的'用匄眉寿'、'用祈匄眉寿'等语的启发,指出《诗经》里的这些'介'字应读为'匄'(丐),当祈求讲(《诗经通解》)。"从这两条例子可以看出金文对释读传世先秦文献有着重要作用。当然传世文献对释读金文作用同样很大,清陈介祺指出:"《尚书》……其文之古者,则唯吉金古文可以定之。吉金之文亦唯《尚书》可以通之。"(陈敬第辑《陈簠斋尺牍》第一册,同治十三年十月十三日致潘祖荫函。此转引自裘锡圭《古代文史研究新探》第 74 页)这正是出土文献与纸面文献的"互证"关系。

金文文献不但能帮助我们释读《诗》、《书》等先秦文献,而且能帮助我们订正古书的错误,考证古书产生的年代。在上面谈的"作册"的问题上，王国维《〈书〉作册〈诗〉尹氏说》一文中还引用了《尚书·毕命》的小序："康王命作册毕分居里，成周郊，作《毕命》。"（按："成周郊"，王氏文作"成周东郊"。中华书局影印阮刻本及《史记》均无"东"字，今删。）王氏加注云："《史记·周本纪》作'命作册毕公'，盖不知作册为官名，毕为人名，而以毕公当之也。"王氏的意思是"作册"是官名，"毕"是人名，与周康王时的毕公不是一个人。王氏认为司马迁不明白这一点，所以在"毕"后加上"公"字，误把"作册毕"这个人当作"毕公"。王国维的这一见解很有道理，王氏只是点到为止，没在这个问题上展开讨论。其实，王氏的论点可以给我们很重要的启发。大家都知道今存《尚书·毕命》这一篇是伪古文，是六朝时的产物，就其内容而言，与《史记·周本纪》合，讲的是康王命毕公"表厥宅里"、"申画郊圻"之事。毕公，是周文王第十五子，名高，武王克商，封高于毕，因以为氏，称毕公。就是说"毕公"不是他的名字，他的姓名应为姬高，尊称为"毕公"或"毕公高"。从金文考察，"作册毕"之"毕"一般是人名，这是周代的通例，所以王国维认为作册毕与毕公高不是同一个人，是有根据的。因此《史记·周本纪》"康王命作策毕公"的"公"字应是不知妄增，《毕命序》的面貌仍当以伪古文《尚书·毕命》篇首所载为原始。就其文法来看，伪古文《尚书》所保存的这条《毕命序》"康王命作册毕分居里，成周郊，作《毕命》"与金文相近，司马迁在《周本纪》中直接承用了这篇小序，只在"毕"下加"公"字，并把"册"字改为通用字"策"字。从《史记·周本纪》这段文字来看，叙述的是召公、毕公辅佐康王之事，司马迁改"毕"为"毕公"显然是紧接上文，把"分居里，成周郊"的事归于毕公高。司马迁的理解有误，但司马迁见到的《毕命序》与伪古文《尚书》中的《毕命序》是同一段文字则是可以肯定的。那么，古文《尚书》中的《毕命序》早在司马迁以前已存在，也是事实。《史记·孔子世家》云："孔子之时，周室微而礼乐废，诗书缺。追迹三代之礼，序《书传》，上纪唐虞之际，下至秦缪，编次其事。……故《书传》、《礼记》自孔氏。"《汉书·艺文志》亦云："故《书》之所起远矣，至孔子纂焉，上断于尧，下讫于秦，凡百篇，而为之序，言其作意。"可知司马迁、刘向均以为《书序》作于孔子。《毕命序》既为司马迁所引用，则该序即相传为孔子所作《书序》之一篇亦无疑。以文法验之，其产生年代亦不晚于孔子之世。至于伪古文《尚书》之《毕命》正文，与司马迁误解之"作册毕公"密合，是附会《史记·周本纪》文而作无疑，正为后世伪造之显证。此一问题设无金文为之佐证,则无以见《史记·周本纪》之误增,亦无以见《毕命序》为先秦传遗之古文。金文对于考订传世文献之时代,其用甚大,由此可见一斑。

3. **古史资料**。关于金文的史料价值,前人多有论述,前面引的欧阳修"可与史传正其阙谬",刘敞"礼家明其制度"、"谱牒正其世谥"的话,都是从史料角度来说的。对于我们初学,可以读一下郭沫若《两周金文辞大系考释·初序》、李学勤《古文字学初阶·金文的形形色色》、马承源主编《中国青铜器·青铜器铭文·铭文的内容》。这里转引数条以示例。郭沫若说:"传世两周彝器,其有铭者已在三四千具以上(泽逊按:今已逾万件),铭辞之长有几及五百字者,说者每谓足抵《尚书》一篇。然其史料价值,殆有过之而无不及。《尚书》自当以今文为限,今文中亦有周秦间人所伪托,其属于周初者,如《金縢》、《鸿范》诸篇,皆不足信。周文而可信者仅十五六篇耳,而此十五六篇复已屡经传写,屡经隶定,简篇每有夺乱,文辞复多窜改,作为史料,不无疑难。而彝器除少数伪器触目可辨者外,则虽一字一句均古人之真迹也。是其可贵,似未可同列而论。"又说:"余于西周文字,得其年代可征或近是者凡一百六十又二器,大抵乃王臣之物。其依据国别者,于国别之中亦贯以年代,得列国之文凡一百六十又一器。器则大抵属于东周。故宗周盛时,列国之器罕见,东迁而后,王室之器无征。此可考见两周之政治情形与文化状况之演进矣。"又说:"国别之器得国三十又二……综而言之可得南北二系。江淮流域诸国,南系也。黄河流域,北系也。南文尚华藻,字多秀丽。北文重事实,字多浑厚。此其大较也。徐、楚乃南系之中心,而徐多古器,旧文献中每视荆舒为蛮夷化外,足征乃出于周人之敌忾。徐、楚均商之同盟,自商之亡即与周为敌国,此于旧史有征,而于宗周彝铭,凡周室与'南夷'用兵之事尤几于累代不绝。故徐、楚实商文化之嫡系,南北二流实商周之派演。商人气质倾向艺术,彝器之制作精绝千古,而好饮酒,好田猎,好崇祀鬼神,均其超现实性之证。周人气质则偏重现实。与古人所谓'殷尚质,周尚文'者适得其反。民族之商周,益以地域之南北,故二系之色彩浑如泾渭之异流。然自春秋而后,氏族畛域渐就混同,文化色彩亦趋画一,证诸彝铭,则北自燕晋,南迄徐吴,东自齐邾,西迄秦都,构思既见从同,用韵亦复一致,是足征周末之中州确已有'书同文,行同伦'之实际。未几至嬴秦而一统,势所必然也。"郭沫若利用青铜器及其铭文分析商、周文化之特色及春秋以来趋同之大势,高屋建瓴,发人深思。至于具体史事之考订,为例尤繁。郭沫若曾举一例说:"以恭王言,《太平御览》八十五引《帝王世纪》云在位二十年。《通鉴外纪》云在位十年,又引皇甫谧说在位二十五年。后世《皇极经世》诸书复推算为十二年,世多视为定说。然今存世有趞曹鼎第二器,其铭云:'隹十又五年五月既生霸壬午,龏王在周新宫,王射于射卢。'龏王即恭王。……本器明言恭王有十又五年,彼二十五年说与二十年说虽未知孰是,然如十二年说与十年说,则皆非也。"金文与古史研究密切相关的内容,李学勤《古文字学初阶》举有若干例。如:"记述分封的西周前期青铜器,是 1954 年在江苏丹徒烟墩山出土的宜侯矢簋(《商周金文录遗》一六七)。铭文详纪周王赐予宜侯的物品以及授土、授民的数字,对了解当时的'封建'制度很有帮助。"有关战争的金文:"1976 年在陕西临潼出土的利簋,铭载武王征商,战胜纣王的日子是甲子,与《尚书》、《逸周书》等文献记载完全相合。""1980 年陕西长安下泉村发现的多友鼎,也是记周朝与狁的战争的。鼎铭二十二行,二百七十八字,详述狁侵伐京师,王命武公追击,武公于是令多友率领兵车西追。经过几次交战,所俘战车即在一百二十七辆以上,可见战争的规模。这暗示我们,狁虽系戎人,并不仅仅是游牧骑射,而是有较高文化的民族。"由这些例子,可以想见金文在史学研究上的重要。当然,诚如郭沫若所说,"年代之考订则戛戛乎其难",金文的系年还有待进一步努力,系年问题解决了,金文的史料价值会大大增加。

第十三章　出土文献概述(下)

三、简帛文献

简,指简牍。简是竹或木制成的长条,用绳编连为册,用来作书写材料。牍则是木制的方版,用于写信或上奏,也用于其他内容的文字记载。甲骨文里有"册"、"典"字,说明商代通用的书写材料是简。这种竹木材料至东晋才最终被纸代替。帛是丝织品,作为书写材料,几乎与简册同时并行。历史上简策出土屡见记载,汉武帝末鲁恭王坏孔子宅所得古文经书及晋太康二年汲冢出土竹书是影响最大的两次。自19世纪末以来,出土简帛文献较多,与甲骨文、金文、敦煌文献、明清档案一样,为学术研究提供了丰富的新材料,形成了国际性新学科,是文献领域不可忽视的新天地。

(一)近世出土简帛文献概况

1. **曾侯乙墓竹简**。1978年发掘,地点在湖北省随州市擂鼓墩,墓主为战国早期曾国国君曾侯乙。出土竹简二百四十枚,经整理,全部有字简编为二百一十五号。简文照片、释文及考释见1989年文物出版社出版的《曾侯乙墓》(上下册)中。简文所记系用于葬仪的车、马以及配套的车马器、兵器、甲胄等物的数量。车马有自备的,有他人赠送的。赠送者有王、太子、令尹、鲁阳公、阳城君等,鲁阳、阳城都是楚邑,王、太子、令尹无疑也是楚国的,简文中又称楚国莫敖(官位次于令尹)为"大莫敖"。简文字体风格与楚国文字一致。说明曾国已成为楚国的附庸国。这批竹简在出土竹简中时代较早(参《中国大百科全书·文物博物馆卷》裘锡圭"曾侯乙墓竹简"条)。

2. **战国楚简（湖北）**。湖北江陵、荆门一带分布着数量庞大的楚国墓群，这是战国时期楚国郢都所在地。20 世纪 60 年代以来，对这一带楚墓进行了大规模发掘，在江陵天星观一号墓，望山一号、二号墓，藤店一号墓，秦家嘴三座楚墓，九店五十六号、六百二十一号墓，鸡公山四十八号墓，荆门包山二号墓，郭店一号墓等楚墓都出土了竹简，迄今发现竹简字数四万字以上，价值最大的是 1993 年 10 月出土的郭店楚简。郭店一号墓 1993 年秋被盗，随后由考古工作者进行发掘，所出竹简八百零四枚，清理出有字简七百三十枚，收入 1998 年文物出版社出版的《郭店楚墓竹简》一书。该书除图版外还有释文与注释。郭店一号楚墓时代为战国中期后段，所出竹简主要是道家和儒家的著作。道家的有《老子》甲、乙、丙三组摘抄本，丙本附有《大（太）一生水》，是对《老子》的解说引申。儒家的有《缁衣》、《五行》、《成之闻之》、《尊德义》、《性自命出》、《六德》、《鲁穆公问子思》、《穷达以时》、《唐虞之道》、《忠信之道》、《语丛》诸篇。

1994 年上海博物馆从香港古董市场购归的战国楚竹简，年代及出土地应与郭店楚简一致。据有关介绍，有古籍八十余种，原存书题二十篇，拟刊出完残简一千二百余枚。自 2001 年至 2005 年，马承源主编的《上海博物馆藏战国楚竹书》已由上海古籍出版社出版第一至第五册，公布古籍二十八种，简五百七十九支。其中与儒家相关的文献较多，也有与道家、兵家、墨家有关的。关于《诗》的《孔子诗论》二十九简，关于《易》的《周易》经文五十八简涉及三十四卦，关于《礼》的《缁衣》二十四简、《内礼》十简，关于儒家思想与传承的《仲弓》二十八简、《季康子问于孔子》二十三简、《君子为礼》十六简、《弟子问》二十五简，关于道家的《恒先》十三简（首尾完整）、《三德》二十三简、《彭祖》八简，关于兵家的《曹沫之陈》六十五简（鲁庄公与曹沫问对，曹沫即曹刿）等等，均有较高的学术价值。

3. **战国楚简（湖南）**。湖南长沙一带与湖北江陵一样，分布着庞大的楚国墓群，20 世纪 50 年代以来，被发掘者有一千数百座。其中五里牌四百零六号墓出土竹简三十八枚（1951 年），仰天湖二十五号墓出土竹简四十三枚（1953 年），临澧九里一号墓出土竹简一百多枚，慈利石板三十六号墓出土竹简约一千枚（断为四千三百七十一枚）。九里楚简为占卜之辞，五里牌、仰天湖楚简均系遣策。石板楚墓为战国中期前段墓葬，其中所出楚简多系先秦古籍，可与传世的《国语·吴语》、《逸周书·大武》、

《管子·霸形》等书对勘，为《国语》、《逸周书》成书年代提供旁证，文献价值较高（参《新中国考古五十年》）。

4.**战国楚简（河南）**。河南信阳长台关一号楚墓1957年发掘出土竹简两组，一组二十八枚一千余字，为记随葬物的遣策。另一组残片，仅存五百多字，内容可能是死者生平。

5.**云梦秦简**。1975年湖北云梦县睡虎地十一号秦墓出土竹简一千一百五十五枚（另残片八十片），从竹简推断墓主为秦狱吏喜，简文内容主要是法律、行政文书及关于吉凶时日的占书。包括《编年纪》五十三简、《语书》十四简、《秦律十八种》二百零二简、《效律》六十一简、《秦律杂抄》四十二简、《封诊式》九十八简、《为吏之道》五十一简、《日书》甲种一百六十六简、《日书》乙种二百五十七简。其中《语书》、《封诊式》、《日书》乙种三种有标题在最后一简简背，《效律》有标题在第一简简背。《编年纪》记秦昭王元年（前306）至秦始皇三十年（前217）间事，可作为这批秦简断代的参考。1977年文物出版社出版的《睡虎地秦墓竹简》收入了《日书》两种以外的所有秦简，并有释文、注释、语译。

6.**江陵秦简**。1993年江陵王家台片十五号秦墓出土竹简，共编为八百一十三号，现藏荆州博物馆。其中有《日书》、《效律》、《归藏》等类秦简。《归藏》与前人称引的《归藏》大部分吻合，为《归藏》的真伪及时代问题的考证提供了新的证据，有较高的文献价值。

7.**马王堆汉墓帛书**。1973年12月长沙马王堆三号西汉墓出土，约二十九件十二万字，该墓入葬时间为汉文帝十二年。根据书体、避讳字和帛书上出现的纪年内容，专家推定为秦末至西汉初抄写。这些帛书被整理成《马王堆汉墓帛书》六册由文物出版社从1981年开始陆续出版。这批帛书属于书籍，大都无书名，整理时据内容拟定了书名。主要有：

《老子》甲本及卷后佚书四种，存四百六十五行一万三千多字，写在半幅帛上，字体在篆隶之间。不避刘邦讳，大概抄于高祖即帝位前。四种佚书定名为《五行》、《九主》、《明君》、《德圣》。

《老子》乙本及卷前佚书四种，共二百五十二行一万六千多字，写在一幅整帛上，字体为隶书。避刘邦讳，凡甲本"大邦"、"小邦"，乙本改为"大国"、"小国"，估计抄于文帝初。四种佚书原有题目:《经法》、《十大经》、《称》、《道原》。

《周易》及卷后佚书五种，隶书，分为两部分。第一部分为《六十四卦》及卷后佚书《二三子问》，无篇题。第二部分为《系辞》和卷后佚书，佚书为《易之义》、《要》、《昭力》、《缪和》（后三种为原题）。《六十四卦》存九十三行约四千九百余字。《系辞》约六千七百余字。佚书五种共三十六行约九千六百余字。

《春秋事语》，存十六章九十七行约二千余字，隶书，写于半幅帛上，原无题目。每章记一事，重在记言，不分国，亦不编年，所记史事上起鲁隐公被杀，下至三家灭智氏。

《战国纵横家书》，存二十七章三百二十五行一万一千多字，字体在篆隶之间，写在半幅帛上。其中十一章见于《战国策》、《史记》，文句大体相同。另十六章为佚文，主要记苏秦游说活动。

《刑德》甲乙丙三件，内容属于兵阴阳家。

《五星占》，存一百四十四行约八千字，隶书，保存甘氏和石氏天文书的一部分，为现存较早的一部天文书。

《相马经》，存七十七行约五千二百字，隶书。绝大部分为传世《相马经》所无。

《五十二病方》及卷前佚书四种。共存四百六十二行。佚书为《足臂十一脉灸经》、《阴阳十一脉灸经》、《脉经》、《阴阳脉死候》，均系拟题。

《导引图》及卷前佚书二种。全长一点四米，均无题目。《导引图》长一米。佚书共二十六行一千五百多字。第一种八行为《却谷食气》。第二种从第九行开始，内容与《阴阳十一脉灸经》基本相同。

《长沙国南部地形图》，经复原为长宽各九十六厘米的正方形。《驻军图》，经复原为长九十八厘米、宽七十八厘米的长方形。两幅地图为今存最古老的地图。

8. **阜阳汉简**。1977 年安徽阜阳双古堆一号汉墓出土，考古学家推测为汝阴侯夏侯灶墓，夏侯灶卒于汉文帝十五年。墓早期被盗，竹简断裂严重。初步整理，发现有十多种古籍残片。其中《苍颉篇》一百二十余片五百四十余字，内有《爰历篇》首句"爰历次貤，继续前图"，知还应包括《爰历篇》简文。《诗经》一百七十余片，涉及《国风》六十五首，《小雅》四首残文，已经胡平生、韩自强整理成《阜阳汉简诗经研究》于 1988 年由上海古籍出版社出版。《周易》近六百片，其中与今本不同的卜事之辞约四百片。《吕氏春秋》四十余片，涉及《孟夏》、《劝学》、《荡兵》等二十余篇。《庄子》约二十片。《离骚》残文四字，《涉江》残文五字。另有《万物》一百三十余片、《作务员程》一百七十余片等(参《中国大百科全书·文物博物馆卷》胡平生"阜阳汉简"条)。

9.**银雀山汉简**。1972年山东临沂银雀山西汉墓出土。下葬时代为汉武帝时期。一号墓出土四千九百四十二枚,二号墓出土三十二枚。简均为竹简,牍为木牍。银雀山汉简主要是古书,有失传的古佚书,也有传世古书的古本。主要有:

《孙子兵法》,二百余简,二千四百余字,除《地形》篇外,传本十三篇中的十二篇文字均有发现,与宋本《孙子》对照,简文约存三分之一强。另有佚文四篇:《吴问》、《黄帝伐赤帝》、《四变》、《地形二》。专家认为与孙子有直接关系,列为《孙子》佚文。

《孙膑兵法》,共三十篇,整理为上下两编。上编十五篇,第一至第四篇及第十五篇《强兵》记孙子与齐威王、田忌问答,其余亦称"孙子曰",而内容书体与同时出土的《孙子兵法》佚篇不相类,所以推定为孙膑兵法。下编十五篇没提到孙子,据其内容、文例、书体推定为孙膑兵法。张震泽《孙膑兵法校理》认为下编"似非孙膑之书,而应别题书名"。

《尉缭子》,五篇,与传世本《兵谈》、《攻权》、《守权》、《将理》、《原官》五篇文字相合。另有《兵令》一篇与传本《尉缭子》合,但其简式与《尉缭子》各篇不合,而与《守法》篇同,所以在简本系统《兵令》一篇属于《守法守令十三篇》,而不属于《尉缭子》。这对探讨传本《尉缭子》的形成过程有一定启发。

《守法守令十三篇》,共十篇,是以木牍篇题为线索整理出来的。其中《守法》、《守令》两篇不易分,暂合为一。《上篇》、《下篇》疑即简本《六韬》,因无直接证据,这两篇暂缺。其余为《要言》、《库法》、《市法》、《田法》、《委积》、《王兵》、《李法》、《王法》、《兵令》。其中《守法》与《墨子》的《备城门》、《号令》等篇相似,《王兵》内容散见于《管子》的《参患》、《七法》、《兵法》、《地图》等篇。《兵令》与传本《尉缭子》的《兵令》篇合。

《六韬》,共十四组。其中第一至第七组见于传本《六韬》,第八至第十三组见于《群书治要》、《通典》、《太平御览》所引《六韬》佚文,第十四组为残简,据简式、字体、内容定为《六韬》佚文。

《晏子》,共十六章,散见于传本八篇之中,其中第十、第十一两章传本分别又析为两章。

《地典》,一篇,见《汉书·艺文志》兵阴阳家。

《唐勒》，一篇，为唐勒、宋玉论驳赋。

另有《十官》、《五议》、《务过》、《为国之过》、《起师》等四十余篇论政、论兵文章，《曹氏阴阳》等十余篇阴阳、时令、占候之书，《相狗》、《作酱》等技艺之书。

二号汉墓出土的《元光元年历谱》以十月为岁首，是迄今发现的较早的完整的历谱。能纠正《通鉴目录》以来相关诸书的错误（参《中国大百科全书·文物博物馆卷》吴九龙"银雀山汉简"条）。

10. **江陵汉墓简牍**。1983 年 12 月至 1984 年 1 月从江陵张家山 M247、249、258 三座西汉早期墓中出土，共一千六百余枚。内容包括：

《二年律令》，吕后二年颁布的法令，律名有《金布律》、《徭律》、《置吏律》、《效律》等二十余种，有些律名与睡虎地出土秦律同。

《奏谳律》，法律案件汇编，包括二十余个案例。

《盖庐》，记吴王阖庐与伍子胥对话，属于兵阴阳家内容。

《脉书》，主要内容与马王堆出土帛书《五十二病方》中关于脉法部分相同。

《引书》，讨论古代导引术的著作，可与马王堆出土《导引图》参证。

《算术书》，与《九章算术》前七篇相似，但成书更早。

《日书》，与睡虎地秦简《日书》相似。

《历谱》，为考古发现较早的历谱。

《遣策》，记随葬物。

20 世纪 90 年代，又在张家山 M327、336 两座汉墓中出土竹简一批，也是文书类竹简，使张家山出土竹简达到三千余枚。张家山之外，江陵毛家园、凤凰山、杨家山、高台也出土有汉简。

11. **武威汉简**。甘肃武威出土。其中 1959 年武威磨嘴子六号汉墓出土的《仪礼》简四百六十九枚，其他日忌杂占简十一枚。《仪礼》简分甲乙丙三本。甲本木简三百九十八枚，包括《士相见》、《服传》（单传）、《特牲》、《少牢》、《有司》、《燕礼》、《泰射》七篇。乙本木简三十七枚，仅《服传》一篇（单传）。丙本竹简三十四枚，仅《丧服》一篇（单经）。抄写年代约西汉晚期，下限为成帝和平年间。1959 年磨嘴子十八号汉墓出土有十枚木简，记东汉永平十五年（72）幼伯受王杖事，录有西汉本始二年和建始二年诏令，被称为"王杖十简"。1981 年武威文管会又征集到王杖诏令简二十六枚，简背有编号"第一"至"第廿七"，中缺第十五简。内容包括建始元年、元延三年关于高年授王杖及关于汝南郡王安世等因殴辱王杖主而弃市的诏令。1972 年武威旱滩坡汉墓出土木简七十八枚,木牍十四枚,内容涉及临床医学、药物学、针灸学等。以上这些汉简因同出于武威而称武威汉简。简文收入《武威汉简》(1964 年文物出版社出版)、《汉简研究文集·武威新出土王杖诏令册》(1984 年甘肃人民出版社出版)、《武威汉代医简》(1975 年文物出版社出版)。

12. **居延汉简**。指汉代张掖郡居延都尉和肩水都尉下辖的城障、烽燧、关塞遗址出土的简牍。主要是木简,少数为竹简。地点在今内蒙古自治区额济纳旗和甘肃省金塔县境内。1930 年到 1931 年中国、瑞典学者组成的西北科学考察团在此处发现汉简一万余枚,现藏台湾"中央研究院"。这部分汉简,以 1980 年中华书局出版的《居延汉简甲乙编》收罗较齐备,该书由中国社会科学院考古研究所编,包括图版、释文、附录、附表。1972 年到 1974 年间,甘肃省文物考古工作者又发掘汉简近二万枚,主要地点是居延都尉所辖甲渠候官治所、甲渠候官所辖第四部和第四燧所在地、肩水都尉所辖肩水金关。1994 年中华书局出版的《居延新简(甲渠候官)》上下册,收入甲渠候官治所汉简七千九百三十三枚,第四燧汉简一百九十五枚,其他采集散简二百八十一枚,合计八千四百零九枚。上册为释文,下册为图版。肩水金关汉简一万一千余枚将另出《居延新简(肩水金关)》一书。居延汉简主要是当时的公文、档案、历谱、药方等,数量庞大,内容丰富,是研究历史、文字、书法及书籍制度史的重要资料。

13. **敦煌汉简**。甘肃敦煌、玉门、酒泉汉代烽燧、驿置遗址出土的简牍。时间约为汉武帝时期至东汉中期。1907 年英国人斯坦因在敦煌西北汉代烽燧遗址获简七百零五枚,1913 年至 1915 年又在敦煌、酒泉西北汉代烽燧遗址获简一百六十八枚,这两批简现藏英国不列颠博物馆。1944 年夏鼐在敦煌县小方盘城等汉代遗址获简四十八枚,现藏台湾。建国初民间采到十七枚,传为 1920 年出土于敦煌西北,现藏敦煌研究院。1979 年嘉峪关市文管所在玉门市花海汉代烽燧遗址获简九十一枚。1979 年甘肃博物馆、敦煌文化馆在敦煌县马圈湾汉代屯戍遗址获简一千二百一十七枚,现藏甘肃文物考古研究所。1981 年敦煌文化馆在敦煌县酥油土汉代烽燧遗址获简七十六枚(参《中国大百科全书·考古学卷》徐苹芳"敦煌汉简"条)。1990 年至 1992 年甘肃省考古工作者对敦煌西北六十四公里处汉代悬泉置遗址进行发掘,获简二万五千余枚,主要是红柳木简,完整或相对完整者约四十册。这是一处邮驿遗址。汉简内容为汉代诏书、律令、檄文、簿籍、爰书、劾状、符、传、历谱、术数、医书、相马经。其中大量邮驿文书,史料价值极高。

14. **定州汉简**。1973 年河北定州市八角廊村四十号西汉中山怀王刘修墓出土的竹简。现藏河北省文物研究所。刘修卒于汉宣帝五凤三年（前 55）。该墓早年被盗并焚烧,竹简已炭化、残碎。经初步整理,有《论语》、《儒家者言》、《哀公问五义》、《保傅传》、《太公》、《文子》、《□安王朝五凤二年正月起居记》、《日书》等。1997 年文物出版社出版了《定州汉墓竹简——论语》,为这部分简的释文和校勘记、简注,共收残简六百二十多枚,录成释文七千五百七十六字,不足传本《论语》的二分之一。与今本文字相异者七百余处。

15. **大通汉简**。1978 年青海大通县上孙家寨一百一十五号墓出土木简四百枚,残断严重。内容为部曲（军队编制）、操典（操练法规）、军队标志、军队爵级、赏赐制度及行杀、处罚规定等。有目录简六枚,残存文字有"首捕虏□□论廿一"、"虏以尺籍廿二、私车骑数卅"、"所毋为卅七、材官"、"私卒仆养数廿八、从马数使私卒卅六、车"、"车一两册四"。部分残简文字与目录符合。

16. **尹湾汉墓简牍**。1993 年江苏东海县温泉镇尹湾村西南汉墓出土。M2 出土木牍一方。M6 出土木牍二十三方、竹简一百三十三枚,保存基本完好。时代为西汉晚期。M6 墓主为汉东海郡功曹史师饶。内容为东海郡上计集簿、吏员簿、长吏名籍、东海郡属吏设置簿、兵车器集簿、赠钱名籍、神龟占、六甲占、博局占、元延元年历谱、元延三年五月历谱、遣策、名谒、元延二年日记、刑德行时、《神乌赋》等。已收入《尹湾汉墓简牍》一书（1997 年中华书局出版）。包括所有图版、释文。

17. **楼兰、尼雅汉晋木简**。楼兰古城遗址在新疆若羌县孔雀河下游,罗布泊西北。为塔里木盆地最低洼地区。城墙约修于西汉末或东汉初,4 世纪中叶后逐渐衰落,沉没于沙碛中。1900 年瑞典人斯文赫定在罗布泊考察,向导艾尔得克偶然发现这处遗址,1901 年斯文赫定进行发掘,得汉晋木简一百二十一枚及大量遗物、文书。经研究为汉代楼兰遗址。尼雅遗址在新疆民丰县北约一百五十公里处的尼雅河终点,为汉代"精绝"（见《汉书·西域传》）故地。1901 年英国人斯坦因在尼雅发掘,得魏晋木牍数十枚。1905 年至 1928 年间上述二人又不断来楼兰、尼雅两地,美国的亨廷顿、日本的橘瑞超、瑞典的伯格曼也来此探险。又发现大量遗物,内有汉文、佉卢文、粟特文、婆罗迷文木简、残纸。这些木简、残纸文书历多年才逐步发表出来。林梅村编著《楼兰尼雅出土文书》(1985 年文物出版社出版)一书,收入斯文赫定在楼兰发现汉文文书二百七十七件,斯坦因在尼雅发现汉文文书五十八件、在楼兰发现汉文文书三百四十九件,橘瑞超等在楼兰发现汉文文书四十四件,共计汉文文书七百二十八件。仅作释文,重新编号。这些文书包括汉文简牍和纸质文书。木简纪年最晚的为前凉建兴十八年(东晋咸和五年)。

18. **长沙三国吴简**。1996 年长沙市中心走马楼平和堂商厦建设工地第二十二号井窖出土,约十万枚,包括木简、竹简、木牍、封检、签牌等。内容主要是券书、官府文书、长沙郡所属户籍、名刺、信函、帐簿等。初步清理最早年号为建安二十五年,其次有黄武、黄龙、嘉禾等孙权年号。其数量极其庞大,是研究三国史特别是吴国史的重要资料。现已整理出版的有:《长沙走马楼三国吴简》第一卷《嘉禾吏民田家莂》二册,胡平生、李均明主持整理,1999 年文物出版社出版;《长沙走马楼三国吴简·竹简》(壹)三册,王素、罗新主持整理,2003 年文物出版社出版。

(二)简帛文献的价值

1. **佚籍复出**。大批古佚书的出土,使我国一部分古籍佚而复出,丰富了古文献的内容,解决了某些学术上悬而未决的问题,为学术研究提供了新资料、新课题。

例如《史记·孙子吴起列传》记载:"孙武者,齐人也。以《兵法》见于吴王阖庐。阖庐曰:子之十三篇,吾尽观之矣。"又载:"孙武既死,后百余岁有孙膑,膑生阿、鄄之间,膑亦孙武之后世子孙也……世传其《兵法》。"《汉书·艺文志·兵书略》载有"《吴孙子兵法》八十二篇《图》九卷"、"《齐孙子》八十九篇《图》四卷",即指孙武、孙膑两家兵书。但传世的只有孙武《孙子兵法》,孙膑的兵法早已失传。于是人们在孙武、孙膑之间的关系以及《孙子兵法》为谁所作,孙膑有无兵法等问题上产生种种疑义。例如近人钱穆《先秦诸子系年考辨》说:"《孙子》十三篇洵非春秋时书。其人则自齐之孙膑而误。"(《孙武辨》)又说:"又孙膑之称以其膑脚,而无名,则武殆即膑名耳。……史公亦误分以为二人也。"(《田忌邹忌孙膑考》)日本人斋藤拙堂《孙子辨》谓"今之《孙子》一书是孙膑所著"，"孙武与孙膑毕竟同是一人，武其名，而膑是其绰号"（武内义雄《孙子十三篇之作者》引，见《先秦经籍考》中册第 377 页）。日本武内义雄也说："今之《孙子》不是出于吴孙子，而是出于齐孙子之想象。"又说："今之《孙子》十三篇是魏武帝抄录本，从《齐孙子》即孙膑书中拔萃而成者。"（同上）但是 1972 年山东临沂银雀山汉墓同时出土《孙子兵法》、《孙膑兵法》，就使得种种揣测怀疑不攻自破，证明《史记》所载是可信的。《孙膑兵法》的出土，为我国军事史研究增加了一部名著。银雀山出土的佚书还有《守法守令十三篇》、《地典》、《唐勒》、《相狗》、《作酱》等，也都有重要价值。

再如 1993 年郭店战国楚墓出土的竹简，有儒家著作十一种十四篇，其中《鲁穆公问子思》、《穷达以时》、《五行》、《唐虞之道》、《忠信之道》、《成之闻之》、《性自命出》、《六德》、《语丛》九篇，都是佚书（《五行》篇曾在马王堆帛书中出现过）。这批佚书填补了哲学史上从孔子到孟子之间的空白。庞朴说："多年来我们始终未能搞清楚孔子到孟子那一百来年的情况。因为相传为曾子所作的《大学》和子思所作的《中庸》，不能贸然相信，此外又没有别的材料可资利用。这种遗憾，直到郭店楚简出现，方才得到缓解。楚简在孔子的'性相近'和孟子的性本善之间，提出了性自命出、命自天降、道始于情、性一心殊等等说法，为《中庸》所谓的'天命之谓性，率性之谓道，修道之谓教'命题的出场，做了充分的思想铺垫，也就补足了孔、孟之间所曾失落的理论之环。"（《中国哲学》第二十辑《古墓新知——漫读郭店楚简》）一般认为这批佚书属于子思或子思一派的著作。李学勤说："这些儒书的发现，不仅证实了《中庸》出自子思，而且可以推论《大学》确可能与曾子有关。"（同上《先秦儒家著作的重大发现》）

上海博物馆藏战国楚简据介绍有古籍八十余种，现已公布二十八种，大都是古佚书，引起广泛重视。

又如 1973 年马王堆出土帛书中有佚书《战国纵横家书》、《春秋事语》、《五十二病方》、《五星占》等，对春秋战国史、医学、天文学研究都有重大意义。

2. 考校释读传世古籍。传世古籍的简帛古写本的出土，为考证古书的时代及真伪、校补古书讹脱、释读古书文义提供了可靠的最新依据，大大推动了古文献学的深入研究。

《孙子》一书不少人怀疑不是春秋时孙武作，而是战国时孙膑作，又有人认为《孙子》十三篇为曹操的节选本,当然《四库提要》及清代孙星衍等则坚持《孙子》十三篇出自孙武。银雀山汉墓同时出土《孙子兵法》、《孙膑兵法》,证明《孙子》十三篇并非曹操节选本,而且孙膑自有兵法,与孙武兵法不同,证明《四库提要》和孙星衍等人坚持的看法完全正确。

再如《老子》一书马王堆汉墓帛书中有之,郭店战国楚墓又有之。郭店楚简《老子》甲本有云:"绝知弃辩,民得百倍。绝巧弃利,盗贼无有。绝为弃作,民复孝慈。"在今本《老子》第十九章和马王堆帛书《老子》第六十三章,都有这段话,其中"绝知弃辩"今本及马王堆帛书均作"绝圣弃知";"绝为弃作"今本及马王堆帛书均作"绝仁弃义"。其中关系着儒、道原则分歧的"圣"、"仁"、"义",在郭店简中作"辩"、"为"、"作"。庞朴说:"这三个关键字关系着儒、道两家的关系,马虎不得。谁都知道,圣和仁义,都是儒家所推崇的德行,在同时出土的《五行》篇中,圣被描绘为'仁义礼智圣'五种德行的最高一行,仁义则是最基础的两行。弃绝此三者,意味着儒、道两家在价值观方面的彻底对立,如我们一向所认为的那样。令人惊讶的是,现在的竹书《老子》居然未曾弃绝这些,它所要弃绝的三者——辩、为、作,以及无争议的另外三者,都是儒家也常鄙视之的。如果这里不是抄写上的错误,那就是一个摇撼我们传统知识的大信息。"(《中国哲学》第二十辑)郭店楚墓时代为战国中期后段,简本《老子》抄写年代当更早。从版本学角度看,战国中期楚地流传的《老子》与汉代初年流传的《老子》在文字上有出入,而且在关键字上有出入,这似乎给我们透露了一个信息,早期《老子》版本,也就是接近原貌的《老子》版本,与儒家对立的程度要弱得多,虽是不同学派,但两派之间也并非绝然对立、水火不容,《史记·老子韩非列传》记孔子向老子问礼事,恐怕是有来历的。司马迁指出:"世之学老子者则绌儒学,儒学亦绌老子。道不同不相为谋,岂谓是邪。李耳无为自化,清静自正。"似乎对老子后学和孔子后学的相互排斥不以为然。近代研究哲学史的人所阐述的儒、道关系很可能只是战国后期以来的儒、道关系,而不是早期儒、道关系的实况。

其他如郭店楚简和上海博物馆藏战国楚简《缁衣》、《周易》,马王堆帛书《周易》,阜阳汉简《诗经》,银雀山汉简《尉缭子》、《六韬》、《晏子》,武威汉简《仪礼》,定州汉简《论语》、《文子》等,与传世本都有或多或少的出入,对考定以上各书形成的年代及真伪,也都有重要意义。

　　3.历史资料宝库。大批不属于古籍的文书、遣策、历谱、药方等,为我们提供了极为丰富的历史资料。上面所说的传世及亡佚的古书中,自然也有大量史料,不必再说。这里单就非书籍性的出土简帛文字资料来说,也是十分丰富的。

数量最大的是长沙三国吴简,估计不少于一百五十万字,不仅是《三国志·吴书》的若干倍,而且大大超过《三国志》总字数,被认为是三国史研究的一大发现。这批吴简正陆续整理发表。

仅次于吴简的是居延汉简,已近三万枚。然后是敦煌汉简,也有二万七千多枚。居延和敦煌汉简主要是对研究汉代西北地区的屯戍活动、兴衰历史以及民族关系、交通、经济等有着极为重要的价值。例如居延新简中有详细记载长安至河西的二十个驿置的里程简(EPT59·581),途经京兆、右扶风、北地、安定、武威、张掖等郡,对确定长安以西、敦煌以东的交通路线具有重大意义(《居延新简(甲渠候官)·前言》)。

在尹湾汉简中,M6出土第二号木牍正面有"海西吏员百七人"、"况其吏员五十五人",反面有"兰旗吏员五十九人"、"南城吏员五十六人",第三号木牍正面有"况其长沛郡蕲陈胜"、"况其丞"、"况其左尉"、"况其右尉",反面有"兰旗相"、"兰旗丞"、"兰旗左尉"、"兰旗右尉"、"南城相"、"南城丞"、"南城尉",第四号木牍有"兰旗侯家丞"、"南城侯家丞"、"干乡侯家丞",第五号木牍正面有"海西丞"、"南城丞"、"干乡丞"、"南城尉"、"况其邑丞"、"兰旗左尉"、"兰旗右尉"等。海西,《汉书·地理志》误作海曲,钱大昕已指其误,今得西汉木牍,证明钱大昕的说法是可信的。兰旗,《汉书·地理志》误作兰祺,《王子侯者年表》作兰旗,王先谦谓"旗当为祺",从出土木牍看,王先谦的主张恰恰与事实相反。南城,《汉书·地理志》作南成,《王子侯者年表》作南城,从出土木牍看,作南城是。况其,《汉书·地理志》误作祝其;干乡,《汉书·地理志》和《王子侯者年表》均误作于乡,可据出土木牍纠正。这些出土文献是非常原始的,因此在校正书面文献的错讹方面,最为可靠。

4. **文字学资料**。出土简帛文献为我们提供了战国至秦汉间汉字形体的资料,为研究战国文字、秦汉文字提供了大量素材。《说文解字》提供的小篆是秦统一中国所制定的统一字形,在小篆之前是战国文字,再之前才是金文,过去研究金文,往往以小篆为出发点上推,中间隔着战国文字,原因是这一段文字学上的资源太少,不成体系,而且六国文字本身识读困难。近数十年间,在湖南、湖北、河南出土的大量楚简以及1942年长沙子弹库发现的楚国帛书,都使战国文字资料大大丰富。通过出土文献与传世文献的对照以及出土文献之间字形的相互对照,许多战国文字得以识读,因而从很大程度上填补了战国文字这一薄弱环节。可见战国简帛的出土在文字学上意义重大。

至于小篆以后的汉代隶书,过去主要靠汉碑材料,汉碑基本上是东汉之物,西汉的流行字体则只能依靠出土文献来了解。即使东汉字体,也以大量居延、敦煌汉简所保存的实用文字字形资料最为丰富。其中除丰富的隶书材料外,还有相当数量的草书材料,对探讨草书的起源有很大价值。战国文字已有若干字典行世,汉代文字也应编出《汉简文字编》,只是数量庞大,而且资料尚未全部公布,这项工作还有不少困难,目前可以先就现有资料来做。三国吴简将来也可以编成《文字编》,对文字学及书法研究均有重要用途。

5. 书籍制度史实物。出土简帛对我们了解古代书籍形态有特别重要的意义。

前人早就指出古书以篇行的事实,所以《史记》提到一些重要人物的著作,往往称篇名,如《说难》、《孤愤》、《牧民》、《山高》之类,不说《韩非子》、《管子》。出土简帛文献往往有篇题,而有书名的较少,证实了在西汉及西汉以前古书存在着以篇行的现象。

唐朝人解释"刀笔"一词,曾有误说,认为刀是用来刻字的,清代及近代仍有人这样说。从出土简策及实物看,竹简是用毛笔书写的,墨黑如漆,所以又称漆书。写错了要刮去重写,这就是书刀的用途。尹湾汉墓出土简牍的同时,还有书刀一对、毛笔一对,说明这都是配套的文房用品。今天也许认为这是常识,但在没见过简册的人们看来,是不易理解的。

竹木简是以篇为单位编连成册的,每册有篇题。睡虎地秦简《语书》、《封诊式》、《日书》三种篇题都写在末简背面,说明是从文字开头一端卷起,末简之背正好露在外面。而《效律》篇题写在第一简背面,又说明是从末向首卷,第一简简背标题正好露在外面。银雀山汉简篇题则有三种形式,一是写于第一简正面,二是写于第一简背面,三是写于末简文字之后。这说明当时简册同时存在从尾往首卷和从首往尾卷两种方式。

简的长度汉人记载有二尺四寸、一尺二寸、八寸等规格,分别用于写经、传、记,以表示等差有别。王国维《简牍检署考》有考证。从出土实物看,有合有不合,说明汉人记载是可信的,同时又不十分严格。

总之,简帛是我国早期书籍的形态,行用时间很长,出土实物对我们认识这种形态无疑是十分真切而具体的。

四、石刻文献

石刻文献包罗甚广,有地面上保存下来的,也有地下出土的,为了方便起见,一并在此作简单介绍。石刻的种类已在《文献的载体》一章中讲过,这里主要介绍若干种石刻文献要籍,并举例说明石刻文献的用途。

(一)石刻文献要籍

1.《集古录》十卷

宋欧阳修撰。成于北宋嘉祐八年。自序云:"上自周穆王以来,下更秦汉隋唐五代,外至四海九州,名山大泽,穷崖绝谷,荒林破冢,神仙鬼物,诡怪所传,莫不皆有,以为《集古录》。以谓传写失真,故因其石本,轴而藏之。有卷帙次第,而无时世之先后,盖其取多而未已,故随其所得而录之。又以谓聚多而终必散,乃撮其大要,别为录目。因并载夫可与史传正其阙谬者,以传后学,庶益于多闻。"从这段自序看,当时辑集金石拓本汇为《集古录》(据佚名序,所集有千卷之多),又撮其大要别为《录目》,又将可与史传正其阙谬者一并记载。据其子欧阳棐记,与史传正其阙谬者指欧阳修所撰跋尾。今存者为《集古录跋尾》十卷四百多篇,简称《集古录》。其中金文跋二十余篇,其他绝大部分为石刻跋尾。这是今存最早的金石学著作。

2.《金石录》三十卷

宋赵明诚撰。书成于北宋末。自序云:"余自少小,喜从当世学士大夫访问前代金石刻词,以广异闻。后得欧阳文忠公《集古录》,读而贤之,以为是正讹谬,有功于后学甚大。惜其常有漏略,又无岁月先后之次,思欲广而成书,以传学者。于是益访求藏书,蓄凡二十年而后粗备。上自三代,下迄隋唐五季,内自京师,达于四方,遐邦绝域,夷狄所传,仓史以来古文奇字、大小二篆、分隶行草之书、钟鼎簠簋尊敦甗鬲盘杅之铭,词人墨客诗歌赋颂碑志叙记之文章,名卿贤士之功烈治行,至于浮屠老子之说,凡古物奇器、丰碑巨刻所载,与夫残章断画,磨灭而仅存者,略无遗矣。因次其先后,为二千卷。"又云:"若夫岁月、地理、官爵、世次,以金石刻考之,其抵牾十常三四。盖史牒出于后人之手,不能无失,而刻词当时所立,可信不疑,则又考其异同,参以他书,为《金石录》三十卷。"又有政和七年刘跂后序,绍兴二年妻李清照后序。李序云:"因忆侯在东莱静治堂,装卷初就,芸签缥带,束十卷作一帙。每日晚吏散,辄校勘二卷,题跋一卷。此二千卷,有题跋者五百二卷耳。"是书前十卷为铜器铭文及碑刻拓本目录,依时代先后罗列,石刻各注立石年月,撰、书人名。后二十卷为题跋五百零二篇。全书所收石刻一千九百余种。按:欧、赵二家所集,皆墨本、目录、题跋三者配合,后代则往往歧为三途:一录文或汇集拓本影印,二目录,三题跋。

3.《隶释》二十七卷《隶续》二十一卷

宋洪适撰。正编成于乾道三年正月,续编成于当年十二月。共收汉碑碑文、碑阴等二百五十八种,魏晋石刻十七种,附收汉晋铜铁器铭及砖瓦文二十余种。先将隶书石刻文字用楷体写出,异体字保留原状。然后分别附加考释,涉及史事、人物、形制、所在地及文字释读等。《隶释》自第二十卷起附录《水经注》、《集古录》、《集古录目》、《金石录》等书中有关汉代石刻的资料,便于考核。现存专门集录、考释石刻之书以此为最早,《四库提要》称"自有碑刻以来,推是书为最精博"。惜《隶续》残缺不全,后人以洪氏《隶图》补之,仍不足二十一卷之数。

4.《寰宇访碑录》十二卷

清孙星衍、邢澍撰。为收录石刻种类较多的一部石刻文献目录。全书依时代著录周秦至元代石刻八千余种,包括部分瓦当铭文。每件石刻注明撰人、书人、书体、立石年月和所在地,原石佚者则注明引用拓本藏家。据孙星衍自序,孙氏曾得邵晋涵集录海内石刻名目副本,又亲自拓录所见石刻,并与王昶、钱大昕、翁方纲、冯敏昌、阮元、黄易、武亿等金石收藏家互通有无,最后由邢澍订补成书。作为一部全国性石刻总目,该书仍有遗漏,为之订补者有:赵之谦《补寰宇访碑录》五卷,罗振玉《再续寰宇访碑录》二卷、《寰宇访碑录刊误》一卷,刘声木《续补寰宇访碑录》二十五卷、《寰宇访碑录校勘记》十一卷、《补寰宇访碑录校勘记》二卷、《再续寰宇访碑录校勘记》一卷。孙星衍收藏金石拓本丰富,曾与严可均合辑《平津馆金石萃编》,以补王昶《金石萃编》之遗。洪颐煊又利用孙氏藏品撰《平津馆读碑记》。皆为世重。

5.《金石萃编》一百六十卷

清王昶撰。书成于嘉庆十年。收周秦至宋、辽、金金石铭刻一千五百余种，以石刻为主，铜器铭文仅十余则，又兼及少量瓦当、泉范。全书依时代排列，每件铭刻文字都注明尺寸、出处等。自序云："秦汉三国六朝篆隶之书多有古文别体，摹其点画，加以训释。自唐以后，隶体无足异者，乃以楷书写定。凡额之题字，阴之题名，两侧之题识，胥详载而不敢以遗。"又云："至题跋见于金石诸书及文集所载，删其繁复，悉著于编。前贤所未及，始援据故籍，益以鄙见，各为案语。"本书网罗宏富，且将金石目录、录文、题跋结合为一编，体例精严，故一向被视为清代金石学集大成者。查考石刻文字资料及相关考证成果，此系较常用之要籍。王昶另有《金石萃编未刻稿》三卷，收元代石刻八十种，1918 年罗振玉影印行世。续补《金石萃编》者有孙星衍、严可均《平津馆金石萃编》、黄本骥《金石萃编补目》三卷、方履籛《金石萃编补正》四卷、王言《金石萃编补略》二卷、陆耀遹《金石续编》二十一卷、陆增祥《八琼室金石补正》一百三十卷、刘承干《希古楼金石萃编》十卷等。

6.《八琼室金石补正》一百三十卷

清陆增祥撰。本书是《金石萃编》一书补充、订正之作中较为丰富完备的一种。作者生于嘉庆二十一年，卒于光绪八年。生前此书未得刊行，至 1925 年才由刘承干出资刻成于天津，校刊者为王季烈、章钰，历时七年。章钰序云："其书就《萃编》原书补入后出各刻，计二千余种。原书疏误，则据旧本及精本订正。体例差同，采校益慎。"《凡例》云："第就所获拓本，较其已录之文，补其未录诸刻。间于他处借录，亦必目验拓本，不敢据金石家书及友人录寄之文率录炫博。"所以本书体例之精严，采择之广博，均不在王书之下。书后所附《金石札记》四卷、《金石祛伪》一卷、《元金石偶存》一卷皆经心之作，并为世重。

7.《语石》十卷

清叶昌炽撰。这是一部笔记体的石刻通论性专著。光绪二十七年十一月自序云："访求逾二十年，藏碑至八千余通，朝夕摩挲，不自知其耄。"又云："上溯古初，下迄宋元，元（玄）览中区，旁征岛索。制作之名义，标题之发凡，书学之升降，藏弆之源流，以逮摹拓装池，轶闻琐事，分门别类，不相杂厕。""都四百八十六通，分为十卷。""但示津途，聊资谈圃。"又宣统元年三月自记云："此书脱稿后越二月，即奉视学甘肃之命，度陇见闻，略有增益。丙午归里,养疴溠川,再加厘订,去其复重,距辛丑写定又八年矣。"知此书最后写定在宣统元年(1909)。卷一以朝代为序,概述先秦至元代石刻;卷二以地域为别,论述各地及域外石刻;卷三卷四论石刻内容及碑帖区别;卷五论碑刻以外各种石刻;卷六论碑文文体、撰人、书人、刻工等;卷七卷八论碑刻书写;卷九论碑文格式及避讳;卷十论石刻"版本"及传拓装池等。此书之于石刻学犹叶德辉《书林清话》之于古书版本学,而精谨或过之。近人柯昌泗撰《语石异同评》,对《语石》多有补正,而体例不改,可以并观。

8.《千唐志斋藏志》

近人张钫集。千唐志斋在河南新安县铁门镇,1935 年张钫建。本书收千唐志斋藏西晋至民国墓志拓片一千三百六十件(包括西晋一、北魏三、隋二、唐一千二百零九、五代二十二、宋八十五、明三十一、清一、民国六),所据拓片为郭玉堂旧藏,依墓主葬期为序。1983 年文物出版社影印。

9.《汉魏南北朝墓志集释》十卷《补遗》一卷

赵万里撰。收汉魏至隋墓志拓本六百零九通,力求整纸初拓、足拓本,影印为图版部分。每种墓志记年月日、拓本尺寸、行字数、书体、出土地,并对有关史实加以考证,重要题跋选附于后。本书为隋以前墓志拓本的集大成之作。1956 年科学出版社出版线装本。1992 年天津古籍出版社出版赵超编《汉魏晋南北朝墓志汇编》,是赵万里书所收墓志的增订录文本。

10.《北京图书馆藏中国历代石刻拓本汇编》

北京图书馆金石组编选。1988 年起由河南中州古籍出版社影印出版。收拓本约二万种。大都是整纸拓本,凡经名家收藏、批校、题跋者,首先入选。时代上自先秦,下至民国。每种拓本注明尺寸、真伪优劣及授受源流等。为一大型石刻资料汇编。

11.《唐代墓志汇编》及《续集》

周绍良主编。1992 年上海古籍出版社排印本。收出土唐代墓志四千余通,系录文加标点断句而成,附有较详细的人名索引。2001 年上海古籍出版社又出版周绍良、赵超主编的《唐代墓志汇编续集》,收入 1948年以后出土或新发表的唐代墓志一千五百六十七通。

12.《新中国出土墓志》

中国文物研究所等编。文物出版社出版。收 1949 年以来新出墓志,已出河南卷、陕西卷、江苏卷、河北卷、北京卷、重庆卷等。时代上起先秦,下至民国初年。包括说明、图版、录文,为新出石刻资料之系统整理汇编,有特别重要的价值。

13.《石刻题跋索引》

杨殿珣撰。本书为检索历代石刻题跋出处的索引工具书。所收有关石刻题跋目录137种,《凡例》称:"本编所收书籍,以论石刻者为主,其专论金文者不录;以有关考证者为主,其专评书法者不录。凡只录石刻文字者,虽无题识,而详记行款字体,可资考核者,一并录入。"全书分石刻为七类:墓碑、墓志、刻经、造像、题名题字、诗词、杂刻。各类之内,大体依时代先后排列。每件石刻大字列其题目,小字注其出处。如墓碑类第一条:"周仲尼比干墓题字,赵崡,石墨镌华(一)2 下。"说明《周仲尼比干墓题字》,见于明赵崡《石墨镌华》第一卷第二页下半页。同一件石刻有多人题跋者,则重复立目,排在一起。书后附有四角号码条目索引。商务印书馆1941年初版,1957年增订再版,1990年重印。

(二)石刻文献的价值

1.史料价值。 宋欧阳修《集古录》自序称"因并载夫可与史传正其阙谬者,以传后学"。所谓阙,即史传失载;所谓谬,即史传误载。补史之阙、正史之谬,就是石刻资料的史料价值。石刻史料中较常见的是墓碑和墓志,墓碑树立于墓前,墓志埋在墓里,内容都是墓主的生平传记。这些传记往往不见于史书,或者见于史书而记载较简略,对史书的补充作用是不言而喻的。至于纠正史传之误,前人指出的也为数众多。

民国年间,洛阳出土《汉司徒袁安碑》,马衡为之跋云:"碑中所叙事迹,与《后汉书》明帝、章帝、和帝等纪及本传合。"又云:"拜司徒之月日,《章帝纪》作癸卯,《碑》作己卯。按元和四年六月己卯为十三日,不值癸卯,即此亦可作不伪之证也。"(《凡将斋金石丛稿》)《后汉书·章帝纪》:章和元年(即元和四年,是年秋七月壬戌诏改元和四年为章和元年)六月"癸卯,司空袁安为司徒"。《袁安碑》癸卯作己卯,查是年六月一日为丁卯,本月无癸卯日,只有己卯日为十三日。由此可见《后汉书》的"癸卯"当是"己卯"之误。

《世说新语·排调》:"荀鸣鹤、陆士龙二人未相识,俱会张茂先坐。张令共语。以其并有大才,可勿作常语。陆举手曰:'云间陆士龙。'荀答

曰：'日下荀鸣鹤。'……张乃抚掌大笑。"刘孝标注引《晋百官名》曰："荀
隐字鸣鹤，颍川人。"又引《荀氏家传》曰："隐祖昕，乐安太守。父岳，中书
郎。"河南出土《晋故中书侍郎颍川颍阴荀君墓志》，为荀岳墓志，荀岳不
见史书，此志可补史书之阙。墓志云："君，乐平府君之第二子。"可知刘
孝标注引《荀氏家传》所载荀昕官"乐安太守"，当为"乐平太守"之误。
荀岳墓志又称荀岳官"中书侍郎"，凡五见，知刘孝标注引《荀氏家传》载
荀岳官"中书郎"，当为"中书侍郎"之脱误。至于荀鸣鹤事迹，荀岳墓志
亦提供了一些线索：荀岳夫人为东莱刘仲雄女，生男隐，字鸣鹤，年十九，
娶琅邪王士玮女。又碑右侧："隐，司徒左西曹掾。"（参马衡《凡将斋金石
丛稿·晋荀岳墓志跋》、余嘉锡《世说新语笺疏·排调》）欧阳修所谓"可
与史传正其阙谬者"，即指此类。佳例甚多，此不更举。

2. 文学价值。叶昌炽《语石》卷六《碑版文体》之一："金石刻词，昭示
无斁。秦汉诸碑，炳焉与雅颂同文。《古文苑》一书大抵皆采自金石文
字。即隋唐以下鸿文巨制，亦往往而有。试以任昉、刘勰诸书考其流别，
翰藻斐然，莫不具体。"石刻文字，就文体而言，包罗甚广，但仍以传记文
最丰富，因为墓碑、墓志数量最大，无非为人物立传。其中名家佳作甚多，
是传记文学的宝库。至于这些墓碑、墓志中的文学家事迹，如《王之涣墓
志》（见《曲石精庐藏唐墓志》）所记王之涣生平事迹，可弥补王之涣两
《唐书》无传之遗憾。同时《唐诗纪事》称"之涣，并州人，与兄之咸、之贲
皆有文，天宝间人"。据《墓志》知之咸乃之涣堂弟，之涣卒于天宝元年二
月十四日，享年五十五岁。《唐诗纪事》所记"兄之咸"、"天宝间人"均未
确（参岑仲勉《金石论丛·续贞石证史》）。此类石刻史料，从事古典文学
研究者宜专意猎取。

叶昌炽《语石》卷四《诗文》又云："大抵石刻诗篇，颇有世所不恒见，
可以补历朝诗选之缺。渊明之《归去来辞》，坡公之《赤壁赋》书者非一
人，刻者非一石，递相摹拓，此亦如王侍书之法帖而已。余所见石刻赋，惟
楼异《嵩山三十六峰赋》，僧昙潜书（建中靖国元年），笔意逼肖长公。易
袚《真仙岩赋》，在融县。梁安世《乳床赋》，在临桂之龙隐岩。并皆佳妙。
此三人皆无集行世，赋选亦不收，赖石刻以传耳。诗余滥觞于唐而盛于南
宋，故唐以前无石刻。巴州有《水调歌头》词，刻于崖壁，无撰人、年月，行
书跌宕，宋人书之至佳者。其次则唐括夫人之《满庭芳》词，米书淮海《踏
莎行》，其词其书皆妍妙。"

这里,叶昌炽总结了石刻文献对于辑集古代诗词佚作的价值。其实,历代学者大都已注意到这一点,尤其是各地方志的纂修者,都非常注重地方碑刻文献。事过境迁,原碑不存或剥蚀严重,后人又从地方志中间接网罗石刻资料,这样的方法在总集编纂中已被普遍采用,这里不再举例。

3. **文字学和书法价值**。历代碑刻,有古文、篆、隶、楷各种字体,而且保存了数量相当大的别体字,秦公、刘大新在前人基础上辑《广碑别字》,收入碑刻中的别体字字头三千四百五十余个,重文别字二万一千三百余个。这是研究汉字发展演变的重要资料。至于书法,临摹古代碑刻拓本,更是习用的方法,从《石鼓文》到汉隶,到魏碑,到楷书、行书、草书,可说各体俱备。历史上又有许多集刻法帖,容庚《丛帖目》有系统著录,大都是为书法临摹之用。

4. **经学和宗教史料**。我国儒家经典有刻石的传统,东汉刻《熹平石经》以后,有魏《三体石经》、唐《开成石经》、五代《蜀石经》、北宋《二体石经》、南宋《御书石经》、《清石经》等,现唐、清石经完好保存,其余有残石存世。研究历代石经,成果很多,是经学和金石学的交叉学科,一向很受重视。佛经刻石也很多,最有名的是北京房山石经,从隋朝到清初,刻石一万五千余块,佛经一千余部,其中有八十八部佛经为其他藏经所未收。另外,这些佛经有不少刻经题记,是重要的佛教史料,北京图书馆金石组和中国佛教图书文物馆石刻组编有《房山石经题记汇编》,由书目文献出版社出版。

五、其他出土文献

上面所举甲骨、金文、简帛、石刻四方面为出土文献大宗。除以上四方面外,尚有多种多样的出土文献,约举若干如下:

(一)盟书

最著名的是1965年山西省文物工作委员会在侯马市晋城遗址发掘出土的春秋晚期至战国早期晋国卿大夫盟誓留下的"盟书",因出土地而称为"侯马盟书"。共五千余件。用毛笔写在玉石片上,字迹大多为红色,也有黑色。长度约十八至三十二厘米,宽度约二至四厘米。已汇为

《侯马盟书》于1976年由文物出版社出版。同类的晋国盟书还有1980年河南省博物馆等单位在河南温县武德镇西张计村晋国盟誓遗址发掘出土的"温县盟书"一万余件。誓词用墨书写在玉片上。数量超过侯马盟书。这些盟书对研究古代盟誓制度、晋国历史及古文字学，都有重要价值。

（二）玺印

我国古代印章起源很早，春秋末期至战国时期已普遍使用，一直沿用至今。古代印章质地多为铜。其余则有金、银、玉、骨、陶、石等。大体分官印和私印。北宋王俅《啸堂集古录》已开始著录古代玺印。清代陈介祺《十钟山房印举》收录古印万余枚，是著录较丰富的一种。近人罗福颐著《古玺汇编》、《古玺文编》、《古玺印概论》、《汉印文字征》，是研究古玺印的重要参考书。清代以来出土了一些战国陶文，大都是印文，在文字学上有一定价值。顾廷龙先生撰有《古陶文香录》一书，属于古陶文字典。清代以来还出土了不少封泥，是官印的印迹，属于秦、汉时期遗物，吴式芬、陈介祺合撰有《封泥考略》十卷，收录八百四十九枚。近人周明泰辑有《续封泥考略》六卷。玺印对研究古代官制、地理、古文字及篆刻艺术均有重要价值。

（三）砖瓦文字

砖、瓦都是建筑材料，很早即开始使用。由于上面有纹饰和文字，所以很早就为人们注意。宋代洪适《隶续》已著录有东汉永初、建初的砖文，清代出现了专门著录砖文的书，如冯登府《浙江砖录》、吴廷康《慕陶轩古砖图录》、吕佺孙《百砖考》、陆心源《千甓亭古砖图释》等。专门著录瓦当文字的，有清代朱枫《秦汉瓦当图记》、毕沅《秦汉瓦当图》、程敦《秦汉瓦当文字》、近人罗振玉《唐风楼秦汉瓦当文字》。1988年文物出版社出版的徐锡台、楼宇栋、魏效祖合编《周秦汉瓦当》是这方面的新结集。砖瓦文对研究文字学、民俗学以及古代建筑史都很有价值。在考古学上，砖瓦文对判定遗址、墓葬的性质、名称及年代均有帮助。

（四）纸质出土文献

纸质出土文献以吐鲁番出土文书最有名。吐鲁番古属车师前王，西汉元帝初元元年在此设戊己校尉，始称高昌壁。以后又历高昌郡（东晋)、高昌国(北朝)、西州(唐)、高昌回鹘(宋元)诸阶段。这里处于古代东西交通要道,是西域著名的政治、经济、军事、宗教、文化中心。这一地区的风俗,长期以来以文书随葬,或以废纸为死者制作俑、棺、靴鞋、冠带、枕衾等。由于西北地区干燥,这些随葬的纸质文献得以保存下来。20 世纪初,俄、德、日、英等国的探险家多次来新疆盗掘,掠走大批文书,现分藏各国,陆续被公布于世。1959 年至 1975 年我国考古工作者进行了大规模发掘,出土了大量文物和文书。这些新出土的数万片汉文文书已由唐长孺等专家整理为《吐鲁番出土文书》平装释文本和精装图文对照本两个系列陆续出版。这些文书包括帝王诏令、臣民奏表、官府符牒、诉讼辞状、公私籍帐、僧俗契券、商旅书牍、抄本古籍等。其中有亡佚古籍郑玄《论语注》、东晋孙盛《晋阳秋》、隋薛道衡《典言》、佚名《急救章注》等,有传世典籍《尚书》、《毛诗》、《礼记》、《千字文》、《唐律疏议》及佛经等。除汉文外,还有少数民族及外族文字如突厥文、吐蕃文、回鹘文、吐火罗文、佉卢文、梵文、粟特文等多种文字资料。是研究中古时期高昌、西域及中原王朝历史的重要史料,已形成国际性的学问"吐鲁番学"(参《中国大百科全书·文物博物馆卷》王素"吐鲁番文书"条)。

纸质出土文献较有影响的还有 1970 年山东省博物馆在山东邹县、曲阜交界处九龙山南麓的明鲁荒王朱檀(卒于洪武二十二年)墓中发掘出的元版古籍:《朱子订定蔡氏书集传》六卷、《增入音注括例始末胡文定公春秋传》三十卷、至正二十二年武林沈氏尚德堂刻《四书集注》十九卷、至治元年彭氏钟秀家塾刻《少微家塾点校附音通鉴节要》六十卷、至元二十四年武夷詹光祖月崖书堂刻《黄氏补千家注纪年杜工部诗史》三十六卷等七种。其中《黄氏补千家注纪年杜工部诗史》北京图书馆原藏一部,潘宗周宝礼堂故物,一向被定为宋刻本,鲁王墓中出土本与北图本系同版,唯卷三十末刻有"武夷詹光祖至元丁亥重刊于月崖书堂"一行,知系元至元二十四年月崖书堂刻本,北图一部误定为宋本,是因为刻书记一行佚去。可见出土文献在保存原貌方面确较传世文献更可靠。

我们在从事古典文献研究中,应随时留心出土的相关资料,充分利用出土文献提供的新证据、新信息,以使我们的研究成果建立在更可靠的史料基础上。当然,出土文献要充分发挥其作用,仍有赖于我们对传世文献的熟读深思,这是必须切记的。

第十四章　敦煌文献概述

一、敦煌·敦煌石窟·莫高窟·藏经洞

（一）敦煌

敦煌市，是一个县级市，在甘肃省西部偏南，处于河西走廊的西端。所谓"河西走廊"指甘肃西部由乌鞘岭（在天祝藏族自治县）向西，经武威（唐代凉州）、张掖（唐代甘州）、酒泉、玉门至敦煌，长达一千公里的狭长通道，这条通道南有祁连山，北有合黎山、龙首山，南北宽仅一百至二百公里。这一带在黄河以西，故称"河西走廊"，是古代由内地通往新疆及中亚、西亚的交通要道。著名的"丝绸之路"就是从长安向西，经过河西走廊西行的。丝绸之路到达河西走廊西端的敦煌以后，又分为南北两路。南路，从敦煌西出阳关，沿昆仑山北麓，经若羌（古鄯善）、和田（古于阗）至莎车，西越葱岭（帕米尔），经古代大月氏（今阿姆河上、中游），至古代木鹿城（今土库曼斯坦东南部的马雷市）。北路，由敦煌出古玉门关，沿天山南麓，经吐鲁番、焉耆、龟兹，至疏勒（今喀什），西越葱岭，经古代大宛、康居（今乌兹别克斯坦的塔什干、撒马尔罕两市），至古代木鹿城。南北两路会于木鹿城后，再西行经今伊朗、伊拉克、叙利亚至地中海东岸，再转至欧洲罗马各地。可见，古代敦煌处于丝绸之路的三岔路口，必然成为来往商品的集散地，是政治、经济、军事要地，也是中西文化的交会之地。

汉武帝元狩二年（前121）春，霍去病率军越过祁连山进击匈奴，同年夏再次进军河西，匈奴大败，浑邪王率四万余众降汉，汉朝在河西设武威、酒泉二郡。元鼎六年"分武威、酒泉地置张掖、敦煌郡，徙民以实之"（《汉书·武帝纪》）。按《地理志》云："敦煌郡，武帝后元年分酒泉置。"未知孰

是)。同时在敦煌城西设玉门关、阳关,作为门户。从敦煌西出阳关、玉门关可通西域各国,也就是前面说的丝绸之路南、北两路(详《汉书·西域传》)。汉代敦煌郡领六个县:敦煌、冥安、效谷、渊泉、广至、龙勒。人口三万八千三百三十五。

三国时敦煌属于魏。西晋短期统一之后,南迁为东晋,北方进入十六国时期,敦煌先后归前凉、前秦、后凉、西凉、北凉。北魏灭北凉,在敦煌设镇。北魏孝明帝正光五年(524)改敦煌镇为瓜州。北周改敦煌县为鸣沙县,隋复为敦煌县。唐高祖武德五年(622)改瓜州为西沙州,治所在敦煌。另在原瓜州所属常乐县置瓜州。贞观七年(633)改西沙州为沙州。天宝元年改敦煌郡,乾元元年复为沙州。天宝十四年(755)发生了安史之乱,西北边防军队大量内调,边防空虚,贞元二年(786)沙州城在被包围十年之后,被迫向吐蕃投降,此后河西、西域地区均受吐蕃统治。大中二年(848)沙州大族张议潮乘吐蕃内乱之机率众起义,夺取政权,并攻占瓜州,遣使归唐。大中五年(851)唐朝在敦煌设归义军,授张议潮为归义军节度使、河西陇右十一州观察使,敦煌进入归义军时期。五代后梁乾化四年(914)敦煌另一大族曹仁贵取代张承奉为归义军首领,在五代、北宋时期继续奉中朝正朔,并与周围少数民族回鹘、于阗等用和亲方式保持友好关系。北宋景祐三年(1036)七月党项族(元昊)攻取瓜、沙、肃三州,尽占河西之地。西夏与宋为敌,西域与中原通道受阻,迫使商人与使者改由塔里木盆地南边,经青海进入中原,回鹘商人则多用中亚到蒙古的草原之路。南宋时海上丝绸之路活跃。敦煌逐渐失去其中西交通咽喉的地位。元、明、清时期,敦煌处于衰落状态。

(二)敦煌石窟

敦煌石窟包括莫高窟、西千佛洞、东千佛洞、榆林窟、水峡口下洞子石窟、五个庙石窟、一个庙石窟、昌马石窟,是个总称。

莫高窟俗称千佛洞,是敦煌石窟的代表,下文再谈。

西千佛洞在敦煌市西南约三十七公里的断崖上,在党河北岸,开窟时代与莫高窟相仿,现共存十九窟,彩塑三十四身,壁画八百余平方米。

东千佛洞在甘肃省安西县东南约一百公里峡谷两岸。现存洞窟二十三个,有壁画、塑像者八个,是西夏和西夏以后开凿的。

榆林窟在甘肃省安西县西南七十公里的南山山谷中,又称榆林寺、万佛峡。现存洞窟四十一个,保存唐代至元代壁画一千多平方米,彩塑一百余身。

水峡口下洞子石窟在甘肃省安西县城南五十公里的榆林河下游,现存有画洞窟八个,是五代至近代开掘的。

五个庙石窟在甘肃省肃北蒙古族自治县城北二十五公里。现存二十二窟,其中四窟有壁画。第一窟凿建于北魏,余三窟凿建于五代、宋。

一个庙石窟在肃北蒙古族自治县城北约二十公里的党河东岸吊吊水沟中北面断崖上,现存二窟,早期壁画塑像已毁,表层为近代壁画和题记。

昌马石窟在甘肃省玉门市玉门镇东南九十公里处的祁连山麓,现存窟龛十一个,内四窟有造像、壁画,约为十六国至西夏凿建。

(三)莫高窟

莫高窟在敦煌市东南二十五公里鸣沙山东麓断岩上,坐西朝东,面对三危山。窟群南北长一千六百余米,密布着大小不一的七百四十多个石窟,上下一般三层,少则一层,多则四层。老一辈敦煌学家苏莹辉先生描述说"远望累累如蜂窠"(《谈敦煌学》),是十分形象而贴切的。

据武周圣历元年《李君修莫高窟佛龛碑》,第一个洞窟是前秦建元二年(366)沙门乐僔开凿的。其后千年之间历代开凿,形成了十分宏伟的窟群。史载,武周时已有"窟龛千余"。洞窟分南北两区,有壁画、塑像的洞窟集中于南区,北区仅少数洞窟有壁画,其余二百五十余洞是无画的空窟(现已编号,见《文物》),主要是僧道及画工、雕匠们的住所,还有少数埋葬佛徒尸骨的瘗窟。现编号的有画、塑的洞窟有四百九十二个,共存壁画四万五千多平方米,彩塑三千余身。著名的藏经洞是第十六窟的一个耳洞,今编为第十七窟。

(四)藏经洞

又名鸣沙石室、敦煌石室。位于十六窟甬道北壁,即坐北朝南。原是晚唐沙门河西都僧统洪辩的影堂。所谓影堂,指绘塑高僧真容的纪念性洞窟。洞内地面方形,边长不足三米,壁高不足二点五米。北壁地面有长方形禅床式低坛,坛上泥塑洪辩端坐像,洪辩坐像背后的壁上(即北壁)绘两棵菩提树,枝叶相连。东侧树上挂一个净水瓶,西侧树上挂一个挎袋。树东侧绘一比丘尼,身穿袈裟,双手捧一团扇,扇上绘对凤图案。树西侧绘一近侍女,身穿盘领缺骻长衫,束腰带,右手持一手杖,左臂搭一条手巾。塑像与背后壁画映衬,刻画出洪𫰛生前的生活场景。西壁嵌大中五年洪𫰛告身碑一通,记录洪𫰛功绩。后来,在把该窟改为藏经洞时,塑像被移置他窟。就是这样一个长宽高均不足三米的小小石室,竟容纳了数万件经卷、文书及幡画、佛像、法器等,在被封闭了近九百年后,被一个没有多少文化的道士发现,并逐步流向世界各地,吸引了世界许多学者去研究,形成了国际性的显学——"敦煌学"。

二、敦煌石室的发现及文献的流散

（一）敦煌石室的发现

敦煌藏经洞是光绪二十六年庚子(1900)五月二十六日被发现的,发现者是当时敦煌千佛洞的住持道士王圆禄(一作王圆箓)。有关史料有两条比较重要:

一条是《王道士荐疏》(又名《王道士催募经款草丹》),是 1944 年在王圆禄用过的木柜中发现的,现藏敦煌研究院。梅红纸,墨书。以王道士的名义,当是王道士请人代笔写的。文曰:"道末湖北省麻城县人,现敦煌千佛洞住持王圆禄敬叩,伏俯叩恳天恩活佛宝台座下,敬禀者:兹有甘肃敦煌古郡迤郡东南方距城四十里,旧有千佛洞,古名皇庆寺。其洞在石山之侧,内有石佛、石洞、泥塑、佛像,俱有万万之像。惟先朝唐宋重修,碑迹为证。至本朝光绪皇帝年内,因贫道游方至敦,参拜佛宇,近视洞像,破坏不堪,系先年贼匪烧损,贫道誓愿募化补修为念。至贰拾陆年伍月贰拾陆日清晨,忽有天炮响震,忽然山裂一缝,贫道同工人用锄挖之,欣出闪佛洞壹所,内有石碑一个,上刻大中五年国号,上载大德悟真名讳,系三教之尊大法师。内藏古经数万卷,上注缮绎经中印度经、莲花经、涅槃经、多心经,其经名种颇多。于叁拾叁肆年,有法国游历学士贝大夫讳希和,又有阴国教育大臣司大人讳代诺,二公至敦煌,亲至千佛洞,请去佛经万卷。异日复蒙天恩赐银壹万两,近闻其名,而未得其款,以得佛工不能成就。区区小县,屡年募化,至今创修寺院,以及补塑佛像,重修楼殿等项费用,过银贰万有余。缘为经款,叩恳青天佛祖电鉴,特修草丹上达。肃此谨

禀。"(转录自姜亮夫《莫高窟年表》)

二条是光绪三十二年四月立《重修千佛洞三层楼功德碑记》,此碑系敦煌县举人郭璘撰文并书丹,木质,嵌于十六窟甬道南壁。记重修"三层楼"(即今十六窟前殿廊)功德,王道士参与其事,故碑文有云:"鄂省羽流圆禄……旋睹迤北佛洞寂寥,多为流沙所掩没,因设愿披沙开洞。庚子孟夏,新开洞壁偏北,复掘得一洞,内藏释典充宇,铜佛盈座。侧有碑云唐大中五年洪晉立。"(转引自《文史知识》1988 年第 8 期马世长《藏经洞的封闭与发现》)

以上两条史料都是王道士生前所产生,而且与王道士本人有直接关系;所以比较可信。

王道士卒后,1931 年徒子赵明玉、徒孙方至福为立墓志,题《太清宫大方丈道会司王师法真墓志》,木质,嵌于王道士墓塔上,地点在今敦煌研究院接待部外。《志》云:"以流水疏通三层洞沙,沙裂一孔,仿佛有光,破壁,则有小孔,豁然开朗。内藏唐经万卷,古物多名。见者惊为奇观,闻者传为神物。此光绪廿五年五月廿五日事也。"所记相差一年,一般认为不如前两条史料可信。另外,叶昌炽《缘督庐日记》光绪癸卯年卷十一,以及斯坦因、伯希和、罗振玉的有关记述中都是光绪庚子,他们的记述离藏经洞发现时间均较近。所以 1900 年是可信的。

(二)藏经洞封闭时间和原因的推测

藏经洞在王道士发现之前是人为地封闭起来的,封闭处绘有壁画,与别处窟壁无异,这显然是有意为之,所以不易被发现。大概是年久有了裂缝,在王道士等人清理流沙时被偶然发现,这批经卷才重见天日。

自从藏经洞被发现并被外人知道以后,对于藏经洞封闭的时间和原因就产生了各种推测。大体可分为废弃说和避难说。

废弃说首先由英籍匈牙利人斯坦因(Marc Aurel Stein)提出。他的理由是:窟内所藏一些包裹皮中发现一批相当数量的汉文碎纸块、带木轴的残经尾、木轴、丝带、布包皮、丝织品做的还愿物、绢画残片、画幡木网架等,认为这是敦煌各寺院中收集起来的神圣废弃物,藏经洞就是堆放这些废弃物的场所(详斯坦因《西域考古图记》)。方广锠在《敦煌藏经洞封闭原因之我见》一文中对这一观点作了进一步发挥,他认为如果为避难而封存,那所存应是珍贵之物,当时敦煌有整套的北宋初四川雕印的《开宝藏》以及金银字大藏经,是寺院最珍贵之物,但洞内并无这些大藏经,而是单卷残部、碎篇断简,以及破烂不堪的残卷废纸。他认为我国古代有敬惜字纸的习惯,而佛徒对于废旧佛典有敬畏心理,不能随便毁弃。加上当时已有整套《开宝藏》印本,纸业渐至发达,不再需要用废纸背面书写,所以曹氏归义军时期进行了一次大清理,把这批废弃物封存于十七窟中,久之被遗忘了(方文见《中国社会科学》1991 年第 5 期)。

避难说是法国人伯希和(Paul Pelliot)提出的,他在《敦煌石室访书记》中说:"洞之封闭,必在 11 世纪之前半期,盖无可疑。以意度之,殆即 1035 年西夏侵占西陲时也。"他的理由是:(1)藏经洞所出卷本题记年号最晚者为北宋太平兴国(976—983)及至道(995—997)年间。(2)所出卷本中无西夏文本。(3)窟内藏弃至为凌乱。所以认为是西夏"侵掠敦煌时,寺僧闻警,仓促窖藏书画。寇至僧歼,后遂无知窟处者"。罗振玉、姜亮夫等亦从此说。关于封闭时间为公元 1000 年以后,由于藏经洞中文书最晚的纪年为俄国藏咸平五年(1002)曹宗寿为报恩寺捐经题记(《俄藏敦煌汉文写卷叙录》上册末图版十六),所以基本可以确定。至于为避免何种灾难,就说法不一了。

对斯坦因提出的废弃说和伯希和提出的避难说,荣新江在《敦煌藏经洞的性质及其封闭原因》(载《敦煌吐鲁番研究》第二卷)一文中均表示不同看法。荣氏首先从藏经洞原貌的探索入手,根据斯坦因《西域考古图记》的原始记载,藏经洞几乎所有材料原来都是分类包在两类包裹皮中,一类是"杂包裹",梵文、于阗文、藏文的贝叶形写本、回鹘文或粟特文写本卷轴及绢纸绘画、丝织品和上面提到的斯坦因认为是废弃物的东西,都包在这类"杂包裹"中。另一类是"正规的图书包裹",总共有一千零五十个装汉文卷子的包裹,每包平均装卷子十二个左右,还有八十个包裹装藏文卷子,此外还有十一个较大的藏文贝叶夹本包。这是斯坦因彻底翻检之后作出的统计记述。斯坦因《西域考古图记》插图二百是刚刚取出的一包一包堆在一起的文献,可以想见当时文献是一包一包地整齐地包好存放的。其中一个包裹皮上书有"摩诃般若,海"字样,这是依《开元释教录·入藏录》所写的经名和帙号,证明这个包裹内包的是海字号《摩诃般若经》四十卷的第二帙。由于斯坦因不懂得中国古代的卷帙制度(卷子由帙包装存放),所以在估计藏经洞封存原因时忽略了这种整齐地包裹存放的事实,而仅仅根据那些残品得出"废弃说"的结论。荣氏认为汉、藏文佛典是分帙整齐地存放的,其他文字材料和绘画也都分类包裹在一起,这些主体内容很难被看作是废弃物。如完整地包在帙中的经卷,写于 10 世纪末叶首尾完整的一大批于阗文佛典,983 年绘制的精美的观音像,一大批完整的菩萨画幡,若一概视为废弃物,是难以理解的。至于伯希和看到的藏经洞文献的存放面貌,已不是原始面貌,而是斯坦因彻底翻检之后的面貌,所以伯希和才有"洞中所弃,至为凌乱"的感觉,这是伯希和"避难说"的主要根据,他推测凌乱的原因是"寺僧闻警,仓促窖藏"。因而伯希和的结论是不可信的。荣氏在考察了藏经洞原貌后,又进一步根据敦煌文献本身提供的史料,证明在唐五代以至北宋,沙州城内最重要的佛寺龙兴寺的大藏经一直存在欠缺不全的情况,寺僧检点补抄的工作在一些题记中多有记载。而规模更小的三界寺,缺经情况更严重。敦煌文献中带有三界寺标记(印记、题记等)的最多,说明藏经洞的文物主要来自三界寺,寺的地址当在莫高窟前。荣氏认为,那些残缺的经书,对三界寺来说,不会是废弃物,而应是保存待修补的,那些废纸、木轴、丝带等则是修补时使用的材料。至于许多长达十米以上的佛经写卷,不少是首尾完整的,还有不少精美的完整的美术品,这些文物对三界寺来说就更不可能废弃了。荣氏认为,敦煌文献中有纪年的最晚的是 1002 年,从 1002 年往后,西北地区最重要的历史事件,首先就是 1006 年于阗王国被黑韩王朝所灭。由于于阗王国与沙州的姻亲关系,于阗被灭后,不少于阗人逃到沙州。黑韩王朝信奉伊斯兰教,他们经四十年血战攻下于阗,对于阗佛教有毁灭性打击,这使敦煌佛徒异常惊恐。由于黑韩王朝并未马上东进,所以封存经卷、绢画等神圣物品的活动得以有秩序地进行,并在封闭的门前绘上壁画,作为掩饰。在当事人故去后,这件事就长期不为人知了(荣文又收入他的《鸣沙集》,1999 年台湾新文丰出版公司排印《敦煌丛刊二集》本)。荣新江的分析探讨更具说服力,因为废弃说、避难说的提出者斯坦因、伯希和,当时都还没有条件从敦煌文献本身找证据,而且对中国书籍制度缺乏了解,后来的学者都没有目睹藏经洞的原貌。敦煌遗书分散后,又多把经卷与包裹经卷的帙分开收藏,就更无从弄明藏经洞原貌。荣氏接触到大量敦煌文物原件及早期的记录材料,立论自然更切实,他的方法值得借鉴。

（三）敦煌遗书的流散

王道士发现藏经洞以后，并不知道这些经卷的价值。但是敦煌县令汪宗翰（字栗庵）很快就得到一些经卷，当是王道士取出奉送的。汪宗翰就拿这些古董作礼物送人。光绪二十八年（1902）五月叶昌炽接任甘肃学政，叶氏是金石学家，到了甘肃，兴趣主要在访碑。他在《语石》卷一中这样记载："敦煌县千佛洞，即古之莫高窟也。洞扉封以一丸泥，十余年前土壁倾欹，豁然开朗，始显于世，中藏碑版经像甚夥。楚北汪栗庵大令宗翰，以名进士作宰此邦，助余搜讨，先后寄贻宋乾德六年水月观音画像、写经卷子本、梵叶本各二。笔画古拙，确为唐经生体，与东瀛海舶本无异。又诸墨拓中有断碑……穷边荒碛，沉埋一千余载，不先不后，自余度陇而始显，得以摩挲之，考订之，不可谓非墨林之佳话已。"叶昌炽《缘督庐日记抄》光绪二十九年癸卯（1903）十一月十二日记有汪栗庵自敦煌寄来唐碑拓本及绢画《水陆道场图》、写经《大般涅槃经》四卷事，并谓敦煌经卷"当时僧俗皆不知贵重，各人分取，恒介眉都统、张又履、张筱珊，所得皆不少"。又光绪三十年八月二十日记汪栗庵寄碑拓、《水月观音像》、写经三十一叶事，即《语石》所述者。敦煌遗书就是这样首先在我国一些官员和读书人当中稍稍流传。

叶昌炽认识到这些文献的价值，于是建议甘肃省藩台衙门把文物运到省城保存，但藩台衙门以弄不到五六千两银子的运费和七辆大车为由，未予采纳，仅于光绪三十年（1904）命敦煌县令汪宗翰清点封存藏经洞文物。

1907年（光绪三十三年）3月16日斯坦因来到敦煌，从一个商人口中得知藏经洞情况，于是来到莫高窟。21日在敦煌支起帐篷，开始考察石窟，拍摄壁画照片。这时王道士去化缘未归，斯坦因从一个小和尚手中看到一份经卷，便决心留在敦煌。他先考察盗掘了长城烽燧遗址，然后于5月15日回到莫高窟。这时王道士已回来了。斯坦因中文不好，他雇的翻译蒋师爷（蒋孝琬）向王道士表示愿意捐献一笔钱用于修复庙宇，希望因此能换取一些写本。因上面有令封存，而且王道士还怕这样会破坏他的"功德"，所以未即答应。斯坦因对王道士修复洞窟表示兴趣，使王道士感到高兴，于是王道士引导他们参观洞窟。斯坦因认识到王道士虽头脑简单，但信仰执着，甚至迷信，喜欢听他谈论玄奘。于是向王道士谈起对玄奘的崇拜：如何沿着玄奘的足迹穿越人迹罕至的山岭和沙漠，如何去追寻玄奘曾经到达过的圣迹等等。王道士露出近乎入迷的表情，开始指着玄奘西行的壁画向他们讲解、炫耀。夜间，王道士向他们提供了一小束经卷。他们研究并发现这些经卷正是玄奘从印度带回并翻译的。于是，他们告诉王道士，这是玄奘的在天之灵催促王道士向他们展示洞中的藏经。这一招很灵，几小时后王道士就拆除了堵在洞中的砖墙。斯坦因在《西域考古记》中描述："在道士小灯的幽暗光线下，依稀可以看见大量地，但却又杂乱无章地堆积在一起的整捆的手稿，其高度大约有十英尺左右。"王道士不允许他们自己挑，每天夜里王道士取出一捆一捆的写本，拿到一间密室让斯坦因和蒋师爷挑选。他们选的是形式上较完整的、书法好的卷子，同时对那些绘画等艺术品选取较多。他们欺骗王道士，是玄奘让他们发现了这批经典和圣物，应该把它们交给印度或西方的佛教学者进行研究，这也是一件积德行善的事，作为交换，他们要捐赠一笔钱，用于修缮洞窟庙宇。王道士答应了他们的请求，并达成一个协定：保守秘密。他们把挑选的文书装了二十四箱之多，艺术品则装满五大箱。现存最早的有年月记载的印刷品唐咸通九年刻印的《金刚经》就在其中。经过一年零六个月长途运输，这批无价之宝安全抵达伦敦。斯坦因所得经卷文物，按资助探险的印度政府和英国博物馆之间签署的分配方案，敦煌写本部分，凡用汉文、粟特文、突厥文、回鹘文书写的，归英国博物馆；于阗文、龟兹文、藏文、婆罗谜文书写的，归伦敦的印度事务部图书馆。绘画品等，由印度新德里中亚古物博物馆和英国博物馆平分。1973 年写本部分从英国博物馆转入英国图书馆。1991 年印度事务部藏品转归英国图书馆。荣新江《英国图书馆藏敦煌汉文非佛教文献残卷目录》已著录至 S. 13624 号。1958 年新德里中亚古物博物馆撤销，藏品转归新德里国立博物馆。

　　1908 年（光绪三十四年）2 月 25 日法国人伯希和带着中亚考察队来到敦煌，他是在乌鲁木齐从伊犁将军那里听到敦煌藏经洞消息的。他们来到后，一面开始为洞窟编号、拍照、测量并记录题记，一面与王道士交涉。伯希和会讲流利的汉语，王道士对斯坦因的保守秘密也感到满意，所以对伯希和很客气。3 月 3 日王道士就把伯希和带到藏经洞，让他自己在洞中挑选。伯希和精通中文，还懂几种中亚语文，并且有相当的文献知识。他用了三个星期时间，在洞中借助烛光，用每天一千卷的速度，把数万件文献翻看了一遍，并挑选出其中的精华。由于他懂行，所以挑选的尽是学术价值较高的文献：一是标有年代的，二是《大藏经》之外的各式文献，三是汉文以外的各种少数民族文字资料。所以伯希和挑选的写本品类齐全，质量最高。他仅用五百两银子就顺利地拿走了这批大约六千余件文献，派人送往巴黎。这就是王道士所说的"贝大夫讳希和"来敦煌"请去佛经"的史实。伯希和所得文献资料现全部藏于法国国家图书馆。有敦煌汉文写本三千六百余号、藏文写本二千余号、回鹘文写本三百八十八号、粟特文写本七十八号、于阗文写本六十六号，还有少量梵文、龟兹文、西夏文写本。艺术品则入藏巴黎的集美博物馆。

1909 年（宣统元年）5 月伯希和受法国国立图书馆委托来北京购书，这时所劫经卷已运归巴黎，伯希和随身携带了一批珍贵写本出示给北京学者，内有《尚书释文》、《沙州图经》、慧超《往五天竺国传》等。罗振玉、董康等曾一起到苏州胡同伯希和住处参观这些经卷，伯希和告诉罗振玉："石室尚有卷轴约八千轴，但以佛经为多，异日恐他人尽取无遗，盍早日购致京师。"（见罗振玉《集蓼编》）伯希和在京期间，北京学者还在六国大饭店召开欢迎盛会，宝熙、柯劭忞、江瀚、董康等名流出席，会上伯希和透露"洞藏尚未全虚"。罗振玉、董康等人因此才促成学部于是年 8 月 22 日致电陕甘总督，饬查检齐千佛洞书籍并造像古碑，勿令外人购买。隔了一个月，得复电，说已购得八千卷，价三千元（参苏莹辉《谈敦煌学》）。

1910 年（宣统二年）学部委托新疆巡抚何秋辇（彦升）将藏经洞劫余遗书解送北京。据斯坦因 1914 年第三次到敦煌时所闻："整个所藏的写本草草包捆，用大车装运，大车停在敦煌衙门的时候，被人偷去的就有不少。"（《西域考古记》）后来沿途损失，又有不少。运到北京时，何秋辇的儿子何震彝（鬯威）在京，押解委员傅宝书、武相臣二人先把大车运到何宅。何震彝的岳父李盛铎是著名藏书家，又有李氏同乡刘廷琛、友人方尔谦，他们尽三日之力，各取佳者数百卷，然后把车上的卷子一拆为二，以充原数，交给学部。学部侍郎宝熙拟参奏，后辛亥革命爆发，此事遂止。

何氏藏卷后部分转归李盛铎。李氏藏卷有二百余卷由其女售归前中央图书馆，现藏台北"中央图书馆"。另一部分售归日本人。刘廷琛的百余卷，有八十件后辗转归北图收藏。方尔谦所藏后部分归罗振玉。

移交学部的经卷后入藏京师图书馆，由陈垣编成《敦煌劫余录》（1931 年出版），共著录八千六百七十九卷写经。后胡鸣盛又检阅未登记的残页,增编一千一百九十二号,共达九千八百七十一号。

当学部电告陕甘总督饬查藏经时,或者命令将经卷解送北京前,王道士又私自转移了一批经卷。

1912 年 1 月日本大谷探险队吉川小一郎、橘瑞超来到敦煌,从王道士手中骗购写经三百卷。1914 年吉川小一郎又到敦煌,从王道士手中骗购百余个卷子,两次得四百余卷。

1914 年斯坦因第三次探险来到敦煌,又从王道士手中骗购经卷五百七十余件。

1914 年至 1915 年俄国东突厥斯坦考察队,在队长奥登堡(1863—1934)率领下,到敦煌考察,掠去大批写本和其他文物资料,还绘制了四百四十三个洞窟的平面图,拍摄近三千张照片,临摹了部分壁画。这批文物中的写本保存在今俄国科学院东方研究所圣彼得堡分所,约有一万二千件,不过其中混入了从别处掠取的文献五百七十五件。这些写本中,长度超过三十厘米的约二千余号,长度超过六十二厘米的仅二百五十九号。其余绝大部分为更小的纸片。奥登堡所得彩塑、壁画碎片、帛画、纸画、照片、临摹画等则收藏于俄国圣彼得堡爱尔米塔什博物馆。有关奥登堡考察的日记、报告等一直存于俄国科学院院士档案圣彼得堡分部,未予公布,所获文书及艺术品过去极少对外提供照片,所以详细情况学术界不甚了了。1992 年起上海古籍出版社开始陆续出版《俄藏敦煌文献》,现已出版十一册,首次系统公布其藏品。

1921 年甘肃省教育厅、敦煌县政府联合整理遗留在千佛洞的写卷,共得藏文写经一百零五捆,移送敦煌县劝学所和甘肃省图书馆保存。藏经洞文献至此告罄。

1924 年,以哈佛大学福格艺术博物馆东方部主任华尔纳(Langdon Warner, 1888—1955)为首的美国远征队来到敦煌,仅用七十两银子即得到王道士允许剥离壁画二十六方,面积三点二平方米。他用涂有黏着剂的胶布片敷于壁画表面,把壁画一小片一小片地剥下来。由于技术不成功,使完整壁画支离破碎,运回美国时画片又有丢失,所以对壁画造成严重的人为破坏。华尔纳还掠走精美彩塑两身,购得敦煌写本《妙法莲华经》残卷。均藏福格艺术博物馆(今转藏赛克勒博物馆)。1925 年华尔纳又组织七人考察队再到敦煌,企图再次盗取文物壁画,受到地方当局的限制和群众的监视,陪同的北大教授陈万里也设法缩短华尔纳在敦煌的停留时间,所以华尔纳此行仅购得一件敦煌写本《大般若经》,剥取壁画的企图未能得逞。

　　由于清朝末年国家的衰弱和政府的无能、官僚的腐败,敦煌石室,这座容纳着5世纪至11世纪数万件文献的宝库,就这样在十几年间星散无余,其中精品大都为外国人捆载而去。1930年陈寅恪先生在《敦煌劫余录序》中称:"敦煌者,吾国学术之伤心史也。"言之痛切。其实,就在英国人斯坦因从敦煌劫走数以万计经卷的1907年,日本三菱财团用十万八千元购取了我国清末四大藏书家之一陆氏皕宋楼的全部藏书,舶载而去,我国学术的伤心史又何止敦煌?

三、敦煌文献的目录

　　流散到各处的敦煌文献,先后编制出目录,对我们查找和研究敦煌文献有极大帮助。对于这些关于敦煌文献的目录,白化文先生及其弟子杨宝玉合著有《敦煌学目录初探》,全面系统而深入地进行了总结研究。读者可以参考。这里主要介绍收藏和检索性的重要目录。

(一)《敦煌劫余录》

　　近人陈垣撰,成于1924年。1931年中央研究院历史语言研究所排印本,六册。当1911年敦煌劫余经卷入藏京师图书馆时,该馆编有《敦煌石室经卷总目》,约成于1912年6月,线装八册。千字文编号,共八千六百七十九号,为我国最早的敦煌遗书目录。因系流水草目,不便使用,陈垣又据此目重编《敦煌劫余录》。《劫余录》全书分十四帙,著录数目同前草目,体例仿赵明诚《金石录》,分类编排。由于这些卷子几乎全为佛经,所以分类大致采用了佛藏的分类法。每轴注其原千字文号,起止(即头两行的前二字、尾两行的后二字)、纸数(即由几张纸粘接而成)、行数、残损情况、在经中的品次、移录题记。第十四帙是周叔迦从失名诸经中考出的八十六种,称《续考诸经》。这是公布的最早的敦煌遗书分类目录。书中陈垣、陈寅恪序均有很高学术价值。1981年北京图书馆善本组编印有《敦煌劫余录续编》一册,著录一千零六十五件。但北图仍有约一两千件未能入录,有待续出目录。

（二）《敦煌石室经卷中未入藏经论著述目录》

李翊灼撰。1912 年上海国粹学报社排印《古学汇刊》第一集本。1911 年敦煌劫余经卷入藏京师图书馆后,李氏编写提要二千余卷,从中选取一百六十余种后世没有传本的佛教文献,编成此目,后附《疑伪外道目录》。这一目录在敦煌学史上富有开创性,即在辑集藏外佛典方面开拓了道路。日本《大正藏》收入敦煌佛经,即受李氏启发。

（三）《敦煌石室写经详目》及《续编》

原北平图书馆写经组编。1929 年北平图书馆成立写经组,着手编撰敦煌写经目录,先后主持及参加者有徐森玉、胡鸣盛、许国霖、孙楷第、周叔迦等十余位专家,约成于 1935 年。由于日本侵华,北平图书馆敦煌遗书南迁,未及整理定稿发表,沉埋五十余年,到 1990 年善本部搬迁清点时才重新发现。这部目录正编著录八千六百七十九件八千七百三十八号,续编著录一千一百九十二号。各件著录千字文号、起止字、长度、纸数、行数、起止卷品、简略提要等。其分类参照《大正藏》、《卍字续藏》,附道教、摩尼教、谱录、杂类、待考等部。另附《敦煌石室写经详目总目》、《敦煌石室写经详目索引》等。此目有较高的学术价值(参《敦煌学大辞典》第878 页李际宁所撰词条)。

（四）《英国博物馆藏敦煌汉文写本注记目录》(Descriptive Catalogue of the Chinese Manuscripts from Tunhuang in the British Museum)

英国翟林奈(Lionel Giles,1875—1958)撰,1957 年伦敦英国博物馆董事会出版。作者出生于中国,其父翟理思(Herbert Allen Giles),弟翟兰思(Lancelot Giles)都曾在中国任领事。他 1900 年入英国博物馆东方图书与写本部,负责管理中文图书。不久斯坦因劫取敦煌遗书入藏该部,他开始编目、研究工作。从 1919 年到 1957 年,他用了三十八年,以一人之力,完成编目工作,出版后第二年即去世。

该目收录范围为:(1)斯坦因第二次中亚探险所获敦煌遗书 S.001—6980 号;(2)斯坦因第三次中亚探险所获汉文和少数民族文献 or 8212/

1—195 号中的部分写本;(3)刻印本 S. P. 1—20 号。共分类新编为八千一百零二号(简称 G.)。该目首先分为五大类:佛教文献、道教典籍、摩尼教经、世俗文书、印本。然后再各分小类。佛经据南条文雄的《英译大明三藏圣教目录》(1888 年牛津大学出版)排列,因为这部英译目录在欧美通行易得。对《藏》外文献则分十四类。道教典籍分十类,其中第八类占卜、术数,第九类医药,第十类历法,归于道教显然不妥。摩尼教经只有两卷。世俗文书分二十二类:(1)儒家典籍;(2)史籍;(3)地志;(4)诗歌杂曲;(5)故事及传记;(6)各体文章;(7)诏敕榜文;(8)奏书牒状;(9)书翰、书仪、官府报告;(10)契约、法律文书;(11)社条与社司转帖;(12)入破历、帐目;(13)算书;(14)语汇、辞书、字书;(15)僧俗名簿、氏族谱;(16)户籍;(17)寺院财产帐目;(18)藏经目录;(19)杂器物历;(20)习字;(21)绘画、图表;(22)双语写本。对每件遗书著录其新编号、汉文名称及威妥玛式转写、卷数、品第、汉文题记及英译、书法、纸色、纸质、卷子长度等。对于入《藏》佛经,还列出梵文书名、在南条文雄英译目录中的位置、在《大日本校订缩刷大藏经》中收入第几套第几册、在《大正藏》中的位置等。附录有特殊卷子表(如:有题记的卷子、有武周新字的卷子等)、翟林奈新编号与斯坦因编号对照表、专名索引(依威妥玛式转音排列并注明汉文)。这部目录比较细致准确。但并不是英国藏敦煌遗书的全部。1973 年英国博物馆东方图书与写本部的敦煌遗书移入英国图书馆保存。1991 年北京大学荣新江教授应邀为该馆编制了 S. 6981—13624 号文献目录,后荣氏编成《英国图书馆藏敦煌汉文非佛教文献残卷目录》,1994 年由台湾新文丰出版公司出版。该目对各件标题、外观、内容、专有名词、题记、朱批、印鉴、杂写、年代及研究文献、图版均予著录,是翟林奈《目录》的续编。

(五)《斯坦因劫经录》

刘铭恕撰。收入 1962 年 5 月商务印书馆排印《敦煌遗书总目索引》。这部目录是根据中国科学院图书馆所得英国博物馆所藏敦煌遗书缩微胶卷编成的,共著录六千九百八十号,即翟林奈目所著录的第一部分 S. 0001—6980 号。当时所得胶卷仅此而已。按原胶卷顺序标目排列,不分类。其中许多条目加注有学术性的说明:或照录卷尾抄写人、校勘人、施舍人的题记年月,或抄录卷子内简短重要的史料、契约、文告、诗词等,或附加简单的考证。这部目录是专门为《敦煌遗书总目索引》而编制的，仅用数月时间，以一人之力完成，而且对重要的卷子加入许多说明，因而尽管不如翟目全，也存在一些错误，但仍具学术价值，60 年代以来是我国学者了解英国藏敦煌遗书的主要工具。

（六）《印度事务部图书馆所藏敦煌出土藏文写卷目录》（Catalogue of the Tibetan Manuscripts from Tunhuang in the India Office Library）

比利时藏学家瓦雷·普散编著。1962 年伦敦牛津大学出版社出版。著录该馆藏斯坦因劫取的藏文佛典写本七百六十五件。分为十类。每件均转写首尾一行，并注出相应的刊本及研究文献出处。后附榎一雄编汉文写本目录，著录了一百三十六件写在藏文或于阗文文献背面的汉文文献。分为八类。每件注明斯坦因原编号，瓦雷·普散编号，描述写本外观、汉文行数、佛教文献注出在南条文雄英译目录中的编号、在《大正藏》中的位置，世俗文书尽可能抄录了原文。

1977 年至 1988 年日本东洋文库出版了日本东洋文库西藏研究委员会编的《斯坦因搜集藏语文献解题目录》1—12 分册。其中 1—8 册是对瓦雷·普散目录所收七百六十五件写本的重新著录。9—12 册，则著录瓦雷·普散未著录的藏文文献，新编序号为 1001—1518 号。这部目录较瓦雷·普散目录更完备。印度事务部图书馆的藏品已于 1991 年归英国图书馆收藏。

另外，英国博物馆仍保存着敦煌绢画、纸画和若干写本及文书，大部分已收入英国韦陀博士编三卷本《西域美术·英国博物馆所藏斯坦因收集品》中。该书日本上野阿吉译为日文，1982 年到 1984 年由英国博物馆与日本讲谈社联合在东京出版。

（七）《敦煌汉文写本目录》（Catalogue des Manuscrits Chinois de Touen-houang）

副标题"法国国立图书馆藏伯希和汉文文库"。法国人所编伯希和劫获敦煌汉文写本全目。拟编六册。前五册按原编流水号每五百号一册。到 1995 年已出四册。第一册由法国谢和耐(Jacques Gernet)和吴其昱在前人工作基础上完成,1970 年法国国立图书馆出版,收 P. 2001—2500 号(按:2001 号以前的二千个号是预留给藏文写本的)。第三册由法国苏鸣远(M. Soymié)领导的敦煌研究组编成,1983 年巴黎辛格—波利尼亚克基金会出版,收 P. 3001—3500 号。第四册编者同第三册,1991 年法国远东学院出版,收 P. 3501—4000 号。第五册分上下两册,编者同第三、四册,1995 年法国远东学院出版,收 P. 4001—6040 号。第二册尚未出版。第六卷著录藏文卷子背面的汉文写本,于 2001 年出版。

这是一部比较细致的目录。各件写本先列标题(包括汉文和法文音译),题目已残缺者多考证补出。然后列出该卷在《大正藏》、《道藏》、《四部丛刊》等重要丛书中的位置。有题记者译成法文。有参考研究文献者注明详细出处。然后再对卷子的物质形态予以记录:书体、墨色、所存行数、每行字数、有无界栏、天头地脚高度、全卷由几纸粘成、各纸长度、残损情况、纸质、纸色、帘纹宽窄、水渍、破洞等等。

本目录的主体部分按伯希和流水号排列,不分类,为弥补这一缺陷,每册附有主题分类索引。同时还附有专有名词索引,按拉丁字母排列。专有名词包括遗书题名、作者、解题中提及的人名、官名、地名等。除两个索引外,还有汇列各种有特色的卷子的附录,所谓特色指卷子上有题记、年代、年号、图画、印章、署押、武周新字、避讳字等,把这些卷子汇列于后,注明卷号,对从事专门研究者有莫大帮助。

(八)《伯希和劫经录》

王重民(1903—1975)撰。收入 1962 年 5 月商务印书馆排印《敦煌遗书总目索引》。1934 年王重民受北平图书馆派遣到法国巴黎国立图书馆作文献研究工作,重点搜集敦煌资料。1934 年至 1938 年间王重民为伯希和所劫敦煌卷子编了一套目录,收 P. 2001—5579 号。王氏有一套自用的工作卡片目录,回国时带回。1958 年到 1962 年王氏主编《敦煌遗书总目索引》,即据这套卡片目录编成《伯希和劫经录》,据白化文先生核对,基本是从卡片目录过录而成,未作太多修改。这部目录约一半以上的卷子有提要,有的是学术性的提示,有的是录文,指出了许多在研究中应注意的重点。我国学者查阅法国所藏敦煌卷子,长期以来依赖的是这部目录。

（九）《国立图书馆所藏敦煌藏文写本注记目录》（Inventaire des Manuscrits Tibétains de Touenhouang Conservés à la Bibliothèque Nationale）

法国拉露编,共三卷,分别于 1939 年、1950 年、1961 年由巴黎阿德里安·梅松耶夫书店与国立图书馆联合出版。第 1 卷收 1—849 号,第 2 卷收 850—1282 号,第 3 卷收 1283—2216 号。除一些《无量寿宗要经》藏文写本外,本目著录了法国国家图书馆所藏敦煌藏文写本的全部。每卷均著录其外观、内容及研究情况。前有主题索引。

（十）《俄藏敦煌汉文写卷叙录》

俄国孟列夫主编,袁席箴、陈华平翻译。收录苏联科学院东方学研究所列宁格勒分所(即原亚洲民族研究所,1991 年改名俄罗斯科学院东方学研究所圣彼得堡分所)藏敦煌写本。第一册 1963 年莫斯科东方文献出版社出版,著录孟列夫编 1—1707 号。第二册 1967 年莫斯科科学出版社出版,著录 1708—2954 号。主编孟列夫 20 世纪 50 年代曾到我国北京大学中文系留学,作吴组缃先生的研究生,专攻中国小说史,对古籍及俗文学有较好的基础。俄藏敦煌文献在 20 世纪 30 年代至 40 年代曾由弗卢格编写三百零七件分量较大的写本提要和二千多份登记目录,1942 年弗卢格去世,工作中断。1957 年才重由孟列夫等开始做。这两卷目录吸收了弗卢格的成果。孟列夫主编的这两册目录是分类目录,每件文献记其书名、译者(均汉文、梵文对照)、卷数、在《大正藏》及其他目录中的位置、编号、内容提要、尺寸、纸数、行数、纸质、界栏、书法、内容起讫,间录题记及参考文献。据孟列夫在第二卷前言中称,这两卷目录所收尚不及该所所藏敦煌文书的三分之一。该书中译本 1999 年 7 月由上海古籍出版社出版。

（十一）《西域出土汉文文献分类目录》

日本东洋文库敦煌文献研究委员会编印。共四册。第一册《斯坦因敦煌文献及研究文献中业经引用介绍的西域出土汉文文献分类目录初稿Ⅰ——非佛教文献之部·古文书类Ⅰ》,池田温、菊池英夫编。1964 年东京东洋文库出版,油印本。第二册《斯坦因敦煌文献及研究文献中业经引用介绍的西域出土汉文文献分类目录初稿Ⅱ——非佛教文献之部·古文书类Ⅱ》,土肥义和编,1967 年东洋文库敦煌文献研究委员会出版,油印本。第三册《西域出土汉文文献分类目录Ⅲ——斯坦因将来大英博物馆藏敦煌文献分类目录·道教之部》,吉冈义丰编,1969 年东洋文库敦煌研究委员会出版。第四册《西域出土汉文文献分类目录Ⅳ——敦煌出土汉文文学文献分类目录附解说·斯坦因本、伯希和本》,金冈照光编,1971 年东洋文库敦煌文献研究委员会出版。

这是一套专科目录,第一册收官府文书,第二册收寺院文书,第三册收道教文献,第四册收文学文献。前三册主要是斯坦因劫获文献。第四册则包括中、英、法收藏敦煌文学文献,比较齐备。各册均有细致分类,自成体系。

每件文书均有详细提要,分条分项依次著录,细致明白。一般包括所存行数、尺寸、残缺情况、起讫、其他目录著录情况、书写年代、题记(全录)、内容、提要、抄有本文的其他卷子编号、有关研究资料及出处。这部专科目录是研究的成果,也为其他研究者提供了极大便利,较别家敦煌文献目录水平高。该目录所收均系非佛教文献,正是数十年来敦煌学研究的重点。

(十二)《敦煌遗书总目索引》

王重民主编。1958 年到 1962 年编,1962 年商务印书馆排印,1983 年中华书局重印补订本。这部目录索引分总目、索引、附录三大部分。总目部分主要由中、英、法三大馆藏目录组成。中国馆藏目录《北京图书馆藏敦煌遗书简目》是据《敦煌劫余录》简化改编的,计八千六百七十九号,每件只记经名,按千字文流水号排列,并注《劫余录》页码。英国馆藏目录为刘铭恕的《斯坦因劫经录》,共六千九百八十号。法国馆藏目录为王重民的《伯希和劫经录》,计五千五百七十九号。三大馆藏目录之外,另有《敦煌遗书散录》,收入十九种小目录:《前中央图书馆藏卷目》、《旅顺博物馆所存敦煌之佛教经典》、《李氏鉴藏敦煌写本目录》、《德化李氏出售敦煌写本目录》、《李木斋旧藏敦煌名迹目录》(第一部分)、《李木斋旧藏敦煌名迹目录》(第二部分)、《刘幼云藏敦煌卷子目录》、《罗振玉藏敦煌卷子目录》、《傅增湘藏敦煌卷子目录》、《日本大谷大学图书馆所藏敦

煌遗书目录》、《日本龙谷大学图书馆所藏敦煌遗籍目录》、《日本人中村
不折所藏敦煌遗书目录》、《日本诸私家所藏敦煌写经目录》、《日本未详
所藏者敦煌写经目录》、《敦煌石室经卷中未入藏经论著述目录》、《敦煌
所出古逸经疑似经目录》、《敦煌变文残卷目录》、《敦煌曲子词残卷目
录》、《敦煌四部遗书目录》。索引部分,是把以上三大馆藏目录及十九种
小目录中的经卷题目,按照字头笔画编成的。附录则是翟林奈《英国博
物馆所藏敦煌汉文写本注记目录》的分类总目、新旧编号对照表。最后
是王重民先生的《后记》,是一篇对敦煌汉文遗书编目工作的学术性
总结。

　　本书所收三大馆藏目录均不完全,十九种小目录又有相互重复,索引
也有一些遗漏和错误,但从 60 年代以来,它一直是我国学者查阅敦煌文
献最重要的目录索引。台湾黄永武《敦煌遗书总目索引之补正》(载《汉
学研究》1986 年第 4 卷第 2 期)对经名标目有所订正。

(十三)《敦煌遗书最新目录》

　　黄永武编。1986 年台湾新文丰出版公司出版。本书是在编者主编
《敦煌宝藏》一百四十册完成之后编成的,是《敦煌遗书总目索引》的"总
目"部分的增订简编本。共包括五部分:(1)《英伦所藏敦煌汉文卷子目
录》,著录 S. 0001—7599 号,又碎片 1—197 号,木刻 1—19 号,均仅有题
名,无提要。与《敦煌宝藏》第 1—55 册配套。刘铭恕《斯坦因劫经录》仅
著录 1—6980 号。黄氏对刘铭恕、翟林奈所编目录的题名错误纠正数百
号。(2)《北平所藏敦煌汉文卷子目录》,著录 1—8738 号,顺序同《敦煌
劫余录》,仅有题名,无提要,但纠正《劫余录》题名之误不少。与《敦煌宝
藏》第 56—111 册配套。(3)《巴黎所藏敦煌汉文卷子目录》,著录 P.
2001—6038 号,仅有题名,无提要,纠正王重民《伯希和劫经录》题名之误
不少。王氏《伯希和劫经录》仅著录 P. 2001—5579 号,不及黄氏目全。
与《敦煌宝藏》第 112—135 册配套。(4)《列宁格勒所藏敦煌卷子目录》,
著录 M. 0001—2954 号,是从孟列夫主编《苏联科学院亚洲民族研究所藏
敦煌汉文写本注记目录》一、二册译出的,仅译题名,未译提要。(5)
《敦煌遗书散录》,共十六种。前十四种即《敦煌遗书总目索引》中《散
录》的前十四种,唯中央图书馆由 66 号增至 144 号,大谷大学由 34 号
增至 38 号。第十五种为《其他》,所录为《敦煌宝藏》第 136 册"散"字

号题名,共一百五十六号。第十六种为《欣赏篇》,所录为《敦煌宝藏》第138—140册题名,包括伯希和劫经一百五十号,列宁格勒藏二十九号,香港一号。黄氏这部目录较全,而且纠正了旧录题名的不少错误,又与《敦煌宝藏》对应(俄藏部分《宝藏》未收),所以工具性较强。但无提要,其学术性较弱。

(十四)《敦煌遗书总目索引新编》

施萍婷编著,邰惠莉助编。2000年中华书局排印本。本书是《敦煌遗书总目索引》的新编本。《总目》部分包括三部分:《斯坦因劫经录》(收 S.1—6980)、《伯希和劫经录》(收 P.2001—6040)、《北京图书馆藏敦煌遗书简目》(用北图千字文编号,括注陈垣《敦煌劫余录》序号)。著录项目包括:序号、名称、题记、本文、说明。在名称方面,本书对《敦煌遗书总目索引》、《敦煌遗书最新目录》作了许多订正和补充,明标"首题"、"尾题"、"原题"、"首尾俱全"。首尾不全者则尽量吸收研究成果予以准确定名,有品题者均予注出。一卷中包括多项内容者,尽可能列出细目,较前两种总目均细致。书中"题记"项大都录自卷尾纪年题识、发愿文、译场列位、写经列位、受持者题写、打油诗等。"本文"项是刘铭恕《斯坦因劫经录》的发明,指重要卷子的正文的移录或节录,本书保留并加校正。"说明"项是王重民、刘铭恕所加学术性提示,本书予以保留。本书编者所加说明则用"按"字标示。《索引》部分系《总目》部分的条目笔画索引。本书虽然仍是不全的,不包括俄藏、日藏及其他散藏,但就著录的准确,分条的细致方面而言,已大大超过《敦煌遗书总目索引》和《敦煌遗书最新目录》,本书可作为案头常备的工具书。编者为此花费了数十年心血,年近古稀,始得问世,可知任何一项有意义的、严谨的学术工作,都不是、也不可能是一蹴而就的。

(十五)《敦煌古籍叙录》

王重民撰。30年代王氏受北平图书馆派遣到法国国立图书馆研究文献,收集敦煌遗书资料,曾为伯希和劫去敦煌文献编制一份目录,并摄制一批胶卷,在工作中曾撰写了一些题记,编为《巴黎敦煌残卷叙录》第一、二辑,分别于1936年、1941年由北平图书馆印行,共八十六篇。英国所藏亦撰写并发表过一些题记。1957年作者把自己撰写的关于敦煌遗书中四部古籍的题记,以及罗振玉、王国维、刘师培、陈寅恪等学者写的题跋,按四库分类汇为一编,有关论文亦予摘录或提供题目。每种古籍先记书名、著者,次记原卷编号,次记有关影印本或排印本,然后录题跋。王氏自撰题跋只注年月,他人所撰则注明作者及出处。1958 年商务印书馆初版,1979 年中华书局再版。一册。这部书对研究者利用关于敦煌四部古籍的旧有成果颇为方便。

以上介绍敦煌文献的目录十五种。下面附带介绍几种敦煌学论著目录:

(1)《敦煌学论著目录》(1909—1983),刘进宝编,1985 年甘肃人民出版社出版。

(2)《中国敦煌吐鲁番学著述资料目录索引》(1909—1984),卢善焕、师勤编,1985 年陕西省社会科学院出版。

(3)《敦煌学研究论著目录》(1899—1984),邝士元编,1987 年台湾新文丰出版公司出版,收录论文著作六千零八十四条。

(4)《吐鲁番敦煌出土汉文文书研究文献目录》,日本东洋文库唐代史(敦煌文献)研究委员会编,1990 年 3 月东洋文库印行,收录截止于1989 年的关于吐鲁番和部分敦煌出土汉文文献研究的中、日论著,中文六百五十七项、日文一千二百二十四项。

(5)《敦煌研究论著目录》(1908—1997),郑阿财、朱凤玉主编,收集1908—1997 年间海峡两岸及东亚地区学者的敦煌学成果,旁及海外汉学家研究成果,共收专著、论文约一万二千条。2000 年 4 月台北汉学研究中心出版。

四、敦煌文献的汇编整理与刊行

在敦煌藏经洞被发现以后,最早进行研究的是叶昌炽,成果见他的《缘督庐日记》和《语石》。最早以专书形式刊布并研究敦煌文献的是王仁俊,清宣统元年(1909)伯希和携带部分经卷到北京,王仁俊获见,用四天时间抄录有关历史、地理、宗教、文学的内容,并参考伯希和有关考察报告,对这些敦煌文献予以考订,撰成《敦煌石室真迹录》,分甲、乙、丙、丁、戊五录。甲录之前有甲上,影印《邕禅师塔铭》、《温泉铭》、《金刚经》拓本。1909 年 9 月国粹堂石印本。不久罗振玉辑刊《敦煌石室遗书》(1909年 12 月,内有蒋斧《沙州文录》、曹元忠《沙州石室文字记》及罗氏所得敦煌石室古佚书)、《石室秘宝》(1910 年)、《佚籍丛残初编》(1911 年)、《鸣沙石室古佚书》(1913 年)、《雪堂丛刻》(1915 年)、《鸣沙石室佚书续编》(1917 年)、《鸣沙石室古籍丛残》(1917 年)等,是早期研究刊布敦煌遗书的最大功臣,总共数十件,多有跋语。这是 20 世纪初的事。到 20 世纪末,在大约九十年间,中外学术界、出版界汇集整理出版的敦煌文献已逐步接近敦煌文献的全部,对我们查找利用提供了最大的便利,这里择要介绍二十余种。

(一)《敦煌宝藏》

黄永武编,共十四辑一百四十大册,1981 年 9 月至 1986 年 8 月台北新文丰出版公司影印出版。第 1—55 册为英国图书馆藏 S. 1—7599 号,又碎片 1—197 号,木刻 1—19 号。第 56—111 册为北京图书馆藏 1—8738 号。第 112—135 册收法国国立图书馆藏 P. 2001—6038 号。第 136—140 册为散卷 1—1608 号(中有缺号),及伯希和劫获写本精品欣赏编。欣赏编系据饶宗颐《敦煌书法丛刊》影印。每册前收录从其他书刊中翻印的敦煌壁画、塑像、绢画、纸画等艺术品彩色或黑白图版。全书汇编缩微胶片约二十万张,艺术品图片千余张,经卷以汉文为主,印制精良,是迄今收集影印敦煌文献最全的合集。

(二)《敦煌吐鲁番文献集成》

1992 年 12 月上海古籍出版社开始影印出版。收俄国、法国、天津艺术博物馆、北京大学、上海博物馆等处藏敦煌吐鲁番文献,以藏家为单位分别编印。现上博二册、北大二册、天津七册、上图四册,均已出版。《俄藏敦煌文献》共十七册,俄国孟列夫、我国钱伯诚主编,已于 2001 年出齐,收入俄罗斯科学院东方研究所圣彼得堡分所收藏的敦煌古代文献和以敦煌名义编号的中国其他地区古代文献总共近二万号。第 1—5 册包括全部弗卢格编号(Ф.)三百六十六号,是俄藏敦煌文献最完整的部分。以下为敦煌编号(Дх.)部分。《法藏敦煌西域文献》共三十四册,2005 年出齐。这套书印制精良,所收敦煌文献有不少属首次公布,价值很大。

(三)《英藏敦煌文献》(佛经以外部分)

中国社会科学院历史研究所、中国敦煌吐鲁番学会"敦煌古文献"编辑委员会、英国图书馆、英国伦敦大学亚非学院合编。1990 年开始由四川人民出版社出版。共十五卷。第 1—11 卷收英国图书馆已公布的全部非佛经汉文写本。第 12—14 卷则首次公布英国图书馆藏 S. 6981—13677 之间的非佛教文书、英国博物馆东方古物部所藏敦煌写本以及绢纸绘画上的供养人题记、英国印度事务部图书馆所藏敦煌汉文写本非佛经部分。八开本,每页印照片两幅,按斯坦因流水号排列。除第 15 卷总目及索引未刊外,均已出版。

(四)《敦煌大藏经》

徐自强、李富华等编,1990 年至 1991 年星星出版公司、台湾前景出版社出版。共六十三册。按《开元释教录》框架辑集敦煌文献的佛经部分,前六十册为汉文佛经,后三册为梵文、粟特文、于阗文、回鹘文、吐蕃文等佛经。对某些经卷进行了缀合,写有校记,校记中列出各经卷与《大正藏》、《中华大藏经》对应关系,末附《敦煌大藏经总目录》。敦煌遗书以佛经最多,约占 90%,本书汇为一编,极便研究。

(五)《敦煌地理文书汇辑校注》

郑炳林撰,1989 年甘肃教育出版社出版。收地理文书四十一件,分六类:(1)沙州、伊州、西州地区地志残卷。(2)敦煌地理杂文书。(3)全国性地志。(4)往西域行纪。(5)往五台山行纪。(6)姓氏地理书。均作录文、解题、校注。

(六)《敦煌石室地志残卷考释》

王仲荦撰,1993 年上海古籍出版社出版。收入唐天宝初年地志残卷、《贞元十道录》剑南道残卷、《诸道山河地名要略》第二残卷、《沙州都督府图经》残卷、沙州志残片三种、《燉煌录》残卷、《瓜沙两郡大事记》、《敦煌氾氏人物传》、《寿昌县地境》、《沙州伊州地志》残卷、《西州图经》残卷、慧超《往五天竺国传》残卷、《西天路竟》考释十三篇,另《张孝嵩事迹考》一篇。是作者在十数年间陆续写成的,身后由夫人郑宜秀整理出版。

（七）《敦煌社会经济文献真迹释录》

唐耕耦、陆宏基编著，共五册。第一册 1986 年书目文献出版社出版。余四册 1990 年由全国图书馆文献缩微复制中心出版。以北京、伦敦、巴黎等处藏敦煌文献缩微胶卷为依据，选出有关社会经济史料，分类影印，并附释文，上图下文，便于利用。所收范围甚广，除宗教经典、儒家经籍、文学作品、语言文字、医药、科技等方面未收外，敦煌世俗文书几乎网罗在内。不但对研究经济，而且对研究历史、地理、法律、军事、风俗、中西交通等都具有资料价值。

（八）《敦煌吐鲁番唐代法制文书考释》

刘俊文撰，1989 年中华书局排印本。收录各类法典写本二十八件、各种法律档案二十二件，逐一标点、考证、校订、笺释。附有征引书目和研究论著索引。

（九）《敦煌古医籍考释》

马继兴主编，1988 年江西科学技术出版社出版。收录敦煌所出医学文献七十余种，兼收少量吐鲁番出土医书。分十一类。每种医籍考释分提要、原文、校语、按语、备考五项。

（十）《瀛涯敦煌韵辑》

姜亮夫编著，1955 年上海出版公司出版。1935 年至 1936 年间作者游学欧洲，抄录敦煌吐鲁番写本，将其中韵书资料编著为此书，凡二十四卷。分三部：（1）字部九卷，影印三十三种原卷抄本或摹本。（2）论部十卷，为卷子的考论记述。（3）谱部五卷，为综摄字部内涵而比其异同的对照表，有韵部总谱、反切异文谱等四种。

1972 年香港新亚研究所出版潘重规《瀛涯敦煌韵辑新编》，是订补姜书而成。潘氏据原卷对姜氏抄本及摹本进行校订，同时补入新得十二种写本，对姜氏按语也作了订正。1973 年日本东京大学东洋文化研究所出版日本上田正《切韵残卷诸本补正》，用意与潘重规同。1983 年中华书局出版周祖谟编著《唐五代韵书集存》，网罗范围更广，不限于敦煌吐鲁番写本,而且尽量使用照片,照片不清楚的另加摹本或摹刻本,对各韵书均有考释,可谓后出转精。1994 年台湾学生书局重印该书,又补入俄国藏《笺注本切韵》、《唐韵》残页三件,更为齐全。

(十一)《敦煌古籍叙录新编》

黄永武编,十八册,1986 年台湾新文丰出版公司出版。王重民《敦煌古籍叙录》仅收入王氏本人及他人所撰敦煌古籍的题跋,属于一部提要目录。黄永武把敦煌所出古籍原卷照片或摹本、排印本附于各叙录之后影印成十八册的一部大书,实际上成为一部敦煌古籍丛书,所收既有传世古书的敦煌写本,也有亡佚古书的敦煌写本。传世古书可供我们校订讹夺,辨别真伪。亡佚古书则使古书失而复出,意义重大。这里的"古籍"指儒家系统的传统经、史、子、集四部典籍,不包括佛教、道教的经典以及一般世俗文书。在敦煌文献中自成系统。黄永武还对王氏"叙录"进行了增补。

(十二)《敦煌变文集》

王重民、王庆菽、向达、周一良、启功、曾毅公编,1957 年人民文学出版社排印本,1984 年重印,上下二册。本书根据一百八十七个写本校定成七十八种,分为八卷。其中前七十六种为"变文",末二种《搜神记》、《孝子传》是因"包含着变文的原始资料"而收入的。各篇均照录原文,标点分段。校补之字均另加( )号或[ ]号。编者对原文进行了校勘,撰有校记。本书网罗丰富,实际上包括严格意义上的变文、俗讲、因缘、押座文、词文、俗赋等说唱文学底本,范围并不限于严格意义上的"变文"。

1989 年北京大学出版社出版周绍良、白化文、李鼎霞合编《敦煌变文集补编》,是对本书的补订,其收录范围一遵《敦煌变文集》旧轨,共收录十五篇,其中九篇为新增,六篇系补充校录。均有详细校记,并附原卷全部照片一百七十六幅,可与录文对照,体例甚佳。

1997 年中华书局排印黄征、张涌泉《敦煌变文校注》一大册,剔除了原《敦煌变文集》中《下女夫词》、《秋吟》、《搜神记》、《孝子传》四种非变文。另外,P. 2121《维摩诘经讲经文》实为《维摩经押座文》的一部分,予以合并。S. 2440《解座文》一种,《变文集》录于《三身押座文》之末,实属解座文,独立。新增十二种。合计八十六种。其收录范围与《变文集》仍基本相同,只是篇数增加了。

　　1998 年江苏古籍出版社出版周绍良、张涌泉、黄征《敦煌变文讲经文因缘辑校》二册,书名上把变文与讲经文、因缘并列,范围相当于原《变文集》的"变文",但变文、讲经文、因缘实不相同,并列更科学。

　　关于变文、讲经文、因缘、押座文、解座文、词文、诗话、话本、俗赋这些俗文学体裁的定义,可参阅周绍良《唐代变文及其他》一文(载周绍良主编《敦煌文学作品选》卷首,1987 年中华书局排印本)。

(十三)《补全唐诗》、《补全唐诗拾遗》

　　王重民辑。编者用二十多年心血从敦煌遗书中辑集唐人诗歌,补《全唐诗》之遗。《补全唐诗》为作者生前所辑,发表于《中华文史论丛》1963 年第 3 辑,补诗九十七首,又残诗三首,附录四首,共一百零四首。《拾遗》系王重民夫人刘修业根据王氏遗稿整理而成,计李翔诗二十八首、马云奇诗十三首、佚名诗六十二首、敦煌人诗二十四首,共一百二十七首。前后两辑合计二百三十一首。目前通行本为陈尚君辑校《全唐诗补编》本。王氏所补不包括王梵志诗。

(十四)《王梵志诗校注》

　　项楚撰,1991 年上海古籍出版社排印本。敦煌所出唐《王梵志诗集》写本多种,分散英、法、俄、日各国。搜集整理本主要有法国戴密微《王梵志诗附太公家教》、张锡厚《王梵志诗校辑》、朱凤玉《王梵志诗研究》(校注篇)等。项楚此书最后出,较为完备。计得敦煌写本三十件,加上传世文献中钩稽所得,共三百九十首,加以校注。附有《王梵志诗论著目录》、《王梵志诗语辞索引》等。

(十五)《敦煌歌辞总编》

　　任半塘编著,1987 年上海古籍出版社排印本,三册。卷一《云谣集杂曲子》。卷二至六为杂曲,又依次细分为支曲、普通联章、重句联章、定格联章、长篇定格联章。卷七为大曲。本书从敦煌遗书约二百四十件中,校录歌辞一千二百四十一首,附见辞三十五首。各首后有校语,实际包括写本考核、格调考核、文字校订、诸家评议、方音说明、体用指归、本事、调名本义、时代等考证,是任氏研究的丰富成果。所以本书不但网罗宏富,而且研究精深,是一部力作。项楚有《敦煌歌辞总编匡补》,是对本书的补正。

(十六)《敦煌文献分类录校丛刊》

周绍良主编,1996 年至 1998 年江苏古籍出版社出版。这是一部丛书,分别约请专家按类录校敦煌文献,力求"完备、翔实、可靠",每篇文献大约包括定性定名定年、录文、题解、校记几个部分。成稿均请善书人以硬笔工楷誊清,然后影印。所见有:

(1)《敦煌天文历法文献辑校》一册,邓文宽辑校,1996 年 5 月出版。

(2)《敦煌赋汇》一册,张锡厚辑校,1996 年 5 月出版。

(3)《敦煌表状笺启书仪辑校》一册,赵和平辑校,1997 年 8 月出版。

(4)《敦煌佛教经录辑校》二册,方广锠辑校,1997 年 8 月出版。

(5)《敦煌社邑文书辑校》一册,宁可、郝春文辑校,1997 年 8 月出版。

(6)《敦煌医药文献辑校》一册,马继兴、王淑民、陶广正、樊正伦辑校,1998 年 10 月出版。

(7)《敦煌〈论语集解〉校证》一册,李方校证,1998 年 10 月出版。

(8)《敦煌契约文书辑校》一册,沙知辑校,1998 年 10 月出版。

(9)《敦煌变文讲经文因缘辑校》二册,周绍良、张涌泉、黄征辑校,1998 年 12 月出版。

(10)《敦煌博本禅籍录校》一册,邓文宽、荣新江辑校,1998 年 12 月出版。

以上十种显非这部《丛刊》的全部,即此可见,这是敦煌文献的系统整理工程,较之影印,学术价值和利用价值均更高。

(十七)《国立图书馆所藏藏文文书选刊》(Choin de Documents Tibétaines Conservés à la Bibliothèque Nationale)

法国麦克唐纳夫人与今枝由郎合编。本书副标题"并以印度事务部图书馆与英国博物馆所藏若干写本补全"。1978 年至 1979 年法国国立图书馆出版。第一辑影印五十八件藏文写本,主要是从 P. t. 1—996 中选取与佛教有关的文献,包括《罗摩衍那》、《于阗国教法史》等重要文献。

第二辑影印一百一十一件写本,是从 P. t. 997—2220 中选出的世俗文书,包括《吐蕃王朝编年史》、《大事记》等重要文献。第三辑由今枝由郎与武内绍人合辑,为藏文词汇合集,系将前两辑文献中词句按字母顺序排列,1990 年出版。

(十八)《敦煌石室写经题记与敦煌杂录》

许国霖编,1937 年商务印书馆出版,上下册。系从北平图书馆藏敦煌写本九千八百七十一件中录出佛典题记四百余条,以及变文、偈赞、韵书、契约、传记、目录、疏状等各种文献,是早期敦煌学的重要资料集。

(十九)《中国古代写本识语集录》

日本池田温编,1990 年东京大学东洋文化研究所出版。本书将敦煌、吐鲁番等地所出的写本文献及传世文献中的跋文题记汇辑成编,按年代先后排列,共二千六百二十三条,敦煌写本题记基本网罗在内,是集大成之作。对研究古代写本的制作、流传及断代等有重要资料价值。

(二十)《敦煌莫高窟供养人题记》

敦煌研究院编,1986 年文物出版社出版。辑录莫高窟四百九十二个洞窟中供养人题记约七千条,每条均附说明,是研究敦煌历史、考定洞窟年代及开窟人等问题的重要资料。

(二十一)《中国石窟·敦煌莫高窟》

敦煌文物研究所编,文物出版社与东京平凡社合作出版,五卷。1980 年至 1982 年出版日文版。1982 年至 1987 年出版中文版。各卷按时代顺序刊布各时期具代表性的石窟壁画、彩塑的彩色图版,并刊登有关论文。第一卷收北凉至北周二十六个窟一百九十七幅图版。第二卷收隋代四十九个窟一百九十二幅图版。第三卷收初唐至盛唐三十八个窟一百七十九幅图版。第四卷收盛唐和中晚唐三十九个窟一百九十四幅图版。第五卷收五代、宋、西夏、元五十个窟一百七十六幅图版。总计二百零二个窟九百三十八幅图版。几乎包括了敦煌画塑艺术珍品。加上各时期莫高窟艺术的文字概述及卷五末附《敦煌莫高窟内容总录》,使该书有较高的研究资料价值。另有《中国石窟·安西榆林窟》,1990 年上述出版社出版,收画、塑图版二百四十幅,并有相关文章及《内容总录》。关于敦煌壁画、彩塑的图集还有《敦煌石窟艺术》三十五册、《敦煌石窟全集》二十八卷、《中国美术全集》(内有敦煌壁画、彩塑共三册)、《中国壁画全集·石窟壁画》等大型图册可供参考,不再一一介绍。

五、敦煌文献的内容及价值

敦煌文献的内容及价值,从上面的介绍中实际上已经能够了解其梗概了。下面再从宗教文献、儒家经籍、语言资料、史籍地志、子部图书、考古和艺术、文学作品、科技史料等方面进一步予以举例说明。

(一)宗教文献

敦煌遗书中的宗教文献有佛教文献、道教文献以及景教、摩尼教等文献。其中佛教文献约占全部敦煌文献的 90%,是敦煌文献的主体,原因是敦煌石窟为佛教活动场所。

敦煌所出佛教文献主要是佛经,其中一些流行的佛经如《大般若波罗蜜多经》、《金刚般若波罗蜜经》、《妙法莲华经》、《金光明最胜王经》、《维摩诘所说经》、《大乘无量寿经》等,写本甚多,据统计《金刚般若波罗蜜经》有一千八百余件写本,《妙法莲华经》也有数百个写本。这些常见佛经已收入历代编印的《大藏经》,不像失传的佛经那么重要,但在文字上与《藏》本或有出入,可供校勘。

敦煌佛经中有不少世间已失传的文献,早在 1911 年敦煌劫余文献入藏京师图书馆时,李翊灼就在编目过程中选出后世失传的佛经一百六十余种,编成《敦煌石室经卷中未入藏经论著述目录》,1912 年排印入《古学汇刊》行世。1932 年日本东京出版《大正新修大藏经》第八十五卷古逸部、疑似部中收有敦煌所出佛经一百九十二种二百二十一卷,就是受李翊灼启发,从英、法等国藏敦煌遗书中查出收入的,成为《大正藏》的特色之一。

日本所收逸经主要是矢吹庆辉从英国拍摄的写本照片,矢吹庆辉从他在英、法所获敦煌文献照片中发现有关三阶教的文献十九部三十余件,并以此为基础写成《三阶教之研究》。三阶教是北周末年释信行创立的佛教派别,隋唐时期曾遭取缔,开元十三年政府曾下令禁毁三阶教经籍,北宋初三阶教书籍失传。敦煌所出三阶教典籍有《三阶佛法》卷二(P. 2684)、《三阶佛法秘记》卷上(P. 2412)、《无尽藏法略说》(S. 190)、《对根起行法》(S. 2446)等。使我们重新获得了认识和研究三阶教的文献资料。

佛教禅宗南宗兴盛,早期北宗文献较少,敦煌所出佛教文献中发现不少关于北宗的文献,如《大乘北宗论》(S. 2581,神秀撰)、《楞伽师资记》(S. 2054、4272、P. 3294)、《观心论》(S. 646、2595、5532,P. 2460、2657、4646)等。《楞伽师资记》记载了北宗世系:神秀——玄赜——慧安——普寂等。对认识和研究禅宗北宗有十分重要的文献价值。

敦煌所出道教文献约五百件,纸质优良,多经染潢,墨色字体均较佳,是盛唐时期提倡道教的结果。其中有《老子》及其注本多种,例如《老子》河上公注、想尔注、李荣注、成玄英疏、唐玄宗注等。又有《太平经》、《洞渊神咒经》、《太玄真一本际经》、《大道通玄要》、《无上秘要》等,其中《太玄真一本际经》写本有一百余件之多。

较引人注目的是《老子化胡经》,这部书原是西晋王浮所撰,后屡遭禁毁,又屡见伪作,元代以后失传。敦煌所出据专家研究是唐开元天宝时期伪作。这部书是为抬高道教,诋毁佛教而作。书中说老子"令尹喜,乘彼月精,降天竺国,入乎白净夫人口中,托荫而生,号为悉达,舍太子位,入山修道,成无上道,号为佛陀"。尹喜是老子出关时负责守关的关令,据《史记·老子韩非列传》记载,老子要出关,尹喜请老子著书,老子为著上下篇五千余言而去。老子到哪里去了?司马迁老老实实地说:"莫知其所终。"但有一本据传为西汉刘向著的《列仙传》则说尹喜"与老子俱之流沙之西"。那么尹喜也就成了老子的追随者。流沙,古代指今新疆境内白龙堆沙漠一带,是中西交通要道。《高僧传》记晋时高僧法显到印度,说他"发自长安,西渡流沙"。看来,老子和尹喜西渡流沙到了天竺,这个说法还有一定来源。但老子命尹喜投胎降生为悉达太子(即释迦牟尼),则是捏造,目的是说明释迦牟尼是老子的学生。非但如此,《老子化胡经》还说老子在襄王之时"还中国,教化天下,乃授孔丘仁义等法"。孔子曾经向老聃请教关于礼的问题,在《庄子·天运》、《史记·孔子世家》、《史记·老子韩非列传》、《礼记·曾子问》、《孔子家语》等古书中均有记载。《化胡经》正是据此编造了老子"授孔丘仁义等法"的故事,借以说明儒家的始祖孔子也是老子的徒弟。这还不够,《化胡经》还说摩尼教的创始人波斯人摩尼也是老子的化身:"从真寂境飞入西那玉界苏邻国中,降诞王室,出为太子,舍家入道,号曰摩尼。"所以儒、释、摩尼三教都应尊老子为宗祖,《化胡经》说"三教混齐,同归于我"即是此义。《老子化胡经》反映的是儒、释、道、摩尼各教的斗争,虽然内容荒诞,对研究宗教史仍具相当的价值。

摩尼教唐代传入我国,公元 9 世纪曾在洛阳、太原敕建摩尼寺。后被禁,仍秘密流传,后逐渐失传。敦煌文献中有汉文摩尼教文献《摩尼光佛教法仪略》(S. 2659,P. 3884)、《摩尼教残经》(北图藏)、《摩尼教下部赞》(S. 2659)。日本《大正藏》已将上述三种文献收入。从以上文献可考知教主摩尼的出身、著作,教会的组织、寺院制度,摩尼教的教义等。有关考证可参看林悟殊《摩尼教及其东渐》(1987 年中华书局出版),该书收论文十八篇,附有三种摩尼教文献的图版和释文。

景教是公元 5 世纪叙利亚人聂斯脱利创立的,属于基督教一个支派。唐贞观中传入我国,据明代天启间在长安发现的《大秦景教流行中国碑》记载,当时唐太宗"特令传授",在我国获准流传。但唐武宗灭佛时与佛教、摩尼教、祆教同被禁止,后逐渐失传。敦煌遗书中曾发现若干关于景教的文献《大秦景教三威蒙度赞》、《尊经》等,从这些文献可认识景教的教义、景教经典在我国的传译等。日本佐伯好郎著《景教之研究》(1935 年东京东方文化学院东京研究所出版)即是主要利用敦煌所出景教文献写成的专著。

(二)儒家经籍

儒家经籍是我国封建社会中最重要的一组书籍,所以在古籍整理方面(包括校勘、释义、注音、辑佚等)成果最为丰富。

敦煌所出传世儒家经籍有《周易》王弼注、《周易》陆德明释文、古文《尚书》、今字《尚书》、《尚书》陆德明释文、《毛诗故训传》(毛传、郑笺)、《毛诗正义》、《礼记》、《春秋经传集解》、《春秋穀梁传集解》、《论语集解》、《论语疏》(皇侃疏)、《尔雅》及《尔雅注》(郭璞注)等。这些残卷多是唐写本,与传世的本子异文甚多,有的是唐写本讹误,有的难判孰是孰非,也有的是传本讹脱,可借唐写本纠正。王重民《敦煌古籍叙录》经部收有各书罗振玉、刘师培、王重民等人的题跋,列举了许多异文,这里择其能纠正传本之误的略作分析说明：

（1）《尚书·禹贡》："篠簜既敷，厥草惟夭。"伪孔安国传："篠，竹箭。簜，大竹。"敦煌写本"竹箭"作"小竹箭"。按孔颖达疏云："是篠为小竹，簜为大竹。"可见"小"字不可缺少，传本脱去"小"字，可据敦煌写本补足。

（2）《诗经·民劳》："无纵诡随，以谨惽怓。"毛亨传："惽怓，大乱也。"郑玄笺："惽怓，犹谨哗也，谓好争者也。"孔颖达疏："惽怓者，其人好鄙争，惽惽怓怓然，故笺以为犹谨哗。谓好争讼者，是其言语无大聑乱人，故云大乱。"以上毛传、郑笺较为明白，唯孔疏"其言语无大聑乱人"一句不易懂。阮元刻《十三经注疏》附校勘记云："毛本'无'作'为'。案：为字是也。"于是阮元刻本改为"其言语为大聑乱人"。其实，敦煌写本作"其言语无节，大聑乱人"，"无节"指没有节制，所以声音太大，让人聑得慌，感到很乱。"无"字不误，只是下脱一"节"字。繁体字"無"、"爲"二字形近，毛晋汲古阁刻本作"爲"，当是形近之误。

（3）《春秋穀梁传集解》"闵公第四"题下，敦煌写本有注："闵公名开，庄公之子，子般庶弟也，惠王十六年即位。"这二十字今本均佚。

（4）《论语》南朝梁皇侃疏，我国已亡佚，日本有传本，《四库全书》收入，清鲍廷博刻入《知不足斋丛书》，流传遂广。敦煌遗书中有《论语》皇侃单疏本（单疏即仅有疏文，正文不全）残卷，取校鲍本，颇有出入。《八佾》中有句名言："夷狄之有君，不如诸夏之亡也。"鲍刻本皇疏云："此盖为下僭上者发也。诸夏，中国也。亡，无也。言中国所以尊于夷狄者，以其名分定而上下不乱也。周室既衰，诸侯放恣，礼乐征伐之权不复出自天子，反不如夷狄之国尚有尊长统属，不至如中国之无君也。"敦煌写本皇疏则作："此明孔子重中国，贱蛮夷。言夷狄之有君，生而不如中国之君，故云不如诸夏之亡。故孙绰云：'诸夏有时无君，道不都丧；夷狄强者为师，理同禽兽。'释慧琳云：'有君无礼，不如有礼无君，言季氏有君无礼。'"这两种皇侃疏可以说用意相反。知不足斋刻本显系遭到篡改的本子，究竟何时何人所改，尚须查核。如果没有敦煌写本，这句话的皇侃疏文就完全被歪曲篡改的文字掩盖了。

敦煌遗书中还发现了一些已佚的经注和音义。有《毛诗音》残卷二种，其中 P.3383 号保存音注近千条，被推测为晋人徐邈作。又有《礼记音》（S.2053）残卷，仅存一百八十一行，为晋人徐邈撰，可以订补马国翰辑本。

郑玄注《论语》久佚,在敦煌发现有残卷约五十件,合计得原书十之七八,篇目中仅缺《微子》、《子张》、《尧曰》三篇。吐鲁番墓中亦发现残篇约二十余件。这方面的辑校与研究专著有日本金谷治《唐抄本郑氏注论语集成》、我国王素《唐写本论语郑氏注及其研究》。

郑玄注《孝经》亦系久佚古注,敦煌遗书中发现有《孝经》郑注残卷,据陈铁凡《孝经郑氏解辑诠》(1977 年台北燕京文化事业公司出版)辑校,约得原书十分之九。另有 P.3274 号残卷,为《孝经》郑注之义疏,疏者不详,亦系佚书。郑玄注《论语》和郑玄注《孝经》的发现,都有较大影响。

(三)语言资料

敦煌遗书中语言资料相当丰富。其中有正统语言学资料,最引人注目的是久已亡佚的隋陆法言《切韵》及《切韵》系统韵书残卷的发现,为我们认识《切韵》原貌、研究《切韵》到宋陈彭年《广韵》的过渡轨迹,有十分重要的作用。这类韵书在敦煌以及吐鲁番发现的有二十六种,据专家研究,其中有陆法言《切韵》六种传写本,唐长孙讷言笺注本《切韵》三种传写本共六件,唐佚名增字加训本《切韵》写本八种,唐王仁煦《刊谬补缺切韵》写本二种,唐孙愐《唐韵》写本一种,五代韵书六种十余件(内四件写本,余为刻本)。姜亮夫《瀛涯敦煌韵辑》、周祖谟《唐五代韵书集存》已收入并有考释。

属于正统语言学资料的还有古籍的音注,其中有陆德明《经典释文》的《周易释文》、《尚书释文》、《庄子释文》,有《毛诗音》二种、《礼记音》、隋释道骞《楚辞音》、《文选音》、《一切经音义》等。以上两部分语言资料可供研究传统音韵学利用。

另有一种语音材料也很重要,那就是敦煌发现的俗文学作品当中的韵文,包括通俗诗、曲子词、变文、俗讲、押座文、解座文、词文、俗赋等。利用这些俗文学作品中押韵用字(韵脚)进行系联,可总结出它们的用韵系统,这个系统和《切韵》系统有不少出入,据专家研究,其中保存了唐五代西北方音的成分,这对研究古代方言是有价值的。同时,《切韵》作为文人诗歌创作用韵的标准,它与当时的口语是否存在差别,也值得研究,敦煌俗文学作品的用韵资料也未尝不可以作为从事该项研究的参考。

另有一种启蒙识字用书《开蒙要训》,敦煌所出约三十几件,P.2578

号首尾完整,有注音,保存了大量西北方音材料,罗常培《唐五代西北方音》主要据此撰成。

在文字方面,敦煌文献中也有丰富的资料。敦煌发现的韵书,其实也有字书的功能,因为韵书也是以字带韵的,同时王仁煦《刊谬补缺切韵》在注中增入了异体字、俗体字,也是重要的文字资料。敦煌还发现了一些字书,有《新集时用要字一千三百言》、《字宝》、《诸难杂字》、《新商略古今字样撮其时要并行正俗释》、《正名要录》、《俗务要名林》、《大宝积经难字》、《大般涅槃经难字》等。这些字书中保存了大量唐五代时期常用俗字,对文字学研究作用很大。同时,字书也要注音、释义,其中也同时保存了大量唐五代方音材料和唐五代俗语词汇。

敦煌写卷多达数万件,这本身就是一个庞大的字库,尤其汉文写本,占绝大多数,其中既有正体字,也有俗体字,更有许多讹体字,是研究唐五代时期汉字字形取之不尽的源泉。杭州大学张涌泉先生《汉语俗字丛考》就利用了敦煌资料。

敦煌发现的儒家经书中有《古文尚书》残卷,即所谓"隶古定《尚书》"。据专家研究,大约在东晋初年,出现了一部五十八篇本的《古文尚书》,其中三十三篇与汉代传下来的相同,另二十五篇则出于伪造,但这二十五篇也是利用当时所能见到的一些古文写成的,与三十三篇真古文《尚书》相似,所以当时五十八篇本《古文尚书》统统被称为"隶古定《尚书》"。这个五十八篇本还有伪撰的孔安国的传(即注释)。南朝时期陈朝陆德明撰《经典释文》、唐贞观中颜师古定《五经定本》、孔颖达等撰《五经义疏》,均采用五十八篇本及伪孔安国传,汉魏以来,其他不同系统的本子逐渐失传。由于古字不易辨认,唐玄宗天宝三年又命卫包把隶古定《尚书》中的古字改成当时通行的字体,这样隶古定《尚书》中的古文就逐步失传了。唐朝的《开成石经》所收《尚书》就是卫包改定的本子。

敦煌所出《尚书》残卷即属于五十八篇本《古文尚书》系统,约有二十多件写本。其中一部分属于卫包改定以前的隶古定本,其中的古文有用今字注出的,说明卫包以前已有今字夹注于古文当中。有些是卫包改字以后的写本,如 P. 2643 号卷子尾题:"乾元二年正月二十六日义学生王老子写了故记之也。"这时已在卫包改字后十五年,而隶古定本仍在传写。这些隶古定《尚书》的发现,首先使我们认识到隶古定本的面貌,证明隶古定本的绝大部分文字是通行字,只有少部分古文参杂其中,陆德明

《经典释文叙录》说:"今齐、宋旧本,及徐、李等音,所有古字,盖亦无几。"基本符合卫包改字以前的隶古定《尚书》的实际情况。隶古定《尚书》的发现还为我们提供了不少古文字体,对研究文字学有一定价值。即使其中伪古文《尚书》二十五篇的隶古定本,由于其古文有一定来历,也仍可作为研究文字学的材料。刘师培说:"虽孔书伪托,未可据依,然传者欲托之壁经,则采辑古文之字,必非尽与古违,故与《说文》及《三体石经》多相符合。"(《敦煌新出唐写本提要》)正是指这种情况。敦煌发现隶古定《尚书》残卷的第三个用处是可以考辨宋人所见古文《尚书》的真伪。五代后周显德六年郭忠恕曾定古文《尚书》刻版,宋代曾有隶古定《尚书》,当出郭忠恕系统,其书已佚,但郭忠恕《汗简》曾收录其中的古字。宋代薛季宣《书古文训》经文亦用古文奇字书写。罗振玉说"今以《汗简》所引《古文尚书》校薛氏《书古文训》,合者十九",可见郭、薛所据古文《尚书》出同一系统。罗振玉又取敦煌所出隶古定《尚书》残卷与薛季宣《书古文训》相校,发现"违者十八九","乃知郭氏所定全是摭拾字书以成之,宋世所传,皆承其谬"(《雪堂校刊群书叙录》卷下)。《尚书》在流传中经历了极为曲折的历程,单就其文字问题而言,亦十分复杂,敦煌发现的隶古定《尚书》残卷提供了《尚书》文字演变过程中一个环节的实物,无论在经学上还是文字学上,都是富有意义的。日本吉川幸次郎《尚书正义定本》、我国顾廷龙先生《尚书文字合编》都收入了敦煌所出《尚书》残卷,并有所论定。

在词汇方面,敦煌所出俗文学作品相当丰富,其中有相当多俗语词,蒋礼鸿先生撰有《敦煌变文字义通释》,是这方面的名著。蒋氏还主编有《敦煌文献语言词典》,收词条一千五百二十六个。一方面,弄懂俗语词是读懂敦煌文献的前提之一,另一方面,敦煌文献也为中古汉语词汇研究提供了活材料,这就决定了敦煌俗语词的考释既是敦煌学的一个分支,也是汉语词汇史的一个分支。

敦煌文献中的非汉文文献,是研究各少数民族文字的基本材料。敦煌出土的少数民族语言文献有古藏文、粟特文、于阗文、回鹘文等,是研究这些语种语言文字的重要资料。

(四)史籍地志

敦煌发现的传世史书写本残卷有《史记》、《汉书》、《晋书》、《国语》

等。这些残卷有校勘价值。例如《晋书·苻洪载记》:"世子健收而斩之。"敦煌所出 P.3813《晋书》残卷无"世"字。王重民谓健为洪第三子,非世子也,世字衍(详《敦煌古籍叙录》)。王说是。中华书局点校本《晋书》于此处未予改正,亦未出校记,不妥。

敦煌还发现了一些已亡佚的史籍残卷,有晋蔡谟《汉书集解》、孙盛《晋阳秋》、孔衍《春秋后语》、唐虞世南《帝王略论》、李荃《阃外春秋》等,都是重要的史书。

敦煌除发现史书外,还有大量文书档案。这些文书档案分寺院文书、世俗文书。世俗文书又分官文书、私文书。是研究中古社会政治、经济、法制、风俗及地方史的第一手资料。

寺院文书约五百余件,其中有僧官告身、度牒、戒牒、僧尼籍、邈真赞、转经历、追福疏、燃灯文、行城文、愿文、诸色入破历、借贷契、器物名簿、寺户名籍、算羊契等。对研究中古时期寺院经济、寺院生活、寺院仪轨等都有极重要的价值。

官私文书约一千件。官文书有符、牒、状、帖、榜文、判辞、公验、过所、告身、籍帐及官府往来文书等。私文书有契券、转帖、书牍等。还有一种社邑文书,包括社司转帖、社司牒状、社条、纳赠历、社斋文等,是研究社会史的珍贵史料。

敦煌在张氏、曹氏归义军统治下几乎长达二百年,是敦煌历史上的重要时期。敦煌文书中有《张议潮进表》、《沙州进奏院上本使状》、《归义军上都进奏院贺正使押衙阴信均状》、《凉州节院使押衙刘少晏状》、《曹元忠献硇砂状》、《曹廷禄上表》等,都是关于归义军的史料。加上敦煌所出史传性质的《张延绶别传》、《张淮深碑》、《张淮深墓志铭》及文学作品《张议潮变文》、《张淮深变文》、《龙泉神剑歌》,以及敦煌石窟供养人题记资料等,基本可以理清归义军的历史,从而弥补唐五代各史对归义军记载过简的遗憾,并订正记载的错误。关于归义军历史可参看荣新江《归义军史研究》一书。

敦煌所出地志有《沙州都督府图经》等,上文谈王仲荦《敦煌石室地志残卷考释》时已罗列其名。王氏《考释》第一种即敦煌县博物馆所藏第58号地志残卷,该卷系天宝初年地理通志,其中可纠正史书之误者:武峨郡武峨州,杨守敬据两《唐书·地理志》系于安南府管内,定点在今越南北太省之太原附近。敦煌地志残卷则系于桂州管内,地点在今广西宜山县境内,可正旧志之误。《西州图经》、《寿昌县地境》、《沙州地志》、《燉煌录》、《沙州都督府图经》等则是有关西北边地的地理资料,《沙州都督府图经》意义最大。

敦煌所出的地理书中还有《大唐西域记》写本,存1—3卷(S. 2659存卷1及卷3首段,P. 3814存卷2),约抄于公元8世纪中叶,为此书最早的本子,对该书校勘意义甚大。另有新罗(朝鲜古国)入唐僧人慧超《往五天竺国传》,与《大唐西域记》可相互补充。这里举季羡林先生等《大唐西域记校注》(校勘记出范祥雍手)一例,以见以上两件文献的用处:

《大唐西域记》卷一《迦毕试国》:"王,窣利种也,有智略,性勇烈,威慑邻境,统十余国。"

校记:"原本窣利作刹利,今从敦甲本(即S. 2659残卷)、石本(日本石山寺藏古写本)、中本(日本松本初子所藏中尊寺金银泥经本)改。向达云:'慧超《往五天竺传》罽宾国条云:"此国土人是胡,王及兵马突厥,衣着言音饮食与吐火罗国大同少异。"(泽逊按:此段原标点有误,引文有脱,今改正。)按罽宾即迦毕试,7世纪末始为突厥所灭,慧超云"其国土人是胡",则《西域记》敦煌本及日本古本谓"其王窣利种也",作"窣利",不作"刹利",的有所本也。'按上文'素叶城'条云:'自素叶水城至羯霜那国,地名窣利,人亦谓焉。'此处作'窣利'是。若作'刹利',乃印度四族姓之一'刹帝利'之旧译(见卷二"印度总述"内),与此不侔矣,今正。《慈恩传》亦误作'刹利'。"

从上面这条校记看,纠正"刹利"为"窣利",主要靠敦煌本和慧超《往五天竺国传》,尤其是后者,在判定是非上提供了有力证据,而敦煌本作为最早的本子,较日本古写本更具说服力。

(五)子部图书

敦煌发现的子部图书有《孔子家语》、《说苑·反质》、《刘子新论》、《太公六韬》、《列子》张湛注、《庄子》郭象注等传世古籍残卷。又有《白泽精怪图》、《瑞应图》等有图有说的图谶类图书。还有《兔园策府》、《籝金》、《语对》、《类林》、《事林》等小类书。另有《古贤集》、《太公家教》、《新集严父教一本》、《辩才家教》、《蒙求》、《千字文》、《百行章》等童蒙读物。

其中《刘子新论》敦煌残卷约有六件,总计约存全书之半,可校正今本处颇多,林其锬、陈凤金合著《敦煌遗书刘子残卷集录》、《刘子集校》二种,均系利用上述材料写成。

《太公六韬》残卷,王重民谓其篇目《举贤》、《利人》、《趋舍》、《礼义》、《大失》、《动应》、《守国》、《守土》、《六守》、《事君》、《用人》、《主用》、《大礼》、《启明》、《达观》、《明传》、《大诛》、《美女破国》、《假权》、《距谏》共二十篇,多为今本所无,推测今本为宋人删本,非完书,其原书面貌可借敦煌残卷知其梗概。

《说苑》当中《反质》是宋末自高丽本中补入的,共二十五章,敦煌所出唐写本存二十章一百八十四行,现藏敦煌研究院,其时代早于高丽本,保存该篇更多的原貌。李永宁撰有校勘考证文章,收入《1983年全国敦煌学术讨论会文集·文史·遗书编下》。另外1990年江苏美术出版社、甘肃人民出版社合出《敦煌》一书,收有书影。

《列子》敦煌发现残卷多件,其中S.777号存《杨朱》十八行,"民"字不讳,当是唐前写本。这十八行残卷与传本有不同者八处,其中一处事关重大,因为这一处传本脱掉十四个字,赖敦煌写本补完:

传本原文:"有其物,有其身,是横私天下之身,横私天下之物,其唯圣人乎!"

张湛注文:"知身不可私、物不可有者,唯圣人可也。"

注文与正文意思相反,互相矛盾。而且"圣人"应是无私的,正如下文所说:"公天下之身,公天下之物,其唯至人矣!"这个"至人"是比"圣人"更高一步的人物,圣人无私,而至人大公。这才是杨朱的原意。

敦煌写本作:"有其物,有其身,是横私天下之身,横私天下之物。不横私天下之身,不横私天下物者,其唯圣人乎!"这样意思就完整了,而且与注文正相符合,与下文也正相衔接,这十四个字是不可缺少的。从注文看,张湛所据底本有此十四字。王重民先生校出了这十四个脱文,但在《敦煌古籍叙录》中却误为"宋本衍此十四字"。杨伯峻先生《列子集释》已据敦煌本补入了这十四个字,指出:"各本无此十四字,今从敦煌残卷增。"

（六）考古与艺术

考古资料主要是敦煌石窟建筑,敦煌石窟数量大,莫高窟已编号的有画、塑洞窟共四百九十二个,开造时代上起北凉,下至清代,历一千数百年,各时期石窟建筑风格都有特色,是研究中国建筑史的重要实物。同时,壁画中有大量建筑物形象,也是建筑史研究的重要资料。

艺术资料则主要是敦煌壁画、彩塑、敦煌石室所出绢画、纸画、书法、乐谱、舞谱等残卷。其中壁画、彩塑、绢画、纸画都有不少图册可以欣赏研究。书法,敦煌发现有王羲之《瞻近帖》、《龙保帖》、《旃罽胡桃帖》的临本,又发现唐代蒋善进临智永《真草千字文》,以及欧阳询书《化度寺邕禅师塔铭》、柳公权书《金刚经》、唐太宗书《温泉铭》三件拓本,都是名贵书法资料。同时,数万件敦煌汉文写本中,书法精好的也数量可观,是研究六朝隋唐五代北宋书法史的资料宝库。饶宗颐编著有《敦煌书法丛刊》共二十九册,系从伯希和劫去敦煌文献中选取写本、拓本一百四十余件按原大影印而成,每种均有解说。

敦煌石室发现有《敦煌曲谱》,书写于 P. 3080《长兴四年中兴殿应圣节讲经文》的背面,全谱有三种不同笔迹,录谱字二千七百多个,是珍贵的音乐史料,许多中外学者对它进行研究,并译成五线谱。敦煌壁画中有十分丰富的音乐史料,壁画中有音乐内容的达二百三十六个窟,绘有各类乐队五百组,有各种类型乐伎约四千身,出现各类乐器四十四种四千五百余件,是研究音乐史的资料宝库。

敦煌石室也发现有《敦煌舞谱》两件(P. 3051,S. 5643),共录二十四谱,为中外学者重视,许多学者进行研究。敦煌壁画中有乐舞场面和内容的也非常多,其中有十多幅壁画中出现了"反弹琵琶"的优美舞姿,这种舞姿特色鲜明,成为敦煌的标志性图案。

(七)文学作品

敦煌石室所出文学作品可分为文人创作和通俗文学两部分。

文人创作有文学总集《文选》、《玉台新咏》、《珠英学士集》、《唐人选唐诗》等,又有别集《东皋子集》、《李峤杂咏》、《高适诗集》、《故陈子昂遗集》、《白香山诗集》、《甘棠集》等。另有单篇长诗韦庄《秦妇吟》。还有文学理论著作《文心雕龙》。这些都属于传统的"集部"。其作用大抵不外两条:一是校勘,二是辑佚。敦煌遗书之校勘功能前已举例多条,这里仅以《文选》残卷再举二例。其余《玉台新咏》、《文心雕龙》等不复详举。

《文选》残卷敦煌所出有二十九件,其中白文本十九件、李善注本六件、《文选音》两件。其可校正今本者如(以胡刻李注《文选》为底本):

（1）《王文宪集序》：“太祖崩，遗诏以公为侍中尚书令镇国将军。”敦煌白文本作“镇军将军”。按：“镇军将军”为魏晋南北朝时将军名号，而“镇国将军”则是明清时期宗室封号，北宋时曾有“镇国大将军”，金元时曾有“镇国上将军”，王俭在南朝，自以“镇军将军”为是。考《四部丛刊》影印宋刊《六臣注文选》亦误为“国”，而注云“五臣本作军字”，是五臣本同敦煌写本，尚未误作“国”。

（2）《演连珠》第十首：“是以充堂之芳，非幽兰所难；绕梁之音，乃萦弦所思。”敦煌白文本（P. 2493）“难”作“叹”。王重民曰：“叹、思对文，难字当误。”按：王说是，此盖谓幽兰不慕充堂之芳，萦弦乃思绕梁之音。

至于辑佚，则为用尤大。例如《珠英学士集》敦煌所出写本两件（P. 3771，S. 2717），王重民谓“笔迹相同”。S. 2717 王无竞诗与马吉甫诗之间顶格题“珠英集第五”，王重民据《新唐书·艺文志》、《玉海》、《唐会要》考定为崔融编《珠英学士集》残卷。原收二十六人诗二百七十六首，此存沈佺期、李适、崔湜、刘知幾、王无竞、马吉甫、乔备、元希声、房元阳、杨齐哲、胡皓十一人诗五十九首，又佚名七首，合六十六首。经王重民核对，有二十七首不见于《全唐诗》。

《唐人选唐诗》敦煌所出两件（P. 2567、2552），书法相同，内容相接，实为一卷裂开者。存李昂、王昌龄、孟浩然、荆冬青、丘为、陶翰、常建、李白、高适九人诗一百二十二首（包括残诗），王重民据以补《全唐诗》未收者十一首。另外，可校正《全唐诗》者亦不少。如高适《赠李太守诗》即《全唐诗》卷二百十四《奉酬睢阳李太守》诗，是一首五言长诗，在“诗题青玉案，衣赠黑貂裘”之后，敦煌《唐人选唐诗》有“应接来何幸，栖迟庶寮尤。扬雄词为讷，王粲体偏柔”四句，可补《高常侍诗集》及《全唐诗》之脱文。

其余唐诗选本有《唐人诗抄》（P. 3812，收诗三十二首又两句）、《唐人选唐诗》（P. 3619，收诗四十三首）、《唐人绝句汇抄》（S. 555，收诗三十八首）、《唐人诗文选》（P. 2555，收诗一百八十九首、赋一首、文两篇）等，均有相当数量的佚诗，可补《全唐诗》。

别集当中的《高适诗集》敦煌发现两件（P. 3862、2552）。前件存诗三十六题，内有佚诗三篇。后件存诗三十九题，内有佚诗两篇。计得佚诗五篇。

《李昂诗》敦煌所出两件（P. 2552、2567），原是一件，裂为两截，共存诗五首,其中四首为《全唐诗》未收。李诗《全唐诗》仅两首,其中《从军行》为边塞诗名作。

唐刘邺《甘棠集》四卷,册页装,共六十四页四百六十八行,原件首尾有缺,无撰人,王重民考定为刘邺作。刘邺两《唐书》有传。《新唐书·艺文志》别集类著录《甘棠集》三卷,《宋史·艺文志》别集类著录《刘邺集》四卷又《从事》三卷,其书大概亡佚于宋元之际。敦煌写本共收表、状、书、启八十八首(内一首仅存题目)。本集与一般别集不同,所收表、状、书、启皆略去具体内容,实为供人参考的范文。

敦煌所出文人诗,最富盛名的当为韦庄《秦妇吟》。宋孙光宪《北梦琐言》:"蜀相韦庄应举时,遇黄寇犯阙,著《秦妇吟》一篇,内一联云:'内库烧为锦绣灰,天街踏尽公卿骨。'尔后公卿颇多垂讶,庄乃讳之。时人号为'秦妇吟秀才'。他日撰家戒内,不许垂《秦妇吟》幛子。以此止谤,亦无及也。"王国维曰:"是庄贵后讳言此诗,故弟蔼编《浣花集》不以入集,遂不传于世。然此诗当时制为幛子,则风行一时可知。"(《观堂集林》卷二十一)这首诗的创作时间,韦庄在诗的开头就明确交待了:"中和癸卯春三月,洛阳城外花如雪。"即唐僖宗中和三年三月。全诗借一位被黄巢军俘虏的妇女之口,述黄巢军攻占长安前后的情景,七言,凡二百三十八句,一千六百六十六字,堪称长篇巨制。其创作手法可从汉乐府《陌上桑》、白居易《琵琶行》、《长恨歌》中找到渊源,在艺术上达到了很高水平。但由于韦庄《浣花集》未收,致使此诗失传。

敦煌所出《秦妇吟》写本达十件之多:斯坦因劫走四件(S.692、5476、5477、5834),伯希和劫走五件(P.2700、3381、3780、3910、3953),李盛铎藏一件(此件售给日本人)。可见当时流传之广。敦煌写本一出,即引起学界重视,罗振玉、王国维、郝立权、黄仲琴、周云青、陈寅恪、刘修业、俞平伯等均有论述或校笺。1990年上海古籍出版社出版《秦妇吟研究汇录》(颜廷亮、赵以武辑)一书,影印《秦妇吟》写本九种,收整理研究文章三十余篇,较便参考。

俗文学作品,是敦煌所出文学文献中极富特色的部分。大体包括:(1)变文。典型变文总是先录一段散文体说白,再录一段韵文体唱词,回环复沓,说说唱唱。在由白变唱之际,有过渡性惯用语,如"看……处,若为陈说"、"……处,若为……"等。作品有《舜子至孝变文》、《汉八年楚灭汉兴王陵变》、《大目乾连冥间救母变文》等十四种。内容多系民间故事或宗教故事。变文由一个人讲唱,其场所为"变场"(语出《酉阳杂俎》前集卷五),据考,说唱变文时还有画卷展开,过渡语"看……处"即说唱人指点画卷上相应内容而说的。程毅中先生认为宋人话本《大唐三藏取经诗话》现存十五段题目中有十一段是标作某某处的(如"入鬼子母国处第九"),"这还是变文的遗迹"(详程氏《关于变文的几点探索》一文)。北宋真宗时禁止僧人讲唱变文,因而变文渐渐失传。敦煌发现变文,为后来的说唱文学找到了更早的源,其意义是相当大的,所以近数十年来研究者众多。有兴趣者可参看《敦煌变文论文录》(上下册,周绍良、白化文编,1982年上海古籍出版社排印本)。(2)讲经文。讲经文与变文一样,是散文说白与韵文唱词相间的,但与变文有明显区别。讲经文专讲佛经,是通俗化的讲经(即"俗讲")的底本。俗讲的场所是"讲院"(语出P. 2305号卷子《无常经讲经文》)。俗讲由两人配合,先由"都讲"诵一段佛经,再由"法师"说唱,这样回环复沓。当然主要角色是说唱的法师,说唱法师的底本即"讲经文"。都讲所诵经文在讲经文中只是省略作"××××乃至××××"的样子。在由法师讲唱向都讲诵经过渡时,也有习惯用语"××××唱将来"。如《佛说阿弥陀经讲经文》(P. 2955)中有:"都讲阇梨道德高(阇音shé,阇梨,梵语,谓僧徒之师),音律清泠能宛转,好韵宫商申雅调,高著声音唱将来。"这就提醒听众,也提醒都讲:下面是都讲诵经。敦煌所出讲经文有二十件。(3)因缘,又叫缘起。也是说唱相间,散韵结合。与俗讲不同的是,说因缘由一人说唱,内容不是佛经,而是佛经故事,所以也无须都讲。因缘题目明确,如《悉达太子修道因缘》、《难陀出家缘起》、《欢喜国王缘》。如果抛开因缘专门讲唱佛经故事这一内容上的特质来看,它与变文似乎很相近。敦煌所出因缘约有十种。(4)押座文、解座文。押座文是俗讲或因缘前唱的一种韵文,多是七言,篇幅不长,作用类似后世的入话、楔子、开场白。其内容可与俗讲或因缘有关,也可无关,一篇押座文可用在不同俗讲或因缘前。敦煌发现的有《押座文汇抄》(S. 2440)、《故圆鉴大师二十四孝押座文》、《悉达太子修道因缘押座文》等。解座文与押座文相对应,是结束讲唱时的唱词。如S. 2440《三身押座文》后附抄解座文四句:"今朝法师说其真,坐下听众莫因循。今朝急乎归舍去,迟归家中阿婆嗔。"敦煌所出解座文又有《解座文汇抄》(P. 2305)等。"解座文"之称出周绍良先生,已被公认。(5)词文。就是故事诗,一韵到底,由一个人演唱。敦煌所出《大汉三年季布骂阵词文》是词文的代表,七言,凡六百四十句,四千四百七十四字,为唐诗之最长者,是据《史记》、《汉书》的《季布传》演绎的长篇叙事诗。敦煌共发现十一件,分藏英、法两国,或名《捉季布传文》、《季布歌》、《大汉三年楚将季布骂阵汉王羞耻群臣拨马收军词文》。另有董永故事(S.2204)、《下女夫词》(P.3350)亦属词文。(6)话本。说话(即讲故事)的底本或记录本。敦煌所出有《庐山远公话》(S.2073)、《韩擒虎画本》("画"字疑即"话"字同音替代)等,实际就是唐代民间流传的短篇小说。宋人小说如《清平山堂话本》当渊源于此。(7)俗赋。叙事体俗赋,多问答体,四言或六言句式,韵脚较疏,大体整齐,语言通俗。是用来讲说故事的底本。敦煌所出有《韩朋赋》、《晏子赋》、《燕子赋》三篇。另有五言歌行体《燕子赋》一篇,是故事赋的别体。(8)歌辞。敦煌所出唐五代民间歌辞,又叫曲子词、敦煌曲、俗曲、小曲、词等,是根据曲调填写的歌辞,其词牌多来自教坊曲名。敦煌所出《云谣集杂曲子三十首》有两件残卷(S.1441,P.2838),合之得三十首。其他散篇甚多,任半塘《敦煌歌辞总编》收录一千三百余首,包括大量佛曲。(9)通俗诗。通俗诗最有名的是王梵志诗,敦煌所出不下三十件,项楚《王梵志诗校注》共收三百九十首,其中包括部分从传世典籍中钩稽出来的。大都为五言诗,语言浅近通俗,于嬉笑怒骂中表现世态人情。郑振铎说:"他是以口语似的诗体,格言式的韵文,博得民间的众口相传的。"(《世界文库·王梵志诗》)

敦煌文学文献,广义说还有一些应用文,如表、疏、书、启、状、帖、牒、书仪、契约、题跋、传、赞、颂、箴、碑、铭、祭文等,大都可视为史料,这里不再介绍。

(八)科技史料

敦煌遗书中有不少科学技术史料,大体包括医学、天文、历法、算书、造纸术、印刷术等方面。

(1)**医学**。敦煌所出医书现已知者约八十余种。其中有传世古医书,如《素问》、《伤寒杂病论》、《脉经》等。但大量的是已经失传的古医书,其中有见于古代书目著录的,也有不见于著录的。这些新发现的医书,对认识古代(主要是隋唐时期)我国医学成就意义重大。关于脏象学说的有《张仲景五脏论》、《明堂五脏论》等。脉学方面的有《平脉略例》、《玄感脉经》等。关于药物学的有陶弘景《本草经集注》、唐代官修《新修本草》、《食疗本草》等。医方则有一千多首。针灸学方面有《灸法图》、《新集备急灸经》，为目前最古的绘有人体穴位的灸法图谱。还有关于气功、辟谷、石药服饵、房中等方面的医书。敦煌医书告诉我们，我国有效地使用硝石雄黄散剂治疗急心痛（即心绞痛），比西方用硝酸甘油早一千多年。

（2）**天文**。敦煌所出天文资料主要是星图。数量不多，但意义重大。一是 P. 2512《石氏甘氏巫咸氏三家星经》，是一份星表，约写于初唐。文中说明石氏星"赤"，甘氏星"黑"，巫咸氏星"黄"，就是说三家星分别记录。传世的《晋书·天文志》、《隋书·天文志》都把三家合并记录。《开元占经》又以石氏为主，三家星拆散排列。因此这部星经是比以上三种文献更早的关于三家星经的文献，价值很大。这部星经还有校勘价值，《开元占经》在卷六十六"太微星占四十六"和卷六十七"三台占五十三"之间，脱掉"黄帝座"、"四帝座"、"屏"、"郎位"、"郎将"、"常陈"六官，敦煌此卷"石氏中官"部分保存完整，可补《开元占经》之脱。敦煌还发现《全天星图》（S. 3326），共有星一千三百四十八颗，是世界上现存较早、星数也较多的全天星图，约绘于唐中宗时代。

（3）**历法**。敦煌所出历法文献主要是历日，约有五十件之多。最早的是北魏《太平真君十一年、十二年历日》（敦煌研究院藏），最晚的是北宋《淳化四年癸巳岁具注历日》（P. 3507）。这些历日有中原王朝所颁历日，上述北魏历日即是，又如唐代《乾符四年丁酉岁具注历日》等。还有剑南西川成都府历日《中和二年壬寅岁具注历日》。但主要是敦煌地方在吐蕃时期和归义军时期所印历日。这些历日是研究我国古代历法的重要资料，同时，历日上也保存了许多天文及古代民风民俗资料。例如上述北魏历日曾有两次准确的日食预报，为传世和出土历书中仅见。又如敦煌历日中有蜜日注（星期日称"蜜"，星期一至星期六依次用粟特文音译称：莫、云汉、嘀、温没斯、那颉、鸡缓），说明源于巴比伦的星期制度经粟特人已传入我国，这是中西文化交通的重要史料。

（4）**算书**。敦煌所出算书资料主要有《算经》（P. 3349，S. 19、5779）、《立成算经》（S. 930 背）、《算书》（P. 2667）、《九九表》（S. 4569、6167）、《田亩算表》（P. 2490）、《土地计簿》（S. 4760），多残卷，存约二万字，数量不多，但内容丰富，水平较高，也是世界上现存最早的纸质算书。

（5）**造纸、印刷和书籍装订**。我国是造纸和印刷技术的发明国，敦煌所出文献基本上都是纸质的,有数万件之多,其中有题款纪年的近千件,从西凉建初二年(406)所写《十诵比丘戒本》(S.797),到宋咸平五年(1002)敦煌王曹宗寿为报恩寺捐经题记(Φ.32a),前后近六百年历史,这些有纪年的写本,为这一时期造纸技术史的研究提供了极其丰富的实物纸样。

我国印刷术一般认为发明于初唐,但真正有明确纪年的印刷实物是敦煌所出唐咸通九年(868)刻的《金刚般若波罗蜜经》,全卷长十六尺,高一尺,末有"咸通九年四月十五日王玠为二亲敬造普施"一行。此件被斯坦因劫往英国。此外还发现了晚唐五代至北宋初刻印的佛经、佛像、韵书等印刷品。有些抄本是据刻本抄录的,如《新集备急灸经》,书题下有"京中李家于东市印"字样,某些《金刚经写本》有"西川过家真印本"字样。这些都是早期印刷史料,非常难得。

敦煌遗书大都是卷子,尤其是佛经,基本上都是卷子,所以有时也笼统地称敦煌遗书为"敦煌写经"、"敦煌经卷"。但是,就装订方式来讲,敦煌遗书为我们提供的除卷子以外,还有:(1)册子装,多两面写,按页叠齐,粘连或缝合一边。如《刊谬补缺切韵》(P.2011,存二十二页四十三面)、《语对》(P.2524,存十七页,两面抄)等。(2)经折装,由长幅纸张折叠而成。如《蒙求》(敦煌研究院95号)、《白香山诗集》(P.5542)。(3)蝴蝶装。书页反折(即有字一面朝里),各页以折线为准叠齐,粘连折线一侧,并以厚封皮包背。如《王陵变》(北京大学171号)。(4)梵夹装。原指贝叶经,多为长方形单页,一页一页叠在一起,以木夹夹住,靠近两端(或其中一端)打眼穿透,用绳子串起来,绳子可松可紧,翻看颇便。我国唐代纸质佛经也有仿其方法装订的,纸也是长方形单页,有铅画的界栏。敦煌所出《顿悟大乘正理决》(P.4646)、《思益梵天所问经》(北新1201)即是这种装订,这两件梵夹均是在靠近上端穿一个眼。从北图藏本看,书写时已为穿眼处预留空间。宋以来人们把经折装叫"梵夹",是借用其名,因为宋以来真正的梵夹装在汉文文献中已不再流行,而长方形的经折装形状大小与梵夹装相近。不过,藏文、蒙文、满文佛经,直到清代还继续用梵夹装,其方法只是把单张书页叠齐,用木版夹住,用绳捆牢而已,不再穿眼,且往往开版阔大,与唐时梵夹异趣。从以上实例我们可以发现,我国早期图书的装订形式几乎都能从敦煌遗书中找到样品,这是书籍装订技术史上的重要实物。

　　除以上八个方面的文献以外,敦煌文献还包括民俗史料、民族文献、中西交通史料等,异常丰富而种类繁多,这就使许多学科与敦煌发生关系,许多学科的学者涉足敦煌学领域,并且所获甚丰。事实上,对敦煌遗书的研究仍限于其中的一小部分,大部分文献缺乏深入研究,因此,敦煌文献研究潜力还很大,是一项长期的、艰巨的、有重大意义的学术工作。

修订本后记

　　《文献学概要》自2001年出版,至2006年,已连续印刷六次。其间虽改正了若干讹字,但内容未作大的改动。2006年此书入选普通高等教育"十一五"国家级规划教材,中华书局一再鼓励修订。于是在今年春节前后放假期间,用十余日通读并修改一遍。除改订字句欠妥之处和适当统一体例外,主要在以下方面作了修订:(1)在第一章对文献学的义界作了进一步明确。(2)在第四章对庚子事变中《永乐大典》被毁一事作了更明确的说明。对战国时私家藏书的说明中加入战国楚简出土的启示一段。(3)在第五章,对"清稿本"作了进一步举例说明。对"活字本"中"内聚珍"的鉴别作了补充。在版本鉴定"验牌记"部分加入《玉函山房辑佚书》后印本加牌记的例子。(4)在第七章"集部目录"和"版本图录"部分加入了新出的重要成果。(5)在第八章,修改了《玉函山房辑佚书》的种数卷数统计,增入了陈尚君先生的辑佚成果。删去了辨伪部分《前定录》和《棠湖诗稿》两条欠妥的例子。(6)在第九章,增入了《中华再造善本》、《山东文献集成》两部新丛书。改订了对《六十种曲》的说明。(7)在第十章"家谱的存佚状况"部分加入了若干新材料。(8)在第十一章总集部分,加入了若干新成果。(9)在第十二章加入了《山东省博物馆珍藏甲骨墨拓集》一段。(10)在第十三章加入了关于上博藏战国楚简、长沙走马楼三国吴简的有关介绍。(11)在第十四章修改了关于《俄藏敦煌文献》的说明。这些修订是为了加强本书的准确性和前沿性。但是,由于近年主持国家清史项目《清人著述总目》等大型科研课题,无暇旁骛,因此所谓前沿性就难如人意。更由于个人的学养远不及前贤,对所谓准确性也就无日不惕了。倘蒙读者随时指教,俾臻完善,则无任感荷。

　　2007年3月1日杜泽逊记于山东大学文史哲研究院